浙江大学文科高水平学术著作出版基金
中央高校基本科研业务费专项资金　资助

浙江学者丝路敦煌学术书系

敦煌石窟与文献研究

施萍婷 著

ZHEJIANG UNIVERSITY PRESS
浙江大学出版社

图书在版编目（CIP）数据

敦煌石窟与文献研究 / 施萍婷著. —杭州：浙江
大学出版社，2015. 12
（浙江学者丝路敦煌学术书系 / 柴剑虹，张涌泉，
刘进宝主编.）
ISBN 978-7-308-15176-4

Ⅰ.①敦… Ⅱ.①施… Ⅲ.①敦煌石窟—研究
②敦煌学—文献—研究 Ⅳ.①K879.214 ②K870.6

中国版本图书馆 CIP 数据核字（2015）第 227031 号

敦煌石窟与文献研究
施萍婷 著

出 品 人	鲁东明
总 编 辑	袁亚春
丛书策划	黄宝忠　宋旭华
责任编辑	胡　畔
责任校对	张小苹
封面设计	项梦怡
出版发行	浙江大学出版社
	（杭州市天目山路 148 号　邮政编码 310007）
	（网址：http://www.zjupress.com）
排　　版	杭州兴邦电子印务有限公司
印　　刷	浙江印刷集团有限公司
开　　本	880mm×1230mm　1/32
印　　张	14.75
字　　数	344 千
版 印 次	2015 年 12 月第 1 版　2015 年 12 月第 1 次印刷
书　　号	ISBN 978-7-308-15176-4
定　　价	45.00 元

总　　序

　　浙江，我国"自古繁华"的"东南形胜"之区，名闻遐迩的中国丝绸故乡；敦煌，从汉武帝时张骞凿空西域之后，便成为丝绸之路的"咽喉之地"，世界四大文明交融的"大都会"。自唐代始，浙江又因丝绸经海上运输日本，成为海上丝路的起点之一。浙江与敦煌、浙江与丝绸之路因丝绸结缘，更由于近代一大批浙江学人对敦煌文化与丝绸之路的研究、传播、弘扬而令学界瞩目。

　　近代浙江，文化繁荣昌盛，学术底蕴深厚，在时代进步的大潮流中，涌现出众多追求旧学新知、西学中用的"弄潮儿"。20世纪初因敦煌莫高窟藏经洞文献流散而兴起的"敦煌学"，成为"世界学术之新潮流"；中国学者首先"预流"者，即是浙江的罗振玉与王国维。两位国学大师"导夫先路"，几代浙江学人（包括浙江籍及在浙工作生活者）奋随其后，薪火相传，从赵万里、姜亮夫、夏鼐、张其昀、常书鸿等前辈大家，到王仲荦、潘絜兹、蒋礼鸿、王伯敏、常沙娜、樊锦诗、郭在贻、项楚、黄时鉴、施萍婷、齐陈骏、黄永武、朱雷等著名专家，再到徐文堪、柴剑虹、卢向前、吴丽娱、张涌泉、王勇、黄征、刘进宝、赵丰、王惠民、许建平以及冯培红、余欣、窦怀永等一批更年轻的研究者，既有共同的学术追求，也有各自的学术传承与治学品格，在不同的分支学科园地辛勤耕耘,为国际"显学"敦煌学的发展与丝路文化的发扬光大作出了巨大贡献。浙江的丝绸之路、敦煌学研究者,成为国际敦煌学与丝路文化研究领域举世瞩目的富有生命力的学术群体。这在近代中国的学术史上,也是一个值得关注的现象。

始创于 1897 年的浙江大学,不仅是浙江百年人文之渊薮,也是近代中国社会科学与自然科学英才辈出的名校。其百年一贯的求是精神,培育了一代又一代脚踏实地而又敢于创新的学者专家。即以上述研治敦煌学与丝路文化的浙江学人而言,不仅相当一部分人的学习、工作与浙江大学关系紧密,而且每每成为浙江大学和全国乃至国外其他高校、研究机构连结之纽带、桥梁。如姜亮夫教授创办的浙江大学古籍研究所(原杭州大学古籍研究所),1984 年受教育部委托,即在全国率先举办敦煌学讲习班,培养了一批敦煌学研究骨干;本校三代学者对敦煌写本语言文字的研究及敦煌文献的分类整理,在全世界居于领先地位。浙江大学与敦煌研究院精诚合作,在运用当代信息技术为敦煌石窟艺术的鉴赏、保护、修复、研究及再创造上,不断攻坚克难,取得了举世瞩目的成就,拓展了敦煌学的研究领域。在中国敦煌吐鲁番学会原语言文学分会基础上成立的浙江省敦煌学研究会,也已经成为与甘肃敦煌学学会、新疆吐鲁番学会鼎足而立的重要学术平台。由浙大学者参与主编,同浙江图书馆、浙江教育出版社合作编撰的《浙藏敦煌文献》于 21 世纪伊始出版,则在国内散藏敦煌写本的整理出版中起到了领跑与促进的作用。浙江学者倡导的中日韩"书籍之路"研究,大大丰富了海上丝路的文化内涵,也拓展了丝路文化研究的视野。位于西子湖畔的中国丝绸博物馆,则因其独特的丝绸文物考析及工艺史、交流史等方面的研究优势,并以它与国内外众多高校及收藏、研究机构进行实质性合作取得的丰硕成果而享誉学界。

现在,我国正处于实施"一带一路"伟大战略的起步阶段,加大研究、传播丝绸之路、敦煌文化的力度是其中的应有之义。这对于今天的浙江学人和浙江大学而言,是在原有深厚的学术积累基础上如何进一步传承、发扬学术优势的问题,也是以更开阔的胸怀与长远的眼光承担的系统工程,而决非"应景"、"赶时髦"之举。近期,浙江大学创建"一带一路"合作与发展协同创新中心,举办"丝路文明传承与发展国际学术研讨会",都是在新的历史条件下迈出的坚实步伐。现在,浙江大学组织出版这一套学术书系,正是为了珍惜与把握历史机遇,更好地回顾浙江学人的丝绸之路、敦煌学研究历程,奉献资料,追本溯源,检阅成果,总结经验,推进交流,加强互鉴,认清历史使命,展现灿烂前景。

浙江学者丝路敦煌学术书系编委会

2015 年 9 月 3 日

出版说明

　　本书系所选辑的论著写作时间跨度较长,涉及学科范围较广,引述历史典籍版本较复杂,作者行文风格各异,部分著作人亦已去世,依照尊重历史、尊敬作者、遵循学术规范、倡导文化多元化的原则,经与浙江大学出版社协商,书系编委会对本书系的文字编辑加工处理特做以下说明:

　　一、因内容需要,书系中若干卷采用繁体字排印;简体字各卷中某些引文为避免产生歧义或诠释之必需,保留个别繁体字、异体字。

　　二、编辑在审读加工中,只对原著中明确的讹误错漏做改动补正,对具有时代风貌、作者遣词造句习惯等特征的文句,一律不改,包括原有一些历史地名、族名等称呼,只要不存在原则性错误,一般不予改动。

　　三、对著作中引述的历史典籍或他人著作原文,只要所注版本出处明确,核对无误,原则上不比照其他版本做文字改动。原著没有注明版本出处的,根据学术规范要求请作者或选编者尽量予以补注。

　　四、对著作中涉及的敦煌、吐鲁番所出古写本,一般均改用通行的规范简体字或繁体字,如因论述需要,也适当保留了一些原写本中的通假字、俗写字、异体字、借字等。

五、对著作中涉及的书名、地名、敦煌吐鲁番写本编号、石窟名称与序次、研究机构名称及人名，原则上要求全卷统一，因撰著年代不同或需要体现时代特色或学术变迁的，可括注说明；无法做到全卷统一的则要求做到全篇一致。

书系编委会

目　　录

代序　我与敦煌学研究

　　1961年,我到敦煌工作,时年29岁,虽将步入30,却没有"三十而立"之雄心,原因很简单:作为一名1956年入大学的"调干"学生,入学后经历的是多事之秋,恰似"先天不足,后天失调"的孩子,故"立"不起来。但有一点至今无悔——到敦煌以后,没有想走。那是因为跟着段文杰先生看了一个星期的洞窟以后,觉得莫高窟的研究课题俯拾皆是,有一辈子也做不完的事,我就答应常院长(其时常书鸿先生是兰州艺术学院的院长兼敦煌文物研究所所长)到敦煌来工作,这一步走对了。

　　光阴荏苒,一晃40多年过去了,如今已垂垂老矣,还没有"立"起来。我很害怕填表,万一要填专业是什么,我无言以对。敦煌学博大精深,有学者给敦煌学分类,拟了100多个分支。就敦煌学大的领域而言,有敦煌艺术、敦煌文献、石窟保护等,哪一门我都不通。中国20世纪50年代的干部、50年代的党团员、50年代的大学生,日本友人称之为"三五牌"的人才。我不在"人才"之列,却是典型的"三五牌"。在敦煌研究院(过去的敦煌文物研究所),我做过资料工作,与史苇湘先生几次互为组长、组员;到石窟考古组当过"没有受命的组长";到敦煌遗书研究所当过不称职的所长。其间,作为一枚螺丝钉,当过多年的讲解员、资料采购员、编目员,编过书,筹备过出国展览,外带"文革"十年的放羊、种地。只顾耕耘,不问收获,晕晕乎还觉得没有偷懒。20世纪80年代以后，学者们纷纷出书，同行们左一本、右一本馈赠我各自的专著。接过好友的书，高兴的同时脸上总是热乎乎的——因自己没有专著可以回赠而愧疚。

为了自我解嘲，我自称是敦煌学领域的"两栖动物"。青蛙在水里、陆地都能生存，但在水中，潜得不深，在陆上，蹦得不高。传统的敦煌学分为两大领域，即敦煌艺术研究和敦煌文献研究。敦煌石窟考古是敦煌艺术研究的重要一环，我在这方面写过一些东西。在敦煌艺术海洋里，潜得不深，但还能生存。敦煌写卷内容考证，是敦煌文献研究的基础，电脑没有普及之前，我利用法国、英国、中国几个国家图书馆所藏敦煌遗书缩微胶卷做过多年的内容考证、定名工作，编过目录，也写过一些东西，在这广袤的领域也能蹦跶两下，但自我感觉是没有什么高度。我想，我为自己定位的"两栖动物"，不用多费笔墨，读者只要翻开本书的目录，便可一目了然。

把自己比作"两栖动物"是不好听的。为什么我会这样？一是环境使然，一是天性使然。"三五牌"的大学生是很有点"毛主席的战士最听党的话，哪里需要哪里去，哪里艰苦哪安家"的味道的。这种大环境，再加上我较能随遇而安，"成就"了我这只"青蛙"。

至于"天性使然"，这得说上几句。

鲁迅曾经说过："时间就像海绵里的水，只要你愿意挤，总还是有的。"是啊，你看那海绵吸水，在达到饱和状态之前，对于来水总是那样迫不及待的。我生性比较好奇，兴趣比较广泛，总觉得每天都能长一点知识，也就没有白活。正因为如此，目的性不强，经常在书库里东翻翻西翻翻地过一天。

这反映在我写的文章上，比较典型的就是《敦煌历日研究》一文。敦煌研究院藏有晚唐以后敦煌归义军官方的酒账一件，账目有月有日，而不知是哪一年。但在某月至某月之间有"两个月小尽"或"三个月小尽"的说明。20世纪70年代初，武汉大学的朱雷先生来敦煌考察，我向他请教中得知"月小尽"即小月。于是我就想，若能把酒账提供的大月、小月与古历对照，不就能为酒账的立账年代找出线索了吗？

由此而首先想到敦煌遗书中的"敦煌历日"。待到把有关的敦煌写卷拿出来认真一看，名词不懂，推求术不会，真有"老虎吃天无处下爪"之窘。不过，兴趣因此而倍增。于是，从阅读日历知识开始，接着读《史记·历书》《汉书·律历志》……说来惭愧，学历史的人，看不懂正史中的任何一种律历志。读不懂律历志就改读《梦溪笔谈》《陔余丛考》《小学绀珠》等唐宋史料笔记，有了一点"理还乱"的知识。此时，我想到了从敦煌历日中找规律的方法，把缩微胶卷中所有敦煌历日残卷印成照片，在王重民先生《敦煌本历日之研究》(《东方杂志》第34卷第9号)、日本学者薮内清《斯坦因敦煌文献中的历书》(《东方学报》京都版第35期)两文的启发下，将历日内容进行整理、排比，尽量利用残卷所提供的条件，恢复该件的月建大小，然后与陈垣先生的《二十史朔闰表》对照，将有年代的历日写卷与《二十史朔闰表》对照，学着使用"年九宫""月九宫"，知道什么叫"建除十二时"。

1983年春天，张广达先生给我寄来了著名敦煌学者藤枝晃先生的《敦煌历日谱》(《东方学报》京都版第45期)。这是当时最重要的关于敦煌历日研究的文章。当我摸索着用多种办法来推求每件历日所属年代以后，将我的结果与王重民、薮内清、藤枝晃诸先生的推算一对照，发现我的推算居然可以补他们的不足，甚至还有所突破，信心因此而生，文章也就写出来了。

成果出来之后，中国科学院自然科学史研究所前所长席泽宗先生曾告诉我，他去美国讲学还用了我的历日资料；自然科学史研究所也曾几次给我发来该所召开的学术研讨会的邀请函，我自知不是这方面的专家，一次也没有出席过，只是尝到了兴趣所带来的甘甜而已。《敦煌历日研究》一文发表以后，上海辞书出版社的一位好友指出了我在"建除十二时"上立论有误，同时给我寄来了《中国天文学史》第3卷1册，我如获至宝。如果早有此书，我的历日研究将是事半功倍的，同时也深深地感到"隔行如隔山"，以后应少干一点兴之所至的事。

我把此书名为《敦煌习学集》，也有一个缘由。

若干年以前，读陈寅恪先生的《隋唐制度渊源略论稿》，在论及兵制时，陈先生引用了南宋叶适著《习学记言》中的一段话，除了深深佩服陈先生博学多闻、引证恰当之外，对《习学记言》这一书名印象颇深。诚然，习学犹学习，但我主观感觉"习学"有一种深层次的含义。当时，我不敢有出版什么文集的奢望，只想到在我辞世之前把自己的习作收拢一处，题目就叫《敦煌习学集》。在我来说，"习学"还有另一种意思。刚到敦煌时年纪尚轻，我心想敦煌学虽博大精深，但来日方长，不妨样样都学习学习，日积月累，总会做出点成绩的，因此起点就不求专而求广。谁曾想三年一个小运动，五年一个大运动，更有"文革"十年，再加上自己东一榔头西一棒槌，时光不再，只有空叹息而已矣。几十年来写的一些不像样的文章，只能说明我在不断地学习，故而文集最贴切的名称莫过于《敦煌习学集》。

有人说，文章犹如癞头儿子——自己的好，我却不然。我的心态是，刚脱稿时，看上一遍，自觉不错，过一阵子，就不想再看，好赖随它去。因此文章发表以后，懒得再看，是否有硬伤也不知道。20世纪90年代以后，敦煌学界出书已不再是"难于上青天"了，出版社的朋友曾热情地提议为我们夫妇出书。朋友的好意，我永生难忘，但在感激万分的同时，坦诚地推辞了。其原因是：要出文集,得东三西四地收集文章,得从头看一遍,得改正错误……这一切都需要时间,而垂暮之年的我,总想趁脑子尚清晰之时再写点新东西,不说是把过去的损失挽回来,至少能让日子过得充实一点。由于种种原因,总是心有余而力不足,也没有做出什么成绩来。

今年是敦煌研究院成立 60 周年,院里将举行国际学术研讨会,院领导为我们安排了文集的出版,偏又碰上自己身体不适,没能把所收文章从头看一遍,绝大多数文章一仍其旧,尤其是注解部分,当年不讲究规范化,此次又未能重做。凡此种种,只有告罪于读者,祈请见谅并多加批评指正。

施萍婷

2004 年 6 月 26 日于兰州

(本文原为《敦煌习学集》自序,原载《敦煌习学集》上册,

甘肃民族出版社 2004 年版)

敦煌石窟研究

敦煌与莫高窟

汉魏敦煌

我国最早的地理著作《禹贡》分"天下"为九州,今天的河西广大地域属于雍州。因此,秦以前的敦煌为"禹贡雍州之域"。《禹贡》里有"三危既宅,三苗丕叙"的记载,《尧典》有"窜三苗于三危"的记载,《左传》有"故允姓之奸居于瓜州"的记载,自汉以后,人们知道了敦煌,也知道了敦煌的东南有座山叫作"三危山",后来集注典籍,往往把三危、三苗和敦煌、瓜州联系起来,代代相因,几成定论。其实,"三危远不在敦煌"[①],秦以前的敦煌地区情况,还有待于今后的考古发现。

秦统一六国,筑长城,西不过临洮。这时的河西为月氏所居。汉初,月氏受匈奴侵掠,被迫西迁,匈奴浑邪王、休屠王驻牧于月氏故地。公元前 121 年,浑邪王杀休屠王降汉,汉尽有河西地。武帝于元鼎六年(前 111)在河西走廊的西端设敦煌郡[②],有文字记载的敦煌历史从此开始。

汉武帝设敦煌郡后,接着设立了玉门关、阳关,敦煌成了中西

---

① 参阅《中国古代地理名著选读》第 1 辑,科学出版社 1959 年版,第29—30 页。

② 河西四郡的设立年代,《汉书》帝纪与地理志等记载有出入,本文采用劳干《居延汉简考释》之说,史语所印,1943 年。

交通的咽喉之地。这以后,史书记载敦煌,往往是诗一样的篇章。东汉应劭解释"敦煌"二字时说,"敦,大也;煌,盛也"①。南朝刘昭引《耆旧记》说:"国当乾位,地列艮墟,水有悬泉之神,山有鸣沙之异,川无蛇虺,泽无兕虎,华戎所交一大都会也。"②隋裴矩在《西域图记·序》中说,西域交通"……总凑敦煌,是其咽喉之地。"③《肃州志·沙州卫志》也说:"雪山为城,青海为池,鸣沙为环,党河为带,前阳关而后玉门(这里指唐以后的玉门关,在今安西县双塔堡一带),控伊西而制漠北,全陕之咽喉,极边之锁钥。"④至如班超父子的疏、议,边塞诗人的诗等等,更是感人肺腑、千古生辉。

据日本学者藤田丰八考订,"敦煌"二字可能是都货罗Tokhara 的译音。此所谓都货罗,即汉初居于敦煌与祁连山之间的月氏族⑤。汉语"敦煌"一词,最早见于《史记·大宛列传》,文引张骞给汉武帝报告,说"始月氏居敦煌、祁连间"。祁连既然是匈奴语"天"的译音,则"敦煌"亦应为"胡语"。然而在不排斥"胡语"的同时,我认为东汉应劭的解释既符合字义又符合汉武帝以来敦煌的实际。⑥

自张骞通西域封侯显贵以后,曾随同张骞第二次通西域的吏士,争相上书"言外国奇怪利害",请求派为使节,汉武帝为了"广其道",往往有求必应,"言大者予节,言小者为副"。这些正副使

---

① 《汉书·地理志》注。
② 《后汉书·郡国志》注。
③ 《隋书·裴矩传》。
④ 转引自《敦煌县志》,新华出版社 1994 年版。
⑤ 参阅《中国古代地理名著选读》第 1 辑,科学出版社 1959 年版,第 91 页。
⑥ 许慎《说文解字》说:"敦,怒也、诋也。"但扬雄《方言》说:"敦,大也。"应劭之说与扬雄之说同。

节往返西域,都必须经过敦煌。当时,派往西域的使者,多则一年十几批,少则五六批;每批几百人,至少也是一百多人;所带的东西,都是仿照张骞出使西域时的款式,而张骞第二次出使西域时每人马二匹,牛羊以万数,所带金币、丝绸价值"数千巨万"。每年这么多的人、马、牛、羊、货物通过敦煌,其"使者相望于道"的壮观,我们今天仍然可想而知。

公元前104年,汉遣贰师将军李广利远征大宛,中途受阻,未至大宛,往返两年回到敦煌。李广利要求罢兵,汉武帝大怒,发专使拦截于玉门关,并下令:谁敢入关,就要斩首。李广利无奈,只好留屯敦煌。一年多以后,6万多大军,带着10万头牛、3万匹马,再从敦煌出发,光是运送粮食的驴、骆驼就有1万头以上。继而又把全国的流放人犯弄来运送干粮,人流车队相接于路,直至敦煌。①

元封六年(前105),汉武帝以江都王刘建的女儿细君为公主嫁给乌孙王,赠送了非常多的礼物,官员、随从数百人。细君死后,汉又以楚王刘戊的孙女解忧为公主远嫁乌孙。解忧公主出塞路过敦煌,官员迎送,武卫相随,其规模、气魄都非一般使节过往可比。宣帝元康元年(前65),龟兹王及夫人乌孙公主来朝,汉赐以车骑、旗鼓、歌吹,并赠绮绣杂缯等数千万,也是官员、侍从、车骑浩浩荡荡往返经由敦煌。神爵二年(前60)乌孙遣使者300余人又来请婚,宣帝以相夫为公主,配备官员侍御100多人,隆重地送相夫公主到敦煌。相夫公主还没有出塞,乌孙情况有变,副使常惠一面留公主在敦煌,一面上书报告情况。

上列史实,都一一说明:敦,大也;煌,盛也。

然而,敦煌在两汉的地位,不止于此。

---

① 《汉书·李广利传》。

从汉武帝派张骞通西域到元帝建昭三年(前36)这100来年的时间内,汉破楼兰、姑师,联乌孙,伐大宛,与匈奴争车师,远征康居等等,凡征战,敦煌都是前线的补给站。

两汉和西域交通不下300年,其间维持正常关系者有200多年①,随着使者、商队的出塞入塞、官署的设置、戍卒屯田等等,敦煌成了汉与西域经济文化交流的咽喉。

两汉经营西域,有如一幕幕话剧,而敦煌则是汉政府导演话剧的后台,也是政府决策西域的耳目,因而功成事败往往与敦煌太守有关。如建武十七年(41),莎车王贤遣使奉献求都护,光武帝授以西域都护之印绶,敦煌太守裴遵上书反对,改授为大将军,莎车使者不从,裴遵竟然强夺其都护印绶,莎车从此多事。建武二十一年(45)西域十八国主动派"质子"入汉,要求派都护。由于东汉初立,北边未定,没有答应。各国害怕莎车兼并,写信给裴遵,要求把他们的"侍子"留在敦煌,给莎车以假象,表示很快会派来汉政府的都护。最后,终因派不出都护,不仅西域刚通又绝,而且北匈奴也乘势攻至敦煌,"河西诸郡,城门昼闭"②。其他如安帝时的曹宗、顺帝时的徐由,主观上虽想为汉"尽忠",实际上并没有起好作用。至若无事生非的马达、审察不实的宋亮,则都是"帮倒忙"的敦煌太守。班超之子班勇,在朝廷上力驳众难,好不容易才争取回到经营西域的任上,但不久就被其副手、"要功荒外"的敦煌太守张朗所牵连而身陷囹圄,未能尽施才略。当然,功成者有之,可惜为数寥寥。如延光年间上书陈三策的张珰,

---

① 安作璋:《两汉与西域关系史》,齐鲁书社1979年版。
② 《后汉书·班勇传》。

永和年间立功塞外而史籍无名的斐岑①。

上至西域都护,下至屯田戍卒,莫不把敦煌当作他们回归故里的象征。班超在西域31年,晚年上书说:"臣不敢望到酒泉郡,但愿生入玉门关。"凡罢都护、废屯田之时,汉政府派人迎接吏士,"出敦煌,迎入塞",就算完成使命。游子、谪吏、戍卒思故土念亲人,往往是"阳关一曲动悲歌",使人浮想联翩。直到今天,人们到了敦煌,总是不由得"望古茫茫动远思"。

东汉末年,天下大乱,敦煌"旷无太守二十岁",诸豪强大族趁机为非作歹。他们侵吞民田,"而小民无立锥之土";西域派人"贡献",他们枉法拦截;商人贸易,受他们的欺诈侮辱。太和年间(227—233),魏明帝曹操曾派时为绥集都尉的仓慈为敦煌太守。他抑豪强、抚贫弱、断刑狱、慰"胡商"。此后,外国商人到达敦煌,"欲诣洛者,为封过所;欲从郡还者,官为平取,辄以府见物与共交市,使吏民护送道路"。仓慈死后,吏民画像以寄其思,西域各族"悉共会聚于戊己校尉及长史治下发哀,或以刀画面,以明血诚,又为立祠,遥共祠之"。仓慈以后的几任太守,都能"循其迹",保持了相对的稳定。尤其是皇甫隆太守,教民"作耧犁,又教衍溉",使敦煌的农业生产"省庸力过半,得谷加五"。② 总的来看,自三国初年西域复通至三国末,敦煌在保证中西交通上起到了它应有的作用。

汉魏敦煌是后来盛开敦煌艺术之花的肥沃土壤。

---

① 裴岑事,见于《敦煌裴太守碑》。此碑文见于《肃州志·沙州卫志》、徐松《西域水道记》、苏履吉《敦煌县志》。苏编县志时,手头有拓本,比较可靠,兹据县志录文于下:"维汉永和二年八月,敦煌太守云中裴岑,将郡兵三千人诛呼衍王等,斩馘部众,克敌全师,除西域之疢(音趁),蠲四郡之害,边境艾安,振威到此,立德祠以表万世。"

② 此段引文均见《三国志·魏志·仓慈传》和注引《魏略》。

乐僔法良发其宗

佛教传入中国以后,敦煌是进入内地的第一站。伊存授经的传说也好,汉明帝永平求法也好,高僧安世高、支娄迦谶、竺佛朔、支曜、康孟祥等东来也好,都必须经过敦煌。魏晋间,东来的高僧更多,洛阳已有佛寺,中国士族中也开始有人出家事佛。这时,敦煌这块汉文化基础雄厚的土壤上,开始绽放出宣扬佛教的美丽花朵。这一时期,有世居敦煌、译经最多、名声显赫、为西晋佛教代表人物、号称"敦煌菩萨"的竺法护;有依法护为沙弥、后在敦煌"立寺延学,忘身为道"而死于敦煌的竺法乘。更值得注意的是,这时已有"寺庙图像"①,所以《魏书·释老志》说:"敦煌地接西域,道俗交得,其旧式村坞相属,多有塔寺。"

十六国时期,一些少数民族的统治者大力推行佛教。前秦苻坚攻取襄阳以后,得到高僧释道安和文人习凿齿。苻坚对人说,我以十万之师取襄阳,只得到一个半人。人问是谁,他说,释道安一人,习凿齿半人。为了取得大和尚鸠摩罗什,苻坚派大将吕光带兵七万西伐龟兹。后赵的石虎,对一个会耍魔术的大和尚佛图澄五体投地,"衣以绫锦,乘以雕辇",派司空朝夕请安,并让他参与军国机谋。至于在河西地区,"自张轨后,世信佛教"。北凉沮渠蒙逊,尊奉高僧昙无谶到了"誓同生"的地步,译经、造像,盛况空前。唐释道宣《集神州三宝感通录》卷中有这样一段记载:

> 凉州石崖瑞像者,昔沮渠蒙逊以晋安帝隆安元年(397)据有凉土,三十余载,陇西五凉,斯最久盛。专崇福业。以国城、寺塔终非云固,古来帝宫,终逢煨烬,若依立之,效尤斯

---

① 《高僧传·竺法护传》。

及。又用金宝,终被毁盗。乃顾晭山宇,可以终天。于州南百里,连崖绵亘,东西不测,就而凿窟,安设尊仪,或石或塑,千变万化。有敬礼者,惊眩心目……

这可能说的是武威天梯山石窟。420 年以后,沮渠氏占有整个河西,"于酒泉中街起浮屠,雕石像"。中街的浮屠、雕像虽已荡然无存,但 1949 年前后在酒泉出土的高善穆造释迦得道塔、程段儿所造塔、田弘所造塔、马德惠所造塔都是北凉时的佛教遗物,皆为沮渠氏佞佛的佐证。

十六国时期统治者信奉佛教,甘肃境内现存的炳灵寺石窟、麦积山石窟、敦煌莫高窟等就是这一时期应运而生的。

莫高窟位于敦煌县东南 25 公里处。洞窟开凿在鸣沙山东麓的断崖上,坐西朝东,与三危山隔宕泉河而东西相望。关于莫高窟的创建,武周圣历元年(698)《李克让修莫高窟佛龛碑》记载:

> 莫高窟者,厥初,前秦建元二年(366)有沙门乐僔,戒行清虚,执心恬静,尝仗锡林野,行至此山,忽见金光,状有千佛(下缺五字)造窟一龛。次有法良禅师从东届此,又于僔师窟侧更即营建,伽蓝之起,滥觞于二僧。①

莫高窟现存洞窟 492 个,乐僔、法良窟究竟是哪一个已无从考证。根据石窟排年,属于十六国晚期的洞窟有 7 个②。这一时期的绘塑题材,主要是佛菩萨、千佛、说法图、佛传以及故事画毗楞竭梨王本生、尸毗王本生等。这些题材,毫无疑问是来自印度

---

① 此碑现存敦煌文物研究所。关于莫高窟的创建,敦煌遗书 P.2691《沙州城土镜》(五代乾祐二年即 949 年写本)作"永和八年癸丑岁",永和八年非"癸丑",癸丑应是九年(353)。敦煌文物研究所采"建元二年"之说。

② 樊锦诗、马世长、关友惠:《敦煌莫高窟北朝石窟的分期》,载《中国石窟·敦煌莫高窟》(1),文物出版社、平凡社 1982 年版。

的。但是,正如中国一开始就以汉民族固有的思想来接受、解释印度佛教一样,佛教艺术在敦煌一出现就带有浓厚的汉文化的民族色彩,而且又有其特定的敦煌地方色彩①。

　　敦煌十六国时期的佛教艺术,是以当时敦煌地区经济文化的发展为前提的。十六国时期,先后统治过敦煌的有前凉、前秦、后凉、西凉、北凉,其中影响较大的是前凉、西凉、北凉。自西晋"八王之乱"以来,中原丧乱,"秦雍之民死者十八九,唯凉州独全"②,"中州避难来者日月相继"③。前秦建元末年,还曾迁移江汉人万余户、中州人7000户到敦煌④,河西地区相对稳定,人口猛增,加之以坞壁为单位组织生产,封建经济得到了相应的发展。仅以敦煌为例:吕光占领武威后,前凉的拥护者王穆起兵反抗,派人约敦煌的郭瑀(瑀)(音雨)起兵响应,郭瑀(瑀)与敦煌大姓赮(音古)"起兵五千,运粟三万石,东应王穆"⑤。西凉李暠的别将朱元虎为沮渠蒙逊抓走,"暠以银三千斤、金二千两赎元虎"⑥。这种经济实力是敦煌开窟、造像、画壁的物质基础。

　　十六国时期,凉州是北部中国文化的中心,而敦煌又是凉州文化的中心,儒学尤盛,全国名儒代不乏人:在前凉,敦煌人宋纤有弟子3000多人。祈嘉有弟子2000余人。在西凉,敦煌人阚骃著《十三州志》;崔鸿《十六国春秋·西凉录》记载,武昭王李暠能诗善赋,并在敦煌大兴儒学,建靖恭堂、嘉纳堂,堂内画自古为

---

　　① 段文杰:《早期的莫高窟艺术》,载《中国石窟·敦煌莫高窟》(1),文物出版社、平凡社1982年版。

　　②《魏书·私署凉州牧张寔传》。

　　③《晋书·张轨传》。

　　④《晋书·凉武昭王李玄盛传》。

　　⑤《十六国春秋辑补》,见《丛书集成初编》,中华书局1983年版。

　　⑥《资治通鉴》卷一一五。

"圣帝、明王、忠臣、孝子、烈士、贞女"。在北凉,沮渠茂虔称臣于刘宋,光奉献各种著作就有18种,共154卷。总之,河西地区的传统文化是敦煌佛教艺术产生、发展的条件之一。从近年来嘉峪关、酒泉出土的魏晋墓室壁画更可以看出河西地区的传统文化与敦煌艺术的直接关系。

东阳、建平弘其迹

北魏太平真君三年(442),太武帝拓跋焘派兵攻打逃到敦煌的沮渠无讳,无讳弃城而走,西凉李暠的孙子李宝乘机从伊吾打回敦煌,奉表归降于魏。北魏任命李宝的弟弟怀达为敦煌太守,封李宝为使持节、侍中、都督西陲诸军事、镇西大将军、开府仪同三司、领护西戎校尉、沙州牧、敦煌公,承制统辖玉门以西的广大地区。太平真君六年(445)北魏征李宝入朝。因此,北魏完全控制敦煌应该是445年以后的事。

北魏领有敦煌之初,于敦煌置敦煌镇,李吉甫《元和郡县图志》卷四〇记载:"后魏太武帝于郡置敦煌镇,明帝罢镇立瓜州,以地为名也,寻又改为义州。庄帝又改为瓜州。"西魏、北周因之未改。

南北朝时期是我国佛教发展的狂热时代。北魏事佛佞佛的情况,《魏书·释老志》和《洛阳伽蓝记》是其实录,而北方留存至今的各地石窟寺是其物证。北魏佛教的发展,还和凉州有直接的关系。《魏书·释老志》称:"太延中,凉州平,徙其国人于京邑。沙门佛事皆俱东,象教弥增矣。"与北魏佛法兴衰有着重大的关系的玄高、昙曜、师贤,都是从凉州去的。

北魏时期的敦煌,我们知道得很少,碑碣不见记载,史籍很少著录,《魏书·地理志》瓜州条下,几乎是空白。它和《晋书·地理志》所载敦煌郡为凉州八郡之最，形成鲜明的对比。由于史料缺乏，北魏时期的莫高窟，我们只能"就窟而论"了。

北魏时期的莫高窟，我们在没有进行排年以前，认为洞窟不少。现在经过排年，只有 10 个，加上窟前发掘新发现的 3 个绘塑无存的洞窟，总共 13 个。

这时候洞窟形制趋向统一，多数都是人字披、中心塔柱窟。壁画布局可以从上到下分为几个大段：绕窟顶一周为天宫伎乐（人字披下画大幅说法图、降魔变）；第二段为千佛；第三段是故事画；第四段是夜叉。第 257 窟是这种布局的代表。壁画内容除承袭前代以外，又出现了摩诃萨埵舍身饲虎本生、鹿王本生、难陀出家因缘、须摩提女因缘、沙弥守戒自杀品。

北魏时期，僧尼的宗教活动重在坐禅，塑像题材有说法、苦修、禅定等佛像，有交脚、思维等菩萨像，壁画中的千佛和上述故事画，都和"坐禅观佛"有关。

武周《圣历碑》叙述了乐僔、法良之后，写道：

> 复有刺史建平公、东阳王等各修一大窟，而后合州黎庶造作相仍，实神秀之幽岩，灵奇之净域也……爰自秦建元之日，迄大周圣历之辰，乐僔、法良发其宗，建平、东阳弘其迹……

从莫高窟现存北周洞窟来看，"建平、东阳弘其迹"一语，绝不是浮夸的颂辞，只是人物次序应该换过来，叫作"东阳、建平弘其迹"。为什么会颠倒了呢？宿白先生提出了两种可能[1]，我再加上一种可能，叫作"倒叙法"。仅举二例：

---

① 宿白：《敦煌莫高窟早期洞窟杂考》，载《大公报在港复刊三十周年纪念文集》，后收入《中国石窟寺研究》，文物出版社 1996 年版，第 214—225、410 页。

《周书》《北史》《隋书》说建平公于义"历西兖、瓜、邵三州刺史"这一记载本身就是倒叙的,因为据我们考证,于义的任职先后应是邵、瓜、西兖①。

《新唐书·于志宁传》记载,永徽四年(653)于志宁与右仆射张行成、中书令高季辅俱赐田,"志宁奏:臣家自周魏来,世居关中,赀业不坠……愿以臣有余赐不足者。"于志宁是建平公于义的孙子,他在追述其家世时,先说北周,后说北魏,也是倒叙。史书上此种记载屡见不鲜。

据《魏故金城郡君墓志》,魏明元帝第四代孙元荣于孝昌元年(525)前出任瓜州刺史,来到敦煌。这时,六镇起义已经开始,河西的凉州也已经"据州反"。关陇起义发生以后,永安二年(529),元荣被封为东阳王。元荣也很信佛,到敦煌后写经不少,在"王路否塞,君臣失礼"的形势下,更是要祈求佛的保佑,使之"四方附化"。建明二年(531),关陇起义失败。但北魏也很快告终,政权落入宇文泰和高欢手中,分裂为东魏、西魏。元荣在北魏晚期至西魏初期一直任刺史。在佞佛的元荣刺史瓜州将近 20 年期间,莫高窟凡兴建洞窟,都和东阳王元荣有直接或间接的关系,完全是顺理成章的事。其影响当然比"修一大窟"要大得多。从现存西魏七个洞窟来看,尤其是有大统四年(538)、五年(539)题记的第 285 窟,明确地告诉我们,从洞窟形制到壁画内容、艺术风格都有新的发展:方形倒斗顶这一窟形,不仅开了一代新风,而且是后代石窟的基本形制;壁画内容出现了七佛、五百强盗成佛故事和汉民族的传统题材——东王公、西王母、伏羲、女娲、风神、雷神、开明等等;艺术风格上,南朝秀骨清像的画风,像窟前一夜春

---

① 详见拙作《建平公与莫高窟》,敦煌文物研究所编《敦煌研究文集》,甘肃人民出版社 1982 年版。

风吹绽的梨花,格调典雅高洁,突然出现在壁画上。

中原王朝派皇室成员长期牧守敦煌,东阳王是开天辟地头一个。此时此地敦煌艺术散发着浓郁的中原艺术的芳香,人们自然会欣然同意在莫高窟"弘其迹"者首推东阳王。

建平公于义,史传简单,不见有信佛的记载,只武周圣历碑提到在莫高窟"修一大窟"。于义一家,从北魏起就显赫一世,历西魏、北周直至隋、初唐而不衰,尤其是北周时期,一门十大将军。于义刺史瓜州时,其显赫地位不亚于西魏当年的东阳王。建平公所造之窟,我们推定为第428窟。仅此一窟,也就不负"弘其迹"的盛名了①。

北周洞窟,共12个,新出现的内容有:浮塑羽人、壁画佛传、睒子本生、卢舍那像、五塔变、涅槃变、须阇提太子本生、善事太子入海品、须达拏太子本生、微妙比丘尼缘品、福田经变,一下子出现了这么多新内容,就这一点,说"弘其迹"也不为过。

在北周洞窟中,人们可以随处都感到建平公的存在,或者联想到建平公:供养人行列中,虽然没有建平公的题名结衔,但那形象高大、气宇轩昂、华盖随顶、头戴笼冠的男子,此时此地,非建平公莫属;同一形象,在故事画中则是国王、大臣;在天宫伎乐中,则是升天的长者;同是五百强盗成佛故事,和西魏的表现方法就不一样,用1/3的画面表示国王派大将出征,大将出征时身后还有举持华盖的侍者,而西魏时则根本不画这些,这就不能不使人联想到前往围剿"强盗"的将军就是"一门十大将军"的建平公了。

---

① 详见拙作《建平公与莫高窟》,《敦煌研究文集》,甘肃人民出版社1982年版。

破斥南北　继往开来

隋文帝杨坚于 589 年灭陈，结束了自 304 年刘渊起兵以来 280 多年的南北分裂，在北周的基础上完成了统一全国的大业。隋虽短命，但对后世的影响很大。文帝创建的各种典章制度，为唐以后各期所因循。有些制度如六部尚书制，一直沿袭到清。隋的统一及其封建经济的发展，是唐代统一及我国封建社会走向鼎盛的先声。

隋代与西域各国的商业往来，比北周有所发展。《隋书·裴矩传》载："时西域诸藩，多至张掖，与中国交市。帝令矩掌其事。"裴矩通过与西域商人交往，了解各国的风俗、山川、地理，撰成《西域图记》。此书已佚，但其序言尚存，我们从中得知隋以前丝绸之路已发展为"发自敦煌，至于西海，凡为三道"。

隋炀帝好浮夸、尚排场，在张掖举办了"二十七国"参加的大会，"以示中国之盛"，后来在洛阳又有历时近月的类似之举，引得"蛮夷嗟叹，谓中国为神仙"。这些举动固然劳民伤财，但也从侧面反映出隋的经济力量强大。隋炀帝令与会者"佩金玉，被锦罽"，不由得使我们联想到敦煌艺术进入隋代以后，佛、菩萨的锦衣玉佩，这正是隋代物质文明的直接反映。

南北朝时期南北分裂，佛教也有南北之分，"南重义理，北重禅行"。隋统一全国以后，佛教提出了"禅义均弘"，南北统一。

隋文帝笃信佛教，仁寿年间曾几次下诏各州建造舍利塔，诏命远至敦煌。在最高统治者的提倡下，敦煌莫高窟在短短 37 年的隋代，竟有洞窟 77 个。①

隋代洞窟，绝大多数是方形倒斗顶，西壁一龛，个别洞窟三壁开龛。与前代不同的是，龛的位置升高，龛体加深，龛沿两层（又叫双层龛），塑像题材增多。有的是一佛、二弟子、二菩萨；有的是一佛、二弟子、四菩萨；个别洞窟还出现了十大弟子（第 412窟），个别中心柱窟塑三铺一佛二菩萨（第 292、427 窟），还出现了三世佛（第 244 窟）、二天王、二力士（第 427 窟前室）。

隋代壁画内容，故事画减少，经变画增多，各式各样的"累世苦修"和"忍辱精进"已由"西方极乐世界"和"方便成佛"所代替。经变画的种类有：维摩诘经变 11 幅（262、276、277、314、380、417、419、420、423、425、433 窟），弥勒经变 9 幅（62、262、416、417、419、423、425、433、436 窟），东方药师变 4 幅（394、417、433、436 窟），涅槃变 4 幅（280、295、420、427 窟），法华经变 3 幅（303、419、420 窟），福田经变 1 幅（302 窟），西方净土经变 1 幅（393窟）。这时候的经变画，尽管种类不多，有的画面简单，画幅不大，但它是唐代大幅经变画的雏形。从各方面来看，隋代都是承上启下、继往开来的过渡时代。

大地形容盛　灵光绘画宣 *

唐代前期，是我国封建社会的鼎盛时期。《隋唐嘉话·上》说："贞观四载，天下康安，断死刑至二十九人而已。户不夜闭，行旅不赍粮也。"杜甫《忆昔》诗中说："忆昔开元全盛日，小邑犹

---

① 隋代洞窟的科学排年正在进行中。此据敦煌文物研究所资料室所定洞窟时代而统计。科学排年以后，数字会有一定的变动（唐以后的也是如此）。

藏万家室。稻米流脂粟米白,公私仓廪皆丰实。九州道路无豺虎,远行不劳吉日出。齐纨鲁缟车班班,男耕女桑不相失。宫中圣人奏云门,天下朋友皆胶漆。百余年间未灾变,叔孙礼乐萧何律……"这一时期的敦煌,农业经济有所发展。"太守到来山泉出,黄沙碛里人种田。"岑参这两句诗说明地方官吏比较重视水利建设,劳动人民兴修水利,戈壁滩上扩大了耕地面积。(只要有水,戈壁滩上可耕之地非常多,今天仍然如此。)再从敦煌遗书残卷上看,敦煌当时的灌溉渠道很多,主要的干渠、支渠就有 37 道,主渠三丈渠就因渠面宽三丈而得名,可见水利的发达。农业生产工具也有所改进,莫高窟第 445 窟弥勒经变所画的曲辕犁,正反映出当时最先进的农业生产工具已经在敦煌使用。

安西四镇的设立,使中西陆路交通畅行无阻,中外经济文化的交流空前发达,越葱岭直达地中海,各国王子、使节、商队、僧侣,络绎不绝于路。这时的敦煌,并未因玉门关内徙安西而失掉重要的地位。玄奘东归,太宗令敦煌吏民"赴流沙迎接"。敦煌以西 110 里有兴胡泊,就是专门接待胡商的地方。敦煌唐代壁画维摩诘经变中的各国王子图,就是当时敦煌画家从现实生活中摄取的形象记录。

唐代前期的佛事活动,玄奘可以作为代表。太宗佛道并行,武后专崇佛学。李唐一代,将近 300 年,经济文化的繁荣,为敦煌艺术的发展提供了有利的条件。因此莫高窟现存唐代洞窟就有 232 个,其中属于前期的有 127 个。

此时的莫高窟,"前流长河,波映重阁",空前壮观。武周圣历碑有一段全面的描写:

> 西连九陇坂,鸣沙飞井擅其名;东接三危峰,法露翔云腾其美。左右形胜,前后显敞,川原物丽色新,仙禽瑞兽育其阿,斑羽毛而百彩;珍木嘉卉生其谷,绚花叶而千光。尔其镌

峙开基，植端□而概日；礛山为塔，构层台以篷天。刻石穷阿育之工，雕檀极优阗之妙……升其栏槛，疑绝累于人间；窥其宫阙，似神游乎天上。

唐代前期的彩塑，不但题材增多，而且千姿百态。新出现的有：游戏座大菩萨，骑狮文殊、骑象普贤，涅槃像，弟子群像，符拔等①。即使过去有的题材，也是千变万化；同是天王，有的竟成了西域"胡人"；同是地神，有卷发多须髯的人，有猪头人身兽爪的非人非畜，有化生童子。至于菩萨，更是名副其实地婀娜多姿，凡形容女性美的辞藻都可以用上而不过赞。

这时候的壁画布局，也一反旧式：四壁最下层的夜叉不再出现，其位置被供养人所占，或者被通壁大画所代替；四壁上端的天宫伎乐，亦不再沿窟旋飞，而成为"西方极乐世界"的成员，或翱翔于天空，或进入平台、乐池，围绕着佛而尽供养之职；千佛大都上升于窟顶。这样，除西壁正中为龛所占而留给塑像以外，其余三壁则绘以大型经变。通壁大画的出现，是唐代敦煌壁画的特点。它规模雄伟，人物众多，色彩绚丽。鲁迅先生在《论"旧形式的采用"》中曾说："在唐，可取佛画的灿烂"，完全如此。

唐前期的经变画有 17 种 117 幅：

有"未生怨""十六观"画面的观无量寿经变 23 幅：初唐 209、431 窟；盛唐 45、66、103、113、116、120、122、148、171（3 幅）、172（2 幅）、176、194、208、215、217、218、320、446 窟。

没有"未生怨"的西方净土经变（据《阿弥陀经》，或据《无量寿经》、《观无量寿经》绘制）18 幅：初唐 71、78、123、124、205（北壁）、211、220、321、329、331、334、335、340、341、372 窟；盛唐 44、

---

① 《续汉书》曰："符拔，形似麟而无角。"（转引自《后汉书》注）这一记载和莫高窟第 384 窟前室、第 334 窟龛外的动物一样，过去我们称它麒麟。

205（南壁）、445 窟。

弥勒经变 25 幅：初唐 71、78、123、124、329、331、334、338、340、341、372 窟；盛唐 23、33、91、109、113、116、148、180、208、215、218、387、445、446 窟。

维摩诘经变 13 幅：初唐 68、203、206、220、242、322、332、334、335、341、342 窟；盛唐 103、194 窟。

涅槃经变 7 幅：初唐 332 窟；盛唐 39、46、120、130、148、225 窟。

法华经变 7 幅：初唐 5 幅：202、331、335、340、341 窟；盛唐 23、31 窟。

观音经变 5 幅：初唐 205 窟；盛唐 45、126、217、444 窟。

佛顶尊胜陀罗尼经变 4 幅：盛唐 23、31、103、217 窟。

药师经变 2 幅：初唐 220 窟；盛唐 148 窟。

报恩经变 2 幅：盛唐 31、148 窟。

金刚经变 2 幅：盛唐 31、217 窟。

十轮经变 2 幅：初唐 321 窟；盛唐 74 窟。

天请问经变 1 幅：盛唐 148 窟。

华严经变 1 幅：盛唐 44 窟。

劳度叉斗圣变 1 幅：初唐 335 窟。

千手千眼观音经变 2 幅：盛唐 79、148 窟。

如意轮观音经变 1 幅：盛唐 148 窟。

不空羂索观音经变 1 幅：盛唐 148 窟。

中国佛教发展到了唐代，"无情有性"的佛教哲理流行于当时，"放下屠刀，立地成佛"也作为一种口号而正式提出来。在此情况下，经过"累世苦修"才能成佛的说教，亦随之失去作用。反映在佛教艺术上，小孩"聚沙成塔"皆可成佛的法华经变；庄稼"一种七收"，树上"自然生衣"，人们"视金钱如粪土"的弥勒经变;只要你一心念佛,"九品往生极乐世界"的观无量寿佛经变;只要诚心念阿弥陀佛,"迟则七日,快则一日"就可以"往生极乐世界"的阿弥陀经变;只要念一声"药师佛"的名号,一切无救、无归、无医、无药、无亲、无家等苦难可以得救,逢凶化吉,遇难呈祥的药师经变,等等,相应而生。

唐代壁画题材,除上述经变画以外,还有密教画和三宝感应事迹画。

密教是佛教的一个派系,重禅观,奉真言,讲法术。密教形象多"变相",如观音变成"千手千眼",文殊变成"千手千钵",还有什么不空罥索观音、如意轮观音,或三头六臂,或六臂八面、十一面。密教经典的翻译,三国时候就有。从敦煌现存的壁画内容来看,西魏第285窟的部分内容就可能与密教有关。初唐第321、334窟东壁就有六臂十一面观音,至今色彩如新。但是,和密教的传播、发展相一致,敦煌壁画中的密教画在盛唐以后才普遍流行①,不过题材仍很简单,不出以上所述。

根据三宝感应事迹绘制的故事画,在唐代前期,只有初唐的第323窟有集中反映,它们是:张骞出使西域求佛名号故事、佛晒衣石故事、佛图澄故事、阿育王拜外道塔、康僧会东吴传法故事、西晋石佛浮江、东晋高悝得金像、隋文帝迎昙延法师祈雨②。

破却吐蕃收旧国，表进戈矛奉大唐 *

755年,唐王朝统治阶级内部发生了安史之乱,历时九年,严

---

① 有关密教这一段文字,摘自宿白先生的讲义《敦煌七讲》(未刊)。
② 请参阅金维诺先生:《敦煌壁画中的中国佛教故事画》,《美术研究》1958年第1期。

重地摧毁了社会经济,中国封建社会由鼎盛走向衰弱,唐王朝从此一蹶不振。与这种形势相一致,敦煌莫高窟艺术也从它的顶峰跌落下来。

安史之乱以后,吐蕃奴隶主趁机占领河西。建中二年(781)敦煌为吐蕃所占领①。大中二年(848),敦煌人张议潮趁吐蕃内讧,带领蕃汉人民,一举赶走吐蕃贵族,并进而收复河西。唐封张议潮为瓜、沙、伊、西等十一州节度使,建归义军,敦煌此后为张氏所统治。因此,唐后期的敦煌艺术,又可分为吐蕃统治时期和张氏统治时期。

吐蕃奴隶主很信佛,把僧侣的地位抬得很高,甚至让一些高僧直接参与政事。但其所用高僧,很多是汉人。如后来给张议潮往长安送表的悟真的师父洪晉,吐蕃时代就是知释门都法律兼摄行教授;张议潮女婿李明振的叔父僧妙弁,被吐蕃赞普留在跟前参与政事,兼"临坛供奉"。吐蕃用汉族僧人作僧官,决定着吐蕃统治时代的佛教艺术,与唐前期一脉相承的大前提下打上自己的印记。比如:在壁画中,凡根据佛经需要有国王出场的地方,吐蕃赞普就在侍从的前呼后拥下站在大王、小王之前,莫高窟第159窟、231窟、237窟维摩诘像下面的听法图,第158窟大涅槃像窟北壁的举哀图就是如此。到张议潮收复河西以后,吐蕃赞普的形象就悄悄地消失了。从内容方面说,凡是唐前期的题材,吐蕃时期一样不少,又出现一些新的经变画。张氏统治时期又在原有的基础上有所发展,经变画种类之多达到高峰。

唐代后期新出现的经变有:大方便佛报恩经变20幅,天请问经变18幅,金刚经变17幅,华严经变13幅,金光明经变8幅,楞

---

① 此据向达先生的考证,请参见《罗叔言〈补唐书张议潮传〉补正》,《唐代长安与西域文明》,生活·读书·新知三联书店1957年版。

伽经变 5 幅，贤愚经变 3 幅，思益梵天所问经变 3 幅，报父母恩重经变 2 幅，密严经变 2 幅。这时候的经变画，虽然种类增多，但是已走向程式化，每一种经变的布局如出一模；通壁大画已经不多，而是一壁画几幅经变，因此一窟可画好多种经变，最多可达 15 种（第 85 窟）。要弄清产生这种情况的各种原因，还有待于今后深入研究，下面谈点很不成熟的看法。

从佛教本身的发展来看，可能和判教有关。唐以前，随着佛经的大量翻译，佛教内部长期存在着理论上的分歧。入唐以来，道教势力有所发展，也于佛教不利。同时，其他反佛教的一切理论，都从不同的方面与佛教展开了斗争。为了加强佛教在理论战线上的防御力量，共同对付来自外部的唯物主义攻击，各宗派都建立了判教的体系。判教，就是佛教各宗派根据自己的观点、方法，把所有的佛教经典著作和理论加以系统地批判和整理，重新估价、安排。其目的在于说明：佛教的一切经典著作不但不互相矛盾，而且是互相补充的，之所以有互相矛盾的现象，是因为佛对不同的听众、在不同的时机进行不同的说教。如天台宗，把佛教的一切经典著作经过他们的批判、整理以后分为五时与八教。所谓五时，就是佛讲经的五个时间：华严时、鹿苑时、方等时、法华涅槃时。所谓八教，就是分别佛在五个时间所讲的内容和方式。如：华严时，是佛对已有佛教深厚基本知识的听众宣传的道理，讲的是《华严经》；鹿苑时，是对一般不了解佛教的听众讲的，说的是四阿含经；方等时讲的是《维摩诘经》《思益梵天所问经》《楞伽经》《楞严经》《金光明经》等。唐代后期的敦煌壁画内容，可能和判教有着一定的关系①。

---

① "判教"一节，系采任继愈先生之说，请参见《汉唐佛佛思想论集》，人民出版社 1973 年版。

从世俗作用来说，可能和唐以后俗讲的兴盛有关。从壁画上我们往往看到许多题榜，就是用文字来注解画面内容。题榜，唐以前就有，现存最典型的是第254窟（北魏）的千佛题名、第285窟（西魏）的发愿文和供养人题名，但和讲唱无关。到了唐代，开始出现用经文、偈语来注解画面，如第45窟的观音经变、23窟的法华经变。尤其是唐后期张议潮统治时代及其以后修建的洞窟，题榜上的文字，既不是经文，也不是偈语，而是"提示"性的文字。藏经洞出土的俗讲话本（变文），少数有图，多数只有文而无图，但从行文中的"若为陈说"来看，开讲时应是有图的。唐代的文溆在长安开讲，"听者填咽寺舍"。由此我们可以想见，敦煌此时的壁画，有图有文，以图为主，如果有俗讲法师于执话本在窟中开讲，也会是吸引"愚夫冶妇乐听其说"的。

唐代后期的壁画内容，除宣扬"快速成佛""往生极乐世界"以外，值得注意的是大方便佛报恩经变的大量绘制，报父母恩重经变的出现，张议潮夫妇出行图的出现，通壁大画劳度叉斗圣变的寓意。

唐玄宗曾御注《孝经》《金刚经》，所以敦煌遗书P.2721说："历代已来无此帝，三教内外总宣扬，先注《孝经》治天下，后注《老子》及《金刚》。"唐德宗大搞儒、道、佛合流，常在宫廷内举行"三教讲论"。在皇帝的提倡下，太常卿韦渠牟，是儒生，当过道士，后来又当了和尚，可谓集儒、道、佛于一身。在这样的形势下，宣传知恩报恩、报佛恩、报父母恩的报恩经变和按照《孝经》编造的报父母恩重经变，是很符合统治者需要的。

张议潮出行图和河内郡夫人宋氏出行图是张议潮收复河西以后这一特定历史时期的产物。张议潮事迹，正史无传，散见于碑刻、敦煌遗书中的材料，虽不完备，但已属字字珠玑，而这两幅出行图是他离开敦煌前出现的作品①,且不说它的艺术价值和可资考证的历史价值,仅作为他生前的遗物,也是难得的瑰宝。

劳度叉斗圣变,唐初的第335窟(垂拱二年,686)曾出现过一幅,以后不见于盛唐、中唐(吐蕃统治敦煌时期)。张议潮收复河西(848)以后,也就是说,将近200年以后,突然复现舍利弗(代表佛教)如何战胜劳度叉(代表外道)的大型劳度叉斗圣变,人们很自然地联想到画中可能寄予当时当地人们抗击、驱赶吐蕃奴隶主的寓意。

唐代后期,三宝感应故事画更多,计有:于阗毗沙门决海、牛头山、毗卢舍那树下晏坐、阿育王建八万四千塔、尼波罗火池、末田伽罗送工匠上天睹释迦真容、僧伽罗国佛俯首授珠像、双头佛、张掖郡古月支王瑞像、南天竺弥勒白像等。

曹氏守瓜沙　三危夕照明

张议潮死后,归义军政权,张氏女婿们你争我夺,事实上和藩镇割据一样,归义军衙门就是割据政权。进入五代以后,曾经当过长史的曹议金于914年掌握了归义军政权。此后,曹氏世守敦煌将近140年。因此,五代至北宋初期的敦煌,我们称之为曹氏统治时期。

五代时期,中原丧乱,地处河西走廊西端的瓜沙二州,东有回鹘称雄,西有于阗强盛,若处理不好东邻西友的关系,瓜沙就不得安宁。到了宋代,瓜沙虽为中原管辖,但一直为西夏所觊觎。在此形势下,曹氏采取了一些有效措施:五代时是东结回鹘西联于

---

① 根据绘有该出行图的第156窟前室的《莫高窟记》,此窟成于咸通六年(865)以前。咸通八年(867),张议潮入朝,十三年(872)卒于长安。

阗,具体手段是联姻;到了宋代,则远交辽以对付西夏。与此同时,终五代、宋,一直向中原各朝廷称臣纳贡,以取得承认和敕封,或争取"星使降临",用以表示其政权的合法性。就瓜沙二州内部而言,从敦煌遗书和敦煌石窟的修建、供养人题记来看,曹氏采取了如下措施:一是集政权、军权、族权、神权、财权于归义军衙门,也就是集中到曹氏手里;一是加官晋爵以笼络瓜沙望族和大小地主。曹氏时代,归义军节度衙门的官员数目庞大,职权扩大到几乎无所不包的程度。如莫高窟第98窟供养人题名中,光"节度押衙"就有97人,所见官衔有18种(按制度规定应设职官不在此列)。节度衙门不仅管军、管民,还管农业、手工业、商业、文化、教育、宗教。供养人题名结衔就有:水官、知四界平水、知打窟都计料、知木匠□□(都料)、知版筑使、雕版押衙、知金银行都料、弓行都料、都画匠作、酒司、伎匠都料、都勾当画院使等。从敦煌遗书看,归义军衙门本身就有手工业作坊,工匠编为"作坊队",有正副队长,一位叫张员进的副队长,因"奇工杰世,巧胜出群"而被提升为衙前正十将(P. 3347)。文化教育方面,节度押衙随军参谋翟奉达就是有名的历学家,后来他的官衔是"朝议郎检校尚书工部员外行沙州经学博士兼殿中侍御史"(P. 2623)。宗教方面,历代曹氏都信神弄鬼,尤其提倡佛教。从敦煌遗书看,不仅都僧统、僧统、临坛大德、僧正等僧官要由归义军节度使任免,而且僧尼的度牒都得由节度使批授。五代、宋时期,敦煌寺院林立,不仅有马家兰若、索家兰若等私家大族的寺院,而且僧官、尼主也都为曹氏的贵戚姻亲所把持。

五代宋时期的瓜沙,曹氏的政治经济实力比较雄厚,又有权役使人民,因此在莫高、榆林二处大兴佛教造像和洞窟修建。此前,大概在晚唐时期,莫高窟有过一次崩塌。曹氏时期曾对大面积的崖面绘画一次,并且整修了窟前栈道,修建了四座窟檐,开凿了第 53、55、61、98、100、108、454 等大型洞窟。从莫高窟窟前发掘清理出来的窟前殿堂遗址看，24 个遗址中，五代、宋时期的就有十几个。就莫高窟外貌来说，这一时期还是颇为宏伟壮观的。

曹氏统治时期的洞窟，从现存情况看，有 61 个。但除了上述几个大型洞窟外，其余都是修改旧窟而成，往往下层还保存前代的原画。如果我们再仔细巡视的话，就会发现，在现存的 492 个洞窟中，没有被曹氏时代染指的洞窟几乎很难找到。他们或者全窟覆盖，或者把窟门缩小，在门洞两侧画上自己的供养像，哪怕在前代中心塔柱的塔基上画上几身，以满足自己"增福延寿"的愿望。

曹氏时代新开的洞窟，为了避免过多的毁掉旧窟，多半把甬道加深，避开两侧或上层的洞窟而深入崖腹，凿出方形大室，室内正中留有马蹄形(凹)佛坛，坛的后沿有一个直通窟顶的大背屏。这种形式，晚唐时期已经出现，所不同的是，窟顶四角挖进去一块，如浅龛一般，内画四天王，意思是请天王"来此镇窟"。按原修时的情况，马蹄形的坛上都有较大彩塑，现仅第 55 窟还残存几身，其中托莲座的天王可作宋塑的代表。

这一时期的中小型洞窟，龛内多半只塑一佛，各壁画十大弟子、四大菩萨和天龙八部，而且题榜文字都还清楚地保存着。单身造像的再一次出现，是一个值得注意的问题。

五代、宋时期的敦煌壁画，从艺术性上说，自然比不上唐代，论者用"夕阳无限好"来形容，无疑是恰当的，但并非"已是近黄昏"。从内容上说，唐代 21 种经变，除涅槃变以外，其余全部保留，并且新出现了佛顶尊胜陀罗尼经变、大型五台山图、曹议金出行图、回鹘夫人出行图、通壁大画刘萨诃和尚事迹等；就洞窟的完好程度来看，有色彩如新的第 6 窟，宏大、富丽的第 61、98 窟；从形式的新颖来看，有尚待研究的第 76 窟；从艺术性上说，有堪称代表的第36窟。所以笔者认为,曹氏守瓜沙,三危夕照明,而西夏、元代的莫高窟,则是整个敦煌艺术的"回光返照",已是近黄昏了。

曹氏东结回鹘、西联于阗的政策,也在壁画上反映得很充分,这就是供养人画像。其中题榜可辨的就有:"北方大回鹘国圣天可汗天公主"像,"大朝大宝于阗国大圣大明天子"李圣天的像,"北方大回鹘圣天的子敕受秦国天公主陇西李氏"像,"大朝大于阗国大政大明天册全封至孝皇帝天皇后"曹氏像,"大朝大于阗国天册皇帝第三女天公主李氏为新受太傅曹延禄姬"供养像,还有"大宝于阗国皇太子从连、琮原"的题名,等等。各族首领及其眷属集于一窟,不正是当时的现实反映吗?他们"侧立衣冠伟,分行剑佩联",为莫高窟艺术增添了不少光彩。

曹氏统治时期,东结回鹘,西联于阗,祖国西北各族不因你争我夺而兵戈不息,人们能有一个从事生产劳动的安定环境;"自瓜沙抵于阗,道路清隘,行旅如流",有利于彼此交往;敦煌一地更是"六番之结好如流,四塞之通欢似雨"(P. 2481)使者往来不断,商业兴隆。这些都是应当肯定的。不仅如此,当时于阗、瓜沙、回鹘还时常一起派使者结伴前往中原,保持了西北各地方政权与中原王朝的联系。

羌笛夜吹蒲海月　毡庐寒阻玉关春 *

1037年,西夏占领瓜沙二州,为时达180多年的归义军政权从此告终。

西夏立国者赵元昊,既"通蕃汉文字",又"晓佛图学"。少数民族统治先进地区,总要借助一种宗教以慑服人心,从十六国起就是如此,赵元昊也不例外,他甚至提出以"佛图安疆"的口号。

因此，西夏统治下的敦煌莫高窟，200年间留下了大量的佛教艺术作品。不过，它基本上没有新开洞窟，都是覆盖前代洞窟而绘的。根据初步排年，现存西夏洞窟77个（其中有14个洞窟同时存在两个时代的壁画）。

西夏塑像，仅存第491窟的两身供养天女是原作，其余能说明西夏艺术风格的不多。壁画题材简单，好些经变画只有楼台亭阁、佛说法、天人围绕、莲花、水池、化生，没有任何故事情节，竟不知所画何以为名。单身药师佛是西夏时代比较普遍采用的题材。满壁绿底色千佛，浮塑贴金五龙藻井，这是莫高窟西夏洞窟给人的突出印象。从艺术水平、历史价值方面看，第409窟的回鹘装西夏男女供养人和窟顶红底团花图案、第223窟东壁的文殊普贤变、第130窟窟顶的团龙藻井及飞天，可以说是西夏时代的代表作。

1227年，元太祖攻破沙州，归"八都大王"管辖，至元十四年（1277）复立沙州，十七年（1280）升为沙州路，属于甘肃行中书省。

元朝除了重视儒家思想以外，道教、佛教、伊斯兰教、基督教一起提倡，重点是儒道佛"三教平心"，即"以佛治心，以道治身，以儒治世"。在提倡佛教方面，大封国师、帝师，凡设官，都是僧俗并用。

元王朝的势力到达西藏以后，西藏萨迦派密教传入内地，并流行全国，因而莫高窟也出现了藏密。

元代全国寺院四万几千所，几乎超过了佛教极盛的唐代。莫高窟窟前元代殿堂遗址的发现以及速来蛮西宁王一家重修皇庆寺，就是元代寺院林立的反映。

莫高窟现存元代洞窟9个，以第3、第465窟为代表。第3窟可以说是一个"观音洞"，大大小小的观音画满了壁间，尤其是南北两壁的十一面千手千眼观音,中外观众莫不赞叹。她面部端庄慈祥,手臂珠圆玉润,素装无华,亭亭玉立。而这一切,都出自艺术家的一条"线"。美术家们普遍认为,此画创作者的线描功夫,可谓达到炉火纯青的地步。此窟的壁画制作、敷彩也是独一无二的。第465窟是藏密的代表,四壁上部画明王像,下部画织布、养鸭、牧牛、制陶、驯虎、制皮、踏碓等60多幅人物画,每幅画的侧面,都用纸笺写出画的内容,上半截是藏文,下半截是汉语。这批人物画是研究当时社会某些方面的形象资料。

风摇柽柳空千里　月照流沙别一天 *

　　元末明初的敦煌,记载缺乏。永乐三年(1405)于敦煌置沙州卫。正统十二年(1447)以后,沙州卫并入罕东卫。以后吐鲁番强大,侵据哈密,明政府在沙州故地设罕东左卫,以对抗吐鲁番。正德十一年(1516),敦煌为吐鲁番所占。嘉靖三年(1524)闭嘉峪关,从此关外的情况是"风摇柽柳空千里,月照流沙别一天"。与这样一种历史现象相一致,敦煌莫高窟除了第5窟西壁有一条成化十五年(1479)的游人题记以外[①],别无明代实物。

　　清康熙五十四年(1715)以后,嘉峪关外渐次收复。雍正元年(1723)于敦煌置沙州所,三年(1725)升为沙州卫,迁内地56州县民户至此屯田,并派光禄少卿汪漋督修沙州城,就是新中国成立前的敦煌城。汪漋勤于公务,留心文物,曾作《敦煌怀古》六首、《城工告成》四首、《登沙州城楼出郊看千佛洞墩台》二首、《游

---

　　① 此游人题记现在能辨认的字是:"陕西行□等□处番达□安妥□降□感佛威力愿番夷安妥人民□□成化十五年六月□"。

千佛洞》长诗一首①。那时的千佛洞（即莫高窟）已经是"字落残碑在，丛深蔓草缠"了。

附记：

本文虽是通俗性介绍文字，但文中涉及的莫高窟的种种材料，却是敦煌文物研究所的研究工作者多少年积累的结果，不是笔者一人所能完成的，笔者仅仅是搜集而已。又，凡有"＊"的标题，均引自清朝汪漋《游千佛洞》和《敦煌怀古》诗。

（原载《敦煌研究》试刊号，1981 年）

---

① 清道光十一年（1831）修《敦煌县志》。

建平公与莫高窟

557 年,宇文觉"受禅",是为北周。敦煌从此属北周治下,直至 581 年杨坚代周,首尾共 25 年。由于北周历时不长,其间又有武帝灭佛,莫高窟又未发现北周纪年的洞窟等,70 年代以前的莫高窟介绍,都没有北周洞窟。随着研究的深入,并经过石窟考古排年,现在可以肯定有北周洞窟。本文重点讲建平公与莫高窟北周洞窟的一点关系。

一 建平公考略

武周圣历元年(698)《李君(克让)莫高窟修佛龛碑》在追述莫高窟的历史时,有这样几句:"复有刺史建平公、东阳王等各修一大窟……乐僔、法良发其宗,建平、东阳弘其迹……"

北周时期,有两人被封为建平公:一是于提(《北史》作于子提),《周书·于谨传》记载:"保定二年(562)以谨(儿子于谨)著勋,追赠使持节、柱国大将军、太保、建平郡公。"于提没有当过瓜州刺史,与敦煌无关。一是于义,即于提的孙子,于谨的儿子。他的事迹,《北史》附于《于栗䃅传》,《周书》附于《于谨传》,只有《隋书》单独有传,但仍很简略,总共才 600 字左右。现将重要之处摘录如下:

> 于义,字慈恭,河南洛阳人也。父谨,从魏武帝入关,仕周,官至太师,因家京兆。义少矜严,有操尚,笃志好学。大

统(535—551)末,以父功,赐爵平昌县伯,邑五百户,起家直阁将军,其后改封广都县公。周闵帝受禅,增邑六百户。累迁安武太守……进封建平郡公。明、武世,历西兖、瓜、邵三州刺史。数从征伐,进位开府……

及高祖作相,王谦构逆,高祖将击之……以义为行军总管。谦将达奚恭拥众据开远,义将左军击破之。寻拜潼州总管……时义兄翼为太尉,弟智、兄子仲文并上柱国,大将军以上十余人,称为贵戚。

岁余,以疾免职,归于京师。数月卒,时年五十,赠豫州刺史,谥曰刚……

又据《隋书·高祖纪》,建平公于义死于开皇三年(583)。

据上引史传,在敦煌莫高窟"弘其迹"的建平公应是于义。就是这位于义,与敦煌的直接关系也只有一句话:"明、武世,历西兖、瓜、邵三州刺史。"那么,于义任三州刺史到底是哪年至哪年呢,由于缺乏记载,只能略考其大概。

西兖州为北魏孝昌三年(527)置,此时于义尚未出世。534年分立东、西魏以后,直至北周武帝灭齐以前,西兖州一直归东魏、北齐管辖。西魏、北周未见另置西兖州于自己辖境的记载。因此,于义任西兖州刺史的时间,应在建德六年(577)周武帝灭齐以后。又据《隋书·地理志》记载,北周曾改西兖州为曹州,但未记何年改。大象二年(580),于义随梁睿平定所谓"王谦构逆",接着出任潼州总管,一年多以后因病回京师,开皇三年(583)病死。基于上述情况,我们估计于义任西兖州刺史的时间,可能在577—580年之间。

邵州原来叫邵郡,地处洛阳与潼关之间,是东、西魏经常争夺之地。557年宇文氏代西魏,558年于"邵郡置邵州"。此后任邵州刺史者,据《周书》记载,大体是:

武帝保定元年至天和元年(561—566)，梁昕为刺史。

天和二年至五年(567—570)，刺史不详。

天和六年(571—?)，郑诩为刺史。

建德四年(575)以前，邵州一度被北齐占领，《周书·刘雄传》记载，建德四年北周"攻邵州等城，拔之"。

北周时期当过邵州刺史的还有韩德舆，但不知何年。

根据以上记载，我们认为于义任邵州刺史的时间有三个可能：一是558—560年周明帝置邵州时期，二是567—570年之间，三是575年北周再次夺取邵州以后到577年北周灭北齐。在这三个可能性当中，又以第一个可能性较大，因为：

第一，自西魏至北周武帝以前，执政者一直把主要精力放在与东魏、北齐的争夺战上，而作为西魏、北周政权支柱的于家，任职都在长安附近(如于谨为雍州刺史，于寔历任渭州、勋州刺史，于翼接于寔任渭州刺史，于义任安武太守)，或任京官(于谨曾任司空、尚书、左仆射、太傅，于寔曾任吏部中大夫、尚书，于翼曾任左宫伯等)。

第二，明帝在位只有四年(557—560)，《于义传》又明确指出明帝时已做刺史。我们认为于义就在这时由安武太守升迁为邵州刺史，就时间、地点而言，都是比较合情合理的。

北周明、武时的瓜州刺史，《周书》上有记载的是：

556—557年(最迟到560年)韦瑱为刺史。

保定二年至四年(562—564)李贤为刺史。

于义任瓜州刺史的时间，可能在保定五年(565)以后，因为558—560年他可能任邵州刺史。周武帝即位以后，励精图治，国力渐强，于家的子弟也分到各地任官：于寔任延州刺史，后迁凉州总管；于绍任绥州刺史；于颛任郢州刺史；于仲文任安固太守。于义可能就是在这种情况下出任瓜州刺史的。

综上所述，于义在"明、武世历西兖、瓜、邵三州刺史"的时间大概是：558—560 年任邵州刺史，保定五年（565）至建德五年（576）任瓜州刺史，建德六年（577）武帝灭齐以后至静帝大象二年（580）任西兖州刺史。大象二年以后任潼州总管。《隋书》所记"西兖、瓜、邵"是一种倒叙法。这种倒叙法，史书中屡见不鲜，就以于家为例：唐太宗时的太子左庶子、高宗时的尚书左仆射于志宁是建平公于义的孙子，《新唐书·于志宁传》记载，永徽四年（653），高宗要给志宁"赐田"，他不要，上奏高宗，说："臣家自周魏来，世居关中，赀业不坠……愿以臣有余赐不足者。"前引《圣历碑》两次说到"建平公、东阳王"，也是一种倒叙法。东阳王在建平公之前，按历史顺序，在莫高窟应该是"东阳、建平弘其迹"。

二 武帝灭佛

建平公于义在莫高窟"修一大窟"的时间，应是他任瓜州刺史之时。但是，在此期间又发生过武帝灭佛。这就出现了一个问题——武帝灭佛是否为莫高窟没有北周窟的理由，这需要具体问题具体分析。

北周共历 25 年，闵、明、宣、静四帝都信仰佛教，就是武帝本身也同样信佛，法琳《辩正论》卷三记载，武成二年（560）周武帝造织锦释迦像，高一丈六尺，其上"菩萨、圣僧、金刚、狮子，周回宝塔二百二十躯"，又于"京下造宁国、会昌、永宁三寺，飞阁跨中天之台，重门承列仙之观"，"见者忘归，睹者炫目。凡度僧尼一千八百人，所写经论一千七百余部"。据《续高僧传》卷二一《释昙崇传》，武帝对大和尚昙崇"时所钦承"，敕封为"周国三藏"，"并任陟岵寺主"。周武帝在位 18 年，而他的灭佛只是临死前 4 年多的事情，其余年代，上至皇帝、达官贵族，下至僧尼佛徒，一直在造寺、建塔、度僧、写经，据《辩正论》卷三统计，"周世于文氏，五帝二十五年，合寺九百三十一所，译经四人，一十六部"。由于"僧徒猥滥""糜费财力"，后来周武帝接受卫元嵩的建议，下令灭佛。隋费长房《历代三宝纪》卷一一载：

> 建德敦牂(三年，甲午，574年)迄于作噩(六年，丁酉，577年)，毁破前代关山西东数百年来官私所造一切佛塔，扫地悉尽，镕刮圣容，焚烧经典。八州寺庙，出四十千，尽赐王公，充为第宅。三方释子，减三百万，皆复军民，还归编户。

《周书·武帝纪》也记载，建德三年五月"初断佛、道二教，经像悉毁，罢沙门、道士，并令还民。并禁诸淫祀，礼典所不载者，尽除之"。

从有关记载看，武帝灭佛相当坚决。据道宣《集神州三宝感通录》卷上记载，周武帝的灭佛诏令也推行到瓜沙地区，瓜州城东的阿育王寺和沙州城内的大乘寺都遭毁灭。但是，如果我们结合灭佛前后的历史和现存实物来看，对武帝灭佛的影响就不能估计过高。

靠近长安的天水麦积山石窟保存至今的北周造像不少，著名的大都督李允信(也作李充信)在武帝保定、天和年间为其亡父造的七佛龛就是其中之一。

《广弘明集》卷六记载，武帝平北齐时曾下令"凡是经像，皆毁灭之"。但洛阳龙门石窟却完好地保存着像"药方洞""路洞"那样有确凿题年的洞窟。至于北齐、北周以前的洞窟，更是安然无恙。

莫高窟现存洞窟，据敦煌文物研究所的排年分期，有北周洞窟14个。虽然没有确切纪年的洞窟，但也不是无迹可寻。第442窟北壁自东向西第六身供养人像题名为："弟……主簿鸣沙县丞张缌供养佛时。"参考其他几条题记,此条题记的全文可能是:"弟子敦煌郡主簿鸣沙县丞张缌供养佛时。"据《隋书·百官志》记载,北周时郡置太守、主簿,县置令、丞。又据《元和郡县图志》卷四〇记载,敦煌县"周武帝改为鸣沙县,以界有鸣沙山,因以为名"。《太平寰宇记》卷一五三系此事于保定三年,即 563年。历史上的敦煌,只有北周至隋初才叫鸣沙县。上引供养人题记中的职官、地名均与北周史实相符。

总之,周武帝灭佛,不等于佛教石窟寺荡然无存。敦煌在武帝灭佛以后,很快就有开窟造像的记载,如第 220 窟甬道新出复壁壁画的旁边就有翟奉达的追记:"大成元年己亥岁(579)□□迁于三峗□□镌龛□□□圣容立像……"这条记载足以说明,用武帝灭佛来简单地否定莫高窟北周洞窟,显然是不妥当的。

三 建平公窟的推测

按圣历碑记载,建平公修造的应是一个大窟。莫高窟现存北朝窟龛中,最大的莫过于第 428 窟,平面面积达 178.38 平方米,窟内供养人像 1200 多身。从壁画内容来看,有莫高窟最大的萨埵饲虎本生、须达拏太子本生,有前所未有的五分法身塔、卢舍那法界人中像、涅槃图。这规模宏大、盛况空前的第 428 窟的修造,从财力、物力、人力上看,北周时代的敦煌,非建平公莫属。

另外,供养人庆仙的题名也为我们提供了此窟开凿于建平公任瓜州刺史时的信息。本窟东壁门南上排供养人第二身题名:"晋昌郡沙门比丘庆仙供养。"庆仙其人,敦煌遗书中有明确的活动年代。S.2935《大比丘尼羯磨经》题记称:"天和四年岁次己丑(569)六月八日写竟,永晕(晖)寺尼智宝受持供养,比丘庆仙抄讫。"晋昌郡即安西县(今瓜州县),当时属瓜州。庆仙比丘抄经的年代,正好是我们推算的建平公赴任瓜沙之时。

第 428 窟现存 1200 多身供养人像当中,除中心塔柱周围是身份高的官宦形象外,还有许多僧尼形象,建平公的亲属也不至于有如许之多,这又该如何解释呢？我们认为有两种可能:

一是由建平公首先发起,做大施主,然后其余的人踊跃响应,跟着一州之长作"随喜功德"。这种情况,虽无前例,但后代却有足资证明者,第 98 窟(五代)就是如此。

二是建平公离任以后重画的。因为现存供养人不是原画,而是粉刷后重画的作品,但两次画都属于北周时代,而非后代覆盖前代的。这一点看法,敦煌文物研究所的研究人员大体一致。

建平公曾在莫高窟开窟"弘其迹"虽然有"碑"为证,但关于建平公窟的推测,只是我们粗浅的看法,还有待求正于敦煌艺术研究者。

(原载敦煌文物研究所编《敦煌研究文集》,甘肃人民出版社 1982 年版)

关于莫高窟第 428 窟的思考

第 428 窟是非常引人注目的一个洞窟。莫高窟北朝 40 个洞窟中,最大的洞窟莫过于此窟,主室平面达 178.38 平方米,也是莫高窟最大的中心塔柱窟。洞窟内容也很有特点:影塑最多,共 1485 身;供养人画像最多,共 1242 身;新出现的题材也多,有涅槃图、须达拏太子本生、五分法身塔、卢舍那法界人中像、独角仙人本生、梵志摘花坠死因缘。除此之外,它的地理位置也很好,处在洞窟密集的南区中段,正对着如今参观的入口处。诸多因素加在一起,即使是莫高窟满目疮痍、一片荒凉的清代,还有一座名叫"古汉桥"的土坯砌成的台阶,从地面拾级而上直达此窟,"桥"下还有拱形桥孔,以供行人从窟前通过,宛如开启之后的"涅瓦大桥"的半截,蔚为壮观;一座牌坊,屹立于"桥"头,成为莫高窟当年的一大景点。直至新中国成立前,窟内还有供桌、灯台,是善男信女做佛事的道场。因此第 428 窟成为学者们研究早期洞窟的重点是很自然的。就笔者所知,研究过此窟的主要文章有:

1937 年松本荣一《敦煌画の研究·图像篇》中,最早(可能)对此窟的卢舍那佛定名为华严教主卢遮那佛图,指出东壁北段须达拏本生故事是依据圣坚译《须达拏太子经》绘制的,对摩诃萨埵本生图也作了详细考释和深入研究。

1982 年,拙著《建平公与莫高窟》一文发表,比较详尽地考证了建平公事迹,并首次提出他所修的"一大窟"可能就是第 428 窟(载《敦煌研究文集》,甘肃人民出版社 1982 年版)。

宿白《敦煌莫高窟早期洞窟杂考》，原载《大公报在港复刊三十周年纪念文集》，现已收入《中国石窟寺研究》，文物出版社1996年版。

宿白《东阳王与建平公》（二稿），原载《敦煌吐鲁番文献研究论集》第 4 集，后收入《中国石窟寺研究》，文物出版社 1996年版。

宿白《建平公于义续考》，同上书。

吉村怜著、贺小萍译《卢舍那法界人中像的研究》，载《敦煌研究》1986 年第 3 期。

浅井和春《第 428 窟の窟内塑像について》，见昭和六十年度文部省科学研究费による海外调查《敦煌石窟艺术调查（第二次）报告书》第 5 章第 2 节，1987 年。

李玉珉《敦煌四二八窟新图像源流考》，载台湾《故宫学术季刊》第 10 卷第 4 期，1993 年。

李玉珉《法界人中像》，载台湾《故宫文物月刊》第 11 卷第 1期，1993 年 4 月。

赵声良《莫高窟北周壁画风格》，载《1990 年敦煌学国际研讨会文集·石窟艺术编》，辽宁美术出版社 1995 年版。

贺世哲《莫高窟北朝五佛造像试释》，载《敦煌研究》1995 年第 3 期。

在以上诸多文章中，就第 428 窟的壁画内容而言，李玉珉博士的《敦煌四二八窟新图像源流考》一文是最系统、最全面、最有见地的文章，她详细考证了第 428 窟新出现的内容及其源流。

在前人研究的基础上，我想仅就我所考虑到的一些问题，作一点论述，并求教于专家学者。有关第 428 窟的内容、布局请见图 1：

图1 莫高窟第428窟内容示意图

一 关于五分法身塔的定名问题

第428窟西壁的五塔（图2），此前学术界有的先生将其定名为金刚宝座塔。明代刘侗等著《帝京景物略》卷五记载："成祖文皇帝时，西番板的达来送金佛五躯，金刚宝座规式。诏封大国师，赐金印，建寺居之。寺赐名真觉。成化九年（1473）诏寺准中印度式，建宝座……"①这就是现在尚存的北京真觉寺的金刚宝座塔。论者据此将第428窟的五塔图也定名为金刚宝座式塔，自为

① 刘侗、于奕正：《帝京景物略》，上海远东出版社1996年版，第294页。

一家之言。这可以说是定名的"国内依据"。

图 2　五分法身塔　第 428 窟西壁

有的先生引古代印度有关记载为例。《大唐西域记》卷八《摩揭陀国·上》记载：

> 菩提树垣正中有金刚座……金刚所成,周百余步,贤劫千佛坐之而入金刚定,故曰金刚座焉。

《大唐西域记》卷八又记载：

> 菩提树垣内四隅皆有大窣堵波。在昔如来受吉祥草已,趣菩提树,先历四隅,大地震动,至金刚座,方得安静。

这是来自国外的"古印度依据"。其实,关于前一段引文,我们只能得出这样的结论,即玄奘所记只是金刚座,并非金刚宝座塔。据考证,菩提树垣正中的金刚座是公元前 3 世纪中叶阿育王所建,现仅存一块砂岩磨制的台基。后一段引文也只是说菩提树垣的四角有四座塔,释迦在菩提树下成佛之前,每到一角地皆震动,到金刚座这里,方才安静。玄奘也没有说他当时见到的四隅有塔的形式叫金刚宝座塔或金刚宝座式塔。类似第428窟五塔图的中国文献记载,还见于《续高僧传》卷二六《释法周传》:

> 仁寿建塔,敕送舍利于韩州修寂寺……寺有砖塔四枚,形状高伟,各有四塔镇以角隅,青瓷作之,上图本事。

修寂寺的四组五塔也是中央主塔高伟,四角各配一小塔,塔上还绘佛传故事,而且时代亦与第428窟的相差不多,但文中并未称这种形式的五塔为金刚宝座塔。

贺世哲先生首先把这幅五塔图定名为五分法身塔。关于五分法身塔的由来,《大唐西域记》卷八《摩揭陀国上·无忧王诸营造遗迹》中记载:

> 山西南有五窣堵波,崇基已陷,余址尚高,远而望之,郁若山阜。面各数百步,后人于上重更修建小窣堵波。《印度记》曰:"昔无忧王建八万四千窣堵波已,尚余五升舍利,故别崇建五窣堵波。制奇诸处,灵异间起,以表如来五分法身。"

这段引文至少可以说明五塔为一组,表示如来五分法身,至于是否中间高、四隅低,则不得而知。

隋代慧远《大乘义章》卷二〇记载:

> 五分法身,诸经多说。名字是何?谓戒、定、慧、解脱、解脱知见,是其五也……所言戒者,据行方便,防禁名戒。防禁诸过,永令不起。就实以论,法身体净,无过可起,故名为戒。所言定者,据行方便,息乱住缘,目之为定。就实而辨,真心体寂,自性不动,故名为定。所言慧者,据行方便,观达名慧。

就实以论，真心体明，自性无暗，目之为慧。言解脱者，据行方便，免缚名脱。就实而辨，自体无累，故曰解脱。解脱知见者，据行方便，知己出累，名解脱知见。就实以论，证穷自实，知本无杂，名解脱知见。

季羡林先生等《大唐西域记校注》对于五分法身作了如下注释：

> 佛教所谓以五种功德成为佛身，故名五分法身。一、戒身，谓如来已脱离身、口、意三业的一切过非的境地；二、定身，谓如来真心寂静，脱离一切妄念的境；三、慧身，谓如来真智圆明，了然宇宙本有的实性，达观法性的境地；四、解脱身，谓如来身心解脱一切系缚的境地；五、解脱知见身，谓如来以其真知而解脱，获见法身。此五种程序即由戒而生定，由定而生慧，由慧而得解脱，由解脱而有解脱真知。即以抑制肉体的、精神的欲望逐渐进至所谓"解脱"的境地。①

佛教所说的法身是与生身相对而言的。当释迦牟尼佛的生身涅槃之后，众弟子深感无所依护，内心十分恐慌。为了解决这个信仰危机，就由释迦的十大弟子之一的大迦叶召集诸出家弟子，在王舍城结集释迦生前所讲的经法与戒律。所谓法身就是这些经法与戒律的概括，用现代汉语来表述，就是释迦牟尼佛的基本学说或者基本思想。五分法身也可理解为释迦牟尼佛的五项基本思想，即戒、定、慧、解脱、解脱知见。② 正因为五分法身概括了释迦牟尼佛的五项基本思想，所以，大小乘佛教乃至密宗对其

---

① 季羡林等：《大唐西域记校注》卷八，中华书局1985年版，第639—640页。

② 印顺著：《初期大乘佛教之起源与展开》第3章第3节之"现实佛与理想佛"，正闻出版社1982年版。

都很重视。

据晁华山先生研究,克孜尔石窟寺院组成中有一种五佛塔寺院。① 又据宿白先生介绍,20 世纪初,格伦威尔德从拉萨一位喇嘛处得到一批用古藏文写的克孜尔石窟资料,其中有一份克孜尔后山区石窟简图,图中绘有一座规模较大的寺院,完全是地面结构,位于第 215—216 窟之间。该寺院以一方形殿堂为中心,殿堂内立一塔,殿堂外四隅各立一塔,"此四塔与殿堂内之塔合计适为五塔。这种五塔组成的布局,和库车、拜城石窟群中的五塔组合,应有一定的联系"②。吐峪沟石窟第 44 窟开凿于北凉统治时期,坐东朝西,主室平面近方形,东西进深 3.70 米,南北宽 3.60米,高约 3 米。地面中央残存一土台,高 1.15 米,东西宽 1.3 米,南北宽 1.45 米,地面尚可看见立佛双脚痕迹,可能是佛坛遗迹。四壁四角各绘佛塔一座,为我国传统的木结构塔,塔内各画一佛,结跏趺坐。③ 我们认为这是四壁四角所绘四塔与窟室中央地面佛坛上所塑的立佛共同组成五佛塔。莫高窟第 428 窟西壁所画五塔图与上述克孜尔、吐峪沟的五佛塔属于同一类型与同一性质。晁华山先生从与佛塔相关的造像史角度分析,提出克孜尔石窟的五佛塔寺院表现的主题是如来五分法身,我很赞同。以此类推,我们认为吐峪沟第 44 窟与莫高窟第 428 窟西壁的五塔所表现的也是如来五分法身。因此,这种五塔似乎亦应叫如来五分法身塔。

---

① 晁华山:《克孜尔石窟的洞窟分类与石窟寺院的组成》,《龟兹佛教文化论集》,新疆美术摄影出版社 1993 年版。

② 宿白:《调查新疆佛教遗迹应予注意的几个问题》,《新疆史学》1980年第 1 期。

③ 贾应逸:《吐峪沟第 44 窟与莫高窟北凉洞窟比较研究》,《1987 年敦煌石窟研究国际讨论会文集·石窟考古编》,辽宁美术出版社 1990 年版。

二　关于第 428 窟的主题、作用问题

第 428 窟的内容是有严格规划的。它所表现的主题是什么，这个问题没有任何记载，一直困扰着我们。我曾幻想能有一部经包罗此窟的主要内容，能像有的洞窟那样称之为法华窟、涅槃窟等。探索的结果是水中捞月。说它是佛传主题吧，可它又有三则本生故事和一则因缘故事，还有释迦多宝二佛并坐，更何况还有大小 12 铺说法图。段文杰先生在《十六国、北朝时期的敦煌石窟艺术》一文中提出"428 窟组画形式的佛传"一说，①只可惜他没有加以论述，现在我只能同意段先生之说，并稍加论述。

我们知道，莫高窟第 257 窟（北魏）虽然也是一个有严格规划的洞窟，但因其南、西、北三壁中段的故事画，有本生，也有因缘，它给你的印象，还是以因缘为主，再加东壁已塌，人们不会刻意去追求什么主题；第 285 窟（西魏）一看洞窟形制，就知道是禅窟；第 290 窟（北周）故事画只有佛传，佛传就是它的主题；第 296 窟（北周）是一个有规划的洞窟，也是以因缘故事为主。本生故事讲佛的前世，因缘故事讲佛弟子如何事佛、信佛。然而第 428 窟则不同，它主要讲佛的前世与今世。前世并不存在，讲前世是为了烘托今世，因而本生可以说是佛传的延伸。再结合中心塔柱的四相，我们可以说其主题是佛传。又由于四壁共用 19 组不相连贯的画面来表现主题，所以又可称之为"组画形式的佛传"。

南北朝时期的中国佛教，南重义理，北重禅行，"凿仙窟以居禅"，因此北朝洞窟的内容都与坐禅有关。不过，第 428 窟与众不

① 敦煌文物研究所编：《敦煌研究文集》，甘肃人民出版社 1982 年版，第 8 页。

同,在 1242 身供养人像中,僧尼像占了 732 身,①有这么多僧尼的功德窟,所反映的禅修思想,自然更深邃一些。这是此窟内容给予我们的启示。

僧尼们禅观,首先要入塔观像。《观佛三昧海经》卷九《观像品》说:"佛告阿难:'佛灭度后……欲观像者,先入佛塔。'"入塔观像首先要观释迦牟尼像。同经卷一《序观地品》云:"佛告父王:'若有众生……欲知佛苦行时者,欲行佛降魔时者,欲知佛得阿耨多罗三藐三菩提者,欲知如来转法轮时者……随彼众生心想所见,应当次第教其系念。'"第 428 窟中心柱四面的题材为四相成道,这正是入塔观像所要"观"的内容。

四壁上层影塑千佛 5 排(图 3),代表三世十方诸佛,亦是礼佛观像之需(说见《思维略要法》)。《妙法莲华经·安乐行品》有云"深入禅定,见十方佛",也说明坐禅观佛得观十方诸佛。

图 3　影塑千佛　第 428 窟南壁

---

① 关于该窟的供养人像人数,各家数量略有差别,此依据范泉《周武灭法与敦煌北周石窟营造的关系——以莫高窟第 428 窟供养人图像为中心》一文的统计,《敦煌学辑刊》2008 年第 4 期。

图 4　坐佛说法图　第 428 窟南壁

北、西、南三壁共有七铺坐佛说法图(图 4)和三铺立佛说法
图(图 5),人字坡下还有两铺坐佛说法图,因无明显特征,我们无
法定名为何时何地说法,但古代画工是明确的。不过若按《观佛
三昧海经》卷九《观像品》的要求,僧尼坐禅观像时,还需观坐像
与立像:

> 谛观一像极令了了。观一成已,入定出定,恒见立像在
> 行者前。
>
> ……尔时世尊复为来世诸众生故,更说观像坐法。观像
> 坐者……请诸想像令坐宝花。众像坐时,大地自然出大白
> 光,如琉璃色,白净可爱……若有众生观像坐者,除五百亿劫

生死之罪，未来值遇贤劫千佛。

又，鸠摩罗什译《禅秘要法经》卷中亦云：

> 见坐像已，复更作念，世尊在世，执钵持锡，入里乞食，处处游化，以福度众生。我于今日但见坐像，不见行像，宿有何罪？作是念已，复更忏悔。既忏悔已，如前摄心，系念观像。观像时见诸坐像，一切皆起，巨身丈六，方正不倾，身相光明，皆悉具足。见立像已，复见像行……

降魔成道是四相成道的组成部分，是佛传的主要题材，当然是禅观的重要内容之一。前面已经叙述，不再赘述。

图 5　立佛说法图　第 428 窟北壁

观释迦多宝并坐,是禅观中很重要的一观,名叫法华三昧观。鸠摩罗什译《思维略要法》是指导禅观的重要著作,其中《法华三昧观法》中说:

> 三七日一心精进,如说修行,正忆念《法华经》者,当念释迦牟尼佛于耆阇崛山与多宝佛在七宝塔共坐,十方分身化佛遍满所移众生国土之中……所说《法华经》者,所谓十方三世众生,若大若小,乃至一称南无佛者,皆当作佛。

释迦涅槃像亦称卧像,而观卧像又是僧尼观像的科目之一。《观佛三昧海经》卷七《观四威仪品》云:

> 观如来卧者,先当观卧像。见卧像已,当作是念,佛在世时所以现卧,诸佛如来体无疲倦,但为降伏刚强力士及诸邪见不善众生,或复慈愍诸比丘故,现右胁卧。如来卧者是大悲卧,欲观佛卧,当行慈心。

鸠摩罗什译《禅秘要法经》卷中亦云:

> 世尊在世教诸比丘右胁而卧,我今亦当观诸像卧。寻见诸像叠僧伽梨,枕右肘,右胁而卧,胁下自然生金色床。

以上有关禅观部分,参照了贺世哲《敦煌莫高窟北朝石窟与禅观》一文。①

如来五分法身塔与僧尼观像的关系更为密切。当代著名佛学家印顺法师云:

> 古代佛弟子的念佛(按:即"观佛")就是系念这五分法身,这才是真正的佛。②

---

① 敦煌文物研究所编:《敦煌研究文集》,甘肃人民出版社 1982 年版。
② 印顺:《初期大乘佛教之起源与展开》,正闻出版社 1982 年版,第 162 页。

《观佛三昧海经》卷九《观像品》云：

> 此想（按：指观像行）成时，当念如来戒身。念戒身时，见诸佛影，眉间光明犹如白丝，空中清净，至行者前。行者见已，当作是念："释迦牟尼多陀阿伽度阿罗诃三藐三佛陀，过去世时以大戒身而自庄严，是故今日得戒、定、慧、解脱、解脱知见。"

该经卷九《本行品》亦云：

> 当复系念佛功德。念佛功德者，所谓戒、定、智慧、解脱、解脱知见。

第 428 窟的设计者将涅槃图（图 6）与五分法身塔共置于西壁，自有其佛教思想的内在联系，即涅槃图表示释迦已经结束了他一生的教化生涯，而五分法身塔则要表明释迦思想的永存。

图 6　涅槃图　第 428 窟西壁

卢舍那法界人中像（图 7），是佛的法身。法身佛也是观像的对象之一。S. 2585《佛说观经》云：

> 法身观者，已于空中见佛生身，当因生身观内法身、十力、四无所畏、十八不共法、大悲无量善业，如人先见金瓶，内

有宝珠。所以法身真妙,神智无比,无近无远,无难无易,无过世界,悉在目前,无有一法而不知者,一切法无所不了。是故行人当专念,不令散乱。若有余缘,即摄之令还。

图 7　卢舍那佛　第 428 窟南壁

昙摩蜜多译《五门禅经要用法》说:"得观佛定已,然后进观生身。"所谓"生身",是指释迦牟尼为普度众生而化生的各种肉身(包括人或其他动物)。这些业绩,包括佛传故事画、本生故事画、因缘故事画。于是此窟题材的设计者,就在东壁窟门两侧安排了三铺本生故事画和一铺因缘故事画。

三 关于"东来""西来"问题

敦煌艺术的"东来""西来"之说，向为艺术史家所关注。仁者见仁，智者见智，各有所据，自有其理。我们不是搞艺术的，不敢妄加评论。在这里，我们仅就第428窟的具体画面，能说清楚的，说一点看法，为东来说、西来说提供一点具体资料。

降魔意味着释迦即将成佛，因此，这段经历在佛教造像中历来备受重视。早在公元前1世纪的印度山奇第1塔上就出现了降魔图。画面以菩提树下的圣坛象征释迦。圣坛右侧则簇拥着魔众。其后在古代印度的佛教造像中广泛流行着降魔图，构图大多以释迦为中心，周围造魔王、魔女以及魔众等。4世纪中叶，我国古龟兹克孜尔石窟开始出现降魔图，现存6铺，分别画于第76、98、110、163、171、175等窟。我国中原地区的降魔图见于北魏太和年间（477—499）开凿的云冈第6窟西壁，构图为中间开一尖拱龛，龛内造释迦佛，结跏趺坐。龛楣及龛两侧刻群魔围攻释迦，其中有猪首、牛首、虎首、象首等的形象。下部刻魔女，南侧的三魔女作妖媚诱惑状。麦积山第133窟内10号碑左侧下部也刻有降魔图。

莫高窟的降魔图始见于北魏，画于第254、260、263窟，加上第428窟，北朝的降魔图共存4铺，其中第254窟的降魔图不仅时代最早，而且人物刻画也最生动。莫高窟北朝降魔图与古印度的降魔图比较，从构图到情节，基本上大同小异，区别主要在于古代印度降魔图中魔众源自印度主司丰饶和再生的民间信仰神的形象，给人以幽默感，而莫高窟降魔图中的魔众，则源自我国东汉以来传统的鬼神图像，给人以恐怖感。

关于释迦多宝二佛并坐，仅云冈昙曜五窟就有120多铺。有纪年的北朝金铜、玉石二佛并坐造像,我所经眼者已达 49 件,当时的信仰热可想而知。惠祥《弘赞法华传》卷一载西域祇洹寺"塔内有释迦多宝二像说《法华经》第七会者",然而在印度与西域的考古遗物中至今没有发现有关实物。释迦多宝二佛并坐可能属于我国汉地佛教造像的独创。

涅槃图是佛教艺术的一种古老的题材。公元 2—3 世纪以后,犍陀罗浮雕佛传中涅槃图大量盛行。其图像一般为释迦右胁、枕手、累足而卧,周围浮雕赞叹的天人、哀悼的弟子、抚摸佛足或询问外道的迦叶以及执杵的密迹金刚等。随着佛教的东渐,大约在公元 4 世纪,我国新疆境内的古龟兹石窟中出现涅槃图,并且日益盛行。据贾应逸先生统计,克孜尔石窟现存绘有壁画的 80 个洞窟中,53 个窟内有涅槃图,占有壁画洞窟的 66%。[①] 克孜尔石窟,公元 4、5 世纪的涅槃图受犍陀罗的影响较大,一般构图也是释迦右胁、枕手、累足而卧,释迦身光后画举哀圣众,头侧画须跋陀罗身先入灭,脚后画迦叶抚摸佛足等情节。6、7 世纪的涅槃图中新出现火化佛骨、八王分舍利、首次集结、阿阇世王闻佛涅槃而闷绝苏醒等情节,涅槃图成为克孜尔石窟的主要塑绘题材之一。

大约在 4 世纪上半叶,我国东部汉地佛教艺术中产生并发展起另外一种别具特色的涅槃图。刘义庆《世说新语·言语》云:"庾公尝入佛图,见卧佛,曰:'此子疲于津梁。'于时以为名言。"卧佛即涅槃像。庾公即庾亮(288—340),字元规。这就是说,4 世纪上半叶江南佛寺中已有涅槃像。《世说新语·言语》中还记述了一个有趣的故事:张玄之、顾敷是顾和的外孙和家孙,二人

---

① 贾应逸:《克孜尔与莫高窟的涅槃经变比较研究》,《龟兹佛教文化论集》,新疆美术摄影出版社 1993 年版,第 229 页。

都很聪明。顾和偏爱顾敷。有一次，顾和与他俩至寺中，见佛般泥洹像，弟子有泣者，有不泣者。顾和问二孙。玄之说是被亲故泣，不被亲故不泣。顾敷说不然，"当由忘情故不泣，不能忘情故泣。"顾和（287—351），字君孝。从这个故事可以进一步看出4世纪上半叶江南寺院里的涅槃图已有泣与不泣的弟子像，已经发展成涅槃变。十分遗憾的是这批涅槃造像早已不存，今人无法睹其造像特征。

与江南不同，北方的涅槃造像虽然缺乏文献记载，但是现存早期的涅槃造像颇多，尚未形成固定的格式，各具特色，大放异彩。例如云冈第11窟西壁中层佛龛下部有太和年间（477—499）造的小型涅槃图1铺。画面为：以娑罗双树为背景，释迦佛体微侧，两手平伸，卧于方形床上。释迦床头前立一比丘，面向佛，这可能是表现阿难。据《根本说一切有部毗奈耶杂事》卷三七记载，释迦临涅槃时，"阿难在佛背后，凭床而立，悲啼号哭，出大音声"，并请教佛："天德世尊般涅槃后，我当云何恭敬供养如来法身？"释迦双足后跪一比丘，面向佛足，这是表现迦叶。白法祖译《佛般泥洹经》卷下云："迦叶熟视佛黄金棺，意自念言：'吾来晚矣，不及吾师，不知世尊头足所在。'佛便应声出两足。迦叶即以头面著佛足。"释迦涅槃像两头，还各造二供养比丘，一哀悼的狮子。

大约完工于正光末年，即524—525年间的龙门石窟普泰洞北壁的涅槃图又是另外一种形式：释迦卧于床上，头前跪一比丘，合十。这是表现接受释迦临终遗教的阿难。释迦身后造一方形障物。工匠的本意是想在障物后造4身举哀比丘，但由于技巧拙劣，给人的感觉好像是在障物上放置了4颗比丘头（已缺一），看起来很不舒服。龙门石窟魏字洞开凿于正光四年（523）以前，北壁也有1铺小型涅槃图，其中的释迦涅槃像也是仰卧。

麦积山第 133 窟内 10 号造像碑属于北魏晚期的作品。此碑正面左上角开一帐形小龛，龛内造释迦涅槃像，头枕雕花枕，两手平伸，仰卧于床上。释迦脚后跪一比丘，手摸佛足，无疑是迦叶。迦叶上部刻一人，头披长发，面向释迦，双手合十跪地，这可能是表现纯陀。《大般涅槃经》卷二《寿命品》记载："尔时会中有优婆塞，是拘尸那城工匠之子，名曰纯陀……偏袒右肩，右膝着地，合掌向佛，悲泣堕泪，顶礼佛足。"纯陀是世俗佛弟子，所以头披长发。释迦身后并列刻三位女子，均裸上身，下身着裙，头披长发，面带愁容。右端一身，一于抚佛额，一手摸佛胸，似慈母视爱子。这可能是表现佛母摩耶夫人。《佛母经》记载："佛母闻子涅槃，如须弥山崩，遍体而现如波罗奢花，闷绝躃地。时有二天女，将水噀之，良久还醒。尔时佛母将诸徒众，恭敬围绕，从忉利天下至娑罗双树间，正视如来，殡殓以讫……绕棺三匝，却住一面，闷泪而言，告言慈子：'汝是我子，我是汝母，汝今入般涅槃，云何不留半偈之法？'"其余两位女子可能是陪伴摩耶夫人的二天女。释迦佛头前一人，高发髻，背包袱向前行走状。这可能是表现力士"严办供养之具"。《摩诃摩耶经》卷下云："尔时阿难即便入城，普告力士：'如来昨夜已入涅槃，汝等宜应供养阇维。'诸力士等闻此语已，心大苦痛，皆悉相随至双树所。既见世尊已般涅槃，闷绝震动，不能自胜，即问阿难：'我等不知云何阇维如来之身？'阿难答言：'我于昨日已咨问佛，世尊遗敕，令如转轮圣王阇维之法。'阿难具为次第说之。诸力士众闻此语已，即便严办供养之具，事事皆依阿难所说，如转轮圣王棺殡之法。"

甘肃省博物馆收藏一件四面五层造像塔，大约属于北魏晚期的作品。塔上左面第四层造涅槃图一铺：释迦仰卧于床上，身后六弟子皆高举双手，似痛不欲生。释迦头前跪一比丘，可能是阿难。释迦脚后跪一比丘，抚摸佛足，肯定是迦叶。罕见的是佛棺下部刻一人,身上带铃,手舞足蹈,两侧各刻一人,吹奏号角。这是表现天人歌呗赞叹。法显译《大般涅槃经》卷下云:"佛棺绕城一匝,从北门入,住城之中,听诸天人恣意供养,作妙伎乐,烧香散花,歌呗赞叹。"

日本东京国立博物馆收藏一件惠祖等造龙树菩萨像座,纪年为"大齐天宝十年(559)"。座上刻佛传故事,其中最后一个情节是涅槃图。画面为:八棵娑罗树,释迦头枕方枕,两手平伸,仰卧于方形床上。释迦脚后刻迦叶抚摸佛足。释迦头前跪一人,可能是佛母摩耶夫人。娑罗树间共刻九位举哀弟子。特别有趣的是有一比丘,身着袈裟,伏卧于地哭泣状。这是表现阿难哀悼释迦。《大般涅槃经·后分》卷上《遗教品》云,阿难闻佛即将涅槃,"身心战动,情识茫然,悲哽暗咽,深没忧海,举体迷闷,昏乱浊心,投如来前,犹如死人"。

南响堂第5窟(北齐)与河南浚县酸枣庙村发现的北齐武平三年(572)四面造像塔上的释迦涅槃像也都是头枕方枕,两手平伸,仰面而卧。

麦积山第26窟(北周)窟顶北坡(即正面)所画涅槃图,是现存北朝时期规模最大的一铺涅槃图,释迦佛着白色袈裟,头枕方枕,两手平伸,仰卧。

以上不厌其烦地列举这么多造像实例,目的就是为了说明北朝时期中原地区的涅槃图是有别于西域的独立发展起来的一种涅槃图,其中有的附属于佛传图中,有的是独立的。出现的人物也不固定,有阿难、迦叶、纯陀、佛母、天女、力士、天人、伎乐等。但所有这些涅槃图都有一个十分明显的共同特征——释迦佛仰卧。莫高窟第428窟的这铺涅槃图中的释迦也是头枕方枕,两手平伸外露,仰卧于白色床上。据此可知,第428窟的涅槃图主要源于中原。

　　五分法身塔是我国南北朝佛教艺术遗存中的孤例。佛教传入中国以前,中国没有塔。因此,求本溯源,塔应是"西来"之物。不过,据萧默先生考证,第 428 窟的五塔"为我国在当时已出现了金刚宝座塔和已经采用砖木混合的结构提供了证据","塔的发展,显示了传统文化与外来文化互相融合的生动过程"。① 前揭李玉珉先生在《敦煌四二八窟新图像源流考》一文中说:"目前受限于资料之不足,笔者很难肯定,四二八窟金刚宝座塔之图像源头为何,可是此塔的中层绘诞生图恰与《续高僧传》所言'上图本事'相符,而且图中主塔有斗拱和中国式殿堂的屋宇,这些或许可视作此塔与中原传统相关的一些线索。"看来,五分法身塔是中西合璧之作,当不会大谬。

　　关于卢舍那法界人中像的源头问题,日本学者松本荣一、吉村怜均指出第 428 窟的卢舍那图是受到丝路北道的克孜尔等地的影响。台湾李玉珉先生在前揭文中有中原卢舍那、西域卢舍那像的长篇论述,并附有中原方面的北齐、丝路南道的于阗、丝路北道的克孜尔石窟三方面的卢舍那造像图,与第 428 窟相比较。她的结论是:"敦煌四二八窟卢舍那佛主要的特征有二:一是以须弥山为中心,另一则为描绘六道世界,这两点正与中原系统的法界人中像相同。前文已述,6 世纪法界人中像在中原地区已十分流行,故笔者认为四二八窟卢舍那佛的图像来自中原的可能性较大。"在实物图像面前,我们也认为李玉珉先生的结论是正确的。

　　关于萨埵太子本生的源头,新疆石窟里虽然很多,但都很简单。同时,新疆的人物造型、衣寇服饰都与第 428 窟大异其趣(图8)。我们认为,第 428 窟与龙门宾阳中洞有着承接的关系。另

---

　　① 萧默:《敦煌建筑研究·塔》,文物出版社 1989 年版,第 152、175 页。

外，洛阳龙门宾阳中洞门两边的布局为：一幅横卷式的大画面，分为上、中、下三段，上段为维摩诘经变，文殊、维摩对坐于门的两边而论道；中段为萨埵太子本生、须达挐太子本生分置两边；下段为帝王、帝后礼佛图分置门的左右两边。这种布局也为第428窟所接受。所不同的是，第428窟将上、中、下三段都用来描绘一个故事，把故事描绘得淋漓尽致。这种横卷三段式，莫高窟是首次出现。

图8　萨埵太子本生　第428窟东壁

关于须达挐太子本生的源头，我想多说几句。

图9　须达挐太子本生　第428窟东壁

第428窟的须达挐太子本生（图9），是莫高窟首次出现的新题材。但在古代印度，早在公元前1世纪营建的巴尔胡特佛塔就出

现了浮雕须达拏太子本生图,情节较简单,仅仅表现须达拏施象给婆罗门。① 犍陀罗石雕中的须达拏太子本生图已出现连环形式:

1. 须达拏一手持水瓶给婆罗门洗手,一手牵象给婆罗门;
2. 须达拏驱车载妃及儿女向檀特山行进,遇婆罗门乞马;
3. 须达拏肩负儿子,曼坻肩负女儿,徒步行进;
4. 婆罗门至草庐乞施二小孩为奴;
5. 婆罗门鞭打二小孩;
6. 狮子挡道而蹲,阻止太子妃回草庐。

随着佛教的东渐,在我国新疆境内的丝路南道米兰(今若羌县东北约 75 公里)佛教遗址中发现大约绘于 3 世纪的须达拏太子本生壁画,残存三个情节:中间画须达拏右手执澡瓶,左手牵象给婆罗门;右边画须达拏向送行的大臣、城民告别;左边画三马驾车,载太子妃及二孩儿,须达拏乘马随后,向檀特山行进。这是我国现存最早的须达拏本生连环图。丝路北道的克孜尔石窟中,须达拏本生图较多,可分为两类:一类是单幅式,占多数,见于第 14、38、198 等窟,着重表现须达拏施二儿女给婆罗门为奴的情节;另一类是连环式,占少数,见于第 81 窟主室左右两侧壁,上下两排连续表现须达拏太子本生。可惜大部分画面已经模糊不清,现在尚能看清的情节为须达拏及其妃乘车行进与施车给婆罗门。

中原地区的须达拏太子本生图,最早见于永平二年(509)造像碑。此碑现存陕西省博物馆,正面造一佛二菩萨,背面刻佛传与须达拏太子本生图。后者位于下部,并列刻八婆罗门翘一脚,立于须达拏面前,左侧刻榜题:"诣太子宫门□□时。"须达拏上部刻八婆罗门共骑一头大象而去,左侧刻榜题曰:"婆罗门八人

---

① 高田修、上野照夫:《インド美术史》(1),日本经济新闻出版社 1964 年版,第 126 图。

乞得白象而去。"

开凿于 500—523 年的龙门石窟宾阳洞窟门北侧浮雕须达拏太子本生,实物已遭破坏,水野清一、长广敏雄著《龙门石窟の研究》中有线描图,为连环式,共有三个情节:须达拏太子及其妃告别前来送行的两位大臣;太子抱儿,妃抱女,徒步向檀特山行进;须达拏向阿斯陀仙人请教何处居住为好。每个情节之间都用高山丛林隔开,人物服饰全部汉化。

河南省新乡市博物馆收藏一件东魏武定元年(543)道俗 90人等造像碑,背面线刻 5 层画像,从下往上,第 1 层供养人像,第 2层是造像记,第 3 层是须达拏太子本生,第 4 层 1/3 是须达拏太子本生,2/3 是佛传图,第 5 层是佛传图。须达拏太子本生共有 4个情节、6 条榜题,从右向左:

1. 线刻 5 女子,象征 500 夫人,均立。榜题云:"五百夫人皆送太子向檀特毒山辞去时。"

2. 一马驾车,车后站须达拏夫妻及二小儿,马前跷脚站一婆罗门。榜题云:"随太子乞马时。"一婆罗门骑马行进。榜题云:"婆罗门乞得马时。"

3. 太子抱儿,妃抱女,渡河。榜题云:"太子值大水得渡时。"

4. 画面接续第 4 层左端,婆罗门妇在井边打水,旁边站 3 青年。榜题云:"三年少笑婆罗门妇。"婆罗门妇跪于房内。房前榜题云:"此婆罗门妇即生恨心,要婆罗门乞好奴婢逃去时。"

美国宾夕法尼亚大学博物馆收藏一件北齐天保二年(551)九尊坐佛碑,碑两侧面浅浮雕须达拏太子本生,每侧从下至上分3 层,共计 6 个情节:

1. 须达拏外出游观,遇诸贫穷残疾人。

2. 婆罗门至宫门乞象与得象而去。

3. 须达拏跪别父王及驾车载妻儿离国而去。

4. 太子负儿,妃负女渡河。

5. 婆罗门寻访须达拏及猎师捆打婆罗门。须达拏施儿女给婆罗门为奴及婆罗门鞭打二小孩。

6. 太子妃急欲归草庐及狮子挡道。

从上举实例中可以看出莫高窟第 428 窟的须达拏太子本生图在情节的选取、连环画形式等方面,既与西域的有相似之处,又与中原的有一致的地方。比较而言,似乎受中原的影响更大一些。例如八个婆罗门均跷一脚,至太子宫前乞象,然后共骑一象而去,这一情节与永平二年(509)造像碑很相似。又如每个情节之间,以高山丛林相隔,与龙门宾阳中洞的相同。前揭段文杰先生在《十六国、北朝时期的敦煌石窟艺术》一文中也说"这幅画以'己'字形连环式构图……人物形象、衣冠服饰,均为中原式,并以山峦、树木、房屋作为故事情节的间隔和连接,把人物活动放在一定的环境之中,使画面富于生活气息,这是早期故事画受到中原绘画影响后的一个新发展"。总之,古代敦煌地区的无名艺术家是借鉴、融会了东西两方面的优点,在莫高窟首次创作出这铺内容空前丰富、场景空前巨大的须达拏太子本生连环故事画,无论在当时,或者是现在,都可以说是稀世珍品。

在故事情节的选择上,第 428 窟的须达拏太子本生图还打上了明显的时代烙印,即宣传儒家的孝道。例如当须达拏将车、马、衣服全部施舍给婆罗门后,夫妻分别肩负女,徒步行路,饥渴难耐。这时忉利天变化出一座美丽的城市,出现在须达拏夫妻面前,城门口还有乐队欢迎。太子妃建议进城暂作休息,太子坚持反对,认为这样做"违父王命,非孝子也"。这独一无二的画面的出现,与北周朝廷提倡儒学有关。

四 关于第 428 窟的艺术成就

让学历史的人来谈艺术,往往是隔靴搔痒,说不到点子上,因此我们不想强不知以为知。现在仅就我们请教过美术家的一些必不可少的问题作些交代。

英国人威廉·荷加斯(1697—1764)在《美的分析》一书中提到:"避免单调是绘画构图的一个不变的规则。"①莫高窟任何一幅画都可以为这句话作注解。第 428 窟(其他好多洞窟也一样),不光要避免构图单调,还要避免重复,而这一点更为重要。通过调查我们得出结论:第 428 窟没有一个菩萨、没有一条边饰、没有一个供养人是完全相同的。只要是第 428 窟的照片,无论哪一张,都可以找到它在壁面上的位置。此窟平面面积为 178.38 平方米,是莫高窟的大型洞窟之一,要在这么大空间的四壁及顶部画满壁画而不单调、不重复,谈何容易,可是画师们做到了。

一进洞窟,迎面而来的是彩塑。第 428 窟的彩塑,由于后代的上色、粉脸、描眉而不被人们重视。美术家告诉我们,只要将它们的"化妆"去掉来欣赏,还是北周原貌。第 290 窟是第 428 的姐妹窟,彩塑原作未动,谢成水先生曾对第 290 窟的影塑作过专门研究。他以敦煌研究院美术临摹工作者的眼光,反复审视过第 290 窟的塑像,写出了见解独到的文章,恕我不再鹦鹉学舌。读者如有兴趣,请读《敦煌石窟艺术·莫高窟第二九〇窟》一书。②

几十年以前,我们刚到莫高窟工作,老同志们就给我们介绍

---

① [英]威廉·荷加斯:《美的分析》,人民美术出版社 1986 年版,第 29 页。
② 谢成水:《敦煌石窟艺术·莫高窟第二九〇窟》,江苏美术出版社 1994 年版。

北魏千佛的"小字脸",即每个千佛脸上都是白鼻梁、白眼圈,在变了色的黑脸上特别醒目。我们不搞美术,搞不清楚为什么要像小丑一样画成白鼻梁、白眼圈,也不求甚解。第 428 窟,则更有甚者,有三白脸——白鼻子、白眼睛、白下巴颏;有四白脸——白鼻子、白眼睛、白下巴颏、白眉毛;还有五白脸——白鼻子、白眼睛、白下巴颏、白眉毛、白嘴唇。当我们必须介绍第 428 窟时,这个问题自然浮现在眼前,不能回避。经过请教美术家,经过仔细调查对比,想说几句外行人的话:我们认为,这是一种画法,一种画风。因为,同是第 428 窟,东壁的故事画中的人物,一白也不用。恰恰相反,眉毛、眼球、颧骨,凡是脸部的高处都用黑或红(红已变黑)色。画法和画风,显示了画家的追求,即脸部的高处通过艺术处理,能"高"起来,立体感更强。这种处理本来是科学的。然而经过长年累月地变化,脸部的乳白色全部变黑,黑眼珠多数褪去,白色不变,成了反差很强的"黑白分明"。新疆克孜尔石窟也有不少这种人物像,但由于脸部没有怎么变色,至今色彩尚属协调。就第 428 窟而言,也有极个别没有变色的,如南顶平棋叉角的几身飞天,至今完好如新,但"三白""四白"也隐约可见。看来,我们在欣赏这些作品时,如果懂得变色,把黑色还原成皮肤颜色,白色的色调自然减弱,柔和端庄的佛、菩萨也就呈现在我们面前了。

第 428 窟佛、菩萨众多,好多都是灰色。对于这种灰色,美术家们有两种截然不同的看法。有的认为是瓦灰,它不变色。正由于窟中有此色调,才使得第 428 窟至今整窟色彩稳重调和。有的认为是变色所致,古人对佛尊崇备至,哪能会给佛爷上灰色?"瓦灰说"是一个新问题,我不懂,提出来请教于专家学者。

五　画师的创造问题

画工在艺术上的创造问题，我说不出个一二来，只谈一点从经到画之间画工的成就。

画面中有一些情节为经文中所无，是纯属古代画家根据自己对于生活的理解演绎出来的。例如萨埵太子本生中三位太子射猎的场面，虽然有悖于佛教不杀生的教义，却合乎王公太子们的生活情趣，并且增强了画面的生动感。又如王宫后面树下画一马，空鞍，马的前蹄腾空，显得烦躁不安。我们猜想，此马应是萨埵太子的坐骑。古代画工将萨埵太子生前的坐骑画在父王王宫后面的树下，并且腾跃不安，既符合现实生活中常见的善马对于主人的怀恋之情，也强化了父王、母后思念太子之情。萨埵舍身饲虎后，二位兄长飞马回宫向父王禀报噩耗，也是古代画工的演绎之作。若按常理，马向前奔驰，路侧的树枝应该往后倾倒，才能更好地烘托出奔马的飞速。可是现在的画面正好相反。也有的美术家认为这是为了适应构图的需要，如果树枝往后倾倒，就会挡住后面的人马。当然，这也不无道理。我们所要强调的是这一情节没有经文依据，而是画工的创造。

（原载《敦煌研究》1998 年第 1 期）

莫高窟第 220 窟新发现的复壁壁画

　　敦煌莫高窟现存洞窟有很大一部分是经过后代改动的。这种经过后代改动的洞窟,结构发生变化,较普遍的是洞窟入口甬道:一般原洞窟甬道是方口,开口较大,后代多将甬道加砌抹泥改为马鞍形门,甬道缩小,因而形成重层甬道(复壁)。据初步调查,这种甬道有三十来个,其中十分之八是唐代洞窟,而且底层原壁画大部保存良好,第 220 窟就是其中之一(图 1)。

图 1　第 220 窟甬道(搬移前)

第220窟的表层壁画,包括甬道在内,全系西夏时期绘制。1944年夏,前敦煌艺术研究所于北壁一角的千佛脱落处发现底层唐代壁画,色彩鲜丽,线描挺秀。试以钢针挑剔,一大片西夏绘制的千佛轻易地脱落下来。当时采取了局部剥离,发现底层壁画保存完好,未因西夏抹泥制壁而毁坏。在局部剥离过程中,发现了贞观十六年纪年题记①。于是决定进行全窟剥离。后因限于条件,留下了甬道和窟顶未动。这个原为贞观十六年(642)的唐窟,是莫高窟已知的最早的唐代有纪年的洞窟。

图2　第220窟甬道(搬移后)

以前我们就在甬道入口的破壁中发现经后代修补过的甬道底壁壁画,准备进行探检。1975年10月,我所保护组对第220窟的重层甬道进行了整体搬迁的尝试,取得了预期的效果。做法是将甬道表层西夏壁画整体剥离后向东推移,完整地推移到甬道口新的位置,重新固定,使底层完好的壁画全部暴露出来(图2)。剥出的壁画和题记,色彩鲜艳如新,其中的"新样大圣文殊师利菩萨图"及供养人像行列和题记,都是进一步研究敦煌石窟壁画和历史的新资料。现将第220窟新出壁画的内容、题记介绍于后。

① 第220窟窟内东壁窟门上方有愿文一方,尾题"贞观十有六年敬造"。北壁壁面下方有"贞观十六年岁次壬寅奉为大云寺律师道弘(法师造奉者)"题记。

一

新剥出的通道为方形,平顶,高 2. 15、宽 2. 15、进深 1. 49—
1. 59 米。顶部无壁画(估计西夏重修时顶部已崩塌,因为我们搬
迁过程中还撬掉一块即将塌落的危岩),只剩北壁和南壁。

甬道北壁(图 3):

图 3 第 220 窟甬道北壁

正中画文殊变一铺。东侧画"大圣文殊师利菩萨"一身,西
侧画"南无救苦观世音菩萨"一身,与东侧文殊像等高。文殊变

中的牵狮人,身穿大袍,头戴风帽,足穿长靴,左上方有一榜题:

普劝受持供养 大圣感得于阗…… 国王子……时

分行的小字,两行字数不等,可惜已模糊不可辨,最后一个"时"字是挤着写进去的。

狮子下部有愿文一方,红地,高 23、宽 25 厘米,墨书十四行(左书),(图 4)书曰:

图 4 同光三年题记 第 220 窟甬道北壁

清士弟子节度押衙守随军[参]谋银

青光禄大夫检校国子祭酒兼御史中丞

上柱国浔阳翟奉达抽减□贫之财

敬画新样大圣文殊师利[菩]萨一躯并

侍从兼供养菩萨一躯及[救苦]观世音

菩萨一躯标斯福者先奉为造窟

亡灵神生净土不坠三涂之灾次[为]我

过往慈父长兄匆(勿)溺幽间苦难长遇善

因兼为见在老母合家子孙无诸灾

障报愿平安福同萌芽罪弃涓流

绝笔之间聊为颂曰

大圣文殊瑞相巍巍光照世界感现千威

于时大唐同光三年岁次乙酉三月丁

巳朔廿五日辛巳题记之耳

通壁下部画男供养人像一排七身(西向):

第一身题名:"亡父衙前正兵马使银青光禄大夫检校太子宾客翟诲信供养。"

第二身题记:"亡兄敦煌处士翟温子一心供养。"

第三身题名:"施主节度押衙随军参谋兼御史中丞翟奉达供养。"

第四身题名:"弟步兵队头翟温政供养。"

第五身题名:"乐住持行者宗叔翟神德敬画观音菩萨一躯。"

第六身题名:"亡孙定子一心供养。"

第七身题名:"亡男善□一心供养。"(图5)

图5 第220窟甬道北壁供养人

在第三身即翟奉达画像头部的空白处,又有补题墨书四行(左书):

后敕授归义军节[度]随军参谋行州……

银青光禄大夫检校左散骑常

侍兼御史大史怀……

上柱国之官也

从北壁的内容、布局、画风来看，全壁均为五代同光年间所绘。

甬道南壁(图6)：

图6　第220窟甬道南壁

正中开一方口小龛。龛内正壁画一佛二弟子二菩萨，华盖两侧各一飞天。这一说法图的两侧各有榜题一方，均为直行左书，西侧为"南无药师琉璃光佛观自在菩萨眷圣□□普二为先亡父母"，东侧为"请(清)信佛弟子敬国清一心供养大悲救苦观音菩萨敬国"。龛内西壁画一佛(倚坐)二菩萨。榜书"造弥勒佛并二菩萨一躯",说法图下部画跪状汉装女供养人一身,吐蕃装男供养人二身。龛内东壁画一佛二菩萨,榜书"释迦牟尼佛并二菩萨"。

龛外上部:中间画一坐佛,顶上有贴壁浮塑小佛三身(均残);左边画一佛二菩萨一铺,佛作禅定状,头戴冠;右边画一佛二菩萨,佛为倚坐。

龛外帐门两侧:东侧画大小供养人二身,大者为僧徒,小者为吐蕃装侍从;西侧画汉装女供养人一身。

龛外下部:中间为白描,画立佛与比丘各一身,在白描画面上有墨书题记三行(左书):

　　大中十一年六月三日信士男力一心供养
　　并亡母
　　造窟一所并卢那□□

东侧画汉装女供养人三身,西向,榜题因褪色而几乎消失,第一身隐约可辨者仅"一心供养"四字,第二身仅留"供养"二字。西侧画比丘三身、男供养人二身,东向,最后一身题记为"亡弟一心供养"。

综观全壁,从布局、题记、画风和供养人来看,龛外上部、帐门两侧以及龛内壁画系吐蕃统治时期的作品,龛外下部应是晚唐(大中二年以后)所绘。

另外,帐门西侧空白处,有五代翟奉达墨书题记六行(左书),(图7)文曰:

　　大成元年己亥岁□□迁于三峗□□镌龛□□圣容立(像)
　　唐任朝议郎敦煌郡司仓参军□□子翟通[乡]贡明经授朝议

郎行敦煌郡博士复于两大像中□造龛窟一所庄严素
质图写尊容至龙朔二年(662)壬戌岁卒即此窟是也
[九代]曾孙节[度押衙守]随军参谋兼侍御史翟奉达
检家谱□□

图7　第220窟甬道南壁西侧题记

　　最后，需要说明一下，现在剥出来的只是中唐、晚唐、五代的
壁画，贞观十六年间的甬道壁画，由于和已剥离的壁画相距只
2—3厘米，尚未剥离，情况还不清楚。

二

　　甬道北壁的题记表明，"新样大圣文殊"壁画的施主是翟奉
达。翟氏为东晋以来世居敦煌的大姓。翟奉达其人，对我们来说

也并不是陌生的。第 98 窟的供养人像中有他，敦煌遗书中有他所纂的历书和其他写本。现在第 220 窟发现的"检家谱"题记和翟氏残碑①，敦煌遗书中其他有关材料②可以互相印证。在这个题记中，记述了他祖先的佛事功德：早在北周大成元年（579）就在这里开窟造像，唐贞观十六年（642），又在"两大像"（即今第 130 窟和第 96 窟）之间"造龛窟一所"，还特别点出"即此窟（220窟）是也"。此窟西壁龛下，初唐时书写的"翟家窟"三字仍清晰可识。时间隔了近三百年，翟奉达再次题壁重申，更可以证明此窟正是"家寺"的性质。

莫高窟的文殊变始于初唐，建中二年（781）吐蕃据有沙州以后更为盛行。据记载，长庆四年（824）吐蕃统治者曾派专使到中原唐王朝那里求"五台山图"③。在莫高窟现存的百余幅文殊变中，中唐（指吐蕃统治时期，781—848 年）占百分之十二，晚唐占百分之二十五，五代占百分之四十。到了宋代，曹氏还专门建造了规模空前的第 61 窟的"文殊堂"④。它是莫高窟数一数二的大窟，也是唯一的以骑狮子的文殊为主尊的洞窟。窟内绘有 60 平方米的巨幅文殊圣地——"五台山图"。"才念文殊三两口，大圣慈惠方便来相救"⑤，流行于当时的这敦煌词曲，正反映了这一地区对文殊崇信的情况。

---

① 1968 年，莫高窟窟前发掘过程中，于第 98 窟前出土天宝年间浔阳翟氏残碑。碑文有"璜于魏以""进为汉丞相封高陵侯""进少子义……莽纂位。义四（下缺）康帝时（改）为散骑常侍（下缺）子矫不仕。矫子法赐（下缺）"等语。

② 参见向达：《唐代长安与西域文明》中《记敦煌石室出晋天福十年写本寿昌县地境》一文。

③《册府元龟》卷九九九《外臣部·请求》。

④ 敦煌文物研究所藏敦煌遗书第 0322 号《腊八燃灯分配窟龛名数》。

⑤ 王重民辑：《敦煌曲子词集》。

　　于阗信奉佛教,很早以来,与中原政治、经济、文化的往来就十分频繁。唐高宗显庆二年(627),以于阗信奉"毗沙门天"而为毗沙都督府,是安西四镇之一。安史之乱时,于阗王尉迟胜于至德初(757年)亲自率兵赴中原,为维护国家的统一做出了贡献①。五代时,虽然中原战乱频繁,交通不畅,但于阗王仍坚持奉中原王朝为正朔,称李圣天,衣冠一如中原,王殿也朝东②,表示了心向中原、维护祖国统一的志向。

　　于阗、沙州两地相接,关系更为亲密,晚唐五代时又进一步加强了联系。当时于阗王给沙州节度使张淮深的信件,以"大于阗汉天子"自称,称沙州为"舅",并约定:凡书信去,请看二印,一是"通天万寿之印",一是"大于阗汉天子制印",除此"更无别印也"③。曹氏统治时期,两地使者往来不绝。据曹氏一残存酒单载,半年内于阗派"使者"到沙州有四次之多,住留时间有的长达半年之久。为了巩固两地的联系,曹氏将女儿嫁给于阗。后晋天福三年(938),石敬瑭册封李圣天"大宝于阗国王"之后,莫高窟第98窟出现了"大朝大宝大圣大明天子"李圣天的巨幅画像,高2.90米,头戴冕旒,身穿龙袍,足登高履。其后是曹氏画像,高2.20米,榜题:"大朝大于阗国大政大明天册全封至孝皇帝天皇后曹氏一心供养"。后来,于阗公主又回嫁给曹氏的第三代——曹延禄④。开宝九年(976),于阗皇太子从连、琮原又在今第444窟留下了他们的题名。

　　据记载,中原崇信文殊的热潮兴起以后,很快就影响到于阗。

---

　　①《旧唐书·尉迟胜传》。

　　②《新五代史》卷七四《四夷附录第三》。

　　③ P. 2826。

　　④ 莫高窟第61窟东壁北侧有补画的于阗公主供养像一身,榜题:"大朝大于阗国天册皇帝第三女天公主李氏为新受太傅曹延禄姬供养"。

又由于于阗对文殊的崇信,相传在五台境界寺还留下了于阗国王的足迹①。后唐同光时(903—926 年),于阗僧人不畏艰苦,长途跋涉去朝拜五台山,又受到"庄宗率皇后及诸子迎拜""并遣中使供顿"。"新样文殊"的出现,正是在中原崇信文殊热潮的影响下,于阗对文殊加倍崇信的狂热表现。

"新样文殊"在莫高窟的出现,绝不是偶然的。晚唐以来,表现于阗佛教史迹的壁画就日渐增多,如"于阗故城""牛头山""毗沙门决海"等。五代时,翟奉达作为沙州曹氏政权文化方面的代表人物,特选于阗"新样文殊"绘制于莫高窟,更表明于阗、沙州两地的密切关系又有新的发展。

三

第 220 窟新发现的壁画,包括中唐、晚唐、五代三个时代。中唐壁画,仅有龛内龛外几铺佛像。在龛外弥勒佛像下有两身头戴红毡冠,身穿左衽的吐蕃装供养人,这是中唐壁画重要的时代特征。晚唐壁画仅存几身供养人像,其中女供养人像头束高髻,身著衫裙帔帛,圆脸,眉目娟秀,表情温静,与第 9、138 窟等晚唐窟女供养人像风格相同,仍然继承着中原张萱、周昉一派"绮罗人物"的传统。

新发现的壁画中,重要的是五代的"新样文殊"。此稿大约出于于阗。所谓"新样"是与"旧样"相对而言。敦煌壁画中的"文殊变"最早见于初唐,画于帐门两侧,文殊、普贤相对出现。如第 331 窟文殊骑青狮,普贤乘白象,飞天托脚,天人奏乐,蓝天白云,飘洒爽朗。盛唐时代画于东壁门洞南北,文殊、普贤在诸天

①《广清凉传》。

护卫中乘彩云飞行于江海之上，画面上部，有波澜壮阔的水面和远去的山峦树木。中晚唐时代的文殊、普贤，画面日益扩大，人物众多，结构谨严，出现了驯狮牵象的"昆仑奴"。（榆林窟第25窟，文殊下方的昆仑奴手握缰绳，摆开双脚，咬紧牙关，用力制止狮子前进；普贤下方的昆仑奴，举手扬鞭，驱赶白象速行。）"新样文殊"之"新"，是为了强调"文殊"的重要。除了适应当时对文殊的信仰，打破了文殊、普贤并出的惯例，使文殊单独出现外，为了独立画面的需要，侧面文殊一变而成了正面，文殊手执如意，端坐在青狮宝座上，增强了庄严肃穆之感。重要的现象是"昆仑奴"换成了"于阗国王"，这大约是仿效梁武帝"舍身为奴"之义，现实人物直接进入了佛国世界，神人共处，并且摆在最显著的位置。于阗国王穿四襟衫，长靿毡靴，红锦风帽高耸头顶，有金梁为饰，颇似缰绳，叉开两脚，作制止狮子前进状。狮子回头张望，在互相响应中突出了"新样"的主题。

新样文殊图像的风行，到第61窟"大圣文殊堂"，配合大型五台山文殊道场全图，中央佛坛只塑骑狮文殊，一如五台山中央"大圣文殊真身殿"所示，为单独供奉文殊的高峰。新出大壁之新样文殊图像，可能出于曹氏画院的"画手""画工"之手。在人物造型上，无论是佛、菩萨或者翟氏家族的供养像，都已出现了明显的公式化倾向，但面相造型、人物比例仍较准确。线描仍为兰叶描，行笔尚算流畅。在色彩上可谓完好如新，整个色调厚重、鲜艳、莹润，特别是于阗国王面部的晕染，色薄味厚，红润光泽。于阗国王那身朱红袍，体现了丝织品细柔光洁的质感。在壁画赋色上的这种纯熟的技巧，至今仍值得我们给予高度重视。

（执笔者：关友惠、施萍婷、段文杰。

原载《文物》1978年第12期）

读《翟家碑》札记

P.4640《翟家碑》①是敦煌遗书中一件敦煌文献学界尽人皆知的"名品",最早对该文书进行释文的是蒋斧和王仁俊两位先生。此后,十余位学者相继对该文书进行过录文和考释。到目前为止,《翟家碑》录文已有十一家之多,现据录文刊布时间顺序概述如下:

1. 王仁俊(人称"捍郑太守")录文。1909年,法国人伯希和在北京展示了他于1908年从敦煌巧取的部分敦煌文献,当时在京的许多著名学者如蒋斧、王仁俊等都前往伯希和住处参观、抄录。同年9月,王仁俊出版了他辑录的《敦煌石室真迹录》,其中收有《翟家碑》录文。② 王仁俊的《翟家碑》录文是到目前为止,最接近原文的录文(详后)。

2. 蒋斧录文。蒋斧在伯希和住所抄录后编成《沙州文录》,收入罗振玉和蒋斧辑录的《敦煌石室遗书》。③ 后罗福苌辑有《沙州文录补遗》,1924年罗振玉将蒋斧《沙州文录》一卷与罗福苌《沙州文录补遗》一卷及罗振玉《附录》一卷合在一起出版,书名

---

① P.4640《翟家碑》,《法藏敦煌西域文献》第32册,上海古籍出版社2005年版,第254—255页。

② 王仁俊:《敦煌石室真迹录》,1909年国粹堂石印本。

③ 罗振玉、蒋斧:《敦煌石室遗书》,1900年11月诵芬室刊印,收入《敦煌丛刊初集》第6册,新文丰出版公司1985年版,第161—246页。

题作《沙州文录》。① 上述两书皆收有蒋斧《翟家碑》录文。

3.《甘肃通志稿》录文。杨思、张维等纂《甘肃通志稿》卷一一二《金石二·石刻》②收有《翟家碑》录文,录文前有小字注云:"原石今不存。敦煌莫高窟藏本有其全文,近人吴县蒋斧考定印行《沙州文录》。"③

4.《陇右金石录》录文。张维《陇右金石录》卷二收有《翟家碑》录文,④录文后小字注云:"《新通志稿》,翟家碑,原石今不存。敦煌莫高窟藏本有其全文,近人蒋斧采入《沙州文录》。"考《新通志稿》即张维等纂《甘肃通志稿》,据此可知,张维《陇右金石录》与《甘肃通志稿》均引录自《沙州文录》。

5. 石璋如录文。见《敦煌千佛洞遗碑及其相关的石窟考》。⑤

---

① 蒋斧:《沙州文录》,1924年上虞罗氏编印,收入《敦煌丛刊初集》第6册,新文丰出版公司1985年版,第203—209页。

② 1929年,由国民党驻甘总司令刘郁芬主持,下设通志局,第三次修纂省志,1932年改为通志馆,杨思任馆长,张维任副馆长。1936年初稿终于完成,定名为《甘肃通志稿》,凡130卷。1934年曾将卷一《甘肃省县总分图》和卷二、卷三《甘肃地理沿革图表》作为单行本铅印出版,其余稿件因抗日战争爆发未及付梓,新中国成立前十余年,张维持清抄本进行了增补。新中国成立后原稿本及清抄本交由甘肃省图书馆收藏,1964年甘肃省图书馆从原稿中抽出油印了十三种,其中便有《甘肃金石志》,1994年中华全国图书馆文献缩微复制中心将《甘肃通志稿》作为稀见方志影印出版。

③ 杨思、张维等纂:《甘肃通志稿》,"文革"后收入《中国西北文献丛书》第1辑《西北稀见方志文献》第29册,兰州古籍书店影印,1990年,第69—70页。

④ 张维:《陇右金石录》,甘肃省文献征集委员会校印本,1943年,第57—58页。

⑤ 石璋如:《敦煌千佛洞遗碑及其相关的石窟考》,载"中央研究院"《历史语言研究所集刊》第34本《故院长胡适先生纪念论文集》(上册),1962年,第74—79页。

6. 苏莹辉录文。见《敦煌翟家碑时代考》。①

7. 唐耕耦、陆宏基录文。见《敦煌社会经济文献真迹释录》第 5 辑《(二)墓碑、邈真赞、别传、功德记等》。②

8. 郑炳林录文。见《敦煌碑铭赞辑释》。③

9. 马德录文。见《敦煌莫高窟史研究》。④

10. 邓文宽录文。见《敦煌写本〈翟家碑〉校诠》。⑤

11. 陈菊霞录文。见《敦煌翟氏研究》。⑥

以上共 11 家《翟家碑》录文，我们通过比较，发现没有一家是完全相同的，甚至连王仁俊与蒋斧的都不一样。王仁俊发表时用的是手写石印本，个别难认的字，几近临摹，而蒋斧《沙州文录》(笔者所见)的本子是铅字排印本，个别地方不一样。王、蒋二位先辈学者都没有对录文进行句读。以愚意度之，一是他们急于公布资料，以利世人研究；二是他们都很慎重。尤其是公布资料的壮举，让人敬佩不已！自石璋如以下各家录文，都有标点，但由于各自对碑文的理解不同，因而标点断句也不尽相同，特别是一些关键性的文字，因释文断句不同而文意各异。

上海古籍出版社出版《法藏敦煌西域文献》以后，其图版比

① 苏莹辉：《敦煌翟家碑时代考》，《大陆杂志》第 36 卷第 10 期，后收入氏著《敦煌论集》，学生书局 1979 年版，第 427—434 页。

② 唐耕耦、陆宏基：《敦煌社会经济文献真迹释录》第 5 辑，北京：全国图书馆文献缩微复制中心 1990 年版，第 86—90 页。

③ 郑炳林：《敦煌碑铭赞辑释》，甘肃教育出版社 1992 年版，第 54—62 页。

④ 马德：《敦煌莫高窟史研究》，甘肃教育出版社 1996 年版，第 303—305 页。

⑤ 邓文宽：《敦煌写本〈翟家碑〉校诠》，《中国敦煌吐鲁番学会 2008 年度理事会议暨敦煌汉藏佛教艺术与文化学术研讨会论文集》，三秦出版社 2011 年版，第 74—83 页。

⑥ 陈菊霞：《敦煌翟氏研究》，民族出版社 2012 年版，第 350—353 页。

原来的缩微胶卷清晰多了,为敦煌学者提供了极大的方便,过去无能为力的,现在有办法了。比如个别难认的字,不清楚的字,可以先拍照,再在电脑上用图片浏览器放大阅读,绝大多数问题都能解决。为了给读者一个"原卷面貌"的描述,我思之再三而冒昧地再发一次录文如下:

一 《翟家碑》录校

1. 录文：

录文说明:(1)录文据原文用简体字释录,用阿拉伯数字标明行次。(2)录文中笔者所增补的字置于□内。(3)圆括号里的字表示应以此字替换而文通。(4)缺字用□表示。(5)校记分别标以[1]、[2]、[3]……置于录文后。

    1. 翟家碑　唐僧统述

    2. 盖敦[1]煌固封,控三危而作镇。龙堆旁礴[2],透弱水而川流。

    3. 渥洼则西望金鞍,宕谷 则 东临焉秀(岩岫)[3]。长岩万仞,开圣洞之

    4. 千龛;呀豁澄泉,引[4]青龙而吐润。破磴垠像,体势平

    5. 源[5]。分野膏腴,维邑坤德。奇谋卿将,应圣代而生贤;龙像

    6. 高僧,继法王之化[6]迹。总斯美者,其惟都僧统。和尚[7]

    7. 起自淘(陶)[8]唐之后,封子丹仲为翟城侯,因而氏焉。其后柯分叶

8. 散,壁(壁)^[9]去珠移,一支从宦^[10]唯流^[11]沙,子孙因^[12]家,遂为敦煌人也。皇祖

9. 讳希光。金芒授彩,月角成姿。蕴孙子之韬钳(钤)^[13],晓黄公之秘

10. 略。矢穿七札,弧弯六钧。河右振其嘉声,上蔡闻其雅

11. 誉。目寻太白,临八阵而先冲;风云壮心,对三场而勇战。辕门

12. 羡^[14]德,将帅推贤。节下求能,囊锥先颖。陈谋佐命,定国难

13. 于奉天;毗辅一人,刻勋名于翠石。皇考讳涓。天然俊艺(逸)^[15],神

14. 假精灵。丹穴凤雏,生而五色。黄马英词莫比,碧鸡雄辩难

15. 当^[16]。一郡提纲,三端领袖。文兹^[17]海量,志涌波澜。敷五德以伏人,

16. 存百行而为本。加以情殷慕道,叹巢父而拂衣;悟世非坚,

17. 念许由而洗耳。尚居羁鞅,未免遭回。于是舍俗^[18]出家,毁其形好。

18. 拨嚣烦而取静,顿息心机□□;既(慨)^[19]世网而不拘,易相菩提之路。弟

19. 承庆,前沙州敦煌县尉。禀风云之气,怀海岳^[20]之灵。去三惑以居

20. 贞,畏四知而体道。惟忠惟孝,行存^[21]锐轩之名;莅职廉平,

21. 颖拔貂蝉之后。岂谓风灯运促，黄雄（熊）[22]之祟妖侵。手足长辞，

22. 痛鹡鸰之失羽。侄男怀光。智等松筠，情同铁石。提戈远镇

23. 荷戟从军。敦戎[23]习七德之谋，对敌好六奇之勇。轻财重义，

24. 施惠求能。爱抚七尺之刀，声播五凉[24]之俗。次侄怀恩。龆龀聪惠[25]，

25. 智有老成。文勘（堪）[26]师古[27]，文（武）[28]济临危。金谓卓荦丈夫，寔分

26. 鼎鼐。僧统先任沙州法律僧政。四轮□宝，三学枢机。定慧将

27. 水镜俱青（清）[29]，戒月以（与）[30]金乌争晶。慈悲善诱，摄化随宜。五乘

28. 之奥探玄，七祖之宗穷妙。威棱侃侃，凌霜之气有殊；处

29. 众犺犺，独显卓然之象[31]。名驰帝阙，□□□□；誉播秦京，敕赐紫衣。

30. 陛阶出众，麟角之美更新；风靡咸从，顶（项）[32]省青云之士。施则

31. 弥纶法戒（界）[33]，说真俗而并存；卷之入一毫端，谭[34]空有而双遣。

32. 然则存不违遣，二利之行方圆；遣不违存，更建者[35]阇之窟。

33. 四弘之誓，寒松之操不移；克意修营，铁石之怀耿介。倾

34. 鸾骑，躬诣先（仙）[36]岩。陵（凌）[37]朝阳亦槃回，

巡岠峄而瞻仰。璞

35. 琢有地,缔构无人。遂罄[38]舍房资,贸工兴役。于是
鋆锤

36. 競奋,块圠磅轰。硗确聒山,宏开灵洞。兴功自敦
牂之岁,

37. □□□大渊之年[39]。郢人尽善[40]以钤镘,匠者运
斤而逞

38. 巧。香厨办供,每设芳筵。爰[41]召僧瑶(繇)[42]横
真(逞)[43]缋圣,内龛朔(塑)[44]

39. 诸形象等。若乃释迦轮足,化□缘而已周;弥勒垂
踪,显当来

40. 之次补。十地菩萨,妙觉功圆;八辈声闻,□□□
测[45]。多闻护世,奋

41. 赫奕之威光;力士呀哆,破耶山之魔鬼。莲花藏界,
观行

42. 澄澄;十首楞伽,亲承教教[46]。净名方便,汲引多
门;萨埵投

43. 崖,舍身济虎。十二上愿,化尽东方;十六观门,应
居西土[47]。

44. 金刚了义,赞善现而解空;天请报恩,□降魔而成
道。焜

45. 煌火宅,诱驾三车。中观灵岩,上承珠缀。飞仙缭
绕,散

46. 空界之天花;净(清)[48]信熙怡[49],献人间之供养。
盘龙秀出,舞

47. 凤扬翔。嶝道遐联,云楼架迥(回)[50]。峥嵘翠阁,
张鹰翅而腾

48. 飞;栏槛[51]雕楹,接重轩而璨烂。绀窗晓露,□分星月之明;阶

49. 阙藏春,朝度彩云之色。溪蘩道树,遍金地布[52]森林;涧

50. 澄河□,泛涟淀而流演[53]。清凉圣境,僧宝住持。诱物知津,

51. 使归栰喻[54]。苦集之因绝蔓,菩提种智抽芳。弘誓

52. 克周,咸通随念。乃轸[55]陵成碧海,□谷变岘山。勒刻石铭,

53. 朴略颂记。其词曰:我僧统兮德弥天,戒月明兮定慧

54. 圆。导群生兮示真诠,播芳名兮振大千。勒(敕)[56]赐紫兮日下

55. 传,镌龛窟兮福无边。五彩[57]庄严兮模圣贤,聿

56. 修厥德兮光考先。刻石铭兮宝刹前,劫将坏兮斯

57. 迹全。

2. 校记:

[1] "敦"字,原卷作"燉",按:"燉"与"敦"通,本文均录作"敦"。

[2] "旁礴"二字,诸家录文校作"磅礴",或作"旁薄",考"磅礴"亦作"旁礴",故从原卷为是。

[3] "则"字,据上文补。又"焉秀",当作"岩岫"。按:"渥洼则西望金鞍,宕谷则东临焉秀"为对仗文,"渥洼"对"宕谷","西望"对"东临","金鞍"对"三危"应该说比较合理,但碑文第一句就有三危,为避免重复,改用"岩岫",因音同而误作"焉秀"。

[4] "引"字前,原有"胤"字,旁标有删除符号,故不录。

［5］"源"字,原卷作"源",为"源"字之俗写。

［6］"化"字后原有二字,写后涂掉。

［7］"尚"字后原有二字,写后涂掉。

［8］"淘"字,当作"陶"。

［9］"壁"字,当作"璧"。

［10］"从宦"二字,诸家的录文不外乎三种情况:"从官","徙官","从宦"。"从"字,敦煌写本往往写作"從",《翟家碑》也是如此。"宦"字,原卷作"窅",考《干禄字书·去声》:"窅、宦,上俗下正。"《康熙字典·午集下·穴部》:"窅,《篇海》俗宦字。"从字义上讲,"宦"指仕宦,又释为"学",指学职事为官。"官"虽有多义,但也可释为"宦",故当据原文作"宦"。

［11］"唯流"二字,原卷作"为留",后在"为"字上直接改成"唯",而在"留"字旁作删去的记号,校改作"流"。邓氏校注认为:"若作'唯留流沙'则义通,抄者只改'留'为'流',而未删'唯'字,便不成句。"

［12］"因"字,原卷后加。

［13］"钳"字,按:"钳"通作"钤"。

［14］"羡"字,诸家录文多数作"羡",个别作"美"。考原文决非"羡"或"美"。羡(音诱)德即诱德。"羡"作导引解。"辕门羡德,将帅推贤",愚意以为"辕门"指军事指挥机关,而翟希光处于其中能诱人以德,故而"将帅推贤"。原件第8—13行写的是翟法荣的祖父翟希光。此人是《翟家碑》所列人物中最有实绩的一位。他的事迹,从蒋斧的《沙州文录》翟家碑《跋》开始,至今尚未理顺,笔者正在努力中,容后再议。

［15］"艺"字,当作"逸"。

［16］"黄马英词莫比,碧鸡雄辩难当"句,"碧鸡"诸家均录作"碧豹"。"鸡"与"豹"虽然只是一字之差,却说来话长。原卷

的"鸡"字,谁看了都会释成"豹"。繁体字的"鸡",有两种写法:
一种是左半边为"奚",右半边为"鸟";另一种写法左半边为
"奚",右半边为"隹"。写卷用的是前者。让人容易误释的是:左
边潦草到"奚"非"奚","豸"非"豸";右边的"鸟"草写成"勺"非
"勺",一笔画成个"秤钩"。把原件照片放大以后,反反复复地
看,可以肯定左半边是"奚"而非"豸",因而右边的"鸟"也就可以
认可了。

"黄马英词莫比,碧鸡雄辩难当",这是一个有出处的典故,
我辈自然生疏。如果当年蒋斧、王仁俊老前辈们能悟到此字虽然
像"豹",实乃"鸡",早就迎刃而解了。黄马、碧鸡的故事,发生于
西汉。不过,原始的故事不是"黄马碧鸡",而是"金马碧鸡":汉
宣帝(公元前74—33年在位)时期,"天下殷富,数有嘉应","是
时,上颇好神仙",①到处祭祀。皇帝好神仙,方士就逢迎,"或言
益州有金马碧鸡之神。如淳注曰:'金形似马,碧形似鸡。'可醮
祭而致,于是遣谏大夫王褒使持节而求之"②。王褒是与刘向、司
马相如齐名的人物。③ 他接受使命以后还写有《碧鸡颂》(也称
《祭金马碧鸡文》)。请神返京途中,王褒"于道病死"。使命虽然
没有完成,但他的《碧鸡颂》却很有名,后人还有为他打"抱不平"
的,说是"空枉碧鸡命,徒献金马文"④。不过,由于我同情王褒,

<hr>

① 《汉书》卷六四下《王褒传》,中华书局1962年版,第2821—2828页。
② 《汉书》卷二五下《郊祀志下》,第1250页。
③ 《北史》卷四二《常爽传附孙景传》载:"司马相如、王褒、严君平(严
遵)、扬子云等四贤,皆有高才而无重位。"(中华书局1974年版,第1557页)
又《史记》卷一一二《平津侯主父列传》载:"孝宣承统,纂修洪业,亦讲论《六
艺》,招选茂异,而萧望之、梁丘贺、夏侯胜、韦玄成、严彭祖、尹更始以儒术
进,刘向、王褒以文章显。"中华书局1982年版,第2965页。
④ 《魏书》卷八二《常景传》,中华书局1974年版,第1802页。

反倒认为，王褒病死于道是最好的结局。试想，方士说的"金马碧鸡神"是会"时时显灵"的，如果王褒能回到长安，修了神祠，但金马碧鸡之神不能显灵（这是可以肯定的），岂不是有"欺君之罪"？说不定比"病死于道"更惨！

至于"金马碧鸡"，成了"黄马碧鸡"，目前还没有找到可靠的证据，推测有两种可能：一是《庄子·天下》中惠施"黄马骊牛三"①的哲理。我第一次接触这句话时，简直是一头雾水，但古代文人都很熟悉。一是孔子弟子中"善为坚白之辩"的公孙龙《变通论》第四，其中有"黄其马也，其与类乎？碧其鸡也，其与暴乎？"②之句。这也是古代文人所熟悉的，明代顾起元《说略》卷十九《冥契》中说到金马碧鸡时，就想到了我在前面引的《公孙龙子》里的这几句话。因此，黄马、碧鸡作为骈文对称，古人并不陌生。

《翟家碑》的作者唐僧统，对黄马、碧鸡也不会生疏。不过，碑中所云"黄马英词莫比，碧鸡雄辩难当"，当来自［梁］刘峻（461—531）的《广绝交论》。《广绝交论》是一篇骈文名作，后被收入《昭明文选》。③ 一入《昭明文选》，文章就会传之万代。又因为《广绝交论》是刘峻见任昉诸子在其父死后生活"游离不能自

---

① 张耿光译注：《庄子全译》，贵州人民出版社1991年版，第620页。

② 公孙龙著，庞朴译注：《公孙龙子·通变论》，上海人民出版社1974年版，第27页。

③ 刘峻比昭明太子萧统早生40年，而《广绝交论》又是骈文名篇，萧统自然要收入他编的《文选》。见《昭明文选》卷五五《论五》（中华书局1986年版，第365页）。又因为《广绝交论》的写作由任昉儿子的遭遇而起，后来的《梁书》《南史》都收入《任昉传》里，见《梁书》卷十四《任昉传》（中华书局1973年版，第250—258页）。又《南史》卷五九《任昉传》（中华书局1975年版，第1452—1459页）。《艺文类聚》卷二一《人部五·绝交》（中华书局1965年版，第397—399）也收此文。唐以后收录或引文者更多，可见此文影响之深远。

振,生平旧交莫有收恤",深感"素交"尽而"利交"兴,于是奋笔疾书,恣横酣畅地把当时社会上的"五交""三衅"说了个透彻。再加上他的文字淋漓尽致,影响就更加深远。他把当时人际交往中的"利交"归为五类:势交、贿交、谈交、穷交、量交。说到"谈交"时,其中有"骋黄马之剧谈,纵碧鸡之雄辩"两句,这就是《翟家碑》"黄马英词莫比,碧鸡雄辩难当"的出处。或许有人要问:刘峻的"骋黄马之剧谈,纵碧鸡之雄辩"在其《广绝交论》中乃贬义,而《翟家碑》中的"黄马英词莫比,碧鸡雄辩难当"却是褒词。刚接触刘峻有关"谈交"这一段文字时,我也是这样想的。后读《六臣注文选》,唐人吕延济有一段话打消了我的想法。他说:"黄马骊牛三,谓黄、骊、色为三也,言辩者以此为剧谈也。王褒为《碧鸡颂》,雄盛辩词之谓也。"光是"骋黄马之剧谈,纵碧鸡之雄辩",说不上什么褒与贬,更何况悟真很会用典,他改成了"黄马英词莫比,碧鸡雄辩难当",形容翟涓能言善辩,文字优美,内容贴切。

[17] "兹"字,原写作"资",后标删除符号,旁改写为"兹",后人把删除符号当成三点水,误录为"滋"。

[18] "俗"字,据上下文意补。

[19] "既"字,当作"慨"。

[20] "岳",原卷误作"𡵨",后在其旁改写为"岳"。

[21] "存"字前,原有"孝"字,后标删除记号。

[22] "雄"字,当作"熊",邓氏录文同,其余诸家录文均作"黄雄"。考"黄熊之祟"的典故出自《左传》。《春秋左传》"昭公七年"载:"郑子产聘于晋,晋侯有疾,韩宣子逆客,私焉。曰:'寡君寝疾,于今三月矣,并走群望,有加而无瘳。今梦黄熊入于寝门,其何厉鬼也?'对曰:'以君之明子为大政,其何厉之有。昔尧殛鲧于羽山,其神化为黄熊,以入于羽渊,实为夏郊,三代祀之。

晋为盟主,其或者未之祀也乎。'韩子祀夏郊,晋侯有间。"①

[23]"敩戎",诸家录文均误。王仁俊、蒋斧老前辈释成"即戎",但原文一点"即"的形象都没有。他们之所以释成"即戎",是他们对《周易·下经·夬传》所载"自邑不利即戎"这一典故太熟悉的缘故。"即戎"就是"用兵"的意思。王、蒋以降,多数学者随之,只有个别学者改为"和戎"或"驱戎"。对照原卷,"和戎""驱戎"就差得更远了。原卷"敩"字左边的"学",上半截挤得分不清笔道,但下半截的"子"字清楚,右边的"攵",从草书或行草的角度来看,可以认同,于是我想到了这是个"敩"字。"敩"字有两个意思:敩,教也;敩,即效也。"戎"字多义,其中一项是军队、士兵之意。因此,此处的"敩戎"既可以作"教育士兵"解,也可以作自我军事修养解。碑文"敩戎习七德之谋,对敌好六奇之勇",说明怀光其人很懂军事,带兵打仗也很有指挥才能。

[24]"凉"字,原写作"梁",直接在其上改成"凉"。

[25]"惠"字,通作"慧"。

[26]"勘"字,当作"堪"。

[27]"古"字前,原有"固"字,标删除记号,接写"古"字。

[28]"文"字,本句与"文堪师古"为对文,"文"与"武"对,据上下文文意当作"武"。

[29]"青"字,当作"清"。

[30]"以"字,当作"与"。

[31]"处众狁狁,独显卓然之象"句,诸家录文或作"牲牲",或校改作"兢兢",均误。一是"狁狁"二字清晰得很;二是"处众狁狁,独显卓然之象"文意本通,有"鹤立鸡群"之意。又"显"字,原写作"献",后标删除记号,旁边改写为"显"。

---

① 杨伯峻:《春秋左传注》第 4 册,中华书局 1990 年版,第 1289—1290 页。

［32］"顶"字,当作"颂"。

［33］"戒"字,当作"界"。

［34］"谭"字,同"谈"。

［35］"耆"字,原写作"祇",标删除记号之后,在旁边加上"耆"。

［36］"先"字,当作"仙"。

［37］"陵"字,今多作"凌",考《别雅》卷二:"凌轹、陵轹也,按陵轹者,谓以势加乎人之上而欺侮之也,用陵字为正,今多通借为凌。"

［38］"磬"字,原字的下半截,既非石,也非缶,而像立。

［39］"大"字前,本有三至四字,后又覆盖掉。邓氏录文补作"毕功于"。

［40］"尽善"二字,原作"善尽","尽"字旁倒乙符号,据此乙正。

［41］"爰"字,原写作"远",后在其旁加写"爰"。

［42］"瑶"字,当作"鎐"。

［43］"真"字,疑当作"逞"。"横逞"有"充分施展"之意。

［44］"朔"字,当作"塑"。

［45］"测"字前,旁有三个小字,曰"少三字"。故加三个"□"。

［46］"莲花藏界,观行澄澄;十首楞伽,亲承教教"句,"澄"和"教"两字后有重文符号,王仁俊、蒋斧、张维、石璋如都释成"观行澄之","亲承教之",没有看成重文。陈垣先生在论"重文误为二字例"中说:"古书遇重文,多作二画,元刻《元典章》重文多作两点,沈刻既改为工楷,故有两点变为'二'字者……亦有误两点为'之'字

者。"①陈先生举的一些例子,让人看了哭笑不得。敦煌遗书中的重文,书写者不同,表示方法也不尽相同,但以两点居多。

[47] "西土"二字,原写作"土西","西"字旁有倒乙符号,据此乙正。

[48] "净"字,当作"清"。

[49] "熙怡"二字,原卷作"�伶",显系笔误。

[50] "逈"字,当作"回"。

[51] "栏槛"二字,原作"槛栏",在"栏"字右上方给有倒乙符号,据此乙正。

[52] "布"字,诸家录文均作"而",邓氏录文校改作"如"。原件本写成"而",后稍加改动,成为"布"。"而"字是《翟家碑》中出现频率最高的字之一。原卷的书写者,同一个字经常写法不一,但对"而"字,我注意了一下,却是相同的。因此"遍金地布森林"的"布",字、义均通。

[53] "涧澄河□,泛涟淀而流演"句,"涧"字为第 49 行的最后一字,与第 50 行第一字"澄"相连。自郑炳林先生之后,都认为本句有脱文,只是脱字置于何处有分歧。愚意以为,此句与上一句是骈文式,故当作"溪蘩道树,遍金地布森林;涧澄河□,泛涟淀而流演"。又"淀"字,各家都释成"淀",考《说文解字·水部》:"淀,回泉也,从水旋省声,似沿切。"《康熙字典·巳集上·水字部》:"淀,《广韵》:'辞恋切,音旋。义同。□通作漩。'"故当作"淀"。

[54] "清凉圣境,僧宝住持。诱物知津,使归栿喻"句,其中"诱物知津,使归栿喻"的"诱"字,各家都未能正确释读。王仁俊几近临摹,又似是而非。蒋斧录作"望"。其余诸家作"济"。马德作"□"。实际上,原卷此字的左半边为简体的"言"字旁,是很

① 陈垣:《校勘学释例》,中华书局 2006 年版,第 29—30 页。

清楚的,右边的"秀"却让人费猜疑。《翟家碑》中共有三个"诱"字,写法各不相同,但其他两个都好认。学者们都认为《翟家碑》是抄件(因为没有碑额原文),因此我估计,这个"诱"字,当年的抄录者也是"照猫画虎"。其实,"诱物知津,使归栰喻"的"栰喻"出自《金刚经》,"栰"通作"筏"。以翟僧统为窟主的莫高窟第85窟窟内画有《金刚经变》,在敦煌莫高窟,"栰喻"是确认《金刚经变》的标志性画面:只要看见某幅经变画中有一个"竹栰"在水中漂浮,那肯定就是《金刚经变》。所谓"栰喻",是指修行者要想到达"彼岸",就像过河渡海需要船、筏一样。但是,《金刚经》云:"如来常说,汝等比丘,知我说法,如筏喻者,法尚应舍,何况非法!"这就是说,渡河须用栰,到岸必弃船。这才是"栰喻"的完整意思。《金刚经》的"筏喻"很有点《庄子·外物》"筌者所以在鱼,得鱼而忘筌"(张耿光:《庄子全译》,第497页)的意思。《翟家碑》中的"诱物知津,使归栰喻",诱者引导之意,物者除我以外之人,直白地说,就是指翟僧统不仅引导善男信女找到通往"彼岸"的渡口,而且让人们懂得"栰喻"的真正含义。"诱物知津"是都僧统的神圣使命——让人相信:只要信佛,便可以到达彼岸,而"使归栰喻"则是他需要更进一步宣传的哲理——到岸弃船。

[55]"轸"字,原作"軨",《康熙字典·酉集下·车字部》:"軨,俗轸字。"

[56]"勒"字,当作"敕"。

[57]"彩"前,原写有一"采"字,后涂掉。

二 关于碑文的标点和"□"之我见

1. 关于标点:

对一篇古文献的标点,也许不会有两人是完全相同的。就

《翟家碑》而言，王仁俊、蒋斧、张维三位前辈的录文都没有句读。自石璋如先生以下，各家的录文都有标点，但没有一家是相同的。我做《翟家碑》录文时曾想：用句读最简单。殊不知句读也不容易，个别地方，你都不知道应在哪里画圈，断不了句。既然如此，干脆迎难而上，还是用标点符号为好。对于作者来说，一篇文章中的标点符号，不光表示语感，甚至包含着他的激情。古人的文章，我们现在代为标点，本来就勉为其难，更何况现在的标点符号用法，有的符号，如分号，有的时候可用可不用。拿骈文来说，"四六文"的句式，往往对偶排比，两句之间，可以用句号，也可以用分号。我的《翟家碑》录文，对于这种句式，多采用分号。恕我冒昧，自我感觉是：用分号不仅有层次感，而且韵味更浓。此外，我的标点与诸家不同者，略为辨析如下：

第6行"总斯美者，其惟都僧统"。凡有标点者，都是"总斯美者，其惟都僧统和尚"。又因为原件在"和尚"二字之后涂掉二字，于是有的录文就释成"其惟都僧统和尚欤！"。实际上，"和尚"二字是下一句的主语："和尚起自陶唐之后"，文清理顺。敦煌文献碑、铭、赞中，这种句式何止一二！

第29—31行，不加标点的原文为："名驰帝阙誉播秦京敕赐紫衣陛阶出众麟角之美更新风靡咸从顶（顷）省青云之士施则弥纶法戒（界）说真俗而并存卷之入一毫端谭空有而双遣"，正因为各家只注意前面16字为"四言"，而没有考虑对偶，即使前面四句勉强可通，后面的全就"拧"了。我从四言对偶考虑，认为前面16个字之间有脱文，因而我的标点就成了：

名驰帝阙，□□□□；誉播秦京，敕赐紫衣。

根据这一句式，我认为四字脱文应该是"迁加僧统"，于是行文就成了：

名驰帝阙,迁加僧统;誉播秦京,敕赐紫衣。

考 P.4660《河西都僧统翟和尚邈真赞》"名驰帝阙,恩被遐荒;迁加僧统,位处当阳。"按:"名驰帝阙"对"誉播秦京";"迁加僧统"对"敕赐紫衣",应该说对仗还是可以的了。《翟家碑》原件是 P.4640 中的第 4 件。P.4640 共有 11 件碑、铭、赞,是一份"档案"性质的重抄的文书,既不是碑文原稿,更不是拓片,因而讹字脱文在所难免。接下来的文字,按骈体文来梳理,就比较顺利了:

陛阶出众,麟角之美更新;风靡咸从,顷省青云之士。施则弥纶法界,说真俗而并存;卷之入一毫端,谭空有而双遣。

这几句文字,两句"四六文",是接着前面的"名驰帝阙,迁加僧统;誉播秦京,敕赐紫衣",说翟法荣都僧统的地位特殊("陛阶"有"地位"之意),原本就是凤毛麟角之人,而今更好。"风靡"有"倾倒""仰慕"之意。玄奘《大唐西域记》载:"彼大自在天、婆薮天……佛世尊者,人皆风靡,祖述其道。"[1]因此"风靡咸从"乃仰慕相随之意。"顷省青云之士"的"顷"即"倾",许慎《说文解字》:"顷,头不正也。"[2]段玉裁《说文解字注》曰:"……引申为凡倾仄不正之称,今则倾行而顷废。"[3]"省"应读"醒",音、义均同。"青云之士"可有多种解释,愚意以为此处指的是"文士之追随者"。

至于"施则弥纶法界,说真俗而并存;卷之入一毫端,谭空有而双遣",是从隋代嘉祥大师吉藏(549—623)的《法华玄论》发展而来的。吉藏的原文是:"卷之则不留一毫,舒之则弥纶法界。"[4]

---

① 玄奘:《大唐西域记》卷十一《摩腊婆国》,季羡林等:《大唐西域记校注》,中华书局 1985 年版,第 904 页。

② 许慎:《说文解字》,中华书局 1979 年版,第 168 页。

③ 段玉裁:《说文解字注》,上海古籍出版社 1981 年版,第 385 页。

④ 吉藏:《法华玄论》卷一,《大正藏》第 34 册,第 361 页。

到了唐代澄观(738—839)的笔下则有"舒则弥纶法界,卷则足迹难寻"之句,①把吉藏的句子颠倒了一下。《翟家碑》的语序与澄观相同,其譬喻则近于吉藏。走笔至此,有两点需要说明:一是"舒则弥纶法界"的"舒"字,碑文作"施",这大概是当年抄录者的西北方音所致;"谭空有而双遣"的"谭"字同"谈"。二是为什么碑文成了"施则弥纶法界,说真俗而并存;卷之入一毫端,谭空有而双遣?",因为碑文说的是都僧统翟法荣如何在敦煌讲经弘法,把吉藏的话发挥了一下,使之更接近翟法荣的实际。吉藏对"施则弥纶法界"和"卷之入一毫端"的解释是:"虽舒而不有,虽卷而不无。"澄观的解释是:"即舒恒卷,即卷恒舒。即展卷无碍。"

2. 关于"□":

本文录文中的"□"有三种情况:一是本文所加;二是原件有空白;三是原件上写有"少三字"的小字注,本文把它改成"□□□"。现把本文所加的"□"解释如下:

中国的文章,自从汉魏时期出现骈文以后,人们习以为之,后来竟成了"自古文章珍骈俪"。到了唐代,流行一种以四字六字相间对句的骈文,也叫"四六文",四字在前,六字在后,形式活泼,对仗工整,文字优美,音调铿锵。柳宗元曾说:"骈四俪六,锦心绣口。"②骈俪作记、序、碑、碣,成为有唐一代的文体。洪迈《容斋随笔四笔》曰:"王勃等四子之文,皆精切有本,原其用骈俪作记、序、碑、碣,盖一时体格如此。而后来颇议之。杜诗云:'王杨卢骆当时体,轻薄为文哂未休。尔曹身与名俱灭,不废江河万古

---

① 澄观:《华严经行愿品疏》卷一,《大正藏》第 5 册,第 51 页。

② 柳宗元著,廖莹中编注:《柳河东集》卷十八《骚·乞巧文》,上海人民出版社 1974 年版,第 316 页。

流。'正谓此耳。'身名俱灭'以责轻薄子,'江河万古流'指四子也。"①《翟家碑》之文,也是骈文。我自从悟得"碧鸡雄辩难当"之后,时不时重读郑炳林先生的《敦煌碑铭赞辑释》,对比之下,唐悟真的行文,无愧于前人。我约略统计了一下,通篇有四六文17对,至于四言对偶、七言对偶,随处都是。本文中的"□",有的就是在琢磨唐人以"骈俪作记、序、碑、碣"的启发下悟出来的。如:

第18行"拨嚣烦而取静,顿息心机□□,既(慨)世网而不拘,易相菩提之路",如果我们把它们摆成对联,就成了:

> 拨嚣烦而取静,顿息心机□□;慨世网而不拘,易相菩提之路。

以愚意度之,这两个框框,可能是"之谋"或"之门"二字。

第26行"四轮□宝,三学机枢",从行文上看,绝对不会是原卷上的"四轮宝,三学机枢"。而从对偶上讲,"四轮"对"三学",既是名词对名词,又是数字对数字,那么后面就应该是"□宝"对"机枢"。这个"□"能用的字"法""圣""胜"皆可。

第29行"名驰帝阙,□□□□;誉播秦京,敕赐紫衣"。正像"誉播秦京,敕赐紫衣"那样,前面的"名驰帝阙"也应紧跟着四个字,这四个字当为"迁加僧统"。如此则既符合翟法荣的身份,也使句式完整。

第39—40行"若乃释迦轮足,化□缘而已周;弥勒垂踪,显当来之次补"。这一组文字,最前面的"若乃"是冠词,统摄二组"四六文"。从内容来看,说的是释迦涅槃、弥勒成佛。因此,没有脱字的原文应该是:"释迦轮足,化前缘而已周;弥勒垂踪,显当来

---

① 洪迈著,鲁同群、刘宏起校注:《容斋随笔四笔》卷五《王勃文章》,中国世界语出版社1995年版,第437页。

之次补。"

　　第44行"金刚了义,赞善现而解空;天请报恩,□降魔而成道"。说的是窟内壁画的内容(碑文从38行后半起,说的是85窟窟内壁画、塑像的内容)。"金刚了义,赞善现而解空",指的是《金刚经变》,而"天请报恩,□降魔而成道"则指的是《思益梵天所问经变》《报恩经变》《劳度叉斗圣变》。从句式的对仗来看,"□"可能是"颂"的脱字。

　　第48—49行"绀窗晓露,□分星月之明;阶阙藏春,朝度彩云之色"。这一组说的是环境。根据后一句"阶阙藏春,朝度彩云之色",反转来看前头那一句,则立即可以得出"绀窗晓露,夜分星月之明"。因而得知原文不但脱一字,而这一脱字为"夜"字。

　　第49—50行"溪蓁道树,遍金地布森林;洞澄河□,泛涟淀而流演"。我根据最后一句"泛涟淀而流演",认为前面那一句应是"洞澄河清",原卷的脱字在"河"之后。"洞"者,两山之中的小溪也;澄者,清澈也。"洞澄河清,泛涟淀而流演"说的是小溪大河,川流不息。至于把脱字放在"洞"之后,成了"洞□澄河"或释为"洞□澄荷",似乎都未理顺,因为"澄河""澄荷"作为词语,颇难理解。

　　第52行"乃轸陵成碧海,□谷变岘山",指的是翟法荣和尚的功绩。原文为"乃轸陵成碧海,谷变岘山"。从对仗来看,"轸陵"必须对"□谷"。此句的"轸陵成碧海"比较难解。《说文解字》曰:"轸,车后横木也。"只此一说。现在"轸"字多义,与"轸"相连的词,有"轸石""轸丘",但没有"轸陵",而"轸"又作"方"解,"轸石"即方石、"轸山"即方山也。《康熙字典·酉集下·车字部》曰:"轸,……地形盘曲貌。"这样,就字面而言,"轸陵成碧海"就可以勉强解释为:盘曲的大土山变成了碧海。那么后面的一句应该是什么"谷"变"岘山"呢?我第一次琢磨此句时,直觉告诉我:"宕谷变岘山。"理由是:"岘山"——小而高的山岭,莫高窟在宕泉河谷的山上,至今敦煌当地人还称到莫高窟去为"上山""去山上"。又,岘山是山名,全国共有二处——湖北襄阳、浙江湖州,这二处岘山都因文人、名士的"常登临"而成为名山。现在我们再把话拉回到《翟家碑》:从第50行"清凉圣境,僧宝住持"开始,说的是都僧统翟法荣对敦煌佛教的宣传、管理——"诱物知津,使归栀喻。苦集之因绝蔓,菩提种智抽芳。弘誓克周,咸通随念"。而"轸陵成碧海,宕谷变岘山"是对其成绩的比喻。

三 一点感想

1909年,伯希和在北京给中国文人展示他从敦煌巧取到的部分敦煌文献之后,当时在京的许多著名学者如刘廷琛、柯劭忞、曹元忠、蒋斧、王仁俊等纷纷前住伯希和住处参观、抄录,罗振玉因感冒未能前往。蒋斧1909年编辑了《沙州文录》,他在《序》中说:"今年秋,遇法兰西学士伯希和于京师,读其所获敦煌石室书卷,其完整者已由同人集金影写,所余丛残文字,皆足考见沙州沿革而补正旧史,乃与同县王捍郑太守尽二日之力,手录之,得碑赞敕牒杂文二十余篇。碑赞皆当时寺僧传写之本,潦草讹夺或至不能句读。审谛揣摩,仅乃缮写。其不可辨者,缺之,命之曰《沙州文录》。"[1]王仁俊同年编的《敦煌石室真迹录》则曰:"伯君来都,贤士大夫咸往访之,俊则赍油素,握铅椠,怀饼就钞者四日。"[2]余每读至此,前辈敦煌学者的酸楚,感同身受,对他们的尊敬油然而生。蒋、王二位老前辈对《翟家碑》的录文,是《翟家碑》释文的基础,是他们学识的体现。如对"鹴鸽"二字的释读,如不知其典,

---

① 蒋斧:《沙州文录·序》,1909年12月收入罗振玉编《敦煌石室遗书》,诵芬室刊行。

② 王仁俊:《敦煌石室真迹录》,1909年国粹堂石印本。

便无能为力，因为原文的"鸟"字非常潦草，且两个"鸟"写法不一，"鹊"又写作"鹏"，两字音义皆同。

　　笔者平时读书所做的札记里面，常记一些"兴之所至"的东西，其中有唐人刘知几《史通》言："笑前人之未工，忘己事之已拙，上知犹其若此，而况庸庸者哉！"①我无疑是庸庸者，因此，在《翟家碑》的研究上，岂敢"笑前人之未工"！陈寅恪先生在《三论李唐氏族问题》一文中说："夫考证之业，譬诸积薪，后来者居上，自无胶守所见，一成不变之理。"②我也是"积薪"者之一，某些方面肯定也是"后来者居上"。当然也是"自无胶守所见，一成不变之理"！在批评声中前进，其步伐往往更矫健，我将翘首以待。

（原载《兰州大学学报(社会科学版)》2009 年第 5 期）

---

　　① ［唐］刘知几著，［清］浦起龙释：《史通通释》卷八《内篇·书事》，上海书店据商务印书馆 1937 年版影印，1958 年，第 54 页。
　　② 陈寅恪：《金明馆丛稿二编》，上海古籍出版社 1982 年版，第 304 页。

奇思驰骋为"皈依"

——敦煌、新疆所见须摩提女因缘故事画介绍

　　敦煌莫高窟第257窟是北魏时期的洞窟之一。参观过莫高窟的人,都知道这个窟里有一幅有名的壁画叫鹿王本生。它的位置在西壁之下部南段。北段应是另一幅故事画的开篇。过去,由于鹿王本生故事里有"王后夜梦九色鹿"这一情节,而须摩提女因缘又恰好从须摩提女卧床不起开头。这样,就把后者也归为鹿王本生的组成部分。多少年来,不仅洞窟讲解如此,连画册说明也是如此。这种巧合加误会限制了我们的思路,肢解了另一幅故事画。1973年我们整理敦煌遗书,因偶然的机会仔细读了一次《须摩提女经》,才把思路打开,把第257窟西壁北段和北壁连起来考虑,这才恍然大悟:原来它是须摩提女因缘故事。

　　须摩提女因缘故事大概是:须摩提女笃信佛教,而她父亲却把她嫁给了外道家,过门以后,她很不礼貌,甚至于关上门睡大觉,谁都不见,得罪前来贺喜的客人,得罪了公婆、丈夫。她公公满财长者把一腔忧愁告诉给自己的知心朋友。当这位朋友知道新媳妇就是须摩提女时,着实大吃一惊——因为她是佛弟子,于是就把有关佛的神威告诉给满财长者,满财长者让须摩提女把她的师父——佛请来相见,须摩提女欣然应诺,立即上高楼焚香请佛(图1),佛即刻"遥知其意",并吩咐跟前的弟子们准备第二天赴宴。

图 1　高楼焚香

第二天,须摩提女带领公婆、丈夫等等,在门外迎接释迦牟尼一行。释迦的弟子各显神通,一个个从空中飞来:

乾荼(伙夫)背负大锅;

沙弥均头变出五百棵花树;

般特变出五百头青牛;

罗云变出五百孔雀;

迦匹那变出五百只金翅鸟;

优毗迦叶变出五百条七头龙;

须菩提变出琉璃山;

大迦旃延变出五百白鹄;

离越变出五百虎;

阿那律变出五百狮子;

大迦叶变出五百马;(图2)

大目犍连变出五百六牙白象。

当他们乘坐各自变化之物,一个个从天而降的时候,满财长者都要问须摩提女:"这是你的师父吗?"回答都不是。最后,释迦在众弟子的前呼后拥下出场。按照佛教的需要，当然最后是外道被佛的威力所降服，统统皈依佛教。

图2　阿那律与大迦叶

　　这幅须摩提女因缘是按照三国孙吴时支谦译的《须摩提女经》绘制的。《大正藏》收辑了与此经大同小异的三个本子，即：吴天竺沙门竺律炎译《佛说三摩竭经》；吴支谦译《须摩提女经》；前秦昙摩难提译《增壹阿含经·须陀品第三十》。支谦译本，又有两种，第一个译本简单，第二个译本详尽，文字也好。第257窟是北魏洞窟，虽然这时已有关于须摩提女的三个译本，但竺律炎译本的情节和壁画对不上号，《增壹阿含经》故事情节相同，可是译者比支谦晚，只能是后者来自前者，因而我们认为这幅画是根据支谦译本绘制而成。同时，此窟的鹿王本生也是根据支谦译的《九色鹿经》绘制的。在敦煌莫高窟，这两幅画都是独一无二的。

　　关于支谦，我们所知很少。慧皎《高僧传》附支谦于康僧会传。其他有关史籍的记载，都和僧传差不多，只是译经数目多寡不同而已。据记载，支谦本月支人，何时来华史书未详，只知汉灵帝末年避乱奔吴，由此可知，他是经河西入中原的。他和敦煌有什么关系，也是不得而知。敦煌莫高窟为什么会如此集中地出现用支谦译经绘制的壁画？这个问题只好存疑。

新疆克孜尔石窟也有为数不多的须摩提女故事画，位置都在窟顶。与敦煌相比，虽然时间先后差不多，但在取材和表现手法上，则既有联系又有区别。新疆、敦煌同为古代"丝绸之路"必经之地，经济文化往来极为密切，互相影响是极其自然的。值得注意的是，两地画工都以鲜明的民族特色、地方特色，绘成同一题材而风格不同的壁画。两地的壁画，作为我国古代壁画艺术的优秀传统的实物保留至今，更是值得庆幸的。

须摩提女故事画，两地都用长卷连环画的形式表现佛经内容。用壁画来对照经文，两地画工都善于利用有限的画面简化冗长的经文。

佛经以须摩提女说服婆家信佛而告终，两地画家也都抓住须摩提女取得胜利，即佛教取得胜利这个主题。但是，他们呈献给观众的却是各有风格的自己的画。

就题材看，新疆壁画的绘制者选用的是开门见山的办法，突出须摩提女正在房顶焚香请佛，以及诸弟子各显神通变化前来赴会的场面。（图3）敦煌的艺术匠师却用不太多的笔墨，在"焚香请佛"之前，描绘了须摩提女与婆家发生冲突，把前因后果都展示给人们。历代的佛教推行者绘制佛教艺术的目的，是要"观者信，听者悟"。敦煌壁画中的各种故事画，多数首尾完整而又突出重点，力求最大限度地达到"观者信，听者悟"的预期效果。有头有尾，有铺垫，有高潮，这可以说是敦煌故事画的一大特点。释迦诸弟子"赴会"，在经文里是重点，着重于渲染佛教的"法力无边"。两地画工都服从主题的需要，让这一段画面占据三分之二乃至五分之四的重要地位，但繁简不同：敦煌的画工忠实地按照经文一一罗列，画了十三个场画，甚至先后次序都纹丝不乱，火头军乾荼背着大锅先行，沙弥均头化作花树第二，般特乘五百青牛第三,罗云乘五百孔雀第四……新疆的画工则择其所需,而且先后次序随心所欲。

图 3　焚香请佛　克孜尔石窟第 205 窟

　　就结构布局而言,也是有同有异,各有千秋。敦煌的气魄较大,叙事简练,刻画周密,如画一座前有厅堂、中有高楼、后有花园、四面围墙的富宅大院,把满财长者的"满财"二字描绘出来。高楼的最下层,须摩提女闭门卧床不起,拒不会见宾客,因而前厅的客人(均为婆罗门形象)议论纷纷。在须摩提女与宾客之间,画一老人左手托腮,看得出是满财长者在发愁。这样,把矛盾冲突和盘托出,简单明了。紧接着,在高楼的最上层,须摩提女正持香炉焚香迎旨,求师赴宴。通过这场家庭冲突(即佛教与外道的冲突)出现和解转机,才引出在院门外恭迎佛及弟子的人群,以及弟子和释迦赴宴的场面。与此相适应,构成了画面向心布局,即以须摩提女及其家人、国中人民为中心,一面是欢迎的人群,一面是赴会的圣众。新疆的须摩提女故事画由于开始就是高潮——须摩提女上高楼请佛赴宴,紧接着的只是轻松愉快的赴会场面。与此相适应,它的结构只能是"出行图"式的。如果说总体结构有别是取材使然的话,那么个别发挥则是画家匠心所在。如:同是诸弟子所乘的各种动物,新疆壁画注重各自的特点,组成装饰性很浓但又清新轻盈的、独立性较强的画面,像罗云乘骑的孔雀、优毗迦叶座上的龙、沙弥均头的花树,画家们都把它组成背屏、靠背椅、身光项光似的画面,像图案一样,使观者耳目一新。(图4)而敦煌壁画则以多样统一作为构思的原则,不管是笨重的大象、青牛,还是撒野的狮子、老虎;也不管是翱翔的天鹅(白鹄)、金翅鸟,还是不动的琉璃山,一律让它们飞升,风驰电掣般一闪而过。也就是说,把不同的动物乃至大山,先按"飞"的要求来布局,然后才考虑"同中有异";画是单幅的,效果是奔腾呼啸而过的统一体。

图4　须摩提女因缘　克孜尔石窟第 224 窟

从表现手法上看,两地画家都显示了各逞奇思而得心应手的卓越才能。就拿诸弟子赴会来说,按照经文,本来是千篇一律、枯燥无味的玩意儿,经画家再创作,却成了变化多端、栩栩如生的形象。新疆壁画中的坐骑,三两一组,五只一群,有侧面,有正面;体形笨重的白象,用静止但有生气的画面处理,而白鹄、狮子、虎、马则分别以奔驰、飞翔的大动作,穿插在龙、象、花树之间,取其动静相间的效果。白鹄轻盈,狮虎勇猛,大象庄重,各有各的神态,尤其是那开屏的孔雀,引颈回顾乘者,试与媲美之情给人以美的享受。敦煌壁画中的诸弟子赴会,画家们用传统的手法加上巧妙的联想,使画面更为生动活泼,丰富多彩。如:伙夫乾荼"分身"为几人,有的背负大锅,有的手持家什;均头沙弥的花树,敷衍成花园,有水池,有花木,采摘的、汲水的劳动其间,使人与前面的伙夫产生"做饭"的联想,烘托出盛会的气氛。其他各弟子乘坐的动物,则着重刻画不同动物美的形态变化,去突破可能使人乏味的大量的重复情节。将青牛、金翅鸟、孔雀、狮子、虎、象等等,用夸张、概括的手法来表现,达到形体精练而神采飞扬。如一向步履蹒跚的青牛,竟然群起飞奔,个别的还有回顾的余暇,夸张中并不觉得有失常态,最为难得。又如,狮虎表现其野性,白鸽表现其高洁飘然,形神兼备,恰如其分。再如,为了表现身重腿壮的白象居然也撒腿飞奔,画家竟在象鼻子上做功夫,让它旋卷作态,变前进中的阻力为"助力"。更有趣的是,五头之外另有一掉头白象裹于群中。这意外,首先引起观者的注意,继而发现画家正是通过这头意欲离群的白象,才风趣地描绘出这群大象奔而不快的特征。

从人物造型、艺术风格上看,两地既有共同的典型又有各自的特色。敦煌的须摩提女故事画跟其他北魏壁画一样,具有早期壁画的共同点,即在民族艺术传统的基础上,吸收地方艺术的精华,从而不断丰富和发展民族艺术传统。如画面上那些勇猛奔腾的动物,"雀尾扇形"的树叶,都使人想起汉晋墓室画像。但人物中略为丰满的长方脸型,却和当时风行于南朝的"秀骨清相"有显著的区别,而和新疆石室的须摩提女故事画中的人物近似,只不过新疆壁画的脸型更方圆,嘴上多须髯,表现了少数民族的特点。在着色晕染上,两地都用隆起部位色浅、边沿色深的办法以表现立体感,它虽不同于汉晋传统,却是当时流行于新疆、敦煌的晕染法之一。敦煌早期壁画,由于年深日久,色彩变化,原来的叠染部分变成了一道道粗黑的线条,往往被人误认为是北魏壁画粗犷的表现。我们说北魏画确实有着笔力豪迈的特点,但变色后的现状绝非原貌。这一点,只要留心其他尚未完全变色的北魏壁画,就可以清楚地看出,这时的人物造型并没有离开"以线造型"这个古已有之的传统。因为画师们在用叠染法画成的圆润的形体周围,还要给每一个近乎完成的形体描上刚劲有力的线,才算结束了造型的全过程。如果我们注意到须摩提女等几个妇女的神态及其他断断续续留存的刻画形体的线条,尤其是那些直到目前还十分清晰的加强衣纹、披巾等处飞扬飘动的白色线条,就会发现,这幅画的成就,恰好反映出敦煌地区的北魏画,正处在吸收地方艺术的营养,进一步发展民族艺术传统的尝试阶段。

新疆壁画以装饰性见长,敦煌壁画以形象生动取胜。但是,新疆的龟兹服再现在敦煌,而龙尾绞结的汉画传统又出现在边陲新疆,先叠染后描线的造型手法,两地同样,多民族的文化相互交流又各有创造性,这就是我国民族绘画的传统作风。

(署名李其琼、施萍婷,原载《敦煌学辑刊》创刊号,1980 年)

敦煌经变画

敦煌艺术包括彩塑艺术、壁画艺术和建筑艺术。本文只谈敦煌壁画艺术，而且仅限于"敦煌经变画"。

敦煌莫高窟有 45000 平方米壁画。在统计数字常有不实的今天，我在动手写此文之前，突发奇想：如今人人皆知的 45000 平方米这一数据何时开始的呢？根据是什么呢？请试想：假如我们把莫高窟的壁画按一平方米的高度连接起来，足足 45 公里！她是世界壁画第一长廊，谁会说不是？如果我们的数字不实，岂不有负天下人？我请教元老级的石窟保护所所长孙儒僩先生，他说："你算问对了，那是本人带着一些人，一个个洞窟挨着丈量出来的。最后统计时，我还把实在破烂的面积减去了一些。"得知原委，我如释重负，也算得到一点收获，并"夹带"在此文的开端，万望读者见谅。

一 什么是"经变画"？

在佛教艺术中，把佛经内容、故事、哲理画成画，或雕刻成图像，就可以叫作"变"，或称之为"变相"，或称之为"经变"。

最早记载的"变"，见于东晋时的《法显传》。法显印度取经时，在师子国见到了由真人扮演的睒子变等："佛齿常以三月中出之……王便夹道两边，作菩萨五百身已来种种变现，或作须大拿，或作睒变，或作象王，或作鹿、马。如是形像，皆彩画庄校，状若生人。然后佛齿乃出,中道而行。"东晋支道林(314—366)《阿弥陀佛像赞并序》对西方极乐世界进行了描述,可能是中国最早的经变。① 到了唐代,佛教"经变"得到了空前发展,单《历代名画记》就记载了维摩诘经变、地狱变、西方变(净土变)、千钵文殊变、降魔变、涅槃变(灭度变相、八国王分舍利)、弥勒经变、本行经变、华严经变、金刚经变、金光明经变、法华经变、观无量寿佛经变、阎罗王变、日藏月藏经变、业报差别变、十轮经变、药师经变、十善十恶变等 19 种。当时的上都长安、东都洛阳,寺院很多,各寺皆有经变画。武则天信佛,她又常去洛阳,因此当时的洛阳敬爱寺就有法华太子变、十六观(观无量寿佛经变)、阎罗王变、华严变、西方(变)、弥勒变、日藏月藏变、业报差别变、十轮经变、西方变。画圣吴道子在长安、洛阳都画过寺院壁画,计有地狱变、金刚经变、西方变、维摩变、弥勒下生变、日藏月藏经变、业报差别变等。

佛经有长短、繁简之分,最长的经是玄奘译的《大般若波罗蜜多经》,共 600 卷,而同为玄奘所译的《般若波罗蜜多心经》(即人们非常熟悉的《心经》)仅 260 字。一般说来,凡长一点的佛经,都分卷,卷下还分"品"。佛经浩如烟海,据佛经绘制的画亦多种多样,应分门别类。上面罗列的画史上的这变那变,是广义上的经变。我们所说的敦煌壁画中的"经变",既有别于本生故事画、佛传故事画、因缘故事画,又有别于单身尊像,而专指将某一部佛经的几个"品",或几部相关之佛经组成首尾完整、主次分明的大画。画史上所记的经变,早已不存,而莫高窟壁画上却留有"妙法莲华经变""东方药师净土变""西方净土变"等题记,是我们使用"经变"这一概念的依据。

---

① 陈明、施萍婷:《中国最早的无量寿经变》,《敦煌研究》2010 年第 1 期。

二　有代表性的经变画

在敦煌壁画中,数量最多、内容最丰富、延续时间最长、艺术成就最辉煌的是"经变画"。按我们的概念,敦煌莫高窟共有"经变"33 种,详情请见附表。限于篇幅,这里介绍最有代表性的几种:

1. 福田经变

始于北周,终于隋。这"昙花一现",也是莫高窟壁画中仅有的一例。它也是敦煌第一种经变画,绘于莫高窟第 296 窟(北周)和第 302 窟(隋)。由于是初创,在形式上与当时的本生故事画、因缘故事画没有区别,即"横卷式",而且与它们画在一起。但这并不影响它在敦煌经变画上的代表性。

福田经变的经文依据是西晋沙门法立、法矩共译的《佛说诸德福田经》。经文不长,大意为:帝释天(佛教三十三天之主)问佛:有人想"种德求福",有没有种下"头发丝"那么一点"德本"而获无量"福田"的?释迦没有正面回答,而说了两种情况能得"福田":一个是出家,另一个是"复有七法广施,名曰福田。行者得福,即生梵天。何谓为七? 一者,兴立佛图、僧房、堂阁;二者,园、果、浴池,树木清凉;三者,常施医药,疗救众病;四者,作坚牢船,济度人民;五者,安设桥梁,过度羸弱;六者,近道作井,渴乏得饮;七者,造作圊厕,施便利处。是为七事,得梵天福",也就是做七种善事。福田经变画的就是人们在做这七种善事,因而生活气息极浓。如工人和泥、送料、砌砖,正在修"浮图"(即塔);佛堂东西两面各有一身画工正挥笔作画;一座果园,三人在树下休息;有一病人,由二人扶坐,另一人给他喂药;一辆骆驼车,骆驼已经卸下车,正伏卧在井旁等待饮水,二人正在打水,井旁有一水槽,驴、马

图1　福田经变　第296窟　北周

在饮水,其后有一骆驼病卧地上,一人掰开骆驼的嘴,另一人正往骆驼嘴里灌药,十分生动。敦煌45000平方米壁画中,"给骆驼灌药"只此一幅!至于"安设桥梁,过度羸弱",在该经变中占的面积最大,桥上有驴驮着货物匆匆通过,两边是等着过桥的人骑或驮着货物的驴、骡、骆驼,这不是"过度羸弱",正是丝绸之路上过往行人的真实写照。(图1)①

2. 维摩诘经变

《维摩诘经》现存有三种译本,最流行的是后秦鸠摩罗什译本。《维摩诘经》三种本子都是14品。《维摩诘经》中的主角是维摩居士。按照佛家的说法,他曾经是"佛",名"金粟如来",为了教化人们,他又来到释迦牟尼佛的娑婆世界。他家产万贯,风流倜傥,"辩才无碍","善于智度",他的这些特点很受魏晋名士高僧们的赞赏。东晋画家顾恺之曾画《维摩诘像》,还留下一段千古佳话:哀帝(362—365)时瓦棺寺初建,僧众设会,请朝臣贤士注疏(在化缘簿上写明)捐钱。当时,士大夫没有超过十万的。

---

① 关于福田经变的论文有:史苇湘《敦煌莫高窟中的"福田经变"壁画》,《文物》1980年第9期。史苇湘:《福田经变简论》,《向达先生纪念文集》,新疆人民出版社1986年版。孙修身:《敦煌莫高窟296窟"佛说诸德福田经变"研究》,《北朝研究》1991年第1期。

顾恺之注了百万。恺之素贫,众人都认为他是在说大话。寺众请他"勾疏"(即交钱以后再将自己名下所注的钱数勾掉),他让他们准备一堵墙壁,把自己关了一个多月,画了一幅《维摩诘》,"点睛"之前,他告诉寺僧:"第一日观者请施十万,第二日可五万,第三日可任例责施。"据说,等他把门打开,"光照一寺,施者填咽,俄而得百万钱"①。

敦煌的维摩诘经变始于隋而终于宋,有 73 铺,全经 14 品中,有 13 品见于敦煌壁画(最后一品"嘱累品"未见)。隋代的维摩诘经变共 11 铺("铺"是佛画的量词,造像题记上往往写着造什么佛"一铺",也可以称"幅"),多数画于佛龛的两边,画面较小,内容也只有佛国品、文殊师利问疾品、香积佛品等少数几品。维摩诘经变从一开始就以《文殊师利问疾品》为中心,这是画家或画工们对佛经烂熟于胸的绝妙设计。这种以文殊、维摩"坐而论道"为中心的构图理念,一直贯穿到宋代。《文殊师利问疾品》的大意是:维摩诘"表示"有病,释迦牟尼派弟子去慰问,十大弟子派了个遍,派谁谁不去,而且都有不去的理由。五百人中,没有一个敢去的。佛派文殊师利菩萨前去"问疾",文殊答应了。于是乎八千菩萨、五百声闻、百千人天("天"是指天神)全去听他们说法。隋代是维摩诘经变草创时期,画面简单:龛外一侧,画一殿堂,内有维摩诘,手持麈尾,与对面的文殊"坐而论道",周围坐着听法的人;龛外另一侧,与维摩相对,也画一殿堂,内坐文殊师利菩萨,周围也坐着一些听法的人。属于这种形式的洞窟有 5 个。另外还有隔龛对站式、同殿对坐式、隔弥勒经变对坐式、隔阿修罗对坐式。形式虽有不同,内容却都是表示文殊、维摩相对论道。

唐前期的中国,政治、经济、文化都是世界之最。说到敦煌经

---

① 张彦远:《历代名画记》卷五。

变画,我总是感到有一种莫名的神奇力量使其一夜之间"春色满园"。其中的维摩诘经变,于哲理,则珠玉纷陈;于常理,则妙趣横生。莫高窟第 220 窟是一个有贞观十六年(642)题记的代表窟,其中的维摩诘经变(图 2)又是代表中的"代表"。此画画于窟门两侧(即东壁),面积比隋代大了许多。画面仍以《文殊师利问疾品》为中心。南侧画维摩诘在床帐内,头束白纶巾,身穿鹤氅,右手执麈尾,凭几而坐。他并没有"清羸示疾"之容,而是神采飞扬,身体微微前倾,嘴微启,一副与对面的文殊谈兴正浓的样子。北侧画文殊师利菩萨,头戴宝冠,身披天衣,项挂璎珞,右手握如意,左手伸出食指和将指(今俗语叫中指)而上举,在诸菩萨、大弟子及诸天人簇拥下,如众星捧月,结跏趺坐在方床上,举止庄严,神态自若。按经文,维摩诘本来就没病,而是"其以方便,现身有疾"。文殊师利菩萨问他:"居士是疾,何所因起?"维摩诘说:"从痴有爱,则我病生。一切众生病,是故我病;一切众生得不病者,则我病灭。"以上问答,文字简练,语言优美,思想深邃。至于文殊师利菩萨手伸二指,这是《入不二法门品》的绝妙表示。

图 2　维摩诘经变　第 220 窟东壁　初唐

维摩诘问大家：诸位，什么是"菩萨入不二法门？各随所乐说之"。有法自在菩萨、德守菩萨等30位菩萨回答了什么是"不二法门"。维摩诘都不满意，于是转问文殊"何等是菩萨入不二法门"？文殊师利说："于一切法无言、无说、无示、无识，离诸问答，是为入不二法门。"接着，文殊师利对维摩诘说：我们都已各陈己见，该你说了。可是维摩诘"默然无言"。文殊师利十分感叹地说："善哉善哉！乃至无有文字、语言，是真入不二法门！"——这就是文殊师利菩萨伸二指的缘由！几十个人的发言，一场关于什么是"不二法门"的大讨论，画家用"伸二指"解决了，一切都在不言中！画家这样处理，既合乎佛教哲理，又巧妙地运用了艺术手段，何等的智慧！

由《文殊师利问疾品》还带出了其他各品：

1.《不思议品》：为引人辩论，文殊师利他们来之前，维摩诘"以其神力空其室内"，唯留一床（古代的床，就是坐具）。人来了都站着。佛十大弟子之一的舍利弗见此室中没有床座，心想：这么多人坐哪里？维摩诘知道他想什么，就戏弄他：你是为求法而来，还是为床座而来？舍利弗说是为求法而来。维摩诘于是就以"求法"为题，发了一大堆议论。然后大现"神通"，让须弥灯王佛送来"三万二千师（狮）子座"，飞到维摩诘的"方丈"之中。由于师子座"高广严净"，谁都因"见所未见"而惊叹不已，而且谁也坐不上去。维摩诘让众人向须弥灯王顶礼，众人便得坐于师子座。故事很好玩，而哲理却是"大小无碍"或"芥子纳须弥""须弥入芥子"之意。此品画面，置于维摩诘床座的上方，画面不大。这一品，佛经简称为"借座灯王"。在莫高窟，"借座灯王"画得最好的是敦煌大姓李氏所修的第332窟，"床座"乘彩云飞来，满壁风动，气势磅礴。

2.《观众生品》，人们称之为"天女散花"。正当文殊、维摩在辨析"云何观于众生"的时候,有一天女"现身",以天花散在菩萨、弟子的身上。飘到菩萨身上的鲜花,不着身而落地;飘到弟子身上的鲜花,黏在身上,即使"用神力"也抖不掉,十分尴尬。接下来的经文十分通俗:"天问舍利弗:何故去花?舍利弗言:此花不如法,是以去之。"但是,这"天女散花"的哲理却很深奥:天女说:"勿谓此花为不如法,所以者何?是花无所分别,仁者自生分别想耳!"什么意思?僧肇有一注解:"花岂有心落与不落?分别之想出自仁者。""如法不如法,在心不在花。"按经文,"结习未尽,花着身耳;结习尽者,花不着也"。什么叫"结习未尽"?"结"就是烦恼;"习"就是习气。按我这大俗人的理解:佛教不是讲究"六根清净"吗?"结习未尽"就是六根还不清净。第220窟画有此品,但"天女散花"画得最好的是第334窟龛顶,画面为:维摩方丈前有一位天女,头戴步摇、花钗,身穿袿衣(古代妇女的上等长袍),神态飘逸;她左手挥扇,右手散花,于是天花乱坠(图3)。全画十分精美,实乃同类题材中的佳作。

3.《香积佛品》。经中说:眼看吃饭的时间到了,舍利弗心想,我们可以要饭(去讨饭),菩萨们吃什么呢?维摩诘知道舍利弗心之所想,说:"想吃饭吗?请稍等。"于是他"化出"一位菩萨,让其到众香国的香积佛那里去"请饭",就说把你们"所食之余"拿到娑婆世界去"施作佛事","使此乐小法者得弘大道"。于是香积如来用香钵盛满香饭,给了"化菩萨"。化菩萨捧一钵饭回来,有人认为不够吃,化菩萨说:"四海有竭,此饭无尽。"第220窟此品很简单,只画"化菩萨"飞去,而第332窟则不仅画了"化菩萨"捧着饭回来向维摩诘禀报,还画了她将小钵往外倒饭,钵未倒完,饭已成山。菩萨体态婀娜,乃初唐杰作。

第220窟维摩诘经变还有三个画面不能不谈:一是维摩诘"手接大千",即《见阿閦佛品》:佛告诉舍利弗,维摩诘是从妙喜

图 3　天女　第 334 窟　初唐

国来的一位菩萨，其国也是"极乐世界"。于是，维摩诘就伸手把
"妙喜国"接来了。画面为：一朵祥云徐徐降落在维摩的手心，云
中有须弥山，有天宫，有大千世界。"手接大千"画得最好的是晚
唐时的第 9 窟。二是维摩方丈以下的"大王小王问疾图"，出自
《方便品》。三是文殊菩萨以下的"汉族皇帝问疾图"，我们习惯
称之为《帝王图》，也出自《方便品》。其实两幅画所依据的佛经

只有一句话:"以其疾故,国王、大臣、长者、居士、婆罗门等,及诸王子并余官属无数千人皆往问疾。"但是,从艺术上讲,第220窟的《帝王图》是可以与阎立本的《帝王图》相媲美的稀世珍品。①

3. 弥勒经变

也是始于隋而终于宋,有100多铺。弥勒经有《上生经》(全称《佛说观弥勒上生兜率天经》)和《下生经》(全称《佛说弥勒下生成佛经》)。其中《下生经》有五种译本,最流行的是鸠摩罗什本。

弥勒上生经变流行于隋代。佛经比较简单,说的是:弥勒菩萨命终后生兜率天,天上五百亿天子都为弥勒造宫殿,有的大神为弥勒造"善法堂"。宫殿无比美妙,"天乐不鼓自鸣","诸天女竞起歌舞","若有往生兜率天上,自然得此天女侍御",谁想做弥勒的弟子,只要修善、持戒,或"造立形象",弥勒就会来迎接此人。据经而绘制的壁画,最有代表性的是第423窟:一座大殿,两边各有一座三层的侧殿,大殿内弥勒菩萨交脚而坐,四菩萨侍立两旁,侧殿内天王守卫、天女歌舞。殿外两边,上有飞天散花,下有众多供养菩萨双手捧物,毕恭毕敬站立听法。主画而外,一边画弥勒接受供养,一边画弥勒为信仰者"摩顶授记"。

莫高窟有两尊大像,一尊高34米(第96窟),始建于690年;一尊高26米(第130窟),始建于开元九年(721),据文献记载都是弥勒佛。这是唐代敦煌佛教弥勒信仰的标志。在论述唐代弥勒经变之前,这是必须要交代的。

从唐代开始,弥勒经变就成了"上生""下生"结合的经变。

---

① 关于维摩诘经变的论文较多,调查较完整的是贺世哲《敦煌莫高窟壁画中的"维摩诘经变"》,《敦煌研究》试刊第2期,1982年。修订本《敦煌壁画中的维摩诘经变》,载敦煌研究院编《敦煌研究文集》"敦煌石窟经变篇",甘肃民族出版社2000年版。

《弥勒下生经》的大意是：舍利弗问释迦佛：弥勒下生作佛，其功德、神力、国土如何？众生如何才能见弥勒佛？释迦的回答是这样：那时的人间世界，地广无边，城邑鳞次栉比；有一"翅头末"城，福德之人居住其中，有大力龙王，常半夜降细雨洒扫；大街小巷，处处有"明珠柱"，家家户户不用点灯；所有房屋纯以金沙铺地；"若有便利不净，地裂受之，受已还合"；时世安乐，"无有怨贼劫窃之患"；人们视金钱如粪土，夜不闭户；风调雨顺，庄稼一种七收。人的寿命八万四千岁，女人五百岁出嫁；人在将死之时，"自然行诣冢间而死"。此时，其国有转轮王，名曰儴佉。王有七宝：金轮宝、象宝、马宝、珠宝、女宝、主藏宝、主兵宝。又其国土有七宝台，儴佉王率诸大臣，持此宝台奉上弥勒。弥勒将此宝台施给婆罗门。婆罗门立即将其拆掉、分掉。弥勒见此七宝台须臾无常，悟出一切法也是如此，因此出家学道，坐于龙华树下"修无常想"，当天就得成佛。儴佉王与八万四千大臣亦出家学道。儴佉王宝女，与八万四千采女也一起出家。于是无量千万亿人，皆于弥勒佛法中出家。弥勒佛不失时机地为他们说法。三次大会说法，几百亿人得阿罗汉（仅次于佛的"果位"）。故事的最后，弥勒佛与四众一起前往耆阇崛山，于山顶上见大迦叶（释迦佛的十大弟子之一），迦叶将释迦的袈裟传授给弥勒，是为"衣钵相传"。

唐代的弥勒经变，最有代表性的有二窟：一是盛唐的第445窟；一是吐蕃占领敦煌前修的第148窟。第445窟北壁的弥勒经变为通壁大画（即该窟的一面墙壁只画一幅画），虽过去被烟熏过，仍有一些画面是莫高窟仅有的佳品：(1)描述弥勒世界"一种七收"的"耕获图"，其中有一农夫用"曲辕犁"耕地，这种犁，在当时的中原地区都是最先进的农具。中国历史博物馆曾据此图复原了一张"曲辕犁"，以作展品。(2)儴佉王献给弥勒的"七宝台"，底部有四个轱辘，其上为两层楼阁。就是在今天，它也是先进的"移动式"建筑(彩车)！更值得一提的是:为了说明婆罗门"拆台",画面表现为婆罗门已经拆去椽望,正往地面上传递构件,而露出来的梁架,向观者展示了当年的房顶结构,为今天的建筑师们留下了1300多年以前的结构图。(3)儴佉王出家、儴佉王宝女出家图,我们称之为"男剃度""女剃度",场景生动,人物描绘细腻,尤其是"女剃度",描绘了一群年轻宫廷女性正在剃度、等待剃度时五味杂陈的心情。(4)弥勒世界"女人五百岁出嫁",用了很大的场面,画了一幅《婚礼图》。此图的特点,其一是印证了唐段成式《酉阳杂俎》引南陈江德藻《聘北道记》:"北方婚礼必用青布幔为屋,谓之青庐。于此交拜,迎新妇。"画面与记载完全吻合:一座豪宅外面的东北角,搭建了青庐,内坐宴饮的客人;豪宅与青庐的前面,用屏风围成一个院子,婚礼正在举行。其二是院子一侧,坐着乐手,中间有一人正在跳舞,据舞蹈专家研究,这是唐代有名的俗舞——六幺舞。至于第148窟的弥勒经变,其特点有:一是色彩如新;二是"上生"部分画了一座规模宏大的"兜率陀天宫"(其题记至今清晰可见),天宫内宝树星罗棋布,楼台亭阁不计其数,弥勒菩萨正在说法;三是婚礼中多了"奠雁"之仪;四是"庄稼一种七收"的场面很大,一片繁忙景象。[1]

4. 药师经变

《药师经》有四个译本:东晋帛尸梨蜜多罗译本,隋达摩笈多译本,唐玄奘译本,唐义净译本。帛尸梨蜜多罗译本不叫"药师经",而叫《佛说灌顶拔除过罪生死得度经》(该经的最后也说此

---

[1] 弥勒经变的研究论文很多,对敦煌弥勒经变调查较详细的有:1.李永宁、蔡伟堂:《敦煌壁画中的"弥勒经变"》,敦煌研究院编《1987年敦煌石窟研究国际讨论会文集·石窟考古编》,辽宁美术出版社1990年版;2.王惠民:《隋至唐前期敦煌弥勒图像考察》,敦煌研究院编《2000年敦煌学国际学术讨论会文集·石窟考古编》,甘肃民族出版社2003年版。

经可以称作《药师琉璃光佛本愿功德经》),后来的几种译本都叫《药师经》,但其内容都不出东晋本的范围。佛经大意为:东方有佛,名曰药师琉璃光如来,(唐梁肃有一个很好的解释:"药师者,大医之号;琉璃者,大明之道。")此药师琉璃光修行菩萨道时,发十二大愿,要使一切众生"所求皆得"。如:众生无有生死;所有疾病都能痊愈——盲者使视,聋者能听,哑者得语,偻者能伸,跛者能行;若有众生为王法所加,临当刑戮,悉令解脱;所有众生,要衣服有衣服,要珍宝有珍宝,仓库盈溢,无所缺少,乃至无有一人受苦,等等。但是,人世间只有痛苦:"一者横病;二者横有口舌;三者横遭县官;四者身羸无福……五者横为劫贼所剥;六者横为水火灾漂;七者横为杂类禽兽所啖;八者横为怨仇、符书、厌祷、邪神牵引……九者有病不治,又不修福……杀猪、狗、牛、羊,愚痴迷惑,信邪倒见,死入地狱,辗转其中,无解脱时。"这叫"九横死"。

对比确实非常鲜明:现实世界苦难重重,而药师如来的"佛国"却与"西方极乐世界"无异。按照《药师经》的说法,要想摆脱苦难,有多种办法,我归纳为如下几种:一是"吃斋",常修"月六斋,年三长斋"。二是发心造立药师琉璃光如来像,供养礼拜药师琉璃光佛,"求长寿得长寿,求富饶得富饶,求男女得男女,求官位得官位"。三是挂幡、燃灯、放生:挂四十九尺五色神幡;燃七层之灯,一层七灯,灯如车轮;放生至四十九,"可得过度危厄之难,不为诸横恶鬼所持"。四是寿命临终之日,得闻"药师琉璃光佛本愿功德者",命终之后皆得上生天上。按照佛经的说法,这一切都还有保证:有名有姓的八大菩萨会来迎接,十二神王会来保护。

敦煌莫高窟的药师经变也是始于隋而终于宋。隋代的代表作有第433窟(见图4)。由于是该经变的萌发期,所画的内容仅为:正中一佛二菩萨,表明药师佛正在说法。说法图的两侧是

"灯轮"。这一"新生事物"很有创造性,一直被后代所沿用:高高的一根立轴,有如车毂,七层辐辏(实际上画了九层)成就七层灯轮,从下往上依次缩小,成宝塔状;中轴的顶端有十字形构件,挂着神幡。灯轮是可以旋转的,即使在今天它也是先进的灯具。灯轮的两边是"十二神王",一边六位。经变的四周是飞天、花雨,轻盈飘逸。从色彩上看,虽然人物的肤色已变,看不清眉目,但姿态犹存,或庄严,或婀娜,或威武,或精灵。从变色后的效果看,黑而不乌、白而不亮、红而不艳,十分协调。更有那永不变色的石青,青而不翠,为全画提神,吸引着观者驻足。

图 4 药师经变 第 433 窟 隋

贞观十六年(642)绘于第 220 窟北壁的通壁大画药师经变是唯一以"药师七佛"并列为主尊的药师经变。此画正中下部写有题记,1961 年我们初到敦煌时还能看清"贞观十六年岁次壬寅奉为天云/寺律师道弘法师"等字。其依据的佛经是隋达摩笈多译的《佛说药师如来本愿经》。第 220 窟是有名的"翟家窟",我估计：之所以画七身药师如来，与当年他家有人患重病有关。达摩笈多译《药师经》有云："若有患人欲脱重病，当为此人七日七夜受八分斋，……四十九遍读诵此经，然（燃）四十九灯，应造七躯彼如来像……当造五色彩幡长四十九尺。"经文的最后，有十二药叉大将的表态："我等眷属卫护是人，皆使解脱一切苦难，诸有所求，悉令满足。"壁画完全依据此经而画：七身立佛，各有二菩萨为胁侍；立佛两边是十二药叉大将；七佛的头顶是七具各不相同的美丽的华盖；天空中长幡与彩云共舞，气势非凡。画面的下部（即七佛的前方）是：灯台、灯架在正中，两具灯轮分左右，灯台七层，灯轮四层；灯台上无数盏灯已被点燃，而灯轮前两位菩萨正往灯盏里加油，然后往灯轮上放，画得具体而微——施主的意图要强调燃灯。佛前的场地上还有大型乐队伴奏下的两对"双人舞"——敦煌壁画中独一无二的"胡旋舞""胡腾舞"。可以毫不夸张地说：这铺药师经变处处是精华！唐贞观年间的艺术品，天下无双！

盛唐的药师经变，首推第 148 窟：画面大，保存完好，构图全新。两边是"条屏"式，一边画"十二大愿"，一边画"九横死"，中间是大型的药师如来说法场面及天上人间的美景：天空中飞舞着各种"不鼓自鸣"的乐器；建筑分前后院，用一条长廊将其分开：后院多为楼台亭阁，前院全是水上建筑，各式各样的水上平台用桥廊相连。药师如来居正中，日光、月光二大菩萨胁侍左右，无数菩萨围绕听法，供养菩萨捧着供品随时伺候；佛的前方，舞伎正在翩翩起舞，有庞大的乐队为之伴奏；十二药叉大将在最外边的角落上守卫；与药师佛鼎足而坐的另外二佛，也有菩萨围绕、音乐协奏；长廊下，台阶上，平台各处，菩萨们（现实生活中的美女的写真）优哉游哉，闲庭信步，或正在交谈，或传递供品……敦煌壁画中有无数铺西方净土变为我们描绘着"极乐世界"，但没有一铺有着如此的人间气息!

《药师经》里说的"九横死",就是现实社会中经常会遇到的九种"非正常死亡"。九种非命的次序、详略,几种译本不尽相同,我以玄奘的译本为例,其所说的"九横死"是:(1)有病得不到正确的救治;(2)"横被王法之所诛戮";(3)"耽淫嗜酒,放逸无度";(4)被火烧死;(5)被水淹死;(6)被恶兽咬死;(7)掉下山崖摔死;(8)被毒药、巫术害死;(9)饿死。第148窟的"九横死"是第一次出现,从次序和榜题来看,依据的是玄奘译本。画面在经变右侧的条屏上,自上而下展开。其中的被火烧死、被水淹死、被恶兽咬死、掉下山崖摔死等,都是图解式的,唯病死、"放逸无度"死,得略占篇幅,以求教于学者专家。关于病死,玄奘的经文最长,估计他是针对中国社会有所发挥。经言"若诸有情,得病虽轻,然无医药及看病者;设复遇医,授以非药,实不应死而便横死。又信世间邪魔外道、妖孽之师妄说祸福,便生恐动;心不自正,卜问觅祸;杀种种众生,解奏神明;呼诸魍魉,请乞福祐,欲冀延年,终不能得;愚痴迷惑,信邪倒见,遂令横死,入于地狱,无有出期。是名初横"。玄奘说的"初横",归纳起来就是:一是缺医少药,二是"病笃乱投医"。第148窟画的"初横"(见图5)正是后者:矮床上坐着两位瘦骨嶙峋的病人,他们的前方,一位妇女正在招呼着什么,其情景是:一个女人抱着琵琶,一个男人裸着上身在跳舞,地上摆着七坨褐色的什么东西,其中四坨上插着小旗子一样的东西。类似的场景一直为后代所沿用。我一直认为这一场景可能是"跳大神"一类的"巫医"。由于才疏学浅,多年留心而未能解决。至于"放逸无度"死,画面为:一张矮床上,坐着一个骨瘦如柴的男人,嘴里正往外喷东西(表示耽淫嗜酒,放逸无度),

床角边一穿短裤的男人席地而坐,像是佣人看着主人而一筹莫展。①

图5　初横　第148窟　盛唐

5. 西方净土变

西方净土变是敦煌壁画中数量最多的一种经变。它包括无量寿经变、阿弥陀经变、观无量寿经变。因为这几种经变所表现

---

① 药师经变研究论文较多,对敦煌药师经变调查较详细的有:1.罗华庆:《敦煌壁画中的"东方药师净土变"》,《敦煌研究》1989年第2期;2.王惠民:《隋至唐前期敦煌药师图像考察》,《艺术史研究》总第2期,2000年。

的都是"阿弥陀佛"的"功德庄严",而阿弥陀佛"在西方",故而统称西方净土变。现存大乘经论中,记载阿弥陀佛及其净土之事的,有二百余部,约占大乘经论的三分之一。西方净土亦称"极乐世界"。为什么叫极乐?为什么叫阿弥陀?白居易有"标准答案":"我本师释迦如来说言:从是西方,过十万亿佛土,有世界号极乐,以无八苦四恶道故也。其国号净土,以无三毒五浊业故也。其佛号阿弥陀,以寿无量、愿无量、功德相好光明无量故也。"对阿弥陀佛的信仰,是中国佛教对世界三大宗教之一的佛教发展史的贡献。

(1) 无量寿经变。

《无量寿经》是净土群经之首。梅光羲先生曾说:"无量寿经者……净土群经百数十部之纲要,一大藏教之指归也……东来最早,译本独多。"它是学术界公认的净土教的根本佛典。最早的有关阿弥陀佛的经典叫《佛说无量清净平等觉经》,四卷,后汉支娄迦谶译于147—186年之间。所谓"译本独多"是指此经前后有12次翻译,至今尚存五译,因此佛教史上有"五存七欠"之说。其中最流行的是曹魏康僧铠译于252年的《佛说无量寿经》。据我们考证,东晋名士、高僧支道林"乃因匠人图立神表"的"神表"应是中国最早的无量寿经变。原画早已不存,但他的《阿弥陀佛像赞并序》还在,"佛号阿弥陀,晋言无量寿"(支道林语),"像赞"描写的正是我们后人熟悉的西方净土变,也可直接称之为无量寿经变。①

《无量寿经》的大意为:"世自在王佛"的时候,有一个国王"弃国捐王"而出家当和尚,法号"法藏"。法藏比丘在"世自在王

---

① 施萍婷:《中国最早的无量寿经变——读支道林〈阿弥陀佛像赞并序〉有感》,《敦煌研究》2010年第1期。

佛"前发了 48 个大愿,如愿不成,誓不成佛。经过多少"兆"年的修行,终于修成了"西方净土"而成佛,佛号"无量寿",其世界名曰"安乐"。在这极乐世界里,讲堂、精舍、宫殿、楼观,"皆七宝庄严自然化成"。所谓七宝就是:金、银、琉璃、珊瑚、琥珀、砗磲、玛瑙。树也是七宝树,池也是七宝池。更有奇者,极乐世界的浴池,比今天都先进。首先是水,用的是"八功德水"——①澄净;②清冷;③甘美;④轻软;⑤润泽;⑥安和;⑦除饥渴;⑧长养诸根(保养身体各种器官)。又,这水还是自来水,"若入宝池,意欲令水没足,水即没足;欲令至膝,即至于膝;欲令至腰,水即至腰;欲令至颈,水即至颈;欲令灌身,自然灌身;欲令还复,水辄还复"。这水还能"调和冷暖,自然随意"。"极乐国"的人吃饭怎么办?很简单:"若欲食时,七宝钵器自然在前","百味饮食,自然盈满"。穿衣怎么办?"众宝妙衣,遍布其地。"住房怎么办?"所居舍宅、宫殿、楼阁,称其形色,高下大小……随意所欲,应念即至。"按佛教的说法,离开现实世界到阿弥陀佛的极乐世界去,谓之"往生"。极乐世界如此美妙,谁都能去吗?除两种人——犯五逆罪、谤佛法罪者,其余的人都能"往生"。如何"往生"?分为上、中、下三辈:上辈往生者,其人临终时无量寿佛来迎,"便于七宝花中自然化生";中辈往生者,无量寿佛的"化身"来迎;下辈往生者,梦见无量寿佛来迎。

敦煌莫高窟的无量寿经变,始于初唐而终于西夏。在敦煌艺术中,第 220 窟的整窟壁画都是空前绝后的佳作。南壁的通壁大画无量寿经变,是敦煌全部无量寿经变的代表作。整个画面是一幅"极乐世界"种种庄严图:

画面的上部,正中为"七宝讲堂"及主尊的华盖;两边共有十组一佛二菩萨从别处飞来,表示十方世界诸佛派遣菩萨前来赞叹"安乐国"的种种庄严;各种飞舞着的乐器,表示"十方世界音声之中最为第一"的万种伎乐;宝幢四台,表示"缯盖幢旛",庄严之具;精致的房屋两座,表示无量寿佛国的天人所居住的舍宅、宫殿、楼阁,"随意所欲,应念即至"。

阿弥陀佛说法,是此画的重点。全部人物都活动于碧波荡漾的七宝池中:无量寿佛居中,两手于胸前结转法轮印,坐于七宝莲座上;两胁侍菩萨立于佛左右;又有两上座菩萨分左右坐于莲座上。一佛、二胁侍、二上座是主要人物,其莲座、莲花都与众不同,华丽无比。宝池中,上座周围,还有 33 位菩萨,他们或捧盘做供养状,或双手合十,或坐或跪,服饰不同,发式各异。其中,有两位菩萨手抚栏杆,身体稍稍前倾,似在俯视宝地上的舞乐情景。仔细读画就会发现她们站在"八功德水"中。这是表现"菩萨入宝浴池"。《无量寿经》用 300 字描写这宝浴池,是佛国"种种庄严"之一。还有两件供器,器形很美,充分反映出唐代宫廷使用的错金银器皿的水平。它表示的是"七宝钵器自然在前","百味饮食自然盈满"。

七宝池中最有生气、最惹人喜爱的是"化生童子"。宝池下部正中,有一根莲花的主茎,首先出现一位菩萨,面朝佛而背朝观众跪于莲花上,表示上辈往生者"立即见佛闻法"。然后,从莲花主茎派生出九朵含苞待放的莲花,它朵朵透明,能看见里面的化生童子或坐或立,有一个甚至在"拿大顶"!这是唐代杂技方面的资料!此画的作者似乎特别喜欢儿童:莲苞外,左右对称,画了两对"叠罗汉"的化生童子,两人穿红衣绿裤,一人穿"背带裤",一人仅穿"裹肚",为我们留下了唐代儿童服饰的宝贵资料。

画面的下部,靠近宝池的甬道上,站着孔雀、共命鸟、仙鹤;下部为乐舞:二人各在圆毯上起舞,两边共有 16 人的乐队为之伴奏。这一组画面,是依据无量寿经系的《佛说阿弥陀三耶三佛萨楼佛檀过度人道经》和《佛说无量清净平等觉经》画的。二经都说:佛问阿难,你想不想见阿弥陀佛、诸菩萨及其所居的国土? 阿难当然愿意。此时,一切奇迹都出现了:盲者得见、聋者得听、哑者能语……因而"钟磬琴瑟箜篌乐器诸伎,不鼓皆自作五音声,妇女珠环皆自作声,百鸟畜狩皆自悲鸣。当是时……诸天各共大作万种自然伎乐,乐诸佛及诸菩萨阿罗汉"。

第 321 窟北壁的无量寿经变,也是通壁大画,第 220 窟加上此窟,无量寿佛国的种种庄严,于兹完备。有几点尤应加以介绍:

一是此画用三分之一的画面描绘极乐净土的"功德庄严":湛蓝的天空,画了十身飞天,35 件拴着飘带的乐器,每件乐器乃至最小的鼗鼓都画有各式图案,日本正仓院珍藏的唐代琵琶,与此窟之琵琶俨如同出一辙。四组飞来之"一佛二菩萨"一座天宫(正中),一座宫殿(画面左侧),一座楼阁(右侧),两台圆形宝幢。阿弥陀佛讲经时,十方佛国的菩萨从四面八方飞来听法,"一切诸天皆赍天上百千花香、万种伎乐,供养其佛及诸菩萨声闻之众,普散花香,奏诸音乐。前后来往更相开避。当斯之时,熙然快乐,不可胜言"。这就是人见人爱的壁画中满天飞舞的飞天、乐器以及大型的音乐舞蹈。其佛经依据,最早就出自东汉支娄迦谶译的《无量清净平等觉经》(也就是《无量寿经》的第一译)。此经用将近 1500 字描写菩萨散花。此画十身飞天中,有四身双手捧大花盘的飞天,有的已经散完,有的只剩几朵。

二是"说法图"不再在七宝池中,而是在水上平台之上。"水上平台"这一建筑形式一经出现,历代沿用,并发展成二进、三进。

三是七宝池水与蓝天相接,池水已成为建筑物之间的"溪流"。水从天上奔流而下,卷起大浪,从大浪到小浪,到微波涟漪,任鸳鸯戏水,莲花盛开……从伯希和《敦煌图录》还可以看出池中有九朵莲花,有全开,上坐一位有圆光的菩萨;有半开;有未开。这表示"三辈往生"。

四是画面下部有一群衣冠服饰已经漫漶不清的人,其中有六人举着六具长幡,分立左右两边。这是依据支娄迦谶、支谦的译本而绘制的。说的是阿阇世太子与五百长者子(画中用六人代表五百)各持一柄金华盖奉献给佛,前来听经。当听到"二十四愿"以后,他们也立愿如阿弥陀佛。这种表现方法,仅此一例。这六具"幡盖",进一步帮我们解决了它应是无量寿经变的定名问题。

五是全画共有 33 枝花柱(或应叫花树),这应是"七宝树"。《无量寿经》用了 390 个字描写 13 种七宝树,不同的树,不同的叶、花、果。经上说的都是不可思议的树,也就给画家留下了广阔的创作天地。因此,画这些花柱没有一定之规,信手拈来就是一朵,只是颜色搭配须得讲究,若干朵花叠在一起就是一株花树。此后的初唐净土变中多有此花树,似乎成了当年的时尚。

(2)阿弥陀经变。

《阿弥陀经》共有二译:二译皆存,即鸠摩罗什译于 402 年的《佛说阿弥陀经》和玄奘译于 650 年的《称赞净土佛摄受经》。从敦煌遗书来看,仅据《敦煌遗书总目索引》的统计,《阿弥陀经》有 133 件,而《称赞净土佛摄受经》只有 2 件,由此可见敦煌流行的是鸠摩罗什译本。不仅如此,据我考察,敦煌壁画中的阿弥陀经变也是据鸠摩罗什译本绘制的。因为从内容上说,两个本子最大的不同就是:鸠摩罗什译本说到"鸟宣道法"时,鸟有白鹤、孔雀、鹦鹉、舍利、迦陵频伽、共命之鸟,而玄奘译本则为鹅、雁、鸳鸯、鸿鹤、孔雀、鹦鹉、羯罗频迦、命命鸟。鹅、雁,是最大的不同。

一般的佛经,都是众弟子请佛说法,佛才说了某经,唯独这《阿弥陀经》没有人请求而释迦牟尼主动说。这一"无问自说",在佛家看来,是一大事。隋智颉曾说:"余经皆有请主,此经无问自说。"宋戒珠甚至把此举比做母亲抚育婴儿。经文内容可概括为两部分：一部分是"极乐世界"的"功德庄严"。具体而言，一者"国土庄严"，指极乐世界山河草木之华丽；二者"佛庄严""菩萨庄严"，指佛、菩萨的身相庄严，色相美好等等。另一部分是"六方护念"。所谓"六方护念"，是指东、南、西、北、上、下六个方面的无数佛都来赞叹阿弥陀佛，证明阿弥陀佛说法的真实不虚。从整铺画来看，描绘的主要是"极乐国土"的无比美妙。至于佛的庄重，菩萨的婀娜多姿，也可以理解为佛、菩萨的"庄严"，但艺术的成分多于佛教的哲理，也是显而易见的。

第 329 窟南壁画通壁大画阿弥陀经变。在广阔的水域上，有两进水上建筑：第一进为三座平台并列，主尊及胁侍菩萨、供养菩萨居中间平台，左右两座平台为观世音菩萨、大势至菩萨及诸菩萨，三座平台之间有桥相连；第二进也有三座平台，中间平台之上为二座巍峨的楼阁及一座大殿，左右平台各一座楼阁及一株"七重行树"。这就是《阿弥陀经》所说"极乐国土"的"功德庄严"。此图的右上角这棵大树，由于其他颜色变黑而仅存石绿，恰好成了"七重"分明。不过，需要说明的是，"七重行树"的图像，从一开始就受到《无量寿经》的影响：《无量寿经》上说，"风吹宝树，演出法音，遍布诸佛国"。树上画许多小楼阁，用以代表"诸佛国"。这一"风吹宝树，演出法音，遍布诸佛国"的场景，确实表现了画家的想象力。

全图的上部是天空。由于空间留得太少，再加上变色，很容易被忽略。其实天空中有飞天、各种乐器，这就是智顗所归纳的净土庄严之二："天花、天乐映显妆饰。"

此图现存画面最清楚的是水。平台之间，绿水环绕，微波荡漾，随处有鸳鸯戏水，佛的左右下方还有迦陵频伽各一。这是功德庄严之三：即"鸟宣道品"。《阿弥陀经》云："彼国常有种种奇妙杂色之鸟，白鹤、孔雀、鹦鹉、舍利、迦陵频伽、共命之鸟……是诸众鸟皆是阿弥陀佛欲令法音宣流,变化所作。"

画面的最下部是:正中为舞乐,左右各一佛、一楼阁。下部二佛和上部左右二佛,应统一考虑为"六方护念"。

关于此画,应特别指出的是:整幅画是一个宽广的水域,却没有一个"化生"。就在此窟西壁,龛外画有四身非常可爱的儿童。之所以不画,原因很简单,施主要画的就是阿弥陀经变。

盛唐时代的阿弥陀经变只有第 225 窟南壁龛顶一铺。全图都处于彩云之上,正中是"说法图":阿弥陀佛两手作转法轮印,观音、大势至相对合掌对座,周围有听法菩萨。佛相庄严肃穆,菩萨形貌端庄娴静而妙好。天上"天花乱坠";箜篌、腰鼓、鸡娄鼓、古琴、排箫、琵琶等乐器迎风奏鸣;白鹤、孔雀、鹦鹉、迦陵频伽全都展翅飞翔;三尊及众多菩萨坐于珍珠铺地的宝地上,其身后的大殿连接回廊、楼阁;七宝池内莲花盛开;七重行树与七重罗网结合(七重罗网在说法图前面,七重行树在众菩萨身后)。全画色彩浓艳。

盛唐时代出现这一简单明了的阿弥陀经变,很自然地让我想起唐代高僧窥基,他是为鸠摩罗什译《阿弥陀经》作注疏的第二人。他甚至作了一简一繁两种注疏,简者一卷、繁者三卷,共32284 言,是《阿弥陀经》的 17 倍多。窥基,字道洪,俗姓尉迟,出家前,原是将门之子——唐开国大将尉迟敬德的侄子,父亲尉迟敬宗也是一员大将。他的出家,先被玄奘看上,后"奉敕为奘师弟子",他的注疏无疑是很知名且在社会上有很大影响的。我想,莫高窟第 225 窟南壁龛顶的这幅阿弥陀经变,可以为窥基《阿弥陀经通赞疏》的社会影响作一佐证。他在"广明净土"时注疏:"文分为二,初明国土庄严,二辨佛身功德。初文分八:第一,树饰四珍;第二,池严众宝;第三,空盈天乐;第四,地布黄金;第五,花雨长天;第六,人游诸国;第七,鸟吟妙法;第八,风吹乐音。"他说的"国土庄严"这八条,正是我们第 225 窟阿弥陀经变的写照。①

(3)观无量寿经变。

《观无量寿经》简称《观经》。其主要内容为:王舍城有一太子名阿阇世(意译为"未生怨"),他听从恶友调达的教唆,把父王频婆娑罗禁闭于七重室内,任何人不能见。母后韦提希,净身之后,以"酥蜜和麨"涂在身上,"璎珞"当中灌满葡萄浆,偷着送给国王,国王因而存活。国王请佛为他授戒。佛于是派弟子为王说法。国王因食麨、闻法,多日不死,最后修成了"阿那含"果。当阿阇世得知父王还活着,"即执利剑,欲害其母"。由于二位大臣的谏阻,太子虽未杀母,却把母后韦提希也关了起来(这一部分内容与阿阇世太子有关,就叫"未生怨")。夫人向佛求救,佛的"眉间白毫"放光,让韦提希看到了十方净土。韦提希告诉佛,她只愿生"极乐世界阿弥陀佛所"。佛告诉韦提希"如何观于西方极乐世界"。这就是《观经》的主要内容——十六观:①日想观;②水想观;③地想观;④树想观;⑤八功德水想观;⑥总想观(即宝楼观);⑦花座观;⑧像想观;⑨遍观一切色身相观;⑩观世音菩萨观;⑪大势至菩萨观;⑫普观想;⑬杂想观;⑭上品往生观;⑮中品往生观;⑯下品往生观(⑭、⑮、⑯这三观又叫"九品往生",因为每一品又分为上、中、下,即上上、上中、上下;中上、中中、中下;下上、下中、下下)。每一观应该怎么"观",是什么样,经文都有详细的说明。

敦煌莫高窟的观无量寿经变,始于隋而终于宋。隋代仅有第393 窟一铺。初唐第 431 窟的观无量寿经变是一铺首尾完整、次

---

① 施萍婷:《新定〈阿弥陀经变〉——莫高窟第 225 窟南壁龛顶壁画重读记》,《敦煌研究》2007 年第 4 期。

序井然、忠实于经文、前无古人后无来者的孤例。画面的内容，如我上面的简介，而表现手法却有多个"第一"：一者，王舍城的"围墙"几乎占了壁画墙壁一堵墙的下部，围墙套围墙，大院套小院，气势宏伟；二者，国王被禁闭的"九重室"，小得只能一人容身；三者，佛给韦提希展示"十方佛国"，画面上居然出现了十座指甲盖大小的"大殿"，真正是"芥子纳须弥"；四者，"九品往生"画于九扇屏风，一品一扇，敦煌壁画中的所谓"屏风画"始于此窟；五者，在经变画中，唯一的一次画出"流通分"（一般佛经都可分成三部分：佛讲经的时间、地点、说经的因缘，也就是佛经的开头，称为"序分"；佛经的主要部分，称为"正宗分"；结尾部分称为"流通分"。一般的"流通分"都比较格式化，无非是听经以后皆大欢喜，表示要依教奉行），经云："韦提希与五百侍女闻佛所说，应时即见极乐世界广长之相，得见佛身及二菩萨，心生欢喜……五百侍女发阿耨多罗三藐三菩提心，愿生彼国，世尊悉记皆当往生。"画面与佛经一致：韦提希夫人为首，五个（表示五百）侍女紧随其后，她们的对面是高大的一佛二菩萨，她们的头顶是满天彩云，其上有一位坐莲花台往生的妇女以及来迎接她的佛弟子。此窟的观无量寿经变是横卷式，上述"流通分"的画面正是画卷的最后。

盛唐时代的莫高窟，受名僧善导的影响，观无量寿经变狂热地发展：一个洞窟画二铺者就有 5 例；而第 171 窟东、南、北三壁则全是大型观无量寿经变；莫高窟的西方净土变中，十有八九是观无量寿经变。其中第 12、44、45、66、103、112、148、159、171、172、197、217、237、320 诸窟的观经变都是代表作，且都是善导的影响所及之后的作品。《反弹琵琶舞》就出自观无量寿经变。

初盛唐之交的第 217 窟，是敦煌莫高窟著名的代表洞窟之一。北壁的观经变除下沿的画面已经斑驳以外，余皆完好。中间是净土庄严相（如按《观经》原文，并没有净土庄严相，这一部分是受《无量寿经》的影响而加进去的）；左侧条幅接下沿画序分；右侧条幅画十六观。从此以往，所有的观经变都画有净土庄严相，且占据了全画的中心，空间也大。此铺观经变中的"净土庄严相"，堪称灿烂辉煌。由于它作为观经变的内容是首次出现，需作较详尽的介绍。虚空中天乐迎风；飞天从楼阁的这边飞进，从那边飞出，轻如飞燕，开创了盛唐飞天的新貌。接着画了宏伟的大型建筑群：正中是一座两层楼的大殿，佛殿两侧有回廊曲曲折折，连向前方的左右大殿，正殿前方、左右，各有三座高台。墙壁砌以花砖，廊柱漆成朱红，至今彩色鲜艳。窗子上、廊柱间，挂着竹帘——有的上卷，有的下垂，使建筑物骤添静谧感。整群建筑前是水池和水上平台，中轴线上有一座，左右又各有一座，平台间有小桥相连。水池中画有"九品往生"，其中有四位坐在"台"上往生，其余的则"坐莲花而生"。如按经文，上品上生者坐"金刚台"、上品中生者坐"紫金台"、中品上生者坐"莲花台"，画四个台，纯粹是为了对称。通过善导宣传"善恶凡夫，同沾九品"，唐人对"九品往生"是很熟悉、很计较的：一位姓高的禅师，诵《观经》三十万遍，每日"称名念佛"（即念"南无阿弥陀佛"）五万次，临终前，见"西方圣众数若恒沙，见一人擎白银台当窗而入"，禅师说，按我的功课，应当坐（紫）金台（指上品往生）。于是加油念佛，终于见到了紫金台来接他，这才"含笑而终"。看来，如果他见不到"紫金台来迎"的幻境，他将死不瞑目。

左侧条幅"序分"的下半部分，画阿阇世太子幽闭父王，它很特别：一座大城，城外的广场上，十名武士分立两边，一边持矛正在进攻，一边持盾在抵抗；二大臣正在向骑在马上的太子禀报；头戴冕旒的国王及众人像局外人一般，在最不显眼的地方站立。这样表现"禁父"的，只此一幅。有学者认为它形象地表现了某次宫廷政变，而日本有学者则认为此画是唐"十部乐"之一的《秦王破阵乐》。总之,它是一幅名画。

右侧条幅画十六观。条幅式画十六观,这是第一次。共有十六个场景,说明"十六观"齐备。每一观都以山水为自然划界。作者可能是一位豪放之人,事先并无周密计划,从上往下信手画来,成了"前松后紧"——日想观、水想观、宝池观等,画面大,山水气势非凡,韦提希夫人端庄虔敬;愈往下,画面愈小,有的"观"竟然未画韦提希夫人,仅有十六个场景而已。又,不依经文次序,不注意各"观"内容的区别,华座上的"佛"就画了好几尊。第431窟的"宝树观"用七棵树代表"七重行树",此画却不循套路,画两棵树,一棵表示"七宝花叶",一棵表示"一一树上有七重网,一一网间有五百亿妙花宫殿",树上画宫殿始于第431窟,竟成了《树想观》的标本。

第103窟也是莫高窟盛唐代表窟,但与第217窟相比,完全是两种风格。第217窟以华丽著称,第103窟以淡雅闻名。东壁的维摩诘经变,几乎不敷什么颜色,其"以线造型"堪称炉火纯青。北壁通壁画观无量寿经变,也是代表作。敦煌壁画中,没有一铺完全相同的经变画。第103窟观经变除了艺术风格特殊之外,还有一些显著特点:

首先,净土庄严相中的主尊不是无量寿佛,而是释迦牟尼佛。能如此明确界定者不多,证据有二:一者,"佛放眉间白豪相光,遍照十方无量世界",画面与经文相符。《观经》中说到佛放光的地方不少,但"放眉间光",只有释迦牟尼佛。二者,佛说《观经》时,与会的菩萨以"文殊师利法王子而为上首",再没有第二个菩萨的名字。此画中的右上座的左手举于胸前,手心朝外,伸食、中二指,这正是文殊师利菩萨,和东壁维摩诘经变中的文殊师利菩萨的手印完全相同。

其次,右侧条幅的"十六观"中,韦提希夫人的头饰常变:有梳高髻的,有戴"笼冠"的,有戴不知名高冠的(唐代妇女好男妆,可能这也是一种男妆)。

第66窟的平面面积并不大。北壁的观经变,1908年伯希和曾拍有照片。1933年,日本的松本荣一先生据此发表过研究文章。此图中间为净土庄严相,西侧为十六观,东侧为"未生怨",均为格子式,即把每一个情节放在一个格子内(见图6)。这种形式,被后来的第171、113等窟所采用。

图6　观经变　第66窟　盛唐

此窟的净土庄严相中无"天乐",宝楼阁亦未刻意追求。其"三尊"的描绘与经文一致:佛的圆光放出九道光芒,一一光中有化佛,这是无量寿佛的特点;左上座戴"宝瓶"冠,是为大势至菩萨的特点;右上座戴"立化佛"冠,乃是观音菩萨的特点。(按经文,观音在佛的左面,大势至在佛的右面,他们的位置被左右颠倒了。)图中的人物,尤其是三尊周围的人物,是此画作者的杰作。

他们的脸上，虽有岁月摧残的痕迹，但我们仍然可以从一些没有变色的形象上，看到他们风采犹存。

莫高窟第171窟东、南、北三壁均画观无量寿经变，西壁龛内画《阿弥陀佛五十菩萨图》，此窟可以说是典型的"净土洞"。这是一种"棋格式"的观经变：中间画净土庄严相（下部有9扇小屏风，画"九品往生"，表示信仰者已经来到佛前），一边用32个格子画《序分》，一边用18个格子画《十六观》。前者32个格子分为四列八段；后者18个格子分为三列六段。有了这些格子，"未生怨""十六观"的故事情节就画得更详细了。中间的净土庄严相，与以前不同的是：左上座为观音菩萨，戴"立化佛"冠；右上座为大势至菩萨，戴"宝瓶"冠，与经文完全吻合，这还是第一次。天人舞蹈的场面不大，"鸟宣道品"也有——这两样本不是《观经》所有，因而只是点缀而已，说明画家很熟悉经文。

关于此窟的"九品往生"，《十六观》中已经有了，"净土庄严相"中还有。从研究的角度说，不得不介绍：下沿九扇小屏风，画佛与菩萨来迎接"逝者"，然后飞去；每扇小屏风都有一个"台"，亦即"空座"，以待行者。看清这一组画面以后，我立即想到白居易说的"青莲上品，随愿往生"。此窟的施主，自然愿意"上品往生"，画家就给你来一个全部都是"金刚台""紫金台"来迎。上品下生是"金莲花"来迎，此处没有，说明施主至少要"上品中生"。我后来读善导的《往生礼赞偈》，中有："说此《偈》已，更当心口发愿：愿弟子等临命终时，心不颠倒，心不错乱，心不失念，身心无诸苦痛，身心快乐如入禅定，圣众现前，乘佛本愿，上品往生阿弥陀佛国。"很明显，善导也是引导大家"上品往生"。更为有意思的是：三尊前的七宝池中，又画"九品往生"：九个人皆坐在"台"上，中间三个不在莲花苞内；左右各三个台，台上为花苞，内坐童子；每个台的左或者右，都有迎接他们的圣众。中国有句俗语，叫作

"送佛送到上西天"，这里是"送人送到佛跟前"。范文澜先生曾说：西方净土是研究死后的学问。此话一语中的！

莫高窟第 120 窟（盛唐）、第 201 窟（中唐）、第 7 窟（中唐）、第 240 窟（中唐）、第 111 窟（晚唐）、第 118 窟（宋）的观无量寿经变内容特别——没有序分，也就是说，它没有中国人认为"大逆不道"的抓父王、禁闭母亲等不孝的行为，两边条幅都画"十六观"。这种情况，很可能是出资修造洞窟的施主不喜欢这部分内容，或者他们家需要回避这一内容。20 世纪 30 年代，日本松本荣一先生据伯希和《敦煌图录》，认为这种形式的观经变只有第 120 窟一铺，非常珍贵。伯希和当年只拣好的照，自然就选上第 120 窟，因为它是这种形式的代表。

身为人子"以孝为先"是中国人的传统美德（尽管中国历史上不乏杀父弑君的统治者），阿阇世太子要囚父杀母的行为，总是不被善男信女所接受。中唐以后，出现了阿阇世故事的"因缘"。这一"因缘"有好几种版本，归纳起来是这样：频婆娑罗过去为国王时，无子，卜问相师，说是山中有一老道，死后当投胎为子。国王求子心切，派人杀之。仙人被杀之后，王后仍未孕，便问相师，相师说仙人已受身为白兔。王命人猎得此白兔。兔死，王后怀孕，生阿阇世太子。这一"未生怨"是"因"，阿阇世作孽，是国王和夫人得到的"果"。我们把这部分内容称作"未生怨因缘"，画面处理多半是两个情节：杀仙人、猎白兔。①

---

① 对敦煌西方净土经变调查较详细的有：孙修身：《敦煌石窟中"观无量寿经变相"》，敦煌研究院编《1987 年敦煌石窟研究国际讨论会文集·石窟考古编》，辽宁美术出版社 1990 年版；王惠民：《隋至唐前期敦煌西方净土图像考察》，新加坡大学 2001 年"7—9 世纪唐代佛教及佛教艺术国际会议"论文集《唐代佛教与佛教艺术》，台湾觉风基金会，2006 年。

三　其他几种经变

在莫高窟,还有几种主要显教经变,我没有介绍,得有所交代:

一是妙法莲华经变(简称法华经变)。《法华经》有两种译本:西晋竺法护译本叫《正法华经》,后秦鸠摩罗什译本叫《妙法莲华经》。后者的影响甚大,因为该经中的《观世音菩萨普门品》后来从全经中抽出"单行",成为《观音经》,而观音菩萨又是大慈大悲、救苦救难、有求必应、家喻户晓的"大救星"的化身。法华经变始于隋而终于宋。然而遗憾的是:尽管《法华经》故事很多,可以入画的也不少,如果没有题记,有些画面就可以有多种解释。由于原定最好的几铺法华经变近来有争议,所以没有作介绍。

二是华严经变,得多说两句:《华严经》从东汉支娄迦谶译此经别行本《兜沙经》(《如来名号品》)开始,至唐时止,据法藏《华严经传记》所载,光是"别行本"就有35部之多。而"正"经有"六十华严""八十华严""四十华严"三种,在高僧大德中颇受重视。唐代佛教宗派林立,其中就有专门弘扬《华严经》的华严宗。但由于其中心内容是讲"法性本净""一即一切、一切即一"等深奥的理论,无法入画,所以从"经"变成画时,画家只好用"佛"在七个地方、九次说法,即所谓"七处九会"来表现。于是,一铺华严经变就成了9块"说法图"加9块"榜书"。由于种种原因,敦煌学界至今没有对于该经变的深入研究。对我来说,不用说八十卷的《华严经》,就连"四十华严"我也没有读过,更没有研究,因此没有介绍。

三是涅槃经变、报恩经变,在莫高窟也有一定的数量,我做过一些工作,读过《涅槃经》,但没有研究,说不到点子上,只好割爱。

四是金光明最胜王经变，我曾做过全面地收集、整理、研究，①但是这一经变的主要部分是说法图，故而略去。

五是金刚经变、楞伽经变、思益梵天所问经变、密严经变等一批依据禅宗经典绘制的经变，从佛教艺术史的角度说，它们很有意义，因为除了敦煌石窟以外，再没有第二个！禅宗，从初祖达摩弘扬禅法以来，历千余年而不绝，它是我国除净土宗之外，流传时间长而且影响深远的佛教宗派。其中的《金刚经》为鸠摩罗什所译，文字优美，哲理精深，如说："如来者，无所从来，亦无所去，故名如来"，"说法者，无法可说，是名说法"，最后有四句偈语"一切有为法，如梦幻泡影，如露亦如电，应作如是观"。正是由于哲理性太强，金刚经变从一开始出现，就靠题记"须菩提，于意云何？……"来辨认。

《楞伽经》立"诸法皆幻"为宗，在义学高僧、文人学士中影响极大，白居易曾有《见元九悼亡诗因以此寄》绝句："夜泪暗销明月晃，春肠遥断牡丹庭。人间此病治无药，唯有《楞伽》四卷经。"但是，这"《楞伽》四卷经"对我们来说太难懂了。当年的敦煌，虽然高僧辈出，但把《楞伽经》变成画时，也无法表现"万法唯心"，只好突出"佛在楞伽山说法"作为楞伽经变的标志。

思益梵天所问经变据后秦鸠摩罗什译《思益梵天所问经》而绘制。该经有点像佛教哲理学术讨论会，思益梵天是从"他方佛国"来的与会者，且为主角。其他与会者还有：摩诃罗梵天子、善寂天子、不退转天子、净相天子。佛是"主讲"，讨论的主题是"诸法空寂之理"。抽象的哲理无法入画，于是思益梵天所问经变就成了这样：一个长方形的空间里，三分之二画大型说法图，三分之

---

① 施萍婷：《金光明经变研究》，敦煌研究院编：《1987年敦煌石窟研究国际讨论会文集·石窟考古编》，辽宁美术出版社1990年版。

一画许多小说法图——一佛二菩萨正襟危坐,案桌前跪着二人,一人戴天子冠,一人为梵天的形象。密严经变更是一丁点故事都没有,只画一铺大说法图,再画许多小说法图,在小说法图旁写上题记——实际上是照抄一段段经文,与思益梵天经变的构图差不多,所不同的是:前者小说法图前面跪的是"天子"与"梵天",后者小说法图前跪的是小菩萨。以上四种经变画,由于我上面所说的种种原因,我都没有介绍。

与禅宗无关,但经变形式与密严经变、思益梵天所问经变相似的还有天请问经变,莫高窟有 31 铺。《天请问经》只有 601 言,乃唐三藏法师玄奘所译,内容为:一位"天"有一些问题请问于佛,佛给予回答。如:"天复请曰:'谁为最安乐?谁为大富贵?谁为恒端严?谁为常丑陋?',世尊告曰:'少欲最安乐,知足大富贵。持戒恒端严,破戒常丑陋。'"通篇经文均如上引一问一答,都是无法入画的概念。从"经"变成画,也就成了:上部画大说法图,下部画小说法图,再把"天"与"佛"的问答一字不差地写在旁边。

还有十轮经变(原定名为宝雨经变,第 321 窟南壁十轮经变还保存榜题一方,可谓铁证)、梵网经变、贤愚经变、牢度叉斗圣变、报父母恩重经变、目连变等,本文限于篇幅,不述。

四 后 语

敦煌经变画是一个大题目,其中的绝大多数经变,每一种都可以写一本书。袖珍式的文章,非我所能。此次勉为其难,只能对不起读者。然而有几点感想,仍不揣冒昧而奉告:

禅宗一向以"不立文字"自诩。但是,自唐初六祖慧能有《法宝坛经》之后,诸方记录(即《语录》)渐成巨帙,成了留传文献最多的一个宗派。这大概是始祖达摩做梦都没有想到的。更有甚者，敦煌石窟成为中国现存禅宗壁画品类最齐备的地方，更是禅宗高僧大德们始料未及的。这是一笔敦煌独有、举世无双的非物质文化遗产，值得我们更进一步保护、研究。

近年来，研究"敦煌佛教世俗化"的文章不少。反应迟钝的我，连"世俗化"的概念也搞不清。比如上述一系列禅宗的经变画，我怎么也和佛教"世俗化"联系不上。现趁此机会，提出来求教于专家学者。

唐张彦远《历代名画记》第一卷有"论画六法"一节。六法中，"五曰经营位置"。他在说到"经营位置"时，曾感叹："至于经营位置，则画之总要。自顾陆以降，画迹鲜存，难悉详之。"可惜张彦远没有见到敦煌经变画，所以他认为只有吴道子"六法俱全"。他认识到"经营位置"是"画之总要"，但他感慨"难悉详之"。我想，他当年如果到了敦煌，此念顿消！敦煌的每一幅经变画，设计之始，首先要考虑的就是"经营位置"。研究敦煌壁画，就"经营位置"四个字可以写成巨著。遗憾的是，至今没有人来坐这一"冷板凳"！我学了几年历史，对于美术是门外汉，只有告罪于读者。

白居易71岁时写了一篇《念佛偈》。我今年78，想引用它来作为结尾，以求读者原谅：

唐白香山念佛偈

余年七十一，不复事吟哦。看经费眼力，作福畏奔波。何以度心眼，一医阿弥陀。行也阿弥陀，坐也阿弥陀。纵饶忙似箭，不废阿弥陀。日暮而途远，吾生已蹉跎。旦夕清净心，但念阿弥陀。达人应笑我，多却阿弥陀。达又作么生，不达又如何。普劝法界众，同念阿弥陀！

（原载《敦煌研究》2011 年第 5 期）

敦煌莫高窟经变画统计表

名称		北周	隋	初唐	盛唐	中唐	晚唐	五代	宋	西夏	元	时代不明	合计	
净土变	西方净土变 无量寿经变			8	1	2	6	1		13			31	
	西方净土变 阿弥陀经变			6	4	5	5	8	2	8			38	
	西方净土变 观无量寿经变		1	2	20	34	18	4	6				85	
	简略之净土变				1	1			16	43			61	402
	十方净土变					2	1						3	
	东方药师经变		4	1	1	22	32	21	9	6			96	
	弥勒经变		9	11	14	25	12	9					98	
维摩诘经变			11	10	3	10	9	16	9				68	
如意轮观音经变					1	10	13	26	13	2			65	
不空绢索观音经变					1	8	15	20	10	3			57	
千手千眼观音经变					3	8	8	9	10	2	2		42	
法华经变		2	5	2	6	7	8	5					35	
报恩经变					2	7	11	9	3				32	
天请问经变					1	10	8	7	5				31	
华严经变					1	5	9	7	6				28	
观音经变			1		5	5	4	3	3	3			24	
金刚经变					2	8	10						20	
千手千钵文殊经变						4	4	3	2	2		1	16	
涅槃经变		3	1	6	4								14	
劳度叉斗圣变				1			3	7	3				14	
楞伽经变					1	5	2	4					12	
思益梵天所问经变							4	5	2				11	
金光明最胜王经变						4	5		1				10	

续表

名 称 \ 时代	北周	隋	唐				五代	宋	西夏	元	时代不明	合计
			初唐	盛唐	中唐	晚唐						
贤愚经变						1	3	1				5
密严经变					1	2	1	1				5
报父母恩重经变					1	1		2				4
福田经变	1	1										2
佛顶尊胜陀罗尼经变								2				2
梵网变								2				2
十轮经变			1	1								2
金光明经变		1										1
大悲心陀罗尼经变								1				1
八大灵塔名号经变								1				1
炽盛光佛经变									2			2

备注:1. 维摩诘经变包括单独出现的"文殊师利问疾品"。

2. 涅槃经变中,绘塑结合者五铺。

3. "简略之净土变"主要指宋、西夏时期一些难以区别的、只知其为"净土"的画。因而此表所列经变实为33种。

中国最早的无量寿经变

——读支道林《阿弥陀佛像赞并序》有感

无量寿经变是佛教经变画西方净土变的重要门类之一,它与阿弥陀经变和观无量寿经变同样表现西方极乐世界的情景。关于这三种经变的甄别,目前学术界尚存争议。最早的净土经变何时出现? 它又是如何发展和流布的? 这些问题还没有更多的人注意。近读东晋支道林(支遁)有关佛赞,发现至迟在东晋年间即有无量寿经变出现,支遁的《阿弥陀佛像赞并序》即是当时已有此经变的有力证据。

一 高僧、名士支道林

支道林本名支遁,名、字同行,俗姓关氏,陈留(今河南开封)人,一说河东林虑(今河南林县)人。据慧皎《高僧传·支遁传》(下称《支遁传》)记载,支道林卒于废帝太和元年(366),享年53岁,则生于晋愍帝建兴二年(314)。又记载支道林自小受家族奉佛传统的影响,25岁出家为僧,则时当338年。

支遁师从何人? 早期的史籍如《高僧传》《出三藏记集》《世说新语》等均无记载。汤用彤、陈寅恪等先生的研究著作中也未提及,因此一直以为"史载阙如"。最近从宋人叶梦得的《避暑录话》中读到支道林师从支谦之说:"晋宋间,佛学初行,其徒犹未有僧称,通曰道人。其姓则皆从所授学,如支遁本姓关,学于支谦,为支；帛道猷本姓冯,学于帛尸梨密,为帛是也。"①支谦生卒年不详,《高僧传》卷一提到他主要译经时间是吴黄武元年至建兴年中（222—253）。应该说先辈学者不是没有见过叶梦得的《避暑录话》,而是认为此说不可信,因为支谦在世时,支道林还未出生。我们之所以引此说,是因为有一点是可信的：中国僧人,释道安以后才一律姓释,在此之前的,均"从师改姓"。支道林由姓关到姓支,是"从师改姓",这一点是没有问题的。又,从佛教学的角度讲,支遁的师承也应是支谦。理由有二：支谦受业于支亮,亮受业于支娄迦谶,隋费长房《历代三宝纪》卷五记录支谦译经时提到当时有谚语说："天下博知,不出三支。"支道林25岁才出家,已是成年人。这"三支"——支娄迦谶、支亮、支谦,定为支遁心仪已久。此其一。据《支遁传》,支遁出家前,曾"隐居余杭山,深思《道行》之品,委曲《慧印》之经"。《道行》即《道行般若经》,乃支娄迦谶所译；《慧印》即《佛说慧印三昧经》,正是支谦所译,说明他出家前就钻研支娄迦谶和支谦的作品。出家之后,"至哀帝（362—365）即位,频遣两使,征请出都。止东安寺,讲《道行般若》,白黑钦崇,朝野悦服"。到皇帝跟前,讲的还是"三支"的译经。事实上的师承比形式上的师承更能说明问题,此其二。

支道林的活动范围主要在当时东晋都城建康（今南京）为中心的江浙一带,东晋是我国初期佛教急遽发展的时代,作为一代高僧和名士,颇受当时僧俗两界赞誉和推崇。《支遁传》载其于佛学"卓焉独拔,得自天心"。其于玄学,则"标揭新理,才藻惊绝"。支道林的著述,史书记载不一,有说十卷,有说八卷,且散

---

① 叶梦得：《避暑录话》卷下,《丛书集成初编》第2787册,中华书局1983年版。

佚甚多。今存可见最著名的有《即色论》《大小品对比要钞序》《逍遥论》,还有一些赞、铭、诗作、书信等。从其著述来看,主要分为三个方面:一是精研般若学义理,创即色义,明因缘,悟中道。二是注《庄子·逍遥游》,一改向秀、郭象以"适性"为逍遥的论点,提出"逍遥"是一种理想价值和"至人"的理想境界,当时被称为"支理"。三是对佛教净土世界的描述及其身体力行的"图立神表"。其所作《阿弥陀佛像赞并序》《释迦文佛像赞并序》等是研究我国早期佛教造像不可多得的珍贵资料。其《阿弥陀佛像赞并序》中说的"图立神表"以及关于阿弥陀净土的绝妙描述,是引发我们撰写此文的诱因。

高僧、名士兼于一身的支道林,注《庄子·逍遥游》,在当时的玄学界可谓独树一帜。《世说新语·文学》有"标新理于二家之表,立异义于众贤之外"的记载。[①] 实际上,作为高僧的支道林是引佛入玄,以佛解玄。这一点陈寅恪先生早有论述。支道林注《逍遥游》所提出的"至人"概念,实际上深深地带着其作为高僧的佛教思想印痕。其《逍遥论》曰:

> 夫逍遥者,明至人之心也。庄生建言大道,而寄指鹏鴳,鹏以营生之路旷,故失适于体外,鴳以在近而笑远,有矜伐于心内。至人乘天正而高兴,游无穷于放浪,物物而不物于物,则遥然不失我得;玄感不为,不疾而速,则消然靡不适,此所以为逍遥也。若夫有欲当其所足,快然有似天真,犹饥者一饱,渴者一盈,岂忘烝尝于糗粮,绝觞爵于醪醴哉?苟非至

---

① 余嘉锡:《世说新语笺疏》(修订本),上海古籍出版社1993年版,第220页。

足,岂所以逍遥乎?①

从这里可以看出,支道林所谓的"逍遥"是"至人之心",即只有
"至人"才能达到的"乘天正而高兴,游无穷于放浪,物物而不物于
物,则遥然不失我得"的精神境界。这也是对向、郭所谓"各适性以
为逍遥"的批判。那么,何谓"至人"呢? 支道林的定义是:

> 夫至人也,览通群妙,凝神玄冥,灵虚响应,感通无方,建
> 同德以接化,设玄教以悟神,述往迹以搜滞,演成规以启
> 源……是以至人顺群情以征理,取验乎沸油,明小品之体本,
> 塞群疑幽,因物之征验,故示验以应之。今不可以趣征于一
> 验,目之为淳德,效衷于事实,谓之为常人,而未达神化之权。②

支道林所谓的"至人""圣人"与"佛"都是超乎"常人"的。
他认为:"是以圣人标域三才,玄定万品,教非一途,应物万方"。③
至人即圣人即佛,是超乎"天、地、人"三才之外的道德修养极高
的人。

支道林《释迦文佛像赞》叙述了释迦佛成佛的过程,实际上
是对其"逍遥论"的进一步阐述。其赞曰:

> 夫立人之道,曰仁与义。然则仁义有本,道德之谓也。
> 昔姬周之末,有大圣号佛,天竺释王白净之太子也……俄而
> 高逝,周览郊野,四辟皇扉,三鉴疾苦……脱皇储之重任……
> 希无待以轻举。④

---

① 余嘉锡:《世说新语笺疏》,上海古籍出版社 1995 年版,《世说新语·文
学篇》第 32 条"庄子逍遥游篇"注,第 220 页。
② 《大小品对比要钞序》,《出三藏纪集》卷八。
③ 《大小品对比要钞序》,《出三藏纪集》卷八。
④ 《释迦文佛像赞》,《广弘明集》卷一五。

"无待"语出《庄子》郭象注,与"有待"相对,即绝对精神。释迦放弃王太子的身份,追求精神的超脱就是追求"逍遥"的境界。从这里可以看出作为高僧名士的支道林玄佛互参的思想特征。

如何才能达到"至人"的这种逍遥境界?支道林有其独特的论述。其《咏怀诗》其一:

> 傲兀乘尸素,日往复月旋。弱丧困风波,流浪逐物迁。中路高韵益,窈窕钦重玄。重玄在何许,采真游理间。苟简为我养,逍遥使我闲。寥亮心神莹,含虚映自然。亹亹沈情去,彩彩冲怀鲜。踟蹰观象物,未始见牛全。毛鳞有所贵,所贵在忘筌。①

有研究者分析支道林的这首诗是在叙述自己的经历,认为作者在前半部分主要叙述了自己青少年时期"弱丧困风波,流浪逐物迁"和尸位素餐、无所事事的"颠沛流离"生活。而"中路高韵益,窈窕钦重玄"则是其涉入玄学后的思想状态,并以玄入佛,致力于般若空宗的过程。实际上,从诗作的叙述逻辑来看,笔者认为支道林实际上是要阐明一种心灵的超然境界。

"傲兀",犹傲岸,即超然独立。"尸素",即尸位素餐,语出《汉书·朱云传》:"今朝廷大臣,上不能匡主,下亡以益民,皆尸位素餐。"又见王符《潜夫论·思贤》:"虚食重禄,素餐尸位。"原意为食其俸禄而不为其事,此处指不屑于世俗杂务。"傲兀"与"尸素"是从两个不同的角度说明魏晋时代的一种人生态度,即不拘于世务,心静神凝。关于"弱丧困风波,流浪逐物迁"两句,论者多一笔带过,或谓是对魏晋时期动荡的社会现实的反映,但

---

① 《咏怀诗》,《广弘明集》卷三〇。

笔者认为这是作者对人生处世态度的阐释,是一种"溺乎玄风"①的故弄玄虚,实际上是论指"至人"的一种精神追求。近于孟子的"穷""达"之说。② 即无论顺境还是逆境,都无关紧要,重要的是如何达到"中路高韵益,窈窕钦重玄"。如果将"重玄"理解为引自《老子》的"玄之又玄",那么,两句的深意则是追求真理的奥秘。"重玄"在哪里? 在"采真游理间",即虽然万事万物纷繁复杂,但都是有其自身的本质和变化的规律,即"真"。"苟简"一词,语见《庄子·天运》:"古之圣人……食于苟简之田,立于不贷之圃"③,"苟简""逍遥""寥亮""含虚"均指无为而无不为的处世准则和崇尚自然的人生态度。接下来阐述其认识论思想。"踟蹰观象物,未始见牛全"他认为客观世界如何纷繁复杂,目之所至,所见只是表象而很难看到事物的本质,即"未始见全牛"。这首咏怀诗的点睛之笔是"毛鳞有所贵,所贵在忘筌"。"毛鳞"指各种鸟兽虫鱼,"忘筌"出自《庄子·外物》篇之"得鱼忘筌"。这两句是说鸟兽虫鱼任其自然,而无网筌之虞。在《阿弥陀佛像赞并序》中,支道林也写道:"浪无筌忘,鳞罕饵淫"——这是只有西方极乐世界才有的景象。从这里可以看出支道林以庄解佛、标新理于众贤之上的过人之处,也就更好理解高僧名士兼于一身的支道林为何推崇西方极乐世界了。

---

① 刘勰:《文心雕龙》,范文澜注"卷二·明诗第六",人民文学出版社1962年版,第195页。
② 刘勰:《文心雕龙》,范文澜注"卷二·明诗第六",人民文学出版社1962年版,第195页。
③ 郭庆藩辑:《庄子集释》,《诸子集成》,上海书店1986年版,第三册,第229页。

二 净土信仰与早期净土造像

佛教净土思想在中国的兴起是伴随着净土经典的翻译和流布开始的,其远渊可追溯至公元 2 世纪后期的东汉灵帝时代。其时,支娄迦谶(简称支谶)译出《般舟三昧经》和《无量清净平等觉经》(168—189 年)。及至三国,吴支谦翻译了《大阿弥陀经》(222—228 年),《慧印三昧经》,曹魏的康僧铠翻译了《无量寿经》(252 年)①,后秦鸠摩罗什翻译了《阿弥陀经》(402 年),南朝刘宋时畺良耶舍翻译了《观无量寿佛经》(424 年),阿弥陀净土三经已经齐备。因此可以推断,至迟从 2 世纪末期开始,佛教净土思想便开始在中国萌芽,但净土思想的广泛流行是从东晋时代开始的。

当东晋支道林活跃于南方的时候,另一般若大家道安(312 或 314—385)正在北方随佛图澄研习般若之学。与支道林努力践行格义之学不同的是,道安认为"……弘赞礼教,附会外书(如《庄》《老》等),则不能惬……志在弘赞真实教理,其不依傍时流,为佛教谋独立之建树,则尤与竺、支(竺法雅、支道林——引者注)等截然殊途也"②。道安是将净土思想付诸实践的代表人物。晋哀帝兴宁三年(365),道安从河北抵达时为晋土的襄阳,先居白马寺,后创立檀溪寺,"天下寺舍,遂则而从之"③。在这期间,道安及其同道对弥勒思想多有阐发并发宏愿往生兜率。《高僧传·释

---

① 《佛说无量寿经》(简称《无量寿经》)历来译本颇多,本文所引为曹魏天竺三藏康僧铠译本。

② 汤用彤:《汉魏两晋南北朝佛教史》(增订本),昆仑出版社 2006 年版,第 181 页。

③ 《高僧传》卷五《释道安传》。

道安传》:"安每与弟子法遇等于弥勒前立誓愿生兜率。"

道安居襄阳,从之者数百,其中有竺僧辅、昙戒、昙翼、法遇、昙徽、慧远、慧持、慧永等被收入《高僧传》的高僧。

《高僧传·竺僧辅传》:"后憩荆州上明寺,单蔬自节,礼忏翘勤,誓生兜率,仰瞻慈氏。"

《高僧传·昙戒传》:后笃疾,长诵弥勒佛名,不辍口。弟子智生侍疾,问何不愿生安养。戒曰:"吾与和尚等八人同愿生兜率,和尚及道愿等皆已往生,吾未得去,是故有愿耳。"言毕,即有光照于身,容貌更悦,遂奄而迁化,春秋七十,仍葬安公墓右。

从上述记载可以看出,诵弥勒佛名与往生兜率是道安一系的追求。同时"兜率"不同于"安养",说明这一时期的净土信仰区分是比较清楚的,道安及其同道追求的是弥勒净土。

与道安一同愿往兜率的高僧中,慧远应该是第一位发愿期生西方净土的,即与道安期生兜率弥勒净土不同,慧远则弘扬弥陀净土,精修三昧并重持名念佛。正因为如此,刘宋时即被推为净土宗祖。[1] 实际上,据汤用彤先生考证,《僧传》有所谓慧远携刘遗民、周续之等于庐山精舍无量寿佛建斋立誓,共期西方之说,但俗传所谓慧远与十八高贤立白莲社等事,因史载多相互矛盾,应不足为凭。[2] 不过可以确定的是,慧远及刘遗民、周续之等期生安养与道安等愿生兜率应是当时净土思想的代表。

慧远(334—416),俗姓贾,雁门楼烦(今山西代县)人。《高僧传·释慧远传》载:"少为诸生,博综六经,尤善《庄》《老》",当时宿儒贤达,莫不叹其学识渊博。年21时,"时沙门释道安立寺

---

① 《佛祖统记》卷二六。
② 汤用彤:《汉魏两晋南北朝佛教史》(增订本),昆仑出版社2006年版,第323—329页。

于太行恒山,弘赞像法,声闻甚著。远遂往归之,一面尽敬,以为真吾师也"①。正因为慧远善《庄》《老》并兼通儒学,所以,师从道安之后,在继承道安般若学体系并形成自己的佛教思想的过程中,带有明显的中国玄学及儒学特征,这是理解慧远期生西方净土的重要依据。

支道林和慧远有一个共同点就是同善《庄》《老》,又深谙般若。支道林赞美西方极乐净土,慧远身体力行,率弟子共期西方,由此可以看出魏晋时代名士、高僧由崇尚玄谈到追求自然,最后追求西方极乐净土,实际上是在纷乱的现实世界面前追求自我解脱的一种诉求,但这种带有深深的中国文化特点的佛教思想却成了后世中国净土宗的渊薮。

在很长一段时期内,学术界对西方净土变的研究多注目于观无量寿经变和阿弥陀经变,而对无量寿经变研究较少。事实上,《无量寿经》传译最早(比《阿弥陀经》早 220 多年,比《观无量寿经》早 270 来年),译本最多(有所谓"五存七欠"),其对西方净土的描写也最丰富。佛教界认为它是"净土群经之纲要"。或因《阿弥陀经》和《无量寿经》同出一源,两经均有对西方极乐世界的描述,或由于《无量寿经》与《观无量寿经》(《观经》)均有关于"三辈往生"或"九品往生"的记载。所以,研究者往往或将无量寿经变归于阿弥陀经变,或将其与观无量寿经变混为一谈。从支遁的《阿弥陀佛像赞并序》来看,三种西方净土变在画面表现内容上的区别是非常明显的,这一点可从同期的有关图像资料中得到证明。

见于文献记载的,依有关净土经典绘塑的佛教艺术品,也出

---

① 汤用彤:《汉魏两晋南北朝佛教史》(增订本),昆仑出版 2006 年版,第 304 页。

现在这一时期。其中最著名的有竺道邻兴宁年间(363—365)在山阴昌原寺铸造的无量寿像,戴逵在山阴灵宝寺制作的弥陀及胁侍二菩萨木像等。① 东晋孝武宁康三年(375)四月八日,襄阳柽溪寺沙门释道安,盛德昭彰,声振宇内,于郭西精舍铸造丈八金铜无量寿佛,明年季冬严饰成就。目前所见有关无量寿经变的实物遗存有:

1. 炳灵寺第169窟第6龛内的一佛二菩萨。该龛内的主尊佛背光右上方有墨书榜题"无量寿佛",右侧菩萨墨书"观世音菩萨",左侧菩萨墨书"得大势至菩萨"。造像题记约五百字,尾署:"建弘元年(420)岁在玄枵二月廿四日造"(如据"岁在玄枵"来推算,应为424年)。

2. 四川成都万佛寺出土的佛像资料中,有很多净土图像资料,其中有一块镌有南朝刘宋元嘉二年(425)造像铭的浮雕净土变相,该石刻被认为"是目前所知四川地区乃至南方地区有纪年的最早一件石刻造像"②。此石雕现藏法国,我们能看到的只是发表出来的拓片资料。浮雕有毁损,石刻拓片图也不清楚。这幅图像,曾引起许多研究者的广泛关注。张肖马、雷玉华认为是"净土变相",但未说明是弥勒净土还是西方净土。③ 日本长广敏

①《高僧传》卷五记:"……言旷之行住常有鬼神数十卫其前后。时沙门竺道邻造无量寿像,旷乃率其有缘,起立大殿相传云……"据考,其时应为东晋兴宁(363—365)间。《法苑珠林》卷一六记:"晋世有谯国戴逵,字安道者,留逐旧吴,游心释教,乃作无量寿挟持菩萨,所闻褒贬,辄加详改,三年方成,俄而迎入山阴之灵宝寺。"《历代名画记》卷五记:"戴逵,字安道,谯郡铚人……逵既巧思,又善铸佛像及雕刻,曾造无量寿木像,高丈六,并菩萨。"

② 袁曙光:《四川省博物馆藏万佛寺石刻造像整理简报》,《文物》2001年第10期。

③ 张肖马、雷玉华:《成都市商业街南朝石刻造像》,《文物》2001年第10期。

雄最早注意到这幅图像,其《南朝的佛教刻画》认为图像内容是本生图。① 日本吉村怜认为是据《法华经·观世音菩萨普门品》绘制,并将其定名为"法华经普门品变相"②。

3. 南朝齐永明元年(483)造无量寿佛、弥勒佛。这是四川茂汶出土的一块造像碑。它是四川现存有明确南朝纪年的时代最早的佛教造像碑之一。碑的两面,一面刻的是无量寿佛,一面刻的是弥勒佛。碑的右侧有造像铭文六行:

    (1) 齐永明元年岁次癸亥七月十五日,西凉曹比丘释玄嵩,为帝

    (2) 主臣王、累世师长父母兄弟、六亲眷属及一切众生,敬

    (3) 造无量寿、当来弥勒成佛二世尊像,愿一切群生发弘

    (4) 旷心,明信三宝,瞿修十善,遭遇慈氏龙华三会,聂豫

    (5) 其昌,永去尘结,法身满足,广度一切,共成佛道。

    (6) 比丘释僧成□□□□共成此[功]。

此碑的无量寿佛作立像,弥勒佛作坐像,据袁曙光先生介绍,立佛"龛右上角刻有榜题'无量寿佛'四字",无量寿佛作立姿,且有题年、题款,这是罕见的一例。

4. 四川成都万佛寺出土的佛像中,有一块南朝无纪年的碑石,碑石出土时断为两截(现已拼接),图版刊登于日本朝日新闻

① 长广敏雄:《南朝的佛教刻画》,《六朝时代の美术研究》,日本美术出版社 1969 年版。

② 吉村怜著,卞立强、赵琼译:《天人诞生图研究》,中国文联出版社 2002 年版,第 246—255 页。

社 2000 年 10 月发行的《中国国宝展》第 183 页上,是我们目前所能见到的最清楚的画面。关于这一碑石,李裕群先生根据正面的双观音图像,将其确定在梁普通年间(520—526)。[①] 吉村怜引用了背面上半段图像资料来佐证其对元嘉二年(425)碑刻拓片图像的论证,认为这一图像反映的是释尊灵鹫山说法,即"灵山会"。吉村氏认为这幅图像与元嘉二年的图像在内容上有一致性。从拼接后的背面全图来看,画面从上往下为:上段,佛坐于宝座上,众弟子肃立起敬,背后是崇山、河渠,河中有疏密有致的荷叶;佛与众弟子的两侧是蕉叶及高大的宝树;宝树的左右下方是高大的楼阁。中段,佛的正前方,"人"字形宽带一样的地段,有鳞次栉比的菩提树,每边的树下踞坐着 13 位僧人;"人"字形的中间,正对着佛,是四伎乐天和芭蕉树;"人"字地带的左右是河渠,河上有桥通向两侧的楼阁;河中有莲花、荷叶、化生、游泳者。笔者认为,此段的准确名称应为"灵山净土"[②]。下段,横贯画面的一条大河上,正中有一座很宽的桥,两边有栏杆,桥上无人物,桥下河面上有出水荷叶、莲花、莲蓬、莲花化生、游泳者等,可以看出,无量寿经变的基本元素在这里都有。大河的下部图像很显然是据《观世音菩萨普门品》绘制。[③]

5. 南北朝时期龙门石窟的西方净土变相。据日本塚本善隆的研究,由于北魏以来菩提流支在洛阳翻译了《观无量寿经》,其后有昙鸾(476—542)等人的潜心研修和弘扬,因此"南北朝时期

---

① 李裕群:《试论成都地区出土的南朝佛教石造像》,《文物》2000 年第 2 期。

② 灵山净土:灵山,灵鹫山的简称,是佛说《法华经》之处。因此称灵鹫山为释迦报身常住之净土,参见《法华玄论》卷九。

③ 对这块碑的考证,还可参阅赵声良:《成都南朝浮雕弥勒经变与法华经变考论》,《敦煌研究》2001 年第 1 期。

的龙门造像中,'无量寿佛'这一名称的出现并非不可思议,应该说是理所当然的"①。据李玉昆先生统计,龙门石窟北朝时期有具体年代可考的无量寿佛有八尊。② 此外,现存美国弗利尔美术馆(Freer Gallery)、出土于河北邯郸南响堂山第 2 窟的一幅浮雕阿弥陀净土变,据考为北齐时代的作品。③ 实际上,从南北朝开始,各地石窟中类似的净土图像开始逐渐增多,例如,敦煌莫高窟的建于西魏年间的第 285 窟,窟内有明确的大统四年(538)、五年(539)建窟记年,该窟东壁门北侧的说法图主尊结跏趺坐,作说法手印,四菩萨胁侍,分别题名"无尽意菩萨""文殊师利菩萨""观世音菩萨""大□(势)志(至)菩萨",菩萨后有四弟子伫立,各有题名。最有特点的是该说法图榜题"无量寿佛",可确切断定这铺说法图为西方净土图,且为莫高窟最早的一幅。

从上述所列可以看出,6 世纪中期之前,除上述几处与净土经典有关的造像外,文献或考古资料中都未发现有其他比较完整的净土经变图像的信息。从目前资料看,西方净土变在北方的大规模流行似乎是从隋代开始的,而在南方,从支道林的《阿弥陀佛像赞并序》来看,实际上早在东晋时代,就已经有比较完整的西方净土变相了。虽然实物无存,但支道林的像赞所描述的应该就是当时的无量寿经变。

---

① [日]塚本善隆著,施萍婷译、赵声良校:《从释迦、弥勒到阿弥陀,从无量寿到阿弥陀——北魏至唐的变化》,《敦煌研究》2004 年第 5 期。

② 李玉昆:《龙门碑刻及其史料价值》,载刘景龙、李玉昆编:《龙门石窟碑刻题记汇录》(上),中国大百科全书出版社 1998 年版,第 42 页。

③ 阎文儒《中国石窟艺术总论》:"北响堂山,也称作常乐寺,石窟群在石鼓山的山腰,共有 8 个窟,其中主要的是南、北、中三个窟,根据南洞外面北齐天统四年(568)—武平三年(572)唐邕的刻经记看,可以证明是北齐开凿。"天津古籍出版社 1987 年版,第 40 页。

三 "图立神表"——支道林描绘的无量寿经变

支道林一生所作像赞甚多，除《阿弥陀佛像赞并序》外，尚有《释迦文佛像赞并序》《文殊师利赞》及一些菩萨赞。虽均名为像赞，但《阿弥陀佛像赞并序》主要是对以阿弥陀佛为中心的西方极乐世界"净土庄严"的描述，而其他像赞则主要只赞释迦佛和菩萨的"功德庄严"。《阿弥陀佛像赞并序》开篇即言："夫六合之外，非典籍所摸，神道诡世，岂意者所测……佛经纪西方有国，国名安养，迥辽迥邈，路踰恒沙，非无待者不能游其疆，非不疾者焉能致其速。其佛号阿弥陀，晋言无量寿。"①此处所言"六合之外"的"安养国"有佛"阿弥陀"，晋时称为"无量寿"者，均出自《无量寿经》。支遁的"国名安养"一语，是我们把他的《阿弥陀佛像赞并序》归结为出自《无量寿经》的主要依据之一。因为支遁所处的时代，已经译出的佛经中，提到"国名安养"的只有四部经：(1)竺法护译《正法华经》；(2)安世高译《不退转法轮经》；(3)康僧铠译《无量寿经》；(4)支谦译《维摩诘经》卷下。四经中，只有康僧铠译《无量寿经》是专讲阿弥陀佛的西方极乐世界的。又，此时《阿弥陀经》《观无量寿经》尚未译出，因此，其所赞之阿弥陀和西方净土之根据也只能是《无量寿经》。

后汉至两晋时期，佛教净土思想随着大乘经典的翻译逐步流行起来。这一点我们可从支遁的师承关系上做进一步说明。《高僧传·康僧会传》载：

> 时孙权已制江左，而佛教未行。先，有优婆塞支谦，字恭明，一名越，本月支人，来游汉境。初，汉桓、灵之世，有支谶

---

① 《广弘明集》卷十五。

译出众经。有支亮,字纪明,资学于谶。谦又受业于亮,博览经籍,莫不精究,世间伎艺,多所综习,遍学异书,通六国语。①

汤用彤先生《汉魏两晋南北朝佛教史》也讲到:"支谶(即支娄迦谶)之弟子支亮,支亮之弟子支谦。世高与谶同在洛阳,僧会与谦同住建业,二者虽互相关涉,但其系统在学说及传授上,固甚为分明也。"②

由此可以看出,从支谶到支亮再到支谦一脉相承的师承关系。支娄迦谶于后汉时翻译了《佛说无量寿清净平等觉经》,三国吴时支谦翻译了《佛说阿弥陀三耶三佛萨楼佛檀过度人道经》,虽名称不同,但都是称赞无量寿佛及其西方极乐世界的,即与曹魏康僧铠所译《佛说无量寿经》是同一经。三种译本中只有支谦本谓佛号为"阿弥陀",其他两译本则谓:"无量寿佛"(康僧铠)或"无量清净佛"(支娄迦谶)。从支道林的"像赞"内容看,可知其"图立神表,仰瞻高仪"的图像基本是按支谦本所言"阿弥陀"和康僧铠所谓"安养国"的种种"功德庄严"来描绘的。

传统的无量寿经变一般包括阿弥陀说法、听法菩萨、净土庄严和三辈往生(莲花化生)几个重要的情节或场景。敦煌比较完整的无量寿经变是见于莫高窟的初唐第220窟南壁的通壁大画,学界最早将此经变定为阿弥陀经变,从广义上来说应该无错,但从所本原经及具体情节上来看,则应为无量寿经变。

支道林的《阿弥陀佛像赞并序》分"序""赞"两个部分,"序"是对赞的解说,"赞"是对经变的描摹;"序""赞"结合即可清楚理解支道林所谓"图立神表"的完整画面。所描述的图画,基本上

---

① 《高僧传》卷一《康僧会传》。
② 汤用彤:《汉魏两晋南北朝佛教史》,昆仑出版社2006年版,第126页。

包括了后来无量寿经变的大部分内容，现分述如下：

1. 说法图

以阿弥陀为主尊的"西方三圣"（说法图）绘制于整部经变正中，周围是无量寿佛国的菩萨、声闻以及十方佛国到无量寿佛跟前听法的菩萨众。支道林"序"中的描写是："众妙于兹大启，神化所以永传。"至于法会盛况，文中有更为详尽的叙述。支道林像赞序曰："国无王制斑爵之序，以佛为君，三乘为教。"

"三乘"可指声闻、缘觉、菩萨三乘，亦可指大乘、中乘、小乘。此处的"三乘为教"应为经、法、僧三宝。关于阿弥陀佛的神态，在"赞"中又做了进一步的描述："皇矣正觉，实兼宗师。泰定轸曜，黄中秀姿。恬智交泯，三达玄夷。"其神态安详与日月同辉，慈眉善目，居于画的正中。胸怀大智而内德英发；恬静与心智交融，洞明世间众苍生。至于众菩萨的神态，则是："空有同状，玄门洞开。咏歌济济，精义顺神。玄肆洋洋，三乘诜诜。藏往摹故，知来惟新。"弥陀说法犹如打开了通向西方极乐世界的大门，所以有众菩萨前来听法。阿弥陀佛结说法印端坐在莲花座上，观音和大势至两位大菩萨胁侍左右，周围有众多菩萨绕坐，这是支道林对"说法图"及众多菩萨的完整描述。同是支道林所做像赞，《释迦文佛像赞并序》中对释迦佛的描述非常直接具体：

> 昔姬周之末有大圣号佛，天竺释王白净之太子也。俗氏母族，厥姓裒昙焉。仰灵胄以丕承，藉乃哲之遗芳。吸中和之诞化，禀白净之浩然，生自右胁，弱而能言。谅天爵以不加为贵，诚逸禄以靡须为足……明明释迦，寔惟帝先。应期叡作，化融竺乾。交养恬和，濯粹冲源。迈轨世王，领宗中玄。堂堂洪摸，揭秀员灵。①

---

① 《广弘明集》卷十六。

由此可以看出,支道林所写"像赞序"的特点,"序"交代了描摹阿弥陀像的大意,"赞"则用更文雅的辞藻做进一步的称颂,即"咏言不足,遂复系以微颂"。

2. 净土庄严

关于"安养国"的"净土庄严",早期造像因为情景大多比较简单,所以表现较少。前述见于支道林同时代的其他造像,史料或记为"无量寿像"或记为"无量寿及胁侍菩萨"等。四川成都万佛寺的造像碑上部和莫高窟第 220 窟南壁无量寿经变的上部均有宝楼宫殿,虚空宝网、天音舞乐甚至飞天等图像和情景。与同时代的其他同类造像相比,支道林像赞对"净土庄严"中这一情节有惟妙惟肖的描述。其"序"曰:"园囿池沼,蔚有其荣。飞沈天逸于渊薮,逝寓群兽而率真。闾阖无扇于琼林,玉响天谐于箫管。冥霄陨花以阖境,神风拂故而纳新。甘露征化以醴被,蕙风导德而芳流。圣音应感而雷响,慧泽云垂而沛清。"飞鸟虫鱼任其自然之性而生活在各自的天地里;习习和风轻拂宝树;空中的乐器"不鼓自鸣";漫天鲜花纷纷飘落,佛法如甘露遍撒;听法众如醍醐灌顶。

关于"净土庄严"的亭台楼阁等建筑,支道林在"赞"中做了更为细致的描绘:"造化营域,云拘巍峨。紫馆辰峙,华宇星罗。玉闱通方,金墉启阿。景倾朝日,艳蔚晨霞。神堤回互,九源曾深。浪无筌忘,鳞罕饵淫。泽不司虞,骇翼怀林……葳蕊霄散,灵飚扫英。琼林喈响,八音文成。"从这里可以看出,支道林所描摹的这幅图像与《无量寿经》所叙述的几乎完全一样。

《无量寿经》在叙述法藏比丘修成的西方净土时讲:

> 应时普地六种震动,天雨妙花以散其上,自然音乐空中赞言。其佛国土自然七宝(金、银、琉璃、珊瑚、琥珀、砗磲、玛瑙)合成为地,恢廓旷荡不可限极。悉相杂厕,转相入间。

光赫焜耀,微妙奇丽。清净庄严超逾十方一切世界。

又其国土,七宝诸树周满世界……行行相植,茎茎相望,枝枝相准,叶叶相向,花花相顺,实实相当。荣色光曜,不可胜视。清风时发,出五音声。微妙宫商自然相和。又无量寿佛,其道场树高四百万里,其本周围五千由旬,枝叶四布二十万里,一切众宝自然合成,以月光摩尼持海轮宝众宝之王而庄严之。周匝条间垂宝璎珞,百千万色种种异变。无量光炎照曜无极,珍妙宝网罗覆其上,一切庄严随应而现。微风徐动,出妙法音,普流十方一切佛国。其讲堂、精舍、宫殿、楼观,皆七宝庄严,自然化成。

在描述净土庄严的同时,支道林又讲到了佛与菩萨的"功德庄严",即"有客驱徒,两埋机心。甘露敦洽,兰蕙助声。化随云浓,俗与风清"。《无量寿经》记载:"彼佛国中,诸声闻众身光一寻,菩萨光明照百由旬。有二菩萨最尊第一,威神光明,普照三千大千世界。阿难白佛:彼二菩萨其号云何?佛言:一名观世音,二名大势至。是二菩萨,于此国土修菩萨行,命终转化,生彼佛国。"

传统的无量寿经变中,弥陀三尊身后均为多宝装饰的宫殿楼阁,表现极乐世界的庄严自在,正合了支道林像赞的描述。正因为"安养国"有如此庄严,所以十方佛派众菩萨前来赴会,诚如《阿弥陀经》所言:"极乐国土成就如是功德庄严","宝树天花,咸能演法,清风流水,俱说妙音",所以东方、南方、西方、北方、上方、下方的佛,都在"赞叹阿弥陀佛不可思议功德之利"。

3. 三辈往生(莲花化生)

往生西方极乐净土是《无量寿经》的重要内容之一,因此,除早期的单身无量寿佛或以弥陀为中心的西方三圣造像外,后来逐步趋于完整的该类经变都包含了三辈往生的情节。

《无量寿经》载:"诸有众生闻其名号(阿弥陀佛),信心欢喜,乃至一念,至心回向愿生彼国,即得往生,住不退转。"即:凡娑婆世界众生只要一心念佛名号,即可往生并不退转。又云:"十方世界诸天人民,其有至心愿生彼国,凡有三辈。"三辈之人均发菩提心,一向专念无量寿佛,愿生彼国者,"此诸众生于七宝花中自然化生,加趺而坐,须臾之顷,身相光明,智慧功德如诸菩萨,具足成就"。

支道林像赞"序"叙述了"安养国"及"阿弥陀佛"之后,首先描写的就是这一情节。"男女各化育莲花之中,无有胎孕之秽也。""赞"中有"孕景中葩,结灵幽芳"的描述。《佛说无量寿经》:"若有众生,明信佛智,乃至胜智,作诸功德,信心回向,此诸众生,于七宝花中自然化生。"这一点与《观无量寿经》所讲的"九品往生"从本质上来说是一样的,都是通过"莲花化生"而"往生净土"。不同之处是,《观无量寿经》讲"上、中、下三品",又将"三品"按照念佛人智慧功德深浅的不同,每品又分为上、中、下,共"九品"。这是从佛经和情节区分两种经变的重要依据。

尽管支道林所描绘的图像已无法看见,但从现存比较完整的无量寿经变仍可看出,楼台亭阁、说法图、宝池莲花是西方净土变不可或缺的重要情节之一。四川成都万佛寺出土的净土变相中有这些图像,莫高窟初唐第220窟的南壁的无量寿经变中也有这些图像。

从《阿弥陀佛像赞并序》所描述内容来看,支道林所依据的佛经应是《无量寿经》,其"乃因匠人图立神表,仰瞻高仪,以质所天"的这幅"阿弥陀佛像",实际上是一幅在当时比较完整的无量寿经变画。像赞所描写的弥陀说法、净土庄严和三辈往生(莲花化生)等情节和内容,比同时代只塑(绘)的无量寿(阿弥陀)或"一佛二菩萨"情节丰富了很多,表现了西方净土变最重要的中心情节。从这一点来说,其所描写的应是中国最早的一幅无量寿经变,也应该是后来西方(各种)净土变(包括无量寿经变)的蓝本。

(署名陈明、施萍婷,原载《敦煌研究》2010年第1期)

新定阿弥陀经变

——莫高窟第 225 窟南壁龛顶壁画重读记

一

按佛教的说法，佛有过去佛、现在佛、未来佛，乃至有千佛、万佛、无量无数佛。阿弥陀佛属于"现在佛"。"阿弥陀佛"，在当今的中国，可算是家喻户晓——连小孩子都知道。因为电视剧《西游记》里那个唐僧，动不动就说"阿弥陀佛"。其实，即使在古代，阿弥陀佛也是人们的"最爱"。在无数佛中，为什么阿弥陀佛如此深入人心？唐代白居易就曾有过精辟的解释：

> 谛观此娑婆世界微尘众生，无贤愚，无贵贱，无幼艾，有起心归佛者，举手合掌，必先向西方；有怖厄苦恼者，开口发声，必先念阿弥陀佛。又，范金合土，刻石织文，乃至印水聚沙童子戏者，莫不率以阿弥陀佛为上首，不知其然而然。由是而观，是彼如来有大誓愿于此众生，此众生有大因缘于彼国土明矣。不然者，东南北方，过去、现在、未来佛多矣，何独如是哉！①

白居易这段话的意思是说：他审视现实社会中像"微尘"那

---

① 《画西方帧记》，《全唐文》卷六七六。

样多的人,不论老少贤愚,凡信佛者,礼拜必先向"西方";遇险、遭难,张口必先念"阿弥陀佛";铸、塑、绘、绣佛像,甚至小孩玩沙子,都以阿弥陀佛为"首选"。由此看来,之所以如此,就是因为:阿弥陀佛成佛前,发 48 个大愿救度众生,而广大众生与极乐世界有缘。否则,过去佛、现在佛、未来佛、十方佛,佛多得很,为什么偏偏如此呢?白居易不仅说出了普遍信仰阿弥陀佛的原因,还说明了当时用各种手段、形式制造阿弥陀像的盛况。

《阿弥陀经》共有二译①:二译皆存,即鸠摩罗什译于 402 年的《佛说阿弥陀经》和玄奘译于 650 年的《称赞净土佛摄受经》。从敦煌遗书来看,仅据《敦煌遗书总目索引》的统计,《阿弥陀经》有 133 件,而《称赞净土佛摄受经》只有 2 件,由此可见敦煌流行的是鸠摩罗什译本。不仅如此,据我考察,敦煌壁画中的阿弥陀经变也是据鸠摩罗什译本绘制的。因为从内容上说,两个本子最大的不同就是:鸠摩罗什译本说到"鸟宣道法"时,鸟有白鹤、孔雀、鹦鹉、舍利、迦陵频伽、共命之鸟,而玄奘译本则为鹅、雁、鹙鹭、鸿鹤、孔雀、鹦鹉、羯罗频迦、命命鸟。鹅、雁,是最大的不同。还有,"六方护念",玄奘译本是"十方佛"赞叹。

《阿弥陀经》主要讲:释迦牟尼佛在舍卫国祇树给孤独园主动说法②,说法内容可概括为两部分:一是"极乐国土"的"功德庄严";一是"六方护念"。所谓极乐国土的功德庄严,就是指"西方极乐世界"如何美妙无比。所谓"六方护念"就是指东、南、西、北、上、下,各方的无数佛都来"称赞不可思议功德",而且证明释迦牟尼说的阿弥陀经是"真实不虚"的,应当相信的。所以《阿弥

---

① 有的经目说,求那跋陀罗译过《小无量寿经》,即为《阿弥陀经》,此事不实。

② 隋智顗在《阿弥陀经义记》中说:"余经皆有请主,此经无问自说。"

陀经》的另一名称是《称赞不可思议功德一切诸佛所护念经》，简称《一切诸佛所护念经》。《阿弥陀经》全经才 1858 字，光说"六方护念"就用了 523 字，占 28%强。说明释迦很希望大家都来信仰此经。这部分经文，除了佛的名字不同以外，各方佛的"赞词"都是一模一样的。正因为如此，所以经变画中，凡阿弥陀经变几乎没有表现"六方护念"。这个问题，我们只要看一下经文就很好理解。下面所引经文，"六方"佛说的一字不差，经云："如是等恒河沙数诸佛，各于其国，出广长舌相，遍覆三千大千世界，说诚实言：汝等众生当信是称赞不可思议功德一切诸佛所护念经。"①佛教好说大话，而且往往无以复加。这"遍覆三千大千世界"的"广长舌相"是不可能进入佛教艺术的。所以，从经变画来看，阿弥陀经变描绘的主要是佛讲经说法的场面和美妙肃穆的"极乐国土"。

二

莫高窟第 225 窟是一个中型偏小的盛唐洞窟，是盛唐时代较为少见的南、西、北三壁开龛的窟。北壁龛内塑释迦涅槃像（尚存），表示"过去佛"；南壁龛内塑像已毁，从龛顶壁画阿弥陀经变而知原为阿弥陀佛，表示"现在佛"②；西壁龛内存倚坐佛一身、弟

---

① 智者大师（智颛）是第一个为《阿弥陀经》作注疏的人，有些地方注疏不厌其烦，而对"六方护念"，他在他的《阿弥陀经义记》中，引完了"六方护念"全部经文之后才说："'如我今者'下，引证劝。非我独叹彼依正，劝物往生，六方诸佛，皆悉劝发，称扬赞叹，恒河沙数各于其土往生彼国。"简直有点文不对题。至于"广长舌相"，他不置一言。

② 阿弥陀佛是"现在佛"，见鸠摩罗什译《十住毗婆沙论》卷二《地相品》；《鸠摩罗什法师大义》卷二。

子二身、菩萨一身，表示"未来佛"。整个洞窟是"三世佛"的布局。

第 225 窟南壁龛顶这幅壁画，史苇湘先生当年编《敦煌莫高窟内容总录》时，定为"说法图一铺"。① 1987 年中日合出《中国石窟·敦煌莫高窟（三）》第 168 图为此图，定名为"西方净土变"。其图版说明中，虽出现了"阿弥陀经变"的提法，但概念仍然不清。② 1989 年，天津人民美术出版社出版《中国壁画全集·敦煌 6·盛唐》时，史苇湘先生参与撰写该卷的图版说明，其时改称为"一幅小型西方净土变"③。

盛唐时代，是敦煌观无量寿经变的鼎盛时期。至于阿弥陀经变只有第 225 窟南壁龛顶这一铺。全图都处于彩云之上，色彩浓艳（图 1）。正中是智颛、吉藏所谓的"依正二报"中的"正报庄严"，④其实就是"说法图"：阿弥陀佛两手作转法轮印，观音、大势至相对合掌对坐，周围有听法菩萨，佛相庄严肃穆，菩萨形貌端庄娴静而妙好；天上"天花乱坠"；箜篌、腰鼓、鸡娄鼓、古琴、排箫、琵琶等乐器迎风奏鸣；白鹤、孔雀、鹦鹉、迦陵频伽全都展翅飞翔；三尊及众多菩萨坐于珍珠铺地的宝地上，其身后的大殿连接回廊、楼阁；七宝池内莲花盛开；七重行树与七重罗网结合（七重罗网在说法图前面，七重行树在众菩萨身后）。

---

① 文物出版社 1982 年版，第 70 页。
② 第 168 图图版说明，文物出版社 1987 年版，第 236 页。
③《中国壁画全集·敦煌 6·盛唐》第 109 图图版说明，天津人民美术出版社 1989 年版，第 37 页。
④ 关于"依正二报"，请参见拙作《关于敦煌壁画中的无量寿经变》一文，《敦煌研究》2007 年第 2 期。

图 1　第 225 窟南壁龛顶阿弥陀经变

唐窥基是为鸠摩罗什译《阿弥陀经》作注疏的第二人。他甚至作了一简一繁两次注疏,简者一卷,繁者三卷共 32284 言,是《阿弥陀经》的 17 倍多。

窥基,字道洪,俗姓尉迟,出家前,原是将门之子——唐开国大将尉迟敬德的侄子,父亲尉迟敬宗也是一员大将。他出家后,先被玄奘看上,后"奉敕为奘师弟子"①,他的注疏无疑是很知名且在社会上有很大影响的。我想,莫高窟第 225 窟南壁龛顶的这幅阿弥陀经变可以为窥基《阿弥陀经通赞疏》的社会影响作一佐证。他在"广明净土"时注疏:

> 文分为二,初明国土庄严,二辨佛身功德。初文分八:第一,树饰四珍;第二,池严众宝;第三,空盈天乐;第四,地布黄金;第五,花雨长天;第六,人游诸国;第七,鸟吟妙法;第八,风吹乐音。②

---

① 详见(宋)赞宁等撰《宋高僧传》卷第四。
② (唐)窥基《阿弥陀经通赞疏》卷中。

他说的"国土庄严"这八条,不正是我们第 225 窟阿弥陀经变的写照吗?我请马玉华同志将经变全图,用套叠的形式,分别绘制了四张线图,以通读此画。

窥基的阿弥陀佛"国土庄严"八条,是按经文顺序排列的。又,阿弥陀经也好,窥基的简本《阿弥陀经疏》也好,佛及菩萨等的"庄严",属于"依正二报"中的"正报",放在"依报"之后,也就是说,经、赞都是先说极乐世界如何美妙,再说佛和菩萨等如何神通。艺术家把"经"变成画,必然有构图上的考虑。敦煌壁画中的经变画,"中轴线"问题是画家考虑"经营位置"的首选问题。阿弥陀经变也不例外。因此解读第 225 窟此画,我得先从"正报"即从"说法图"说起。此铺说法图(图 2)只有一佛、二大菩萨、十位小菩萨,这是它与众不同的一大特点——人数特少。它固然与此画是盛唐时期最小的阿弥陀经变有关,但也不尽然,我曾设想,如果需要,完全可以在大菩萨(观音、大势至)座前再画一位小菩萨。但仔细审视,已经是恰到好处:因为佛及大菩萨面前,有经文描写的"极乐世界"的开头,经云:"极乐国土,七重栏楯,七重罗网,七重行树,皆是四宝周匝围绕,是故彼国名为极乐。""问:栏楯、罗网、行树,何故各有七重,更无增减?答:表生归彼国,得七觉支故。"①"栏楯"与"罗网",窥基都有解释:"横曰栏,竖曰楯,栏槛也。""七重罗网者,……金缕结成众宝饰。"并进一步引《瑞相经》云:"无量宝网,皆以金缕、真珠、百千杂宝、奇妙珍异,庄严校饰,周匝四面,垂以宝铃,光色晃曜,尽极严丽。"②我们再来看此图的"七重栏楯,七重罗网"可说是莫高窟最有特色

---

① 关于"七觉支",按佛家的解释,可以集成一篇长文。简单地说,就是七种修道法。详见《阿毗达摩大毗婆沙论》卷九六。

② (唐)窥基:《阿弥陀经通赞疏》卷中。

的表现方法(图3),请用仰视的角度看,(在彩云之上,佛及众菩萨前)占整个画面约三分之一的七重罗网,由于透视处理,能见三层:第一层,观者能见四角,每角一颗放光的宝珠;第二层只能看见二角,各有一颗放光宝珠;第三层,正中多一颗放光的宝珠,它代表七重罗网的顶端。在第一层,透过罗网,我们能看见正中是一朵"大如车轮"的莲花。"横曰栏,竖曰楯",每一层的横栏,有着不同的颜色,其上点缀着许多小珠,边沿镶嵌着密密麻麻的珠子,极尽奢华。竖曰楯,看来放光的大珠就代表"楯"的柱头了。最可注意者为"罗网":以金缕为线,编织成网状,网边是半月形,缀以各种"杂宝";像流苏一样的东西是"筒"状的,用各种杂宝连缀而成,宝铃下垂。我们可以想象到这样的风景:微风一吹,罗网飘拂,宝铃叮咚,的确是"光色晃耀,尽极严丽"。

图2　说法图

图3　七重罗网、七重宝树、宝池莲花

窥基说的"树饰四珍",就是经文中的"七重行树"。他引《瑞相经》云：

> 其国有七宝诸树,周满世界。谓有二宝乃至众宝所共合成。如金树则以银为枝、叶、花、果；银树以金为枝、叶、花、果,乃至有紫金为本,白银为茎,琉璃为枝,水精为条,珊瑚为叶,玛瑙为花,砗磲为实……行行相对,枝枝相映,叶叶相显,荣色光曜,不可胜视。清风时时发出五音声,微妙宫商自然相振。

在敦煌壁画中,自有净土变以来,这"七重行树",无量寿经变、阿弥陀经变多用菩萨身后左右各一树来表现,而观经变则用七棵树或几棵树来表现。又由于经文没有说树上"有五百亿妙花宫殿"(《观经》)或"微风徐动,吹诸宝树,演出无量妙法音声,其声流布遍诸佛国"(《无量寿经》),因而树上没有宫殿。这也是阿弥陀经变区别于观经变与无量寿经变的标志之一。第225窟的"七重行树",在说法图的背后,左右各一(亦见图3)：树冠上,树叶如花,重重叠叠,也有七重罗网。树叶的重重叠叠,也可以表示"七重行树",因为智颛的《阿弥陀经疏》解释"七重行树"就说是"树有七重"。

"池严众宝"是窥基说的"国土庄严"的第二条。经云:

> 极乐国土,有七宝池,八功德水充满其中,池底纯以金沙布地,四边阶道,金银、琉璃、玻璨合成,上有楼阁,亦以金银、琉璃、玻璨、砗磲、赤朱、码碯而严饰之,池中莲花大如车轮,青色青光,黄色黄光,赤色赤光,白色白光,微妙香洁。

在"净土庄严"八条中,窥基又对"池严众宝"解释得特别多,说是:"又分为七:第一七宝池深,第二八德水满,第三金沙作地,第四玉砌成阶,第五朱阁凌空,第六宝莲覆水,第七结成极乐。"第 225 窟阿弥陀经变的七宝池,在画面的最下部。横宽纵深窄的七宝池画面,被大型的"七重罗网"所覆盖,分成了东、西两小块,很有被忽略的可能。但仔细一看,七宝池仍然富丽多彩:(仍请见图 3)池岸用七彩宝砖砌成;各种颜色的莲花,竞相开放;池的两侧,从水中伸出两具宝幢,幢各四层,色彩鲜艳,从它的高度可见"七宝池深",这可说是画家智慧的一笔。

按经文,七宝池"上有楼阁"。这是莫高窟壁画净土变中最常见的。但此画的楼阁建在"宝地"上。窥基的八条之四为"地布黄金",此画有忠实的表现:水池的左右上角,有一片金黄色与白色相间的小圆点,这就是"地布黄金"(请见原图,由于太琐碎,插图未画)。窥基的"朱阁凌空"就在这块宝地上(请见图 4):把说法图放在楼台亭阁之间,这是净土变(包括弥勒净土、东方药师净土、西方净土)的传统表现方法,此画也用此法。在黄金铺就的地面上,大殿、偏殿高耸巍峨。值得一提的是:大殿与偏殿之间,有虹桥相连,而且是有遮檐的廊桥。尽管说法图挡掉了部分虹桥,但其余部分仍清晰可见,色彩鲜艳。

图 4 宝楼阁

现在,窥基的八条还有"空盈天乐""花雨长天""鸟鸣妙法""风吹乐音"四条,正好是净土变的最上部——日本学者称之为"虚空段"。由于壁画画在龛顶,拍照时透视现象比较严重,效果有点遗憾(图 5)。"空盈天乐"和"风吹乐音"作成画,就是各种乐器拴上飘带在天上飞行。图中有琵琶、排箫、筝、腰鼓(右上方)、竽篥、鸡娄鼓、箜篌(左上方)。在这些乐器中,有两件是敦煌壁画中的代表作:一是腰鼓,一是箜篌。敦煌音乐研究专家郑汝中先生说:"这是敦煌壁画中典型的腰鼓形象,鼓身细腰,两端如两个碗底部对接而成,鼓皮两端以绳收束,使皮膜绷紧。""这具箜篌边框彩绘图案精美,琴身底部坠有饰物,在彩带和团花的簇拥下更显华丽。"①我之所以要引用郑先生的评语,是因为第225窟此画,在敦煌莫高窟是一幅小画,而敦煌壁画中的腰鼓、箜篌不计其数,能被选入《敦煌石窟全集》,就像在咱们中国人当中

---

① 见《敦煌石窟全集 16 · 音乐画卷》第 200 图,香港商务印书馆 2000年版,第 227 页。

被"选美"选中，我为它们高兴！至于按佛教的说法，这些飞舞的天乐，"不抚而韵，弦出无量法化之声，听发慈心，闻便悟道"，就不是我们这些凡人所能解释的了。

图 5 天乐、花雨、宝鸟

说到"花雨长天"，由于画面太小，虽然不能像其他洞窟一样，由飞天任意飞撒，但也不缺大花、小花、单瓣花、重瓣花纷纷下落，也就难为画家了。

也许是功德主的要求，也许是画家的擅长，也许是经文特别强调"鸟鸣妙法"就是"阿弥陀佛欲令法音宣流，变化所作"，在有限的空间中，"鸟"表现得很充分。经云："彼国常有种种奇妙杂色之鸟，白鹤、孔雀、鹦鹉、舍利、迦陵频伽、共命之鸟，昼夜六时出和雅音，其音演畅五根、五力、七菩提分、八圣道分如是等法，其土众生闻是音已，皆悉念佛、念法、念僧。"画面上有迦陵频伽、鹦鹉、白鹤(右上方)、舍利(俗称八哥)、又一迦陵频伽、孔雀(左上方)，尤其值得一提的是，飞翔的白鹤等动作特大，给人以"鸣叫"的感觉。有一首唐人的《宝鸟赞》是这样写的：

> 极乐庄严间杂宝，实是希奇闻未闻。
> 宝鸟临空赞佛会，哀婉雅亮发人心。
> 昼夜连声无有息，文文句句理相同。
> 或说五根七觉分，或说八圣慈悲门。
> 或说他方离恶道，或说地狱封人天。
> 或说散善波罗蜜，或说定慧入深禅。

或说长时修苦行，或说无上菩提因。

菩萨声闻闻此法，处处分身转法轮。

愿此法轮相续转，道场众等益长年。

众等回心生净土，手执香花往西方。①

在结束此文前，有一件事似乎得略作交代：在无量寿经变、阿弥陀经变、观无量寿佛经变的说法图中，往往无弟子。这一现象，绝不是画家的随意性所致，而是与大乘经典《无量寿经优波提舍愿生偈》的出现有关。这是一件大事，我将另撰专文论述。

（原载《敦煌研究》2007 年第 4 期）

---

① 善导集记《安乐行道转经愿生净土法事赞》下卷。

金光明经变研究

　　金光明经变，就笔者目前所知，仅见于敦煌莫高窟。唐以前，画史不见记载。张彦远《历代名画记》卷三记载长安净土院东南角有吴道子弟子李生画金光明经变。黄休复《益州名画录》卷上记载蜀人左全宝历年间（825—826）曾于成都极乐院西廊下画金光明经变相。上述二处均为壁画，早已荡然无存。传世绢画似乎未见公布何处有收藏。1908年，伯希和曾拍摄过莫高窟个别洞窟的金光明最胜王经变，1902—1924年出版《敦煌石窟》一书（6册），发表伯编第19窟（敦编第158窟）、伯编第118窟（敦编第55窟）两幅照片，但没有说明它是什么内容。1937年日本学者松本荣一发表巨著《敦煌画の研究》时，对金光明经变只列了画史所载之两条材料，至于附图和研究，则付之阙如。可见，当年松本荣一先生亦未能识别。因此，从文化史的角度看，莫高窟的任何一幅金光明经变都是传世的珍贵文物。本文将首次系统地探讨敦煌壁画中的金光明经变。

一

《金光明经》前后六出，①现行刊本为三种，即《金光明经》《合部金光明经》《金光明最胜王经》。三经内容多寡不一，文字亦有差异，容易分辨，但把"经"变成"画"，只有依据榜书和绘制时代才能区别。调查结果表明，莫高窟既有金光明经变，又有金光明最胜王经变，通称金光明经变，共11铺，即：

第417窟窟顶（隋）

第158窟东壁北侧（中唐）

第133窟北壁东侧（中唐）

第154窟东壁南侧（中唐）

第154窟南壁西端（中唐）

第143窟东壁南侧（晚唐）

第196窟南壁东端（晚唐）

第85窟东壁南侧及门顶（晚唐）

第138窟北壁西端（晚唐）

第156窟主室东壁南侧（晚唐）

第55窟东壁南侧（宋）

其形式粗分可有5种：

1. 横卷式：只有1铺，即第417窟（隋）顶部人字披画《流水长者子品》和《舍身品》。

---

① 1. 北凉昙无谶译《金光明经》，18品，4卷。2. 北周称藏"续演《寿量》《大辩》二品，分为五卷"。3. 梁真谛"更出四品，谓《三身分别品》《业障灭品》《陀罗尼最净地品》《依空满愿品》，通前十八，成二十四，分为七卷"。4. 隋志德"复出《银主陀罗尼嘱累品》"。5. 隋宝贵合诸家译本，分为8卷，"品部究足，始自乎斯"。6. 唐义净译《金光明最胜王经》。

2. 上部西方净土、下部屏风式:第 158、133 窟各 1 铺。

3. 中间西方净土、两边条幅式:第 154 窟 2 铺、第 55 窟 1 铺。两边的条幅画《长者子流水品》和《舍身品》。

4. 西方净土式加《舍身品》:第 85、138 窟各 1 铺。

5. 西方净土式:第 143、156、196 窟各 1 铺。

严格地说,金光明经变几乎无定式,因为 11 铺壁画中,只有第 154 与第 55 窟、156 与 196 窟形式相同,其余均不相同。即使形式相同的两铺,如第 154 窟东壁、南壁,各品安排亦不同;即使是同一品,如《长者子流水品》《舍身品》,内容的多寡、取舍、表现形式也不一样。但是如果粗略地看,尤其是"金光明会"(即过去称为说法图者)部分,又给人千篇一律之感,因为:

首先,除第 158 窟外,中间都有两块很大的题记榜书,两侧的小块榜书严格对称,而这些小榜子就成为界栏,把与会者按不同人物明确分开。

其次,与会者中,有几种人物位置始终不变,形象不变。例如大辩才天女,三头六臂(或八臂),位于佛的左手下方上排;大国国王跪于佛左手下方中排;龙王在下排;托塔天王位于佛右手下方香案前;击鼓婆罗门则始终跪于下排大块榜子附近(左边)。

第三,"金光明会"画成西方净土式,即楼阁、水榭、平台之中,佛向与会者讲《金光明最胜王经》(本来,按《金光明经》佛应在耆阇崛山说法)。

总之,同中有异,异中有同。

二

第 417 窟(隋)窟顶东披画"萨埵饲虎",西披画"流水长者救鱼",过去定名为故事画。如把二者联系起来看,正名就应为

图 1　流水长者子品　第 417 窟　隋

"金光明经变",前者是《舍身品》,后者是《流水长者子品》。正名的理由有三:

其一,按照画面,如此完整的流水长者子救鱼的故事,只能依据昙无谶译《金光明经》。

其二,第 417 窟的两品,正是后代金光明最胜王经变的主要内容。

其三,据敦煌研究院科学排年,此窟绘制于隋灭陈之后,此时《合部金光明经》尚未流行,更何况"合部"此两品依据的就是昙无谶《金光明经》本。

正名的意义在于:它不仅填补了画史的空白,而且比画史记载早一个多世纪。

此窟东披的《舍身品》只剩残迹,西披的《流水长者子品》作自左至右、中间突出"救鱼"的横卷式,共七个画面(图 1,参见示位图):

莫高窟第 417 窟西披流水长者子品示位图

1. 画一座房子,房前跪一人,表示长者带着两个儿子"次第游行城邑聚落"。

2. 画五个人,有主有从,正注视着奔跑的狼、狐(动物已不甚清楚),表示他们"见诸虎狼狐犬鸟兽多食肉血,悉皆一向驰奔而去"。

3. 三个毗连的水池,各有若干条游鱼,长者子流水及其儿子活动其间,一人正往池中注水(省略了大象驮水),表示他们正在救鱼使之复活。

4. 一座房子,厅堂内坐着二人,边厢里站着一人;房子的另一侧,一头大象伸出大鼻子,堂前站着一人,跪着二人。画面表示流水长者子派其两儿选一最大的大象回家,向爷爷奶奶索取食物救鱼。

5. 一头大象,有人牵着,有人赶着,象背上驮着东西和两个人,表示长者的二位儿子"收取家中可食之物,载象背上,疾还父所,至空泽池"。这就是所谓的"斋鱼"。

6. 高楼上,卧睡着一人,两位飞天正向他飞来;飞天所过之处,花雨缤纷。画面表示的是:"长者子复于后时宾客聚会醉酒而卧。尔时其地卒大震动,时十千鱼同日命终。既命终已,生忉利天。""尔时十千天子从忉利天下阎浮提,至流水长者子大医王家。时长者子在楼屋上露卧眠睡。是十千天子,以十千宝珠,天妙璎珞置其头边,复以十千置其足边……是十千天子,于上空中飞腾游行,于天自在光王国内,处处皆雨天妙莲花。"

7. 二子拱手而立,正向一人做报告情况之状。此即表示国王向长者子询问"雨天妙莲花"这一祥瑞之原因,流水答:"我必定知是十千鱼其命已终。"并遣二子验证十千鱼是否已经升天,二子回来向其报告果如其父所言。

《金光明经》中的流水长者子救鱼的故事,娓娓动听,向为人们所熟知。第417窟此画虽为隋代代表作,但过去始终没有读懂。比如原来都认为画面4是长者子向国王借象,殊不知楼上睡卧者正是长者子自己。这说明,画面上的这幢房子,是流水长者于自己的家而不是王宫;堂前跪的一着红衣一着黑衣的人,是长者的二位公子,他俩是回家取食救鱼的。又如画面 5,原来都认为是"大象驮水",其实不是,大象驮水多用二象表示(因为经上说的是借了 20 头大象。用 2 代表 20,用 5 代表 500,这是故事画中常见的现象),第 154、55 窟均如此。

《流水长者子品》和《舍身品》是《金光明经》中的所谓"大悲接物"部分,①亦即所谓"菩萨依真之行",②乃该经之要旨。从世俗信仰来说,这两品故事性强,便于人们接受。因此,第 417 窟金光明经变的取材,说明作者是很有见地的。正由于它便于"听者悟,观者信",后代的金光明最胜王经变也多采用此二品。

隋代出现的维摩诘经变、法华经变、药师经变、弥勒经变、西方净土变、涅槃变,初盛唐均有承袭、发展,唯独《金光明经变》犹如昙花一现。到中唐再次出现时,不独形式大异,所据经文也不再是《金光明经》,而是《金光明最胜王经》了。

第 158 窟(中唐)是一个进深 7m、南北长 16.5m 的大窟,东壁北侧画金光明最胜王经变,是 11 铺金光明经变中的恢宏巨制。画面作横长方形,上部金光明会部分作西方净土式,下部屏风 8 扇。由于榜书已全部褪色,下部屏风画也褪色严重,所画各品品名只能从晚唐、五代同类内容来反证,现在能确定无误的有《序品》《梦见忏悔品》《四天王护国》《大辩才天女品》《大吉祥天女品》《长者子流水品》《舍身品》,可能是但不能完全确定的有《妙幢菩萨赞叹品》《菩萨树神赞叹品》《付嘱品》。

大凡大部头的经,都有序分、正宗分、流通分三部分。以《金

---

① 智颛:《金光明经文句》卷一。
② 宗颐:《金光明经序》。

光明经》而论,"初品为序,寿量下讫舍身为正,赞佛为流通"①。
第158窟的金光明最胜王经变完整地表现了这三部分,说明此经
变的创作者是一位精通佛学的贤哲,而绝不是只顾"讨布施"的
庸僧。由此我们联想到此窟甬道北壁比真人还高的那位供养人
画像,他的榜题结衔是"大番管内三学法师持钵僧宜",他虽不是
窟主,但此窟与他有关则是无可置疑的。这位"三学法师"名不
见经传,然而就凭他为我们留下的第158窟壁画和15.8m的大涅
槃像,他已经为自己写下了不朽之传记。

　　第158窟金光明最胜王经变是后来这一经变的蓝本,不仅
"金光明会"中的榜书、与会者的排列等形式不变,就是具体形象
如大辩才天女、击鼓婆罗门、龙王、香象势力王等,也成了模式。

　　从艺术上来说,第158窟的壁画,有人们熟知的属于《涅槃
图》的菩萨、弟子"举哀",天龙八部"举哀",各国国王及各族王子
"举哀",与真人等高或比真人还大的像将近90个,个个仪表不
同,神态各异,甚至同是号啕大哭,但各不相同。其造型"如以灯
取影,逆来顺往,旁见侧出,横斜平直,各有乘除,得自然之数,不
差毫末";其线条,或"虬须云鬓,数尺飞动,毛根出肉,力健有
余",或"天衣飞扬,满壁风动",或"行笔磊落挥霍如莼菜条";其
敷彩,"于焦墨痕中略施微染"。总之,第158窟壁画是"神假天
造,英灵不穷"的画圣吴道子风格在敦煌的代表作。② 大像如此,
小像也不失"吴家样"的风味,如金光明最胜王经变中的击鼓婆
罗门就是一例(图2)。

　　中唐时期的金光明最胜王经变尚有第133窟北壁1铺,第
154窟东壁、南壁各1铺。1个小窟内画两铺,说明此时流行该经

---

① 智颛:《金光明经文句》卷一。
② 此段所有引文出自《历代名画记》卷二、卷九,中华书局1983年版。

图 2 击鼓婆罗门 第 158 窟 中唐

信仰。这 3 铺画面小,且第 133 窟已漫漶不清,制作也比较粗糙,但有 3 点值得一提:

一是出现了中间为净土、两边条幅式(一边是《长者子流水品》,一边是《舍身品》),故事描述极其简单。

二是在极其简单的救鱼故事中,强调用树叶作荫凉来救鱼。

三是第 154 窟大象驮水中的赶象者为吐蕃装,头扎布帕,衣为左衽,与第 159、133 窟维摩诘经变下吐蕃赞普礼佛图中的人物无异,这是将第 154 窟的时代定为中唐窟的可靠依据之一。

晚唐的金光明最胜王经变形式增加而内容减少,不再有《流

水长者子品》，但《舍身品》却描绘得有声有色，内容也比北朝的
《萨埵本生》丰富、曲折。尤其值得一提的是第 156、85 窟壁画榜
书基本清晰（详见附录三、四），为我们研究金光明最胜王经变提
供了第一手材料。

第 156 窟是张议潮功德窟，由前室咸通六年的《莫高窟记》
而知此窟壁画绘制于咸通年间（860—873）。东壁南侧之金光明
最胜王经变，一部分因被烟熏而无法辨认，但大部分完好，为西方
净土式。由于被烟熏，它向来不为人们所重视。此次考察金光明
经变，在不同光线下细看榜书，24 条榜子竟认清了 18 条，占
75%。通过这些榜书，我们才基本上读懂了过去所谓的说法图
（正名应为"金光明会"）。如主尊的右下方香案旁，画一托塔天
王，其后有一药叉侍从，过去很难理解，看了榜书"复有三万六千
诸药叉众，毗沙门天王而为上首，悉皆爱乐如来正法，各于晡时顶
礼佛足，退坐一面"，因而恍然大悟，它原来就是《序品》中的一个
情节。与会者中，有两幅"四天王"，而且左右对称，原来不解其
意，榜书为我们拨开疑云，在左者为《灭业障品》，在右者为《四天
王护国品》。前者榜书为："尔时梵释四天王及诸天大众□佛言：
'世尊，如是经典甚深之义，若现在者，当知如来三十七种助菩提
法住世未灭，若是经典灭尽之时，正法亦灭。'佛言：'如是如
是。'"从这条榜书可以窥见经变的设计者对经文相当熟悉。后
者榜书为："尔时多闻天王而赞佛曰：'佛面犹如净满月，亦如千
日放光明，目净修广若青莲，齿白齐密犹珂雪，佛德无边如大海，
无限妙宝积其中，智慧 德 水 镇恒 盈，百千 胜 定咸充满。'"这是
经文《四天王护国品》中的一段偈语。又如：三面八臂（或六臂）
菩萨，每铺金光明最胜王经变都有她，据榜书"尔时大辩才天女
于大众中……"而知其为《大辩才天女品》。这些事例，使我们更
进一步认识到，壁画榜书是敦煌图像学的入门资料。

第 85 窟是咸通年间任河西管内都僧统的翟法荣功德窟。东壁南侧为金光明最胜王经变的"金光明会"部分,有榜子 24 条,现今能辨认榜书者 13 条,占 54%。通过榜书,我们在"金光明会"中又读懂了《王法正论品》及"如意宝光耀天女"的形象:在"金光明会"的右下方,有一位头戴宝珠冠的天女,跪于地毯上,合十礼佛,身后有侍从跟随,榜书为:"尔时如意宝光耀天女于大众中闻说深法,欢喜踊跃,从座而起,顶礼佛足,右绕三匝,退坐一面。"榜书与经文一致,画面与榜书一致。

晚唐金光明最胜王经变最有特色的是《舍身品》。第 85 窟门顶的《舍身品》有榜子 14 条。榜书内容全系经文节选。经与画面核对,第 3 条的位置应与第 5 条对换,布局才能合理(详见附录二)。故事构图虽不像第 428 窟(北周)那样做 S 形排列,而参差错落,基本上还是上中下三排(图 3)。其布局有如下之特点:

图 3　舍身品　第 85 窟　晚唐

一是乘骑都安排在上下两排,使之对称均衡;一是萨埵饲虎放在画面的正中,突出重点,这与早期的睒子本生、须阇提太子本生的表现方法是一脉相承的。

14 条榜书及画面内容如下(请参见榜书示位图):

第 85 窟《舍身品》榜书示位图

1. 三王子及随从乘马前行。

2. 一只母虎及五只小虎。

3. 诸王子"徘徊久之,俱舍而去"。

4. 三人席地而坐,一人在宣讲。按照榜书,是第三王子萨埵独自思维,意欲饲虎。画面与榜书稍有不合。

5. 四人乘马前行,一人回首作交谈之状,意即萨埵请二兄先行,他有事后走。

6. 萨埵脱去上衣准备饲虎,他的马站立身前。

7. 母虎及小虎,或站或蹲,或匍匐或前扑,表示萨埵(形象已不清)饲虎而虎噤不能吃。

8. 一座高山,山巅上站着萨埵王子,表示即将投崖喂虎。

9. 五人围绕着尸骨,三人作祷告状,二兄则伸开双臂扑向残骸。

10. 一群人骑马正往前走,一人拦住另一人作问询之状,意即萨埵之侍从不见主人而问询寻找。

11. 一座大城,高楼上睡着一人,意即国太夫人梦见种种不祥之事。

12. 许多人骑马从城里出来,意即国王及夫人等出城寻找王子。

13. 国王和夫人乘马前行,一大臣拱手立于马前,做向国王报告之状。按榜书,此系第二大臣向国王报告萨埵王子已舍身于饿虎。

14. 一座塔,周围有僧俗人等供养礼拜。按照榜书,此塔即将"还没于地",是故事的终了。

看完整个面画之后,我们不难发现,此画虽作上中下三排,但画家为了活跃画面,同时又要突出重点,实际上在纵的平面上分成三组安排,即1—4为第1组,5—10为第2组,11—14为第3组。第2组是重点,是高潮。这种布局,既有继承,又有创新。其创新部分是值得我们重视的。

第138窟的金光明最胜王经变的《舍身品》位于"金光明会"之下,有20条榜子,可惜一字无存。其位置及画面如下:

1. 一佛、二弟子、二菩萨坐于地毯上,香案前跪着菩提树神,不远处有一塔。此即佛为大众说舍利塔的缘起。

2. 一座大城,国王坐于殿上,殿下跪着三位王子(头戴三股叉式的太子冠)及侍从,表示"有一国王,名曰大车……国太夫人诞生三子……"

3. 一群人骑马出城,表示"是时大王为欲游观纵赏山林,其三王子,亦皆随从"。

第138窟《舍身品》榜书示位图

4. 三位王子及侍从前行,表示"为求花果,舍父周旋"。

5. 五只小虎引颈向着母虎,母虎与一只小虎示亲昵之态;不远处,三位王子中的一位用手指着这群老虎,表示诸王子"见有一虎,产生七子,才经七日,诸子围绕,饥渴所逼,身形羸瘦,将死不久"。

6. 群山之中,一位戴太子冠的人,正在思维,表示萨埵王子准备以身饲虎。

7. 三位王子骑马离去,表示"徘徊久之,俱舍而去"。

8. 一片竹林,一匹红鬃、红蹄白马,一人裸上身,表示萨埵"还入竹中,至其虎所,脱去衣服,置于竹上"。

9. 一座大山,山下有六虎,其余画面不清,应是萨埵投崖饲虎。

10. 一人骑红马飞奔而去。

11. 一座大城,有东、南、西、北四座城门,在西门前站立两人,一匹红马。与画面10结合起来看,应是萨埵牺牲后,他的侍从"互相谓曰:'王子何在?宜共推求。'"。

12. 榜子画在大城内,但画面不清。

13. 同上。

14. 一妇女,似乎刚从睡梦中惊醒而起,应是"国太夫人寝高楼上,便于梦中见不祥相……夫人遂觉,心大愁恼"。

15. 庭前,一人拱手弯腰作禀报状,一人以手扪额,表示国王得知丢失萨埵。

16. 一群人骑马出城,迎面一人下马作禀报状。表示国王及夫人出城之后,第一大臣前来报告情况。

17. 国王、夫人继续前行。

18. 二人跪地向国王报告,身后有二马。结合画面17,表示国王及夫人,"路逢二人行啼泣,捶胸懊恼失容仪"。

19. 一群人或坐，或跪，或立，画面不甚清楚，意即国王及夫人"至菩萨舍身之地，见其骸骨随处交横，俱时投地……"

20. 一大塔，有香案供其前，有僧人围绕，一侧站着乐队，正在奏乐，一侧站着国王、夫人、太子（三叉冠）；案旁跪着后宫采女模样者四人。画面表示"收取菩萨身余骨，与诸人乐同供养，共造七宝窣堵波"。

此窟《舍身品》内容详尽，为莫高窟同品之冠，且形式也很特别，表现方法也与众不同。一个画面上安排两座塔，一座表示佛讲"缘起"，一座表示佛讲"结果"；一座有塔无人，一座僧俗围绕供养，还有音乐礼赞，完全忠实于佛经。尤其值得注意的是：饿虎、论议、舍身饲虎等这样一些过去常被重点表现的画面全退居次要地位，而把王子出游、国太夫人惊梦、国王及夫人寻子放在突出的位置，画面也大。这种刻意渲染，不能不使人想到洞窟的主人。此窟北壁西向第 12 身题名："河西节度使张公夫人后敕授武威郡君太夫人阴氏一心供养。"据敦煌研究院贺世哲同志考证，她可能是金山国太子张承奉的生母。这幅画的寓意，令人深思。

143 窟为晚唐建造的一个大型洞窟，前室南北宽达 9.7m（东面毁），甬道长 4m、宽 2.4m，主室进深 7.1m（不含龛深）、南北 7.6m，窟顶正上方崖面还建有一泥塔，可以想见当年的规模一定十分壮观。主室南北壁各画三铺经变，东壁门北画维摩诘经变。东壁门南画金光明最胜王经变，存若干榜题，一方题："□□□帝释及恒河女神无量梵王□大天众从座而起右□□。"出自《金光明最胜王经》卷三："尔时天帝释及恒河女神，无量梵王，四大天众，从座而起，偏袒右肩，右膝着地，合掌顶礼，白佛言。"一方题："……劳地神即于众……掌恭敬。"一方题："……长天王□□天王……右肩右膝着地。"见《金光明最胜王经》卷五："尔时坚劳地神即于众中从座而起，合掌恭敬。""尔时多闻天王、持国天王、增长天王、广目天王俱从座起，偏袒右肩，右膝着地，合掌向佛，礼佛足已，白言。"

五代时期，没有金光明经变。

第55窟（宋）东壁南侧的金光明最胜王经变，形式和内容都承袭中唐（第154窟），即中间是"金光明会"，两边是条幅，一边画的是《长者子流水品》，一边画的是《舍身品》。曹氏统治时期的经变为什么不沿袭张家（晚唐）式样而采用吐蕃时期的形式，确实是令人深思。

从艺术上讲，与其他经变一致，此时已是江河日下，徒具形式了。不过，衣冠服饰上，天女戴的是桃形凤冠，犹如回鹘公主；后宫采女梳的是双环望仙髻，与供养人一致。看来，时代的风尚是佛国也抗拒不了的。

三

考察完金光明经变之后，我脑子里自然涌现出一些问题，现分述于后，有的是"以释众疑"，有的则是求教于专家学者。

1. 金光明经变始于隋，但隋代只有一铺，初盛唐竟然一铺都没有，这一现象应如何理解？

自昙无谶译《金光明经》之后，北方的流行情况似乎不如南方。自从天台智者大师说《玄义》及《文句》（均为灌顶笔录），此经乃举世流通。隋开皇年间，杨广任扬州总管，智者大师为其授菩萨戒；又，肃妃病危，大师为其"行金光明忏"，过从甚密。由此可见南方流行此经的一斑。从藏经洞出土的写经来看，隋以前写的《金光明经》，有可靠纪年的只有三件，唐以后的则多为《金光明最胜王经》。由此可见北方流行此经的一斑。

大业五年（609），隋炀帝巡游张掖，沙门慧乘随从，"（六月）

丙午至张掖。帝之将西巡也,命裴矩说高昌王麹伯雅及伊吾吐屯设等,啖以厚利,召使入朝。壬子,帝至燕支山,伯雅、吐屯设等及西域二十七国谒于道左,皆令佩金玉,被锦罽,焚香奏乐,歌舞喧噪。帝复令武威、张掖士女盛饰纵观,衣服车马不鲜者,郡县督课之。骑乘嗔咽,周亘数十里,以示中国之盛……丙辰,上御观风殿,大备文物,引高昌麹伯雅及伊吾吐屯设升殿宴饮,其余蛮夷使者陪阶庭者二十余国,奏九部乐及鱼龙戏以娱之,赐费有差"①,释慧乘"从驾张掖,藩王毕至,奉敕为高昌王麹氏讲《金光明》,吐言清奇,闻者叹咽,麹布发于地,屈乘践焉"。此次接驾,不仅在张掖的历史上,就是在河西的历史上也是空前绝后的。此事不仅震动中原,而且惊动了西域二十七国。在此历史背景下,地处中西交通咽喉的敦煌,此时出现金光明经变,就是很自然的事了。也正由于《金光明经》在此不甚流行,"奉敕"讲此经而且是给高昌王讲经均属昙花一现之事,所以隋代的金光明经变也就只此一铺! 否则,何以其他经变都有发生、发展,唯独金光明经变昙花一现,而中唐出现的金光明最胜王经变从内容到形式都当别论而很少继承?

走笔至此,有一个问题需要说明:按敦煌研究院石窟排年,第417 窟可能要早于大业五年(609)。诚然,从绘画风格上看,似乎比较古朴,但如果把《流水长者子品》的构图、表现方法与开皇年间的第301、302、303 窟的故事画作比较,再与晚于它的第423 窟作比较,就会发现,在艺术上它也是孤例。

2. 由第156、85、55 窟的榜书,得出几个数字,见表1:

---

① 《资治通鉴》卷一八一,中华书局1956 年版,第5644—5646 页。

表1　莫高窟金光明最胜王经变榜书统计

数量(条)　　窟　号　 项　目		156	85	55
共有榜书		22	37	38
现今能辨认者		18	27	28
其中	经文节录	9	20	
	经文照录	6	4	3
	据经文改写	3	3	25

　　表1数字告诉我们，晚唐时代的金光明最胜王经变忠实于经文，因为表中所列的"经文节录"和"经文照录"都是忠实于经文的；宋代该经变的榜书则绝大多数是依据佛经内容改定的，这种随意性正反映人们在自觉地利用宗教。由此而自然联想到，壁画榜书不仅能帮助我们正确确定内容，而且能从中看到如何从经典（文）到变相（图），进而认识到该时代的政治、经济、文化是如何作用于佛教艺术的。

　　3.据我初步探索，在唐代高僧中，《金光明最胜王经》的译者义净对敦煌的影响是最大的。他所译《无常经》《护命放生轨仪》被用来做"斋七"，翟奉达为其亡母追福时，头七用的就是《无常经》，①他所译《药师琉璃光七佛本愿经》《弥勒下生成佛经》《佛顶尊胜陀罗尼经》《金光明最胜王经》，则被用来绘制壁画。据《贞元新定释教目录》卷一三记载，景云三年（712）义净年老有病，比丘崇勖为他画像，李旦（睿宗）为他写《邈真赞》，其中有"缅鉴澄什，实为居最"句，认为义净超过佛图澄和鸠摩罗什。从敦煌来看，鸠摩罗什译经入画者不如义净的多。究其原因，不能不

---

　　① 参见拙作《敦煌随笔之三——一件完整的社会风俗史资料》，《敦煌研究》1987年第2期。

说与武则天、中宗、睿宗三位皇帝对义净倍加敬仰有关。《贞元新定释教目录》卷一三又记载乾元元年（758）肃宗还在"义净塔院"置金光明寺，亲为题额，"以表译经之最胜力也"。此时距义净卒已40多年了。

4.《金光明经》也好，《金光明最胜王经》也好，《舍身品》里的饿虎，都是一只母虎、七只小虎，乃至《佛说菩萨投身饲饿虎起塔因缘经》也是"见有一虎，产生七子，已经七日"，但绘制成壁画，除第55窟外，都是六虎（一母虎，五小虎），我百思不得其解。后来，在义净译该品中找到了解释，偈语云："复告阿难陀，往昔萨埵者，即我牟尼是，勿生于异念，王是父净饭，后是母摩耶、太子谓慈氏，次曼殊师利，虎是大世主，五儿五苾刍，一是大目连，一是舍利子，我为汝等说，往昔利他缘……"七子变成五儿，显然是矛盾的，昙无谶译本却是对的，作"时虎七子，今五比丘及舍利弗，目犍连是"。也就是说，七虎应是五比丘（即骄陈如、颊鞞、跋提、十力迦叶、摩男俱利）及舍利弗、目犍连的化身。但是，经变的创作者偏生取偈语中被义净弄错了的内容，把七子变成五儿，这其间必有缘故，只是目前笔者尚不得而知。

5. 第454、456窟各有一铺经变，其形式很像金光明最胜王经变，调查结果表明，应为梵网经变。人们原不知莫高窟有梵网经变，这一小小的更改，不仅纠正了错误，还为莫高窟艺术增添了新内容。

附录一

敦煌莫高窟金光明经变统计表（143 窟末列）

经名／品号	金光明经 417（隋）		金光明最胜王经									
品名／窟号	品名	品号	品名	158（中唐）	154南壁（中唐）	154东壁（中唐）	133（中唐）	156（晚唐）	85（晚唐）	138（晚唐）	196（晚唐）	55（宋）
1	序品	1	序品	1	1	1	1	1	1		1	1
2	寿量品	2	如来寿量品					1	1	1	1	1
3	忏悔品	3	分别三身品									
		4	梦见忏悔品	1	1	1	1		1	1	1	
		5	灭业障品					1				
4	赞叹品	6	净地陀罗尼品									
		7	莲花喻赞品									1

续表

金光明经 品号	金光明经 品名/窟名	417(隋)	金光明最胜王经 品号	金光明最胜王经 品名	158(中唐)	154南壁(中唐)	154东壁(中唐)	133(中唐)	156(晚唐)	85(晚唐)	138(晚唐)	196(晚唐)	55(宋)
5	空品		8	金胜陀罗尼品									
			9	重现空性品									
			10	依空满愿品									1
6	四品天王		11	四天王观察人生品	1								
			12	四天王护国品					1	1		1	
			13	无染着陀罗尼品									
7	大辩才天神品		14	如意宝珠品					1	1			
			15	大辩才天女品	1	1	1	1	1	1	1	1	1
8	功德天品		16	大吉祥天女品	1	1	1		1	1	1	1	
9	坚牢地神品		17	增长财物品									
			18	坚牢地神品					1	1			
10	散脂鬼神品		19	僧慎尔耶药叉大将品									1

续表

品号（金光明经）	品名（金光明经）	金光明经 417（隋）	品号（最胜王经）	品名（金光明最胜王经）	158（中唐）	154 南壁（中唐）	154 东壁（中唐）	133（中唐）	156（晚唐）	85（晚唐）	138（晚唐）	196（晚唐）	55（宋）
11	正论品		20	王法正论品									
12	善集品		21	善集王品									
13	鬼神品		22	诸天药叉护持品									
14	授记品		23	授记品									
15	除病品		24	除病品									
16	流水长者子品	1	25	长者子流水品									
17	舍身品	1	26	舍身品	1	1	1	1					1
18	赞佛品		27	十方菩萨赞叹品	1	1	1	1		1	1		1
18	赞佛品		28	妙幢菩萨赞叹品						1			1
18	赞佛品		29	菩提树神赞叹品	?		1		1	1	1		1
18	赞佛品		30	大辩才天女赞叹品	?		1		1	1			
19	嘱累品		31	付嘱品		1							

附录二：敦煌莫高窟金光明经变形式示意图

西城 流水长者子品
东坡 舍身品
第417窟（隋）

舍身品 | 第154窟东壁 第154窟南壁（中唐） 第55窟（宋） 西方净土式 | 流水长者子品

第133窟（中唐）
西方净土式
舍身品 | 品 不清

158窟（中唐）
西方净土式
舍身品 流水长者子品

第156窟 第196窟（晚唐）
西方净土式

第138窟（晚唐）
西方净土式
舍身品

舍身品
窟门
第85窟（晚唐）
西方净土式

附录三：莫高窟第156窟金光明最胜王经变榜书、画面叙录

榜书位于经变下部，分三栏，自上至下，一、二两栏正中为大块榜子，字已不清，第三栏正中为舞乐。正因为正中为大块，犹如界河，所以才使榜书、画面自然形成上下三栏、左右两侧的布局。又，每栏的榜书数量、底色均取对称式（底色错了一块，稍有参差），而书写方式则为在右侧者一律左书（从左到右，竖行，下同），在左侧者，一律右书（竖行，从右往左，下同。详见示意图）。现将榜书，画面叙录如下（说明：古代行文都是竖写。壁画榜书从左往右写者，我们称之为"左书"；从右往左写者，我们称之为"右书"）：

1. 土红底色,墨书,左书,文曰:

　　 复 梨车毗童子五 亿 八千,其名曰师(狮)子光童子……各于晡时往诣佛所,退坐一面。

画面被烟熏黑,不可辨认,由榜书知其为《序品》第一。

2. 土红底色,墨书,左书,文曰:

　　复有四万二千天子,其名曰喜见天子、喜悦天子、日光天子、月髻天子、□□天子、□□天子,各于晡时来诣佛所,退坐一面。

画面为太子模样五人。文图相符,应为《序品》第一。

3. 土红底色,墨书,左书,文曰:

　　……小波龙王、持驶水龙王、金面龙王等而为上首。

画面被烟熏黑,不可辨认。由榜书而知其为《序品》第一。

4. 土红底色,墨书,右书,文曰:

　　复有三万六千诸药叉众毗沙门天王而为上首,悉皆爱乐如来正法,各于晡时顶礼佛足,退 坐 一面。

画面为毗沙门天王(托塔)、药叉各一,文图相符,应为《序品》第一。

5. 土红底色,墨书,右书,文曰:

　　尔时复有四万九千阿修罗等□海王等悉皆云集,各于晡时右绕三匝退坐一面。

画面为手托日月的阿修罗四位,文图相符,应为《序品》第一。

6. 土红底色,墨书,左书,文曰:

> 尔时诸大国所有〔王〕众、中宫后妃、净信男女、人天大众 悉皆 云 集,咸愿拥护无上大 乘。

画面为俗人三人,(一大二小),以表示净信男女。文图基本相符,由榜书而知其为《序品》第一。

7. 土红底色,墨书,右书,文曰:

> 尔时会中有婆罗门,名曰法师授记,与 无量百千婆罗 门众供养佛已,(闻)世尊说《大般涅槃》,涕泪交流,前礼佛足,白言:"世尊,若实如来于诸众生有大慈悲, 怜悯利 益(内容未完而止)。"

画面为一婆罗门,当即名曰"法师授记"者。文图相符,应为《如来寿量品》第二。

8. 土红底色,墨书,右书,文曰:

> 尔时会中有婆罗门以杖击金鼓,于此鼓声内,说此妙伽他。

画面为婆罗门击鼓。文图相符,应为《梦见忏悔品》第四。

9. 土红底色,墨书,右书,文曰:

> 尔时天帝释承佛威福(力),即从座起,白佛言:"世尊,云何善男子、善女人愿证无上菩提?"

画面为头戴冠的天王模样的帝释天一身。文图相符,应为《灭业障品》第五。

10. 土红底色,墨书,右书,文曰:

> 尔时 梵释 四天王及诸天(大)众白佛言:"世尊,如是经典

甚深之义,若现在者当知如来三十七种助菩提法住世未灭,
若是经典灭尽之时,正法亦灭。"佛言:"如是如是。"

画面为四天王。文图相符,应为《灭业障品》第五。

11. 石绿底色,墨书,左书,文曰:

　　尔时如意宝光耀天女于大众中闻说深法,欢喜踊跃从
座而起

画面为五位天女席地而坐,最前面的一位形象较大,头戴大
宝珠冠,应为如意宝光耀天女。文图相符,为《依空满愿品》
第十。

12. 土红底色,墨书,左书,文曰:

　　尔时多闻天王而赞佛曰:"佛面犹如净满月,亦如千日
放光明,目净修广若青莲,齿白齐密犹珂雪,佛德无边如大
海,无限妙宝积其中,智慧德水镇恒盈,百千胜定咸
充满。"

画面为四天王。据榜书应为《四天王护国品》第十二。

13. 石绿底色,墨书,右书,文曰:

　　尔时〔执〕金刚密迹王即从座起而白□佛□言□:□"□
世□尊,□我□今□亦说陀罗尼神咒,名曰无胜。"

画面为菩萨装人物一,据榜书应为《如意宝珠品》第十四。

14. 石绿底色,墨书,左书,文曰:

　　尔时大辩才天女于大众中

画面为三面八臂菩萨一身,据榜书应为《大辩才天女品》第
十五之一。

15. 石绿底色,墨书,右书,文曰:

> 尔时大吉祥天女白佛言:"世尊,若有 苾蒭 尼、邬 波 索迦、邬波斯迦授持 读诵 ,佛护其人。"

画面为天女一身。文图相符,应为《大吉祥天女品》第十六。

16. 土红底色,墨书,左书,文曰:

> 尔时妙幢菩萨即从座起合掌向佛而说赞 曰 :"牟尼百福相圆满,无量功德想(以)严身,广大清静人乐观,犹如千日光明照,焰彩无边光炽盛,如妙宝聚相端严。"

画面为大菩萨一身,小菩萨二身,文图相符,应为《妙幢菩萨赞叹品》第二十八。

17. 土红底色,墨书,左书,文曰:

> 尔时菩提树神亦以伽他 赞世尊曰:"敬礼如来清净慧,敬礼 "常求正法慧, 敬礼 能离非法慧, 敬礼恒无分别慧, 希有世尊无边行 ,希(稀)有难见比优昙。

画面为一长者模样之人物,据榜书,应为《菩提树神赞叹品》第二十。

18. 土红底色,墨书,右书,文曰:

> 尔时睹史多天子供(恭)敬说伽陀曰:"佛说如是经,若有能持者,当 住菩提位 ,来生睹史天。"

画面为俗装男性五人。据榜书,应为《付嘱品》第三十一。

19. 石绿底色,榜书已褪,画面亦被熏黑。

20. 石绿底色,榜书已褪,画面为大菩萨一身。

21. 石绿底色,榜书已褪,画面为不同装束的男性四人。

22. 土红底色,榜书已褪,画面为半裸体、着短裤、无飘带、怒发者六人,似为鬼类人物。

18 右书	9 右书	15 右书	4 右书		16 左书	14 左书	2 左书	1 左书
5 右书	10 右书	7 右书	13 右书		20	6 左书	12 左书	19
22	21	8 右书	舞乐			17 左书	11 左书	3 左书

莫高窟第156窟金光明最胜王经变榜书示位图

附录四:莫高窟第85窟金光明最胜王经变榜书、画面叙录

本窟榜书位于金光明会之下,上中下三栏。从上至下,第1、2栏的中间是两块大榜子,第3栏中间是舞乐。以中间为界,又形成左右两侧对称。榜书底色严格对称。榜书之书写方式,右侧均左书,左侧为右书(详见示意图),《舍身品》画在门顶上,其榜书条目多,而且保存基本完好(详见示意图)。

现将两处榜书及画面叙录如下:

1. 白底色,墨书,右书,文曰:

复有四万八(二)千天子,其名曰喜见天子、喜悦天子、

日光天子、月髻天子,各于晡时往诣佛所,顶礼佛足,退坐一面。

画面为头戴莲花冠之天子四人,图文相符,应为《序品》第一。

2. 石绿底色,榜书已褪,画面为天龙八部四人,据第156、55窟,应为《序品》第一。

3. 土红底色,墨书,右书,文曰:

复有三万六千诸药叉众、毗沙门天王而为上首,悉皆爱乐如来正法,各于晡时往诣佛所,退坐一面。

画面为托塔天王一,药叉神将一,文图相符,应为《序品》第一。

4. 土红底色,墨书,左书,文曰:

复有四万九千揭路荼王、香象势力王而为上首,及余乾闼婆、阿苏罗、紧那罗、莫呼路伽等悉皆云集,咸愿拥护无上大乘,读诵受持,书写流布,往诣佛所,右绕三匝,退坐一面。

面画为八部护法神四身,文图相符,应为《序品》第一。

5. 土红底色,墨书,左书,文曰:

尔时诸大国王所有中宫后妃、净信男女人天大众悉皆云集,咸愿拥护无上大乘。

画面为王者及妃子,文图相符,应为《序品》第一。

6. 白色大块榜子,墨书,右书,文曰:

金光明妙法,最胜诸经王,甚深难得闻,诸佛之 境界 ,我当为大众,宣说如是经。并四方四佛,威神共加 护 ,东方阿閦佛(尊),南方宝相佛,西方无量寿,北方天鼓 音 。我复演妙法，吉祥忏中胜，能灭一切罪，净除诸恶 业，及消众苦 患，常兴（与）无量乐。一切智根本，诸功德庄严。众生身不具，寿命将损减。诸恶相现前，天神皆舍离，亲友怀瞋恨，眷属悉分离，彼此共乖违，珍 财皆散失，恶星（心）为变怪，或被邪蛊侵。若复多忧愁，众苦之所 逼，睡眠见噩梦，因此生烦恼。是人当澡浴，应着鲜洁衣。于此妙经王，甚深佛所赞，专注心无乱，读诵听受持。由此经威力，能离诸灾横，及余众苦难，无不皆除灭。护世四王众，及大臣眷属，无量诸药叉，一心皆拥护。大辩才天女、尼连河水神、诃利底母神、坚牢地神众、梵王帝释主、龙王紧那罗，及金翅鸟王、阿苏罗天众，如是天神等，并将其眷属，皆来护是人，昼夜常不离。我当说是经，甚深佛行处，诸佛秘密教，千万却（劫）难逢。若有闻是经，能为他演说，若心生随喜，或 设于 供养，如是诸人等，当于无量劫，常为诸天人，龙神所恭敬。此福聚无量，数过于恒沙，读诵是经者，当获斯功德。亦为十方尊，深行诸菩萨，拥护持经者，令离诸 苦难。供养是经者，如前澡浴身，饮食及香花，恒起 慈悲 意。

按：此块榜子所书写的是《序品》中偈语之大部，只剩6句未抄。其上之大块石绿底色榜子，榜书无存。

7. 土红底色，墨书，右书，文曰：

时大会中有婆罗门，姓骄陈如，名曰法师授记，与无量百千婆罗门供养佛已。

画面为大婆罗门一，文图相符，应为《如来寿量品》第二。

莫高窟第 85 窟金光明最胜王经变榜书示位图之一

莫高窟第 85 窟金光明最胜王经变榜书示位图之二

说明：①26,28 应互调。②"←"为画面位置。③斜线为红底色。④横线为绿底色。⑤其余为白黑底色。

8. 白底色，墨书，右书，文曰：

> 尔时……恭敬白佛言："世尊，见 婆 罗门以手 执 楟 击妙金鼓，出大 声音，声中演说微妙伽他，明忏……"

画面已不清。以榜书对照经文，应为《梦见忏悔品》第四。

9. 土红底色，墨书，右书，文曰：

> 我 于 昨 夜中，梦见 大金鼓，其形极姝妙，周遍有金光，犹如……诸佛，在于宝树下。……有一婆罗门，以杖击金鼓，于其鼓声内，说此妙伽他。

画面为一婆罗门正在击鼓，文图相符，应为《梦见忏悔品》第四。

10. 白底色，墨书，右书，文曰：

> 尔时如意 宝光 耀天女于大众中闻说深法，欢喜踊跃，从座而起，顶礼佛足，右绕三匝退坐一面。

画面为头戴宝珠冠的天女一，侍从二，文图相符，应为《依空满愿品》第十。

11. 土红底色，墨书，右书，文曰：

> 尔时四天王及帝释、阿修罗、正了知大将、二十八部诸药叉神、大自在天、金刚密主、宝贤……□五百 眷属、大海龙王所居之处

画面已模糊不清。以榜书对照经文，应为《四天王护国品》第十二。

按：此榜书行文不当，致使意思不明。这是依据经文改写的，抄写者可能又把改写稿抄错了。《四天王护国品》中提到近似榜

书内容的有两处,榜书所摘取的应是第一段:"尔时四天王白佛言……世尊,时彼龙王,请说法者,升座之时,便为我等,烧众名香,供养是经。世尊,时彼香烟,于一念顷,上升虚空,即至我等诸天宫殿,于虚空中,变成香盖。我等天众,闻彼妙香,香有金光,照耀我等所居宫殿,乃至梵宫,及以帝释、大辩才天、大吉祥天、坚牢地神、正了知大将、二十八部诸药叉神、大自在天、金刚密主、宝贤大将、诃利底母五百眷属、无热恼池龙王、大海龙王所居之处。"

12. 石绿底色,榜书已褪。画面为一大菩萨,戴宝珠冠,据第156窟榜书,此菩萨乃执金刚秘密主菩萨,应为《如意宝珠品》第十四。

13. 石绿底色,榜书已褪。画面为一大菩萨,八臂。据第156、55窟,乃大辩才天女之形象,应为《大辩才天女品》第十五。

14. 石绿底色,榜书已褪。画面为一天女,据第156窟榜书,此形象应是大吉祥天女,此乃《大吉祥天女品》第十六。

15. 土红底色,墨书,左书,文曰:

尔时此大地神女,名曰坚牢,于大众中 从 座而起,顶礼佛 足 ,合掌恭敬白佛言:"世尊,于诸国中,为人王者,国内居人,咸 蒙利益 。"

画面为一头戴莲花冠的天人,合十跪于毯上。据榜书应为《王法正论品》第二十。

按:此画面形象与第156、55窟相同,然据第156窟此形象为《菩提树神赞叹品》第二十五,据第55窟此形象则为《序品》第一。

16. 白底色,墨书,右书,文曰:

尔时妙幢菩萨即从座起,合掌向佛而说偈言:"牟尼百福相圆满，无量功德相（以）严身，广大清净人乐观，犹如千日光明照，焰彩无边光炽盛，微（如）妙宝聚相端严。"

画面为一大菩萨，二小菩萨，文图相符，应为《妙幢菩萨赞叹品》第二十八。

17. 土红底色，墨书，左书，文曰：

尔时索河世界主梵天主（王）即从座起，合掌恭敬白佛 言 ："世尊于诸人天为大利益，哀悯世 间 ，拥护一切。"

画面为梵天王，图文相符，应为《付嘱品》第三十一。

18. 石绿底色，榜书已褪。画面为俗装妇女四人（一大三小），位置、画面内容都与第 55 窟相同。第 55 窟虽有榜书（内容为"四万二千天女"），但与经文不合，因而不能确定它是什么品。

19. 石绿底色，榜书已褪。画面亦已漫漶不清。

20. 石绿底色，榜书已褪。画面为天王模样人物四身，不知何品。

21. 石绿底色，榜书已褪。画面为一大菩萨。第 156、55 窟均与此相同。据第 55 窟榜书，此乃宝手自在王菩萨，应为《序品》第一。

22. 石绿底色，榜书已褪，画面为天王一类人物四身，据第156 窟，应为《灭业障品》第五。

23. 石绿底色，榜书已褪。画面亦已模糊不清。

按：此窟之榜书，凡以石绿为榜子底色者，无一能保存住文字，这是一个值得注意的现象。

以下为《舍身品》之榜书，此品在东壁门顶上。

24. 白底色，墨书，左书，文曰：

时诸王子，各说本心所念之事， 复次前行见有 一虎，产生七子，才经七日，诸子围绕，饥渴所逼。

画面为三王子及其随从，皆乘马，驻足做议论状，表示"各说本心所念之事"。文图相符，应为《舍身品》之一。

25. 白底色，墨书，左书，文曰：

虎豺师（狮）子，唯啖热血肉，更无余饮食，可济此虎羸。

画面为六只老虎，或走，或坐，或卧。榜书内容为萨埵见饿虎后问此虎常食何物，其长兄以偈语回答如上四句。据榜书，此为《舍身品》之二。

按：之一之二如果合并，则画面、榜书皆完整无缺憾，为何非得分开，难以理解。

26. 土红底色，墨书，左书，文曰：

时诸王子，作是语（议）已，各起慈心，悽伤悯念。共观羸虎，目不暂移，徘徊久之，俱舍而去。

画面为四人乘马而行。如按照经文来编排顺序，应为《舍身品》之三，但如考虑全图，应与28对调。

27. 白底色，墨书，左书，文曰：

此次身不坚（有误，应为"复次，此身不坚"），于我无畏（益），可〔畏〕如贼，不净如粪，我于今日，修广大业，于生死海，作大舟航，弃舍轮回，令得出离。

画面为三人下马，席地而坐，侍从立马前。三人中，一人手持经卷为其余人作宣读状。榜书内容是萨埵王子内心独白，并非为二兄宣讲，而画面如此处理，与经不合。按照榜书，应为《舍身品》之四。

28. 底色已变成墨色,然榜书犹可辨认,墨书,左书,文曰:

> 是时王子,以(兴)大勇猛,发弘誓愿,以大悲念,增益其心,虑彼二兄,情怀怖惧,共为留难,不果所祈。

画面为三人骑马前行。按照经文,应为《舍身品》之五,但其位置应与 26 对调。

29. 底色已变黑,但榜书仍隐约可辨,墨书,左书,文曰:

> 尔时王子 摩诃萨 埵,还入林中,至其虎所,脱去衣服,置于竹上,作是誓言。

"誓言"未写而止。画面为萨埵脱去上衣,裸上身而着短裤,他的面前站着一匹马。文图相符,应为《舍身品》之六。

30. 白底色,墨书,左书,文曰:

> 是时 王子,作是言 已,于饿 虎前,委身而卧,由此菩萨慈悲威势,虎无能为。

画面为一只大虎,五只小虎,或立、或蹲、或趴在萨埵身上(此画面已不甚清楚),各以不同姿态注视着萨埵。文图相符,应为《舍身品》之七。

31. 白底色,墨书,左书,文曰:

> 菩萨见已,即上高山,投身 于地,复作 是念:"虎今羸瘠,不能食我。"

榜书意义未尽而止,应接写"即起求刀,竟不能得,即以干竹刺颈出血,渐近虎边"。画面为一座大山,悬崖峭壁之上,站着脱去上衣的萨埵王子。如依画面,则榜书行文只用"菩萨见已,即上高山,投身于地"就够了。据图文,应为《舍身品》之八。

32. 白底色,墨书,左书,文曰:

时二王子,生大愁苦,啼泣悲叹,即共相随,还至虎 所 ,见弟衣服,在竹枝上,骸骨及发,在处纵横,流血成泥, 沾污 其地,见已闷绝,不能自持,投身骨上。

画面正中萨埵的一堆残骸,周围有五人,二兄举起双臂扑向残骨,其余三位做礼拜、瞻仰之态。文图相符,应为《舍身品》之九。

33. 底色已变黑,榜书尚隐约可辨,墨书,左书,文曰:

我弟貌端严,父母偏爱念, 云何 俱共出,舍身而不归,父母若问时,我等如何答,宁可同捐命,岂得自存身?时二王子,悲泣懊恼,渐舍而去。时小王子所将侍从,互相谓曰:"王子何在?宜共推求。"

此条榜书共四行,前两行应是前一条的内容,即萨埵二兄身尸骨时说的话;后两行是另一回事,说的是萨埵的侍从,不见主人,准备去寻找。画面为:四人骑马,一人拱手于乘骑之前,呈问询之状。按照经文顺序,此为《舍身品》之十。

34. 白底色,墨书,左书,文曰:

尔时国太夫人,寝上(高)楼上,便于梦中,见不祥相,被割两乳,牙齿堕落,得三鸽雏,一为鹰夺,二被惊怖。地动之时,夫人遂觉,心大愁恼,作如是言。

画面一座大城,城内有高楼,楼上睡有一人,表示国太夫人正做不祥之梦。文图相符,为《舍身品》之十一。

35. 土红底色,墨书,左书,文曰:

王闻语已,惊惶失所,悲噎(哽)而言:"苦哉,今日失我爱子。"即便扪泪慰喻夫人,告言:"贤首,汝勿忧戚,吾今共出求觅爱子。"王与夫人(大臣)及诸人众,即共出城,各各分散,随处求觅。

画面为许多人骑马从城里出来。文图相符,为《舍身品》之十二。

36. 白底色,墨书,左书,文曰:

次第二臣,来至王所,王问臣曰:"爱子何在?"第二大臣,懊恼啼泣,舌喉干燥,口不能言,竟无所答。

画面为王与夫人骑在马上,第二大臣前来报告,拱手弯腰,一副诚惶诚恐之状。文图相符,为《舍身品》之十三。

37. 底色已变黑,但榜书尚隐约可辨,墨书,左书,文曰:

尔时世尊,说是往昔因缘之时,无量阿僧祇人天大众,皆大悲喜,叹未曾有,悉发阿耨多罗三藐三菩提心。复告树神,我为报恩,故致礼敬。佛摄神力,其窣堵波还设于地。

画面为一塔,僧俗人等围绕礼拜。文图相符,为《舍身品》之十四。

附录五:莫高窟第55窟金光明最胜王经变榜书、画面叙录

第55窟东壁南侧金光明最胜王经变为"中间西方净土、两边条幅式",共有榜子38块(参见示位图)。榜子的安排基本对称,底色不对称。现将榜书与画面叙录如下:

1. 白底色,墨书,单行,文曰:

南无宝手自在王菩萨。

校以经文,衍一"王"字。画面为一大菩萨(即"宝手自在菩萨"),据榜书,应为《序品》第一。

2. 白底色,墨书,单行,文曰:

或有四万二千喜见天子而为上首。

画面为俗人四位,头戴笼冠,身着大袖袍,跪于毯上,据榜书和画面,应为《序品》第一。

3. 白底色,墨书,单行,文曰:

复有持(除)烦恼天子而为上首助会时。

画面为头戴莲花冠之男子五人,双手合十跪于毯上。文图相符,应为《序品》第一。

4. 白底色,墨书,单行,文曰:

复有二万八千龙(王)翳罗 叶 龙王而为上首。

画面为龙王四身,文图相符,应为《序品》第一。

5. 石绿底色,墨书,单行,文曰:

复有莲花光藏药叉退坐一面。

画面为束发、裸上身之药叉六身,坐于毯上。文图相符,应为《序品》第一。

6. 石绿底色,墨书,单行,文曰:

复有贪食药叉等而为上首。

画面为药叉一身,文图相符,应为《序品》第一。

7. 白底色,墨书,单行,文曰:

复有四万九千揭路荼王等而为上首。

画面为天王模样之人物三身,象鼻人物一身,应为经文中所列之香象势力王,文图相符,应为《序品》第一。

8. 石绿底色,墨书,单行,文曰:

> 及以乾闼婆众而为上首。

画面为八部众四身,文图相符,应为《序品》第一。

9. 石绿底色,墨书,单行,文曰:

> 复有紧那罗王等而为上首。

画面为紧那罗等四身(天王模样),文图相符,应为《序品》第一。

10. 白底色,墨书,单行,文曰:

> 复有中宫后妃,净信男女而为上首。

画面为贵妇人四身(一大三小),为首者头戴桃形凤冠,文图相符,应为《序品》第一。

11. 石绿底色,墨书,单行,文曰:

> 复有人天大众悉皆云集。

画面为长者模样人物一身,与梵天相似,文图相符,应为《序品》第一。

按:从榜书7—11,本为一段经文。经曰:"复有四万九千揭路荼王、香象势力王而为上首,及余健闼婆、阿苏罗、紧那罗、莫呼洛伽等山林河海一切神仙,并诸大国所有王众、中宫后妃、净信男女、人天大众,悉皆云集,咸愿拥护无上大乘,读诵受持,书写流布,各于晡时,往诣佛所,顶礼佛足,右绕三匝,退坐一面。"经变的设计者把一段经文分成若干部分来安排,同时编排榜书内容,说明作者不仅熟悉经文,而且熟悉佛教人物,绝非信手编就。

12. 白底色,墨书,单行,文曰:

南无妙幢菩萨助金光明会。

画面为大菩萨一身,文图相符,应为《如来寿量品》第二。

13. 底色已变黑,墨书,单行,隐约可见:

复有婆罗门众顶礼亡……

画面为婆罗门四身,文图相符,应为《如来寿量品》第二。

14. 石绿底色,墨书,单行,文曰:

复有婆罗门击金鼓出大音声时。

画面为一婆罗门正在击鼓,文图相符,应为《梦见忏悔品》第四。

15. 此系正中大块榜子中下面一块,土红底色,墨书,左书,文曰:

而说颂曰:我于昨夜中,梦见大金鼓,其形极姝妙,周遍有金闻(光),犹如盛日轮,光明皆普耀(曜),充满十方刹(界)。咸见于诸佛,在于宝树下,各处琉璃座,无量百千众,恭敬而围绕。有一婆罗门,以杖击金鼓,于其鼓声内,说此妙伽他:金光明鼓出妙音(声),遍至三千大千界,能灭三涂极重罪,及以人中诸若厄,由此金鼓声威力,永灭一切烦恼障。断除怖畏令安隐(稳),譬如自在牟尼尊。佛于生死大海中,积行修成一切众(智)。究竟咸归功德海,能令众生觉品具。犹(由)此金鼓出妙声,普令闻者摧(获)梵向。证得无生(上)菩提果,常转清净妙法轮。住寿不可思议劫,直其(随机)说法利群生。能断烦恼众苦流,贪 嗔痴 等皆除灭,若有众生处恶趣(未完而止)。

按:"究竟咸归功德海,能令众生觉品具"一句,《大正藏》与此颠倒,作"能令众生觉品具,究竟咸归功德海"。此乃《梦见忏悔品》之偈语。

16. 石绿底色,墨书,单行,文曰:

南无大辩才天女而为上首。

画面为八臂菩萨,文图相符,应为《大辩才天女品》第十五。

17. 底色已变黑,文字已不可辨认。画面为一高楼大院,院内有三人出门状;院外大门前,有一人拱手而立。从画面顺序来判断,它应是《长者子流水品》之一,可能是表示"是时流水将其二子渐次游行城邑聚落"。

18. 白底色,墨书,单行,文曰:

尔时流水长者游玩欢喜时。

画面为:山水树木之间,长者头戴莲花冠,脚登云头履,身着大袖圆领襕衫,后有二子相随。文图相符,系《长者子流水品》之二。

19. 白底色,墨书,单行,文曰:

尔时长者见沽野池斋彼鱼时。

画面为:一大鱼池,飞禽走兽于其中任意吃鱼,长者及其二子立于岸上。文中"斋鱼"之说,与画面不符。按其画面,应是《长者子流水品》之三。

20. 底色已变成灰黑色,榜书不可辨认,画面为:一棵大树上站立一人,正攀折树叶;鱼池边上,有两人正为即将晒死的鱼盖上树叶;长者子流水与儿子合十祈请佛保佑。画面内容应即经文中的:"时此大池,为日所曝,余水无几,是十千鱼将入死门,旋身宛转,见是长者,心有所希,随逐瞻视,目未曾舍。时长者子,见是事已,驰趣四方,欲觅于水,竟不能得。复望一边,见有大树,即便升上,折取枝叶,为作阴凉。"这是《长者子流水品》之四。

21. 底色已变黑,榜书亦不可辨认。画面为:一座大城,堂前跪着几人,正在请求什么;城外一隅,有一象厩,内有大象若干;象厩外,两人正赶着大象朝救鱼的地方走去。由画面可以得知,此即长者子至大王所,求借 20 头大象,以便驮水救鱼,长者子选取了 20 头大象,前往取水。据画面,应是《长者子流水品》之五。

22. 白底色,墨书,单行,文曰:

尔时流水长者取水救鱼时。

画面为一人赶两头大象(以 2 代替 20)往前走,象背驮着水囊。文图相符,应是《长者子流水品》之六。

23. 底色已变黑,榜书也已不可辨认。画面为:一大鱼池,池边站着两头大象,有二人抱水囊往鱼池里注水。22—23 两个画面,即经文中所说的:"是时流水,及其二子,将二十大象,又从酒家,多借皮囊,往决水处,以囊盛水,象负至池,泻置池中,水即弥满,还复如故。"据画面,应为《长者子流水品》之七。

24. 底色已变黑,榜书亦已不可辨认。画面为:有一塔,左边一比丘合十向塔,塔右边一男一女向塔跪拜。据画面,应是《舍身品》之一,即世尊手按大地,地即开裂,七宝塔忽然从地涌出,"大众见已,生希(稀)有心",世尊接着为大家讲述"起塔因缘"——萨埵舍身饲虎本生故事。

25. 白底色,墨书,单行,文曰:

尔时大王游山川欢喜玩时。

画面为四人乘马游玩,其中一人为女性。文图相符,表示国王夫人及三位太子一起出游,应为《舍身品》之二。

26. 底色已变黑,榜书亦已不可辨认。画面为:高山顶上,萨埵太子赤裸上身,正准备投崖喂虎;半空中,萨埵太子跳崖而下。据画面,应为《舍身品》之三。

27. 白底色,墨书,单行,文曰:

　　尔时太子舍身虎食啖时。

画面为:萨埵躺在地上,四只老虎,一只正向尸体扑来,一只在啖食,一只吃着撕下的肉块,一只蹲着未动,神态各异。文图相符,应为《舍身品》之四。

28. 白底色,墨书,单行,文曰:

　　尔时大王共夫人寻觅太子时。

画面篇幅最大,内容为:王城一座,高楼上一夫人思维状;门外,夫人骑马外出,一男子骑马跟随;转过一座山,峡谷里有四人骑马飞速前进,夫人亦在其中。画面内容比榜书多,表现的是萨埵喂虎以后,"国太夫人,寝高楼上,便于梦中,见不祥相……夫人遂觉,心大愁恼"以及"王及夫人,闻其事已,不胜悲噎,望舍身处,骤驾前行"。据画面及榜书,应为《舍身品》之五。

29. 底色已变黑,榜书亦已不可辨认。画面为:国王及夫人等三骑正疾奔中,迎面一人乘马飞奔而来,面向王等,作禀报状。据画面,应为《舍身品》之六。

30. 底色已变黑,榜书亦已不可辨认。画面为:地上一堆残骸;人们都已下马,一人立马前;国王立尸骨前,摊开双手,国太夫人扑向尸骨;另一人合十跪于地上,礼拜萨埵遗骸。此即经文:"至彼菩萨舍身之地,见其骸骨,随处交横,俱时投地,闷绝将死,犹如猛风,吹倒大地,心迷失绪,都无所知。"据画面及经文,应为《舍身品》之七。

按:国太夫人扑向残骸的动作很大,犹如飞天凌空,真是"犹如猛风,吹倒大地"。

31. 石绿底色,大块榜子,墨书,左书,文曰:

> 尔时释迦牟尼如来说是经时,于十方世界有无量百千万亿诸菩萨众,各从本土诣鹫峰山,至世尊所,五轮着地。见世尊已,一心合掌,异口同音赞叹曰:"佛身微妙真金色,其光普照等金山。清净柔软若青莲,无量妙彩而严饰。三十二相遍庄严,八十种好皆圆备。光明晒著无与等,离垢犹如净满月。其声清澈甚微妙,如师(狮)子吼震雷音。八种微妙应群机,超胜迦陵频伽等。百福妙相以严容,光明具足净无垢。"(未完而止)

此榜书似乎不针对具体的画面,但又可以理解为主尊两旁的菩萨全与此有关。榜书内容与《十方菩萨赞叹品》之经文只差几个字。

32. 底色已变灰,黑书,单行,文字已模糊,隐约可见"南无……菩萨"。面画为一大菩萨、二小菩萨。文图虽相符,但由于榜书不全,难以肯定此菩萨何名,也就难以确定它属何品。估计可能是《妙幢菩萨赞叹品》。

33. 石绿底色,墨书,单行,文曰:

> 或有四万二千天女而为上首。

画面为俗装妇女,一大三小,为首者头戴桃形凤冠,犹如"北方大回鹘国圣天可汗天公主"之装束。文图虽然相符,但经文并无"四万二千天女"之内容。第156窟有与此相同之画面,属《依空满愿品》,因此,榜书可能有误。

34. 底色已变黑,榜书亦已不可辨认。画面为毗沙门天王及二药叉,据画面并参照第156窟,应为《序品》,即经文中的"复有三万六千诸药叉众,毗沙门天王而为上首"。

35. 底色已变黑,榜书亦已模糊,只隐约可见"……神助金光 明会时"。画面为一戴桃形凤冠的天女,与第85窟大同小异,据 第82窟榜书及画面,应为《王法正论品》。

36. 石绿底色,榜书已褪色不留痕迹。画面为一天王模样之 人物。第156窟有与此大同小异者,据其榜书,应为《灭业障品》。

37. 石绿底色,榜书只褪剩一字"会",原文应为某某来"助金 光明会"。画面为菩萨模样四人,不知属何品。

38. 底色已变黑,榜书隐约可见"……而为上首"。画面为: 头戴冕旒(六股)的国王领三位女眷,皆合十礼佛状。依形象,应 为《序品》中"大国所有王众"之大国国王,此条应接11之后。

金光明会（即说法图）

莫高窟第55窟金光明最胜王经变榜书示位图

（原载《1987年敦煌研究国际讨论会文集·石 窟考古编》,辽宁美术出版社1990年版）

敦煌文献研究

本所藏《酒账》研究

　　《归义军衙府酒破历》现分裂为三截：前半截存文物研究所，馆藏号 D0038(发表号为敦研 001 号)，长 23 厘米，宽 30 厘米，11行，纸张的接缝处钤有"归义军节度使新铸印"，现存印记一方半，印 5.8×6.1 厘米，略呈纵长方形；后半截原为董希文先生收藏，而后流失日本，成为青山杉雨先生的藏品，1997 年，其子青山庆示先生将其收藏的 8 件敦煌文献捐献给敦煌研究院，其中即有此酒账后半截，长 23 厘米，宽 81 厘米，37 行半，敦煌研究院编号为 D0784，文物研究所资料室尚保存着该件未割裂前的临本照片一份，上述 2 件共记录 100 笔(图 1)；P. 2629 为此件的第三段，存55 行半，共记录 113 笔，首与 D0784 相接，中有 4 方"归义军节度使新铸印"，后文称《续卷》。酒账保存了四月九日至十月十六日共 213 笔支出，均为归义军政权的公费支出，从多个方面反映出敦煌当时的政治、经济、文化面貌。

图 1　D0083+D0784《酒账》

敦煌文物研究所(敦煌研究院)藏 D0038+D0784 酒账保存了

某年四月九日至六月廿四日之间的 100 笔账。其中"五月""六月"4 个字用红色书写,如需查检,一目了然。这可能是当时归义军衙门中各司记账格式。又,其中有几笔账是累计账,凡跨月行文多半用"去几月几日到几月几日计用多少酒"的方法登入,为便于检阅,我们列表如下(不改动原文):

顺序号	时间		事由	用酒数量
	月	日		
1			(前缺)酒	壹瓮
2		九日	甘州使迎令公支酒	壹瓮
3		十一日	写匠纳鍱(原文"鍱纳",两字间有倒乙号)酒	壹角
4		十四日	支打窟人酒	半瓮
5			支令狐留定酒	壹斗
6			叁月贰拾日供两头祇门人逐日酒壹斗,至四月拾陆日夜断,中间贰拾柒日,计用酒	肆瓮叁斗
7		同日	圣寿(原文"寿圣",两字间有倒乙号)寺祭拜酒	壹斗
8		同日	甘州使偏次酒	壹瓮
9		同日	夜,衙内看甘州使酒	伍斗
10		十七日	支甘州使酒	壹瓮
11		十九日	寒食座设酒	叁瓮
12			支十乡里正纳毯场酒	半瓮
13		廿日	城东祆神酒	壹瓮
14		廿一日	支纳呵梨勒胡酒	壹瓮
15		廿二日	马群入泽神酒	壹角
16			支写匠酒	半瓮

续表

顺序号	时间		事由	用酒数量
	月	日		
17			支设司汉并女人酒	贰斗
18		廿三日	支皱匠酒	半瓮
19		廿四日	酿皮酒	肆斗伍升
20		廿六日	杜富昌酒	壹角
21			支任长使等酒	贰斗
22			支回鹘婆助葬酒	壹瓮
23			去正月贰拾肆日供西州使逐日酒壹斗,至四月贰伍日夜断,除月小尽,中间玖拾壹日,内两日全断,两日断半,计用酒	壹拾肆瓮肆斗
24	五月	三日	支杜队头酒	壹斗
25			支纳黄羊儿人酒	壹斗
26			去肆月贰拾柒供南山别力逐日酒壹斗,至伍月肆日夜断,除月小尽,中间柒日,计用酒	壹瓮壹斗
27		五日	迎南山酒	壹角
28		同日夜	支冷逻酒	壹角
29		六日	衙内面前看南山酒	壹斗
30		同日	支写匠酒	半瓮
31		九日	束水口神酒	壹瓮
32		同日	甘州使上窟迎顿酒	半瓮
33			陆日供衙前仓住南山逐日酒贰斗,至拾贰日夜断,中间柒日,计用酒	两瓮两斗
34			送路酒	壹瓮
35			玖日供向东来南山逐日酒贰斗,至拾贰日夜断,中间肆日,计用酒	壹瓮贰斗

续表

顺序号	时间		事由	用酒数量
	月	日		
36		同日	城南园看南山酒	壹角
37		十三日	阎县令舍顿酒	壹角
38			宋都衙劝孝酒	壹瓮
39		十六日	支唐柱柱等酒	贰斗
40			支神馆䃾柮神酒	半瓮
41		十七日	城南面前看甘州使酒	壹斗
42			灌驼酒	壹角
43			支押衙王清松酒	半瓮
44		十八日	支伊州史酒	壹斗
45			支孟杯玉酒	贰斗
46			支灰匠酒	壹角
47			供土门楼勾当人中间陆日供酒	半瓮
48			润曲神酒	壹瓮
49		十九日	孔目官修西州文字酒	贰斗
50			拾陆日供南山逐日酒贰斗,至贰拾日夜断,中间伍日,计用酒	壹瓮肆斗
51			支延超酒	壹瓮
52			支索匠酒	壹斗
53		廿一日	南城设伊州使酒	贰斗伍升
54			设修城百姓酒	壹瓮
55		廿二日	城南园设甘州使酒	壹瓮
56		廿三日	支缚箔子僧两日酒	壹斗
57			又偿酒	壹斗

续表

顺序号	时间		事由	用酒数量
	月	日		
58			支门楼塑匠酒	壹瓮
59		廿四日	支贺义延酒	壹角
60		廿五日	看甘州使酒	贰斗伍升
61			又，看伊州使酒	伍升
62		廿七日	供缚箔子僧酒	贰斗
63		廿八日	支灰匠酒	壹斗
64		同日	箭匠酒	伍升
65			涧曲神酒	伍升
66	六月		马院神酒	伍升
67			支于阗去押衙吴成子酒	壹瓮
68		同日	城南园设工匠酒	壹瓮
69			支令狐留定酒	壹斗
70			索子匠酒	伍升
71			两日缚箔子僧酒	壹斗
72			又偿酒	壹斗
73		三日	支下两僧酒	贰斗伍升
74			太子屈于阗使酒	半瓮
75			酿羊皮酒	叁斗伍升
76		四日	南园看南山酒	贰斗伍升
77			曹镇使劝孝酒	壹瓮

续表

顺序号	时间		事由	用酒数量
	月	日		
78			去正月廿四日供于阗葛禄逐日酒贰升至六月五日夜断,除叁个月小尽,中间壹佰贰拾玖日,计给酒	肆瓮壹斗捌升
79			去三月十九日供于阗罗尚书逐日酒伍升,至陆月伍日夜断,除两个月小尽,中间柒拾伍日,内两日全断,计给酒	陆瓮伍升
80			去五月贰拾捌日供修于阗文字孔目官逐日壹斗,至陆月伍日夜断,除月小尽,中间柒日,计用酒	壹瓮壹斗
81			支富昌客酒	壹瓮
82		八日	支史万成酒	壹斗
83		同日	支天子下厮儿酒	壹瓮
84		九日	支甘州使酒	壹瓮
85		十二日	南泽骞马神设酒	壹瓮
86		十四日	衙内设画匠酒	两瓮
87			酿牛皮酒	壹斗
88			酿羔子皮酒	壹瓮壹角
89		十六日	看甘州使酒	壹瓮
90			支缝皮人酒	壹角
91		十七日	返朝等酒	壹斗
92			案司修甘州文字酒	壹角
93		廿日	支弓匠酒	贰斗
94		同日	支皱文匠酒	壹瓮
95			支董富子纳萝葡酒	壹斗
96		廿一日	酿猇子皮酒	贰斗

续表

顺序序号	时间		事由	用酒数量
	月	日		
97			支木匠彭友子酒	壹斗
98		廿二日	使出马圈口酒	（壹瓮）
99		（同日）	（坟头酒）	壹斗
100		廿四日	西宅用酒	壹瓮

一 关于立账年代的推断

酒账无纪年，具体日期也只用月日而不用干支。敦煌地区独特的"具注历日"往往都有月日干支。如果酒账使用月日干支，年代的推断就会容易得多，遗憾的是一样也没有。当然，也不是一点线索也没有，我们推断，立账年代的上限为后周显德二年（955），下限为咸平五年（1002），根据是：

酒账上的骑缝章——"归义军节度使新铸印"为我们提供了年代的上限。《太平寰宇记》卷一三五《沙州》记载："周显德二年，甘州可汗、沙州节度使观察留后曹元忠，各遣使进方物。其外，瓜州团练使仍旧隶沙州，以归义军节度使观察留后曹元忠为节度使，以知瓜州军事曹元恭为团练使，仍各铸印赐之，皆旌其来王之意也。"《宋史》卷四九〇《外国六·沙州传》也记载："义金卒，子元忠嗣。周显德二年（955）来贡，授本军节度，检校太尉，同中书门下平章事，铸印赐之。"五代、宋时期，瓜沙曹氏曾经使用过的"官印"有 7 种："瓜沙州大王印""沙州观察处置使之印""归义军之印""沙州节度使印""归义军节度使新铸印""瓜沙等州观察使新印""瓜州团练使印"。它们的使用时间，有绝对年代的是：

时代	年号	公元	印鉴名称	出处(仅见于敦煌遗书者)
后梁	贞明六年	920	瓜沙州大王印	羽字 24《佛说佛名经》题记
后唐	同光三年	925	沙州观察处置使之印	P.3805 改补宋员进为节度押衙牒
后唐	长兴四、五年	933、934	沙州节度使印	P.2704 曹议金四疏
后唐	清泰三年	936	归义军印	P.3556 曹元德转经
后晋	天福三年	938	归义军印	P.3347 授张员进衙前正十将牒
后晋	开运四年	947	沙州节度使印	P.3388 曹元忠疏
后周	显德五年	958	瓜沙等州观察使新印	P.3379《阴保山等牒》
宋	乾德六年	968	归义军节度使新铸印	S.4632 曹元忠《请宾头卢疏》
宋	戊辰年	968	归义军节度使新铸印	P.2484《群牧驼马牛羊见行籍》
宋	开宝七年	974	归义军节度使新铸印	S.5973-1 曹元忠疏(正月)
宋	开宝七年	974	归义军节度使新铸印	S.5973va 曹元忠疏(二月)
宋	开宝八年	975	归义军节度使新铸印	S.5973vb 曹延恭疏
宋	开宝八年	975	归义军节度使新铸印	S.5973vc 曹家布施疏
宋	雍熙二年	986	瓜沙团练使印	P.4622 曹延瑞大云寺设会疏
宋	端拱二年	989	瓜沙等州观察使新印	P.3576 曹延禄礼佛疏

上列印鉴使用年代明确地显示出:后周显德二年(955)"铸印赐之"的印,一是"瓜沙等州观察使新印",一是"归义军节度使

新铸印",它们都有一个"新"字。酒账的印鉴告诉我们,它的时间上限是 955 年,即后周显德二年。

我们把下限放在咸平五年(1002),理由是:咸平五年,曹宗寿害死曹延禄、曹延瑞以后,瓜沙曹氏与于阗李氏的关系也就随之而结束,与甘州的关系也不再见于史籍和敦煌遗书,而酒账所记,有关于阗的有 4 笔,有关甘州回鹘的 10 笔,甚至有伊州、西州的"使者",这都不是曹宗寿父子掌瓜沙以后所能出现的情况。

至于具体是哪一年,也不是什么线索都没有。酒账为我们提供了这一年的月建大小。

第 6 笔载:"叁月贰拾日供两头祇门人逐日酒壹斗,至肆月拾陆日夜断,中间贰拾柒日,计用酒肆瓮叁斗。"这笔账告诉我们,本年的三月份为大月。

第 23 笔载:"去正月贰拾肆日供西州使逐日酒壹斗,至肆月贰拾伍日夜断,除月小尽,中间玖拾壹日,内两日全断,两日断半,计用酒壹拾肆斗。"我们已知三月份为大月,那么,从正月到四月廿五日这中间的月小尽,不是正月就是二月。

第 26 笔载:"去肆月贰拾柒日供南山别力逐日酒壹斗,至伍月肆日夜断,除月小尽,中间柒日,计用酒壹瓮壹斗。"它明确告诉我们,本年四月为小月。

第 80 笔载:"去五月贰拾捌日供修于阗文字孔目官逐日壹斗,至陆月伍日夜断,除月小尽,中间柒日,计用酒壹瓮壹斗。"它又明确告诉我们,本年五月为小月。

第 78 笔载:"去正月廿四日供于阗葛禄逐日酒贰升,至六月五日夜断,除叁个月小尽,中间壹佰贰拾玖日,计给酒肆瓮壹斗捌升。"此条进一步说明:本年正月至五月,五个月中有三个小月。至此,酒账本身告诉我们的月建大小是:

一月、二月一大一小,三月大,四月小,五月小

　　为了有助于此件酒账的研究，我们检索了敦煌遗书中我们能够见到的酒账，发现 P. 2629 是我们这件酒账的继续（以下简称《续卷》），两件连接以后，原断裂位置的一行文字一目了然："使出马圈口酒壹瓮。同日，坟头酒壹斗。廿四日，西宅用酒壹瓮。" P. 2629 保存了从六月二十五日至十月十六日共 113 笔酒账，其中《续卷》第 78 笔是八月三十日，该月为大建，而《续卷》第 67、68 笔又为我们进一步提供了月建大小的情况："去正月廿日，供甘州走来胡两日酒伍升，至八月廿日夜断，除肆月小尽，中间贰佰叁日，计用酒捌瓮贰斗柒升伍合。""去三月十八日，供先报消息来回鹘两日酒伍升。至八月廿日夜断，除叁个月小尽，中间壹佰伍拾日，计用酒陆瓮壹斗伍升。"

　　这样，我们把两件酒账连起来考虑，其月建大小是：一月、二月一大一小，三月大，四月小，五月小，六月、七月一大一小，八月大。九、十两月由于月底无账，无从得知。

　　月建大小如按五代、宋时期中原王朝的朔闰推算①，则显德二年（955）以后咸平五年（1002）之前，只有乾德二年（964）与咸平三年（1000）这两年的月建大小与酒账相合。但是，敦煌地区的历日，安史之乱以后，或者说吐蕃占领敦煌以后，又出现与中原不一致的情况，而且有自己的历学专家，如翟奉达、翟文进、安彦存等。敦煌遗书中，翟奉达题名结衔的《具注历日》就有 4 件，如按现存《具注历日》来看，P. 2623 显德六年历（959）正好是正月大，二月小，三月大，四月小，五月小，六月大，七月小，八月大，九月大，十月小，十一月大，十二月小。也就是说这年八月以前的月建大小与酒账基本相符，与我们现在能肯定的三、四、五、八月的月建则完全吻合。

---

　　① 陈垣：《二十史朔闰表》，中华书局 1978 年版。

现在的问题是,如果我们结合酒账的内容来考虑,上述 959、964、1000 三个年代中哪个年代的可能性最大呢?

尽管显德六年《敦煌具注历日》的月建大小与酒账所示相同,但是我们还是排除了酒账立于这一年的可能性。原因是:

首先,酒账第 1 笔是:"甘州使迎令公,支酒壹瓮。"我们知道,"令公"为中书令之尊称,尤其是隋唐以来,凡拜中书令者,人们习惯称之为令公。在瓜沙曹氏三世之中,正史记载拜中书令的有曹议金和曹元忠二人;供养人题记和敦煌遗书中,自署"兼中书令"的有曹延恭、曹延禄二人。显德六年(959)曹元忠还没有拜中书令。同时,显德二年(955)刚被后周授予"本军节度检校太尉同中书门下平章事"①,不可能很快就自署"中书令",S. 2974 还可以证明,建隆二年(961)曹元忠仍自称"同中书门下平章事"。

其次,显德六年(959)前一年和后一年,也就是 958 年和 960 年,正史也好,敦煌遗书也好,没有于阗、西州、甘州与中原王朝或瓜沙曹氏来往的记载。这样,从酒账内容来看,此件不应是显德六年之物。

因此,我们认为,酒账立于乾德二年(964)的可能性最大。

先说说为什么我们不采用现成的敦煌历而采用中原历。我们曾期望,根据酒账提供的月建大小来解决具体年代,于是通过显微胶卷检索了敦煌遗书中我们所能见到的历日残卷,并且推算了其中的绝大部分(残存较长者),没有发现乾德二年(964)历,也再没有月建大小与酒账相符者,而且建隆、乾德之间没有发现使用敦煌历。为什么会出现这种情况呢?据史书记载,建隆、乾

①《宋史》卷四九〇《外国·沙州》。《太平寰宇记》卷一五六则只说"以元忠为归义军节度使"。

德年间,于阗、西州回鹘、甘州回鹘、瓜沙曹氏,几乎年年有"使者"往来于宋,传递方便。同时,历来中原王朝好用历日赐边疆重臣或地方政权①。宋王朝也是如此。手头虽没有直接材料足证瓜沙受赐历日,但可以作为间接引证者则有:建隆三年(962)十一月,"赐南唐建隆四年历"②;大中祥符八年(1015)甘州回鹘"谢恩赐宝钿、银匣、历日及安抚诏书"③。退一步来说,宋王朝不赐,地方上也可以"请",敦煌出现"王文坦请司天台官本勘定大本历日"就是最好的证明(S. 0612)。另一方面,我们考虑,也可能是敦煌的历学家翟奉达此时已经去世④,其"子弟"翟文进未能独立胜任编撰重职⑤。

再说酒账立于乾德二年(964)的可能性。除了上面已经提到的月建大小吻合之外,从内容来说,有如下几点符合历史:

建隆二年(962)正月,宋朝"加曹元忠为中书令,元忠子延敬为瓜州防御使,赐名延恭"⑥。酒账记"甘州使迎令公"的"令公"就是指曹元忠。

从于阗、西州到内地,五代、宋时期有三次使节往来的记录:

一次是后晋天福三年(938)石敬瑭派张匡邺使于阗,"自灵

① 王重民:《敦煌本历日之研究》,《东方杂志》第 34 卷第 9 号。

②《宋史·太祖纪》。

③《宋史》卷四九〇《外国·回鹘》。

④ 向达《记敦煌石室出晋天福十年写本寿昌县地境》一文考证,"天复二年(902)奉达年二十……显德六年(959)已七十七"。转引自《唐代长安与西域文明》,生活·读书·新知三联书店 1957 年版,第 439 页。

⑤ S. 0095《显德三年具注历日》尾题"写勘校子弟翟文进书",可见翟奉达的后代此时已跟随奉达工作。又,"子弟"2 字,向达先生误为"弟子"。后来刘铭恕先生编《敦煌遗书总目索引》,虽已改正,但仍未引起学者们注意。

⑥《续资治通鉴长编》卷三。《宋史》卷四九〇为"加兼中书令",多一"兼"字。莫高窟供养人题记都作"兼中书令"。

州(今宁夏灵武县)行二岁至于阗,至七年(942)冬乃还"①。

一次是太平兴国六年(981),宋朝派王延德等使高昌,"自六年五月离京师,七年四月至高昌"②。

一次是大中祥符二年(1009),于阗使者到开封,宋真宗问他"在路几时,去此几里?"他说:"涉道一年,昼行暮息,不知里数。"③

在这三次当中,除王延德使高昌外,其余两次都路过敦煌,从而可以看出:每次使节往来,至少需一年。有了这一概念以后,我们就会发现,酒账所载的西州使、于阗使等,如果他们要前往中原,应该是乾德三年(965)到达。与史书对照,果然如此:

酒账第23笔记载,西州使自正月廿四日留住敦煌起,每日供给酒壹斗,到四月廿五日止。如果他们往开封进发,应该是乾德三年到达。《宋史·高昌国传》载:乾德三年十一月,西州回鹘可汗遣僧法渊献佛牙、琉璃器、琥珀盏。《宋史·太祖记》载乾德三年"十一月丙子,甘州回鹘可汗遣僧献佛牙、宝器。"此条记载有两个可能:要么把西州回鹘误记成甘州回鹘;要么西州使到达甘州又停留了一段时间,然后与甘州僧结伴前往中原。我们认为后一种可能性较大。因为入宋以后,史书记载已不像以前统称"回鹘",而把西州回鹘与甘州回鹘分得十分清楚了。

酒账第79笔说明于阗罗尚书三月十九日到达敦煌,六月六日离去,《续卷》第6笔说明七月初一又来了于阗使;《续卷》第69笔载甘州使三月廿五日到达敦煌,八月廿一日离去;《续卷》第70笔载,八月廿一日曹氏派人"看甘州使及于阗使",此后便无甘州

---

① 《新五代史·四夷附录三》。
② 《宋史》卷四九〇《外国六·高昌国》。
③ 《宋史》卷四九〇《外国六·于阗》。

使的记载。《宋史·太祖纪》载乾德三年（965）"十二月丁酉朔……戊午（廿二日）甘州回鹘可汗、于阗国王等遣使来朝，进马千匹，橐驼五百头，玉五百团、琥珀五百斤"。赶着这么多的牲口从大西北前往开封，不要说1000多年以前，就是今天也很不容易，难怪当年花了一年零四个月。

《续卷》第42笔载七月廿六日，"衙内看甘州使及于阗使僧酒壹角"。《宋史·于阗传》恰好记载乾德三年（965）"五月，于阗僧善名、善法来朝，赐紫衣。其国宰相因善名等来，致书枢密使李崇矩，求通中国。太祖令崇矩以书及器币报之"。

五代、宋时期，敦煌供养人题记中，至今没有发现伊州与敦煌的关系，然而酒账与酒账《续卷》上倒有7笔，酒账上的时间是五月，《续卷》的时间是十月。看来是不同的两批"使者"。《宋史·太祖纪》载乾德三年："夏四月乙巳，回鹘遣使献方物。"前面说过，入宋以后，甘州、西州、龟兹、合罗川、秦州都是分别入宋史的，单单称"回鹘"的，是否应指伊州；若此推测可以成立，那么酒账所载五月份路过敦煌的"伊州使"就是上引乾德三年四月"回鹘遣使献方物"的回鹘。

酒账及《续卷》都有关于"太子"的记载，共4笔。这里的"太子"，系指于阗太子。因为，曹家虽称"王"于敦煌，但始终没有抛弃中原臣子的观念，没有得意忘形到让儿子称太子的地步①，回鹘可汗的儿子是否称太子，未有所闻。于阗太子来敦煌倒有实例，P. 3184尾题："甲子年八月七日于阗太子三人来到佛堂，将《法华经》第四卷。"此甲子，正好是酒账立账年代——乾德二年

① 姜亮夫《瓜沙曹氏年表补正》一文，曾引用日本橘瑞超《将来目录·佛说延寿命经》的卷末题记："唯大周广顺（顺）三年岁当癸丑正月廿三日，府主太保及夫人为亡男太子早别王宫，弃辞火宅，遂写《延寿命经》43卷，以济福力，愿超觉路，永充供养。"我们未见原件照片，未敢贸然肯定。

(964)。因为往上推一甲子，为唐天复四年(904)，尽管于阗李氏
王朝此时大约已经建立①，但和敦煌还没有什么亲密关系；往下
推一甲子，为宋天圣二年(1024)，伯希和劫经中根本没有此时的
卷子。如果我们把酒账、莫高窟供养人题记、正史联系起来看，正
好是：乾德二年六月于阗太子来到了敦煌，八月七日三人到佛堂
礼佛，其后，太子从连、琼原可能是继续留在敦煌，因而在莫高
窟第444窟题壁之举②，太子德从则前往中原③。

我们排除咸平三年(1000)的可能性，其理由是：

宋开宝四年(971)以后，于阗同哈拉汗王朝之间发生了长达
24年的战争，直到咸平四年(1001)于阗为喀剌汗朝的喀的尔
汗·玉素甫所攻占④，这期间于阗与宋王朝、瓜沙曹氏来往已绝。

太平兴国六年(981)以后，敦煌也是很不安宁⑤，宋朝派王延
德使高昌也好，高昌派"谢恩使百余人"入宋也好，都没有路过敦
煌，说明此时"道路尝有事剽掠"⑥。正是在失去东西两方面支持
的情况下，咸平五年(1002)曹宗寿杀曹延禄之变才能得逞。

所以，咸平三年(1000)时的敦煌，根本不可能有酒账所示四
方辐辏的景象。

---

① 新疆社会科学院历史研究所编著：《新疆简史》，新疆人民出版社
1980年版。

② 莫高窟第444窟东壁《见宝塔品》的宝塔两侧有他们的题名，南侧
题："南无释迦牟尼佛说《妙法莲华经》，大宝于阗国皇太子从连供养。"北侧
题："南无多宝佛为听法故来此法会，大宝于阗国皇太子琼原供养。"

③《宋史·太祖纪》：乾德四年(966)"二月，丙辰，于阗国王遣其子德从
来献"。《宋史·于阗传》同。

④ 新疆社会科学院历史研究所编著：《新疆简史》，新疆人民出版社
1980年版，第162页。

⑤ P.3412安再胜等牒。

⑥ 直到1009年才是："今自瓜沙抵于阗，行旅如流。"(《宋史·于阗传》)

二 瓮、角、斗、升、合

酒账和《续卷》为我们提供了历代律历志和礼乐志中很难见到的容量计量单位瓮、角、斗、升、合。更为难得的是，由于酒账共有 213 笔账目，使我们从中得出这些计量单位的进位。由于比较特殊，不能按容量大小的次序加以说明，而是必须把"角"放在最后。现分述如下：

一瓮等于六斗。逢六进一的计量，实在是比较特殊，酒账中可以随处折算而得，如第 6、23、26、33、35、50、79 笔等，无不得出 1 瓮＝6 斗的结论。兹引第 6 笔为证："叁月贰拾日供两头祇门人逐日酒壹斗，至肆月拾陆日夜断，中间贰拾柒日，计用酒肆瓮叁斗。"每日 1 斗，27 日就是 27 斗，6 斗为 1 瓮，正是"肆瓮叁斗"。

1 斗等于 10 升。酒账第 78 笔载："去正月廿四日供于圎葛禄逐日酒贰升，至六月五日夜断，除叁个月小尽，中间壹佰贰拾玖日，计给酒肆瓮壹斗捌升。"第 79 笔载："去三月十九日供于阗罗尚书逐日酒伍升，至六月五日夜断，除两个月小尽，中间柒拾伍日，内两日全断，计给酒陆瓮伍升。"计算无误，每斗 10 升。

1 升等于 10 合。《续卷》第 67 笔载："去正月廿四供甘州走来胡两日酒伍升，至八月廿日夜断，除四个月小尽，中间贰佰叁日，计用酒捌瓮贰斗柒升伍合。"两天给 5 升，1 天是两升半，算下来应该是 8 瓮 2 斗 7 升半。《续卷》记半升为"伍合"，可见，1 升＝10 合。

1 角等于 15 升，这也是比较特殊的计量单位。酒账第 3、15、20、27、28、36、42、46、59、89、91 笔都是"酒壹角"，这"壹角"到底是多少？不得而知。后来，在《续卷》里得到了答案。《续卷》第 118 笔载："六日，供南山逐日酒壹角，至捌日夜断，中间叁日，计给酒肆斗伍升。"每天 1 角,3 天共 3 角,3 角就是"肆斗伍升",当然是 1 角等于 15 升了。

三 迎、设、看、供、支

酒账的登载反映了支付的性质。通观全部账目,可以肯定,所有项目都是由节度衙门报销的"公用"酒。但是,立账严格,条目清楚,从而反映了此时节度衙门的各个环节都在有效地执行着某种制度。同时,酒账也反映出当时归义军衙门在迎来送往的礼制。其大概情况是:使节来到敦煌,先设酒接风,谓之"迎";紧接着设宴洗尘,谓之"设"①;如果住的时间比较长,就经常去问候,谓之"看",如甘州使这年从三月廿五日到八月廿一日停留敦煌将近五个月,节度使派人去"看"了 6 次;临走前要送行,或曰"看"或曰"设",可能是"设"比"看"隆重一些。除了这些礼节性的应酬,使节住留期间,每日喝酒,谓之"供";如有其他事情需用酒,则谓之"支"。

四 从酒账看敦煌的社会生活

从字面上看,酒账无颂辞,只是某月日因何事用酒若干而已。但是,如果仔细归纳分析一下就会发现,这平淡无华的账单,实实在在地反映出敦煌当时的政治、经济、文化面貌。

酒账和《续卷》共 213 笔,其中关于甘州、伊州、西州、于阗的就有 34 笔,说明瓜沙此时是西北各地的纽带,绾联着四面八方,

---

① 周一良先生有关"设"的考证(《敦煌写本书仪考》)与此件的"设"似有区别。此件除对使节外,还对工匠。此处只对使节而言。

正像《修常定楼记》中所说:"六番之结好如流,四塞之通欢似雨。"①常定楼就是为了解决"每遇月初旦朔,寮佐趋参,燕会高宾,厅馆阻僻"而修建的。为了内政外交的需要,属于后勤方面的衙署有宴设司、柴场司,做酒的有酒行、酒户。酒账上所记的"迎""设""看""供"用酒,都需通过柴场司、宴设司设宴才能了事。酒账中关于军事方面的内容没有直接反映,但有间接材料可寻。第 11 笔载:"十九日寒食座设酒叁瓮。"第 12 笔载:"支十乡里正纳球场酒半瓮。"这里的"寒食座设"用酒"叁瓮",绝不是用于拜扫出祭,而是设宴招待了带兵的官员。俄藏 2905《戊午年四月廿五日寒食座设付酒历》是兵马使若干人在寒食节领酒的记录,可以作为我们上述论点的佐证,所不同的是,兵马使领走的酒,可能是给士兵们喝的,因为宋代例给边兵每岁寒食、端午、冬至有"特支"②。另外,"十乡里正纳毬场"的"纳毬场"3 字,令人费解。但是"毬场"2 字告诉我们,寒食节期间,百姓"踏歌"③,军人"蹴球",敦煌非常热闹。

在瓜沙曹氏的政治生活中,宗教迷信活动泛滥。佛教自不必说,一批大型洞窟在莫高窟出现就是最好的证明。除此之外,从敦煌遗书来看,是神都信,是鬼都敬,仅酒账和续卷就有:"城东

---

① P. 2481《修常定楼记》,据我们考证,应是 964 年稍后的作品。因为:1.《记》中的"河西归义军节度瓜沙等州押番落等使检校太傅令公兼御史大夫上柱国曹",据《宋会要·番夷志·瓜沙二州》所载,此人是曹元忠。2.其他结衔在曹氏三世当中很难分别,唯有这"上柱国"只有曹元忠称之。3.《记》中有"乃命巧匠缔构新楼,邀鲁国之名贤,请丹青之上客""雕暗牖以疏风""镂飞甍而障日""诸功已罢,彩绘复终"之句,而酒账有"门楼塑匠""门楼上画匠及勾当人""楼上祭拜""楼上镇压""设画匠"等,说明这时常定楼正在彩绘中。

② 《宋史·兵志八》。

③ S. 4705 就有"寒食踏歌"的记载。

祆神酒""马群人泽神酒""束水口神酒""神馆斫椽神酒""涧曲神酒""马院神酒""骞马神设酒""捉鹰人神酒""神酒""马圈发愿酒""羊圈发愿酒""祭拜酒""祭尊酒"等,看来,他们事事求神安鬼。还有一种活动叫"赛神",动辄用酒。宗教之外,在伦理道德上,还有什么"助葬""劝孝",也是动辄用酒。

酒账反映了敦煌当时的经济状况的某些侧面:

用酒量之大,说明敦煌粮食丰足。酒账只是敦煌社会用酒的一部分,仅就这一部分,从四月九日至十月十五日,不到半年的时间共用酒 13585.5 升,其酿酒用粮之多,虽无明账,可想而知。

为了酿酒以应社会需要,归义军衙门下面还有专管酒户、酒行的人。酒户从公家领料酿酒,除按规定上交酒以外,盈余部分自己可以出卖。公家也可以直接到酒户取酒,登账上报,批准后报销,S. 5571、5590《酒户邓留定牒》就是这样一种社会经济文书。管理人凭条批复,谓之"判凭"。钤有归义军节度使新铸印的酒账,我们估计就是依据各种判凭登录的分类账。

设各种专户来提供食物以满足归义军衙门的生活需要,是瓜沙曹氏独创的一种剥削手段。酒户纳酒、葱户纳葱、苽(瓜)户纳瓜、猎户纳猎物,可能什么都要交纳。酒账上就有"纳黄羊儿人酒""董富子纳萝卜酒""索僧正纳梨酒""葱户纳葱酒"。循此例,对外国商人可能征收实物税,如酒账第 14 笔载:"支纳呵梨勒胡酒壹瓮。""呵梨勒"又写成"诃黎勒",出产于波斯,果实可以入药①。酒账作"纳呵黎勒胡",正好说明交纳者为"胡人",而这一

---

① 《周书》《隋书》等都有记载。《太平广记》卷四一四《草木类》:"高仙芝伐大食,得诃梨勒,长五六寸。初置抹肚中,便觉腹痛,因快痢十余行。初谓诃梨勒为祟,因欲弃之。以问大食长老,长老云:'此物人带,一切痛消,病者出恶物耳。'仙芝甚宝惜之。天宝末被诛,遂失所在。"可见诃梨勒的药效甚好。然而,劳费尔著《中国伊朗编》又引用一些材料证明是酒的一种。

胡人可能就是波斯商人。

归义军衙门下面设有画院，学者早有所论。酒账告诉我们，不仅如此，它还管理着各种工匠，如打窟人、写匠、皱文匠、灰匠、锁匠、箭匠、皮匠、弓匠、木匠、泥匠、石匠、褐袋匠。从手工业生产来看，昔日敦煌样样俱全。

酒账还有"孔目官修西州文字""修于阗文字孔目官""案司修甘州文字""修甘州文字孔目官""案司修西州文字"等用酒若干的记载，说明归义军衙署还有通晓各种民族文字的专家。敦煌是当时的西北文化中心，我们完全有理由推测，于阗、西州、伊州、甘州向中原的"进表"就出自敦煌各孔目官之手。请看，酒账第79笔"去三月十九日供于阗罗尚书逐日酒伍升，至六月五日夜断……"，第80笔"去五月二十八日供修于阗文字孔目官逐日（酒）壹斗，至六月五日夜断……"，《续卷》第169—171笔"去三月廿五日供甘州使逐日酒半瓮，至八月廿日夜断……"，"廿一日看甘州使及于阗使酒半瓮"，"供修甘州文字孔目官中间陆日给酒肆斗"。这绝不是巧合，而是使节离开前必须修好文字。

五　几个问题

关于"南山"。

酒账及《续卷》都有"南山"的记载，共14笔：

（五月）去四月廿七供南山别力逐日酒壹斗

五日，迎南山酒壹角

六日，衙内面前看南山酒壹斗

六日，供衙前仓住南山逐日酒二斗

九日，供向东来南山逐日酒二斗

同日，城南园看南山酒壹角

十六日,供南山逐日酒二斗

(六月)四日,南园看南山酒二斗五升

(七月)五日,迎南山酒五升

六日,衙内看南山酒壹斗

六日,供南山逐日酒壹角

(九月)七日,城南看南山酒壹斗

(十月)二日,东园看于阗使及南山酒壹斗

十一日,看南山酒壹斗。

"南山"一词,开始我们很费解,是地名呢,还是山名？除了"衙前仓住南山"这一条以外,其余都不像,而且明明记的是"衙内看南山""城南看南山""东园看于阗使及南山""迎南山",肯定是人,而不是别的。那么,是人名,他又是什么样的显要人物,值得归义军衙门又是"迎"又是"看"又是"供"呢？从酒账行文来看,"南山"又不是具体的人名。因为凡是需要以礼待之者,是什么什么"使";凡本衙管下之官员,都带职称,如"十乡里正""任长使(史)""杜队头""阎县令""宋都衙""押衙王清松""曹镇使"等,而且他们不需要迎送拜访。后来我们从写本中得到了一点消息。

P.3257 有《开运二年(945)寡妇阿龙牒》一件,其中提到"南山部族"。又 S.4445 有何愿德往南山做买卖而借贷的记载。可见,南山既是部族名称又是地点名称,而酒账所谓"南山"应是"南山部族"的使者。酒账名义上不以使者称之,而实际上又以使者的礼遇来对待,这样一种微妙的关系,我们似乎可以认为:此时"南山部族"的势力已经强大,且常常与归义军衙门打交道;归义军衙门对"南山部族"派来的人虽待以上宾,但不承认是和西州、于阗、伊州、甘州并列的一级政权。我们估计,这种观念,是和"南山部族"的历史渊源分不开的。

从古到今,人们都把祁连山叫作南山。具体地说,今天的肃北蒙古族自治县以东,石包城、昌马以南,叫野马南山;今天阿克塞哈萨克族自治县当金山口以东,沿甘青交界,叫党河南山;由此向东还有疏勒南山、托来南山、走廊南山、青海南山。酒账所称之南山,估计就是居住在现在称为党河南山的地方,有"向东来南山"这一笔可以为证。党河南山虽在敦煌的西南,但直到今天仍习惯称它为西面。唐安史之乱以后,占有南山,据《新唐书》卷二一六记载,建中初年,吐蕃攻敦煌,"始,沙州刺史周鼎为唐固守,赞普徙帐南山,使尚绮心儿攻之"。由此可见,南山曾一度为吐蕃的大本营。入宋以后,此地为黄头回纥和草头鞑靼所占,但出现史书记载较晚①。曹元忠时代的南山,理应为吐蕃族人。其具体情况如何,是值得今后研究的。

关于"衙内"。

酒账及《续卷》中有关"衙内"的记载有 11 笔。自唐末至宋,衙内为藩镇亲卫之官,多以子弟担任,世俗相沿,习惯上把贵家子弟称为"衙内"。在瓜沙曹氏当中,被授予衙内的有曹延瑞和曹贤顺二人。《宋史》卷四九〇《沙州传》载:太平兴国五年(980)"元忠卒,子延禄遣人来贡,赠元忠敦煌郡王,授延禄本军节度,弟延晟为瓜州刺史,延瑞为衙内都虞侯"。咸平五年(1002)"延禄、延瑞为从子宗寿所害,宗寿权知留后,而以其弟宗允权知瓜州,表以旌节。乃授宗寿节度使,宗允检校尚书左仆射知瓜州,宗寿子贤顺为衙内都指挥使"。我们认为,酒账上的"衙内"乃世俗呼贵家子弟为衙内的"衙内",即便是衙内指挥使也是自署的,具

---

① 《宋史》卷四九〇《于阗传》:"神宗(1068—1085)尝问其使去国岁月,所经何国及有无钞略。"对曰:"去国四年,道途居其半,历黄头回纥、青唐,唯惧契丹钞略耳。"

体说也就是曹延禄。因为我们既定酒账立于乾德二年（964），也就排斥了曹延瑞和曹贤顺的可能性；955 年授元忠节度使及 962 年加中书令时，都提到了曹延恭，曹延恭此时已被正式授予瓜州防御使之职，如若是他，决不会再称衙内的。曹延禄尚且没有授官，曹延瑞、曹延晟可能年岁太小，更是挂不上号。因此，此衙内舍曹延禄莫属。纯属推断，于此作为问题提出，以就教于专家、学者。

关于"寒食座设"。

按酒账所载，这年的寒食在四月十九日；俄藏 2905《戊午年四月廿五日寒食座设付酒历》也明确记载是在四月廿五日。这也是令人费解的难题。有史以来，凡记载寒食节，都在清明前一天或两天，冬至后 105 天①，而清明节绝对不会在四月份。是否敦煌历日特殊？前面已经论及，敦煌历与中原历朔日干支只差一二天。至于节气，敦煌历没有大的差别，也是"立春正月节，雨水正月中……"，敦煌遗书中也有与传统一致的寒食节的记载。如 S.0381-3"大番岁次辛巳（贞元十七年，即 801 年）闰二月十五日，因寒食在城官寮百姓就龙兴寺设乐……"，是不是"寒食设座"不等于寒食节，不得而知，只有存疑。

由于我们知识浅薄，酒账还不能完全读懂，好在此次已将原件拍照发表，巴黎藏 P.2629 卷子国内也已经有了缩微胶卷，相信它们会得到敦煌学研究者的重视。

---

① 《岁华纪丽》卷一《寒食》："禁火之辰，游春之月，寒食是仲春之末，清明当三月之初。禁其烟，周之旧制，不断火，魏之新规。桐始开花，榆方出火，二三之月，百五之辰，魏武之令，周举之书，一月寒食，三日断火，画鸭、斗鸡、蹴鞠、秋千……"作者韩鄂是唐代人。他把寒食节的时间、历史、风俗都说得清清楚楚了。

附：P. 2629《归义军衙府酒账》(《续卷》)

顺序号	月	日	事由	用酒数量
98		(廿二日)	(使出马圈口酒)	壹瓮
99		同日	坟头酒	(壹斗)
100		廿四日	西宅用酒	壹瓮
101		廿五日	供两头社人酒	壹斗
102		廿六日	衙内看甘州使酒	叁斗伍升
103		廿日	供门楼上画匠及勾当人逐日酒壹斗，至贰拾陆日夜断，中间柒日计用酒	壹瓮壹斗
104		同日	画匠酒	壹瓮
105		廿八日	衙内看(下约缺4字)	壹斗
106	七月	一日	太子迎于阗使酒	壹瓮
107		二日	太子随(下约缺5字)	瓮
108			西门结净酒	壹斗
109		三日	城西庄刈麦酒	壹瓮
110			面(下约缺3字)阗使酒	壹斗
111		四日	支太子庄麦酒	壹瓮
112		五日	迎南山酒	伍升
113			下樽酒	伍升
114		六日	衙内看南山酒	壹斗
115		同日	安宅官家顿酒	半瓮
116		八日	通定郡赛神酒	贰斗
117			支张延延酒	壹斗
118		六日	供南山逐日酒壹角，至捌日夜断，中间叁日计给酒	肆斗伍升
119			送路酒	肆斗
120		十日	城东祆赛神酒	两瓮

续表

顺序号	月	日	事由	用酒数量
121		十日	支康德友酒	壹斗
122			支校花树僧酒	壹角
123		六日	供造花树僧逐日酒壹斗,至十日夜断,中间伍日计给酒	伍斗
124		十一日	支木匠泥匠酒	贰斗
125		十二日	南沙刈麦酒	壹瓮
126		十三日	酿鞁皮酒	贰斗
127		十四日	支荆幸昌酒	贰斗
128			支把道人酒	贰斗
129		十五日	楼上祭拜酒	壹角
130			北宅酒	壹斗
131		十六日	支悬泉家酒	壹角
132		十八日	甘州使偏次酒	壹瓮
133		廿日	官圈刈麦酒	壹瓮
134			千渠射羝羊酒	半瓮
135			行官酒	壹斗
136			庄客酒	贰斗
137		廿一日	通定群酒	贰斗
138		廿一日	衙内看于阗使酒	壹瓮
139			支打狼人酒	壹角
140		廿二日	支皱文匠酒	壹斗
141		廿四	百尺上祭拜酒	壹斗
142		廿六日	衙内看甘州使及于阗使僧酒	壹角
143			支索僧正纳梨酒	壹角
144		廿七日	楼上镇厌酒	壹瓮

续表

顺序号	月	日	事由	用酒数量
145	八月	一日	苏丑儿酒	伍升
146		同日	神酒	伍升
147			支黑头窟上网鹰酒	壹斗
148			看于阗使酒	壹瓮
149		二日	夜羊圈发愿酒	壹角
150		三日	赛神酒	半瓮
151			又马院发愿酒	壹斗
152			赛神酒	伍斗
153		四日	支翟速不丹酒	壹瓮
154		五日	城南庄看夫人酒	壹瓮
155			支远田刈黄麻酒	壹瓮
156		九日	衙内设甘州使酒	壹瓮
157			刘保通妻助葬酒	壹瓮
158		十二日	酿手衣鞁皮酒	伍升
159			支把道人酒	壹斗
160		十四日	支通达酒	壹斗
161			支远田纳麦东家酒	壹斗
162		十六日	窟上酒	壹瓮
163			达家垒舍酒	壹瓮
164		十七日	支写匠酒	半瓮
165			支永受酒	壹瓮
166		廿一日	祭奠酒	壹瓮
167			去正月廿四日供甘州走来胡两日酒伍升,至八月廿日夜断,除肆个月小尽,中间贰佰叁日计用酒	捌瓮贰斗柒升伍合

续表

顺序号	月	日	事由	用酒数量
168			去三月十八日供先报消息来回鹘两日酒伍斗,至捌月廿日夜断,除叁个月小尽,中间壹佰伍拾日计用酒	陆瓮壹斗伍升
169			去叁月廿五日供甘州使逐日酒半瓮,至八月廿日夜断,除叁个月小尽,中间壹佰肆拾叁日内肆日全断叁日断半,计用酒	陆拾捌瓮肆斗伍升
170		廿二日	看甘州使及于阗使酒	半瓮
171			供修甘州文字孔目官,中间陆日给酒	肆斗
172			支李住儿酒	半瓮
173		廿六日	使出涧曲壁头酒	壹瓮
174		廿九日	支牧子酒	壹斗
175			支捉鹰神酒	壹斗
176			贰拾肆日供石匠逐日酒伍升,至贰拾柒日夜断,中间肆日给酒	贰斗
177			贰拾肆日供造砲轮木匠逐日酒壹斗,至贰拾玖日夜断,中间陆日给酒	壹瓮
178		卅日	捉鹰人神酒	壹角
179	九月	一日	马院神酒	伍升
180			支葱户史骨子等酒	壹瓮
181		二日	支赵员子酒	伍升
182		七日	使出胡砲子上酒	半瓮
183			城南看南山酒	壹斗
184			案司修西川文字酒	壹斗
185		十四日	支安富盈酒	壹角
186			灌驼酒	壹角
187			窟上调灰泥酒	两瓮

续表

顺序号	月	日	事由	用酒数量
188		十六日	支都头氾善恩家人助酒	壹瓮
189		十七日	支平庆达等酒	壹角
190		十八日	支褐袋匠酒	伍斗
191			支平庆达等捉鹰回来酒	壹瓮
192			押衙曹富德家人事酒	壹瓮
193		廿日	氾郎起舍人助酒	壹瓮
194		廿四日	达家小娘子发巴酒	伍升
195	十月	二日	支清汉等网鹰酒	壹斗
196			东园看于阗使及南山酒	壹斗
197		四日	支写匠酒	壹瓮
198			支阎都头酒	壹角
199		八日	迎伊州使酒	贰斗
200			下樽酒	贰斗
201		九日	比料帖下供伊州使酒	贰斗
202		十日	衙内看于阗使酒	壹斗
203			看南山酒	壹斗
204		同日	设伊州使酒	壹瓮
205			支马保等人枣酒	壹瓮
206			支葱户纳葱酒	壹瓮
207		十二日	千渠送达家娘子酒	壹瓮
208		拾壹日	供两头衹门人逐日酒壹斗，至十三日夜断，中间叁日计用酒	叁斗
209		十四日	衙内看使客酒	壹斗
210		同日	设伊州使酒	贰斗
211			马院祭拜酒	伍升

顺序号	月	日	事由	用酒数量
212			送狗酒	伍升
213			支田像奴等酒	壹角
214		十六日	酿(后缺)	

（原载《敦煌研究》1983 年创刊号,这次收入本文集时,请邰惠莉录出 P. 2629 作为附录）

敦煌历日研究

推算完历日残卷之后,很长一段时间,我不敢发表,因为没见过同类的研究文章,总没有自信。1983年3月,北京大学的张广达先生给我寄来了日本藤枝晃教授的《敦煌历日谱》一文,我又从资料室找到了日本薮内清的《斯坦因敦煌文献中的历书》一文,这才知道,我和他们竟是殊途同归! 看了他们的文章,坚定了我撰写此文的决心:首先,我的推算是正确的;其次,我的推算方法,有与他们相同的地方,有不同的地方;第三,两位先生的推算,都有错误之处;第四,藤枝晃先生搜集得虽然比较齐全,但还是有遗漏的。单就补藤枝晃先生的缺漏来说,也得把它写出来。凡属上述二位先生做过大量工作的,我只作复核,并加补充说明。总之,他们说过的我从略,他们未说的我备详。另外,藤枝晃先生把敦煌遗书中凡他所见的历日和干支纪年、干支纪日全都搜集编排成文,我只考证敦煌历日残卷。

一 敦煌历日的内容

敦煌历日的内容,综合归纳起来,有这么几项:

1. 标题和尾题

完好者有:

P. 2765,题:"甲寅年历日。"

P. 4983,尾题:"王文君书。"

P.4996+3476,尾题:"吕定德写,忠贤校了。"

P.3555v,题:"贞明八年(922)岁次壬午具注历日一卷并序。节度押▭▭▭▭"。

S.2404,题:"▭▭▭▭衙守随军参谋翟奉达撰上,干木支金纳音水,凡三百五十四日。"

P.3247,题:"大唐同光四年(926)具历一卷,干火支土纳音土,凡三百八十四,并序。随军参谋翟奉达。"

S.0095,首题:"显德三年(956)丙辰岁具注历日并序,干火支土纳音土,凡三百五十四日。登仕郎守州学博士翟奉达撰上。"尾题:"右件人神所在不可针灸出血,写勘校子弟翟文进书。"

P.2623,题:"显德六年(959)己未岁具注历日并序,干土支土纳音火,凡三百五十四日。朝议郎检校尚书工部员外行沙州经学博士兼殿中侍御史赐紫绯鱼袋翟奉达撰。"

S.6886v,首题:"太平兴国六年(981)辛巳岁具注历日并序,干金支火纳音金,凡三百五十四日。"尾题:"▭▭▭▭干生阿师子。"

S.1473,题:"太平兴国七年(982)壬午岁具注历日并序,干水支火纳音木,凡三百八十四日。押衙知节度参谋银青光禄大夫检校国子祭酒翟文进撰。"

P.3403,题:"雍熙三年(986)丙戌岁具注历日并序,干火支土纳音土,凡三百五十四日。押衙知节度参谋银青光禄大夫检校国子祭酒兼监察御史安彦存纂。"

P.2705,尾题:"右件人神所在之处不可针灸出血,日游在内,产妇不宜屋内安产帐及扫舍,皆凶。勘了,刘成子。"

P.3507,首题:"淳化四年(993)癸巳岁具注历日,干水支火纳音水。"

2. 序

保存序言的有 P.2765、P.3555、S.2404、S.0095、P.2623、S.1473、P.3403,共 7 件,而年代最早的是 P.2765《甲寅年历日》。此序很特别,迻录如下:

> 夫为历者,自故(古?)常窥(?)诸州班(颁?)下行用,克定四时,并有八节。若论种莳约□行用,修造亦然,恐犯神祇,一一审自详察,看五姓行下。沙州水总一流,不同□□,唯须各各相劝,早农即得善熟,不怕霜冷,免有失所,即得丰熟,百姓安宁。

序言部分内容最多的,首推 S.1473 太平兴国七年(982)历,计有:

1. 概念。这是所有序言都大同小异的程式性的文章。上述P.2765 无此内容。

2. 太岁及诸神将之所在,犯之凶,避之吉。

3. 太岁、将军同游日。

4. 土公游日,所谓"太岁土公等所游不在之日修营无妨"。

5. 九方色,即九宫,日本藤枝晃、薮内清称之为"九星配置"。

6. 三白诗。

7. 推七曜直日吉凶法。

8. 推杂忌日法。

9. 推"建、除"日忌法。

10. 推十二支日忌法。

11. 推五姓利年月法。

此外,S.2404 还有"葛仙公礼北斗法"并图,"申生人猴相本命元神图",是现存敦煌历中唯一的图文并茂的序。

3. 历日

这是历日的主要内容。最完整的历日有这样一些项目：

1. 月序,如"正月大建丙寅"。

2. 九方色,即"月起×宫"。

3. 上月已过的节气,如"自正月十九日惊蛰已得二月之节"。这一项,标准本才有。

4. 天道行向。这是固定的公式,年年如此。

5. 本月神将所在之位。这也是固定的公式。

6. 吉时。

7. 日出、日入的时辰。

以上全是"月序"下面的内容,而且在九方色之下就用双行小字夹注。至于日期下面的内容,则有：

$$\left.\begin{array}{l} 8.\ 日期 \\ 9.\ 干支 \\ 10.\ 五行 \\ 11.\ 建除 \end{array}\right\} 如"一日甲寅木建"。$$

12. 月相,即上弦、望、没、下弦、灭。

13. 节候,即二十四气、七十二候。

以上是第二项,且用小字注于第一项之下,如："下弦,惊蛰二月节,桃始花。"

14. 岁位、岁前、岁对等及其吉凶(主要是吉),个别历日在此项下还注有五音(宫、商、角、徵、羽)忌避。在"凡人年内造作、举动,百事先须看太岁及已下诸神将并魁罡,犯之凶,避之吉"的封建社会,有所谓"公私最要莫过于历日"之说,而人们看历日,就是为了避凶就吉,因而此项的文字最长,连何日可以沐浴、洗头、剪指甲都注得清清楚楚。

15. 昼夜时刻,这是一项科学的记录。随着地球绕太阳旋转,或昼长夜短,或昼短夜长,不断变化,因而每隔几天就得标明"昼××刻,夜××刻"。不过,这一内容往往是标准本才有的。

16. 人神所在,如"人神在手小指""人神在胸"……意即"人神所在之处不得针灸出血"也是"犯之凶,避之吉"。王重民先生认为,这是"道家人神之说,传播既广,始被采用于历日"①。

17. 日游,这是敦煌具注历日的最后一项"注","日游在外"或"日游在内"。"日游在外"是否表示"吉",现存历日没有说明,"日游在内"是凶日,倒有说明:P. 2705 的尾部有一题记,它告诉我们:"'日游在内',产妇不宜屋内安产帐及扫舍,皆凶。"

18. 蜜,也叫蜜日,就是日曜日,即现在的星期天。蜜日一般注在历日的天头,个别的也有注在旁边或在月相之上、日期之下。据我验证,凡蜜日注,90%以上是正确无误的。这也说明,敦煌历日的连续性和科学性是毋庸置疑的,它并没有因制历者几番易人而受影响。

综观历日的全部内容,18 项中有 9 项是科学性的记录,占50%,其余项目多少都带有封建迷信色彩。如果当时的敦煌人真的按照历日的序言和"注"实行,只好束手待毙,否则,一举手一投足都会大难临头。不过,老百姓的精神枷锁,往往是封建统治者的神咒灵符!因为,一切灾祸皆由天时鬼神主使,摸不着,抓不住,人们也就只好认命忍受了。

二 敦煌历日的形式

敦煌遗书中,不仅有敦煌历日,还有一份刻本中原历日,即S. 612《太平兴国三年(978)应天具注历日》,图文并茂,虽然没有

---

① 王重民:《敦煌古籍叙录》,商务印书馆 1958 年版,第 178 页。

印完,但是大体规模已具。原刻本的大标题为"大宋国王文坦请司天台官本勘定大本历日",由此我们得知,这种形式的本子叫"官本",而且是"大本历日"。敦煌历的形式与此不大相同,大致有这么几种:

1. 标准本,这种本子,看来都是纂历者的誊抄本,有的甚至是上归义军衙门的"进呈本"。如 S.2404,应是同光二年(924)历,除一般历日内容而外,还有图,还有二十八宿,标题虽残,但撰历者犹存"▭▭▭▭衙守随军参谋翟奉达撰上",显然是"上"归义军衙门的进呈本。总之,凡标准本项目都齐全,书写都规整。属于这一类的,除上述 S.2404 外,还有 P.3403、P.2623、S.1473、S.0276、S.0681、P.2591、P.2705。

2. 通栏式和双栏式。看起来是个形式问题,其实是由内容决定的。上面所说的标准本,都是通栏书写,只有 S.0095 是个例外。此件全,前有"登仕郎守州学博士翟奉达撰上",后有"写勘校子弟翟文进书",似乎不光是标准本,而且是"进呈本",但它却分上下两栏书写,上栏为单月,下栏为双月。究其内容,减掉了月九宫、月神将所在、昼夜时刻,吉凶祸福也简单多了。至于"人神所在",本来就是死的,月月相同,移到序言中去;"日游"一项,通栏书写者也有不要的,双栏就更不必要了。因此,双栏式的历日,当推它为标准。属于这种形式的还有 P.5548、P.3248、P.3247、P.3555、P.3492、罗 3。

通栏式的,除了标准本以外,尚有 S.1439-2、P.4983、P.3284v、P.4996+3476、P.2583、P.3900、P.2765、罗 2。这一部分通栏式,往往是"岁位吉凶"一项内容最多,如 S.1439-2,据粗略统计,有 53 种吉凶避忌。

3. 简历,也可分通栏书写(P.2506)和双栏书写(S.6886v、S.3824-3)两种。简历当然是内容从简的历日,一般只有月序、月建大小、日期、干支、五行、建除，即使是通栏书写的，也只多了月相、二十四节气两项，连七十二候都没有。这种历日，可能是民户抄来应用的。有趣的是，S.6886《太平兴国六年（981）辛巳岁具注历日》"吉凶注"只抄了正月一至十二日，以后每隔一段注上一句，八月以后干脆不注了。但是，从正月到十二月，都注有"洗"字，按历日应有的内容来推测，应是历日注"洗头吉"的简称。为什么只注"洗"字，不得而知。另外，六月二十六日之下注有"马平水身亡"五字，七月初三日之下注"开七了"三字，以后隔六天注"二七""三七"直至"七七""百日"。显然，历日的使用者与逢七祭吊"马平水"有关。又，此件尾题有"▭▭▭▭▭于生阿师子"几字，可能是历日的抄写者。

4. 月历，P.3507《淳化四年癸巳岁（993）具注历日》是一份很有独创性的历日。它无序、无神将所在、无人神、无日游、无吉凶（只正月初一注了"嫁、修、符、葬吉"5字），而选取了朔日干支、蜜日、月相、节候、祭祀、昼夜时刻。可以说，抄历者摘取了当年历日中所有科学性的精华，是很有见地的。此历的形式也很特别，月序、月建大小、九宫下注本月的具体项目，每月一条幅，因此我给它取名"月历"。

三　确定历日年代的方法

日本学者薮内清《斯坦因敦煌文献中的历书》一文中说："从历书的残卷推定年代，一般依据业已出版的朔闰表和历书上的日期进行对照。这种方法，即便是不具备历法知识的人也能进行，尤其是相对而言已经解决了时代范围的敦煌历，一年一年地进行互相对比的工作也并不那么麻烦。"①我刚开始接触敦煌历日时也是这样进行的。但是,单纯依靠朔闰表对照是很不可靠的。如P. 2591 历日残卷,如果按照现存朔日干支和能够推算出来的朔日干支,它和贞元十年(794)甲戌岁完全一致:

中原历	敦煌历
四月大　癸卯朔	(四月大)(癸卯朔)
五月小　癸酉朔	五月小　癸酉朔
六月大　壬寅朔	六月大　壬寅朔
七月小　壬申朔	七月(?)(壬申朔)

敦煌历(　)内的月建大小和朔日干支是根据残历提供的条件推算出来的。但是,当你运用其他推算方法推算的结果,只有天福九年(944)甲辰岁是正确的。

下面谈谈我是怎样确定敦煌历日残卷年代的。

刚接触历日时,确实与看天书无异。后读王重民先生《敦煌本历日之研究》一文②,得到了一些启发,把目前我所搜集到的有绝对年代的敦煌历日与中原历③列表进行了比较,所得到的结果是:

第一,朔日干支,中原历和敦煌历没有一年是完全吻合的。

第二,凡置闰之年,不吻合的比例就大,反之就小。

第三,干支纪日始终不错。董作宾先生《研究殷代年历的基本问题》一文中曾说:"我们第一要证明干支纪日是独立的,第二要证明干支纪日是连续不断并且没有错误的。"他根据伊尹《伊训篇》的"唯太甲元年十有二月乙丑朔(前1738)",经过推算,得

①《东方学报》(京都版),第35期,1964年3月。
②《东方杂志》第34卷第9号,1937年5月。
③ 陈垣:《二十史朔闰表》,简称《朔闰表》,中华书局1978年版。

出的结论是："中国之干支纪日，连续不断，乃至三六七五年（到1939 年董先生撰写此文时止——引者），一百三十四万二千二百九十四日之久，真可谓'世界最长久之纪日法'了。"①作为一种地方历日——敦煌历日，也是如此，虽经改朝换代，制作历日者也几易其人，但干支纪日与中原完全一样，连续无误。

第四，干支纪月始终不错。（传抄过程中抄写者的错误应另当别论。）

在不断整理、排比的过程中，我逐渐摸清了一些考定敦煌历的方法：

1. 对每件残历，就本身所提供的条件，最大限度地推算出每月的朔日干支。如 P. 3555 贞明八年历，原卷分上下两栏书写，上栏为单月，下栏为双月，由于下半截全残，只剩单月，我就根据单月与单月之间的关系，找出双月的月建大小及朔日干支。又如 P. 3247、2623、3507、2765，S. 1473、2404，历日部分都残破不全，但正月之前有全年的月建大小，就可以根据正月的朔日干支而推出其余各月。就这样，本身只存五个朔日干支的 P. 5548 残历，居然得出九个月的朔日干支来。作为推定该历的时代，多一个月少一个月似乎关系不大，但作为一项科学资料，它却是多多益善的。作为一种方法，推算后的整理，那是必不可少的。

2. 利用干支纪月，缩小推算历日年代的范围。中国历法，从汉武帝太初元年（公元前 104）起，以正月为岁首，建寅，一直未变。沈括《梦溪笔谈》说："正月寅，二月卯，谓之建。其说谓斗杓所建。不必用此说，但春为寅、卯、辰，夏为巳、午、未……理自当

---

① 《国立北京大学四十周年纪念论文集》乙编上，1940 年，第 146—147 页。

然,不需因斗建也。"①敦煌历也是正月建寅,二月建卯,三月建辰……配以天干,五年一轮回,列表于后(表1)。

有了建寅,历日所属之年代的推算就能缩小了范围。因为敦煌历也和中原历一样,纪月地支和纪年天干的关系也是有规律的。开始,我也是列表对照,后来,在 S. 0612v 残卷中找到了口诀,使用起来就方便多了。这一口诀,叫作《五子元例正建法》:②

> 甲己之年丙作首,(建丙寅)
>
> 乙庚之岁戊为头,(建戊寅)
>
> 丙辛之年庚次第,(建庚寅)
>
> 丁壬还作顺行流,(建壬寅)
>
> 戊癸既从中位起,
>
> 正月须向甲寅求。(建甲寅)

藤枝晃先生就曾因为没有很好地利用纪月干支而推算失误。如 S. 3824-3 残历,存五月十八至六月九日,残卷的下部有一些如今很难读懂的文字,其中有"乾夫三年是高苟奴手巳"这样几个字,藤枝晃先生据此定为"乾符三年(876)",又恰好朔日干支近似。但是,乾符三年是丙申岁,"丙、辛之年庚次第",正月应该建庚寅,而残历明明有"六月小建辛未"的记载,也就是说正月建丙寅。这样,乾符三年的推断就错了。按我的推算,此件应是宋开

---

① 沈括:《梦溪笔谈》卷七,文物出版社 1975 年版,第 15 页。

② 历法上有所谓"六甲""五子"。《汉书·律历志》:"故日有六甲,辰有五子。"孟康注:"六甲之中唯甲寅无子,故有五子。"所谓"日有六甲",日即十干,古代也把十干叫作十日、十母;所谓"辰有五子",辰即十二支,古代把十二支叫作十二辰、十二子。孟康的注也没有说清楚。简单地说就是:六十甲子当中,从天干来说,有六个"甲",即甲子、甲戌、甲申、甲午、甲辰、甲寅;从地支来说,有五个子,即甲子、丙子、戊子、庚子、壬子。

宝二年己巳岁(969)具注历日(详后)。罗振玉亦因不注意干支纪月而推算失误:他收藏的一卷残历,"但有正月至四月,而无五月以后……正月小建壬寅,朔日戊寅;二月小建癸卯,朔日丁未;三月大建甲辰,朔日丙子;四月小建乙巳,朔日丙午。考之《长术》,乃淳化元年(990)历也"①。其实,"正月小建壬寅"就告诉我们,是年不是丁年就是壬年("丁壬还作顺行流"),罗氏不注意这一点,只拿朔日干支去对照汪曰桢的《长术》,得出淳化元年"庚寅"岁的错误结论。其实,此件应是唐乾宁四年(897)丁巳岁具注历日。藤枝晃先生也指出了罗氏的上述错误,可他自己也犯了同类错误。

3. 九宫推算法。九宫为何,我过去也不知道。第一次接触时,只觉得它像今天的玩具"魔方"。经过把所有历日残卷中的"魔方"拿出来排比之后,发现了它的规律。后来,在 P. 4996v 卷子中看见了标明"午年九宫"和"正月九宫"的图,又知道了此种"魔方"的正名应叫"九宫"。但是,"九宫"一词,在现今的《辞海》里,只有"戏曲、音乐名词"这样一种解释。后因一个偶然的机会,翻阅《小学绀珠》,才发现我排比出来的九宫的次序和此书记载完全相同,即一白、二黑、三碧、四绿、五黄、六白、七赤、八白、九紫,②不仅找到了规律,知道了正名,而且找到了根据。后查《唐会要·九宫坛》,称:"谨按黄帝九宫经及肖嵩五行大义,一宫其神太一,其星天蓬,其卦坎,其行水,其方白。二宫其神摄提,其星天芮,其卦坤,其行土,其方黑。三宫其神轩辕,其星天冲,其卦震,其行木,其方碧。四宫其神招摇,其星天辅,其卦巽,其行木,

---

① 罗振玉:《松翁近稿》,1925 年冬上虞罗氏印行,后收入《罗雪堂先生全集》。

② 《小学绀珠》卷一《九宫》,《丛书集成》本第 176 册,中华书局 1983 年版。

其方绿。五宫其神天符,其星天禽,其卦离,其行土,其方黄。六宫其神青龙,其星天心,其卦乾,其行金,其方白。七宫其神咸池,其星天柱,其卦兑,其行金,其方赤。八宫其神太阴,其星天任,其卦艮,其行土,其方白。九宫其神天一,其星天英,其卦离,其行火,其方紫。"①这样,何以日本称此为"九星",而五代时敦煌翟奉达在他编的历日中称"年起七宫""月起五宫"等,有时候又叫"九方色",也就弄清楚了。又因为九色之中有三个"白"色,他把用九方色测吉凶的方法编了一首顺口溜,叫作"三白诗"②。诗曰:"上利兴功紫白方,碧绿之地患痈疮,黄赤之方遭疾病,黑方动土主凶丧,五姓但能依此用,一年之内乐堂堂。"

《小学绀珠》称"张衡曰:圣人明天数,审律历,重之以卜筮,杂之以九宫"③。可见历日中杂以九宫,至少东汉以前就有了。

知道九宫的运行,对了解历日之中年九宫、月九宫的安排是至关重要的。日本薮内清先生排了"九星配置"。我在没有得到此文之前,根据 P. 3403《雍熙三年丙戌岁具注历日》画了"九方色图",结果也是一样的。

此图告诉我们:

1. 年九宫与月九宫是分别排列的。来年正月的月九宫是"二黑"在中央,而来年的年九宫则是"五黄"在中央。(S. 1473、0612、0681-2,P. 4996v 等也都说明年九宫与月九宫是分开排列的。)

2. 月九宫,不管是哪一"方",都是按九、八、七、六、五、四、三、二、一倒转的。

3. 每一个九宫本身是如何排的呢?《星经》曰:"太一下行八

---

① 《唐会要》卷一○下,中华书局 1983 年版。

② 有"三白诗"的历日残卷有 S. 1473《太平兴国七年壬午岁具注历日》、P. 3403《雍熙三年丙戌岁具注历日》。

③ 《小学绀珠》卷一,《丛书集成》本第 176 册,中华书局 1983 年版。

卦之宫,每四乃还于中央。"《易·乾凿度》郑玄注:"太一行九宫,始于坎、坤、震、巽、中央、乾、兑、艮,终于离。"

五黄	一白	三碧
四绿	六白	八白
九紫	二黑	七赤

年九宫

四绿	九紫	二黑
三碧	五黄	七赤
八白	一白	六白

正月庚寅

三碧	八白	一白
二黑	四绿	六白
七赤	九紫	五黄

二月辛卯

二黑	七赤	九紫
一白	三碧	五黄
六白	八白	四绿

三月壬辰

一白	六白	八白
九紫	二黑	四绿
五黄	七赤	三碧

四月癸巳

九紫	五黄	七赤
八白	一折	三碧
四绿	六白	二黑

五月甲午

八白	四绿	六白
七赤	九紫	二黑
三碧	五黄	一白

六月乙未

七赤	三碧	五黄
六白	八白	一白
二黑	四绿	九紫

七月丙申

六白	二黑	四绿
五黄	七赤	九紫
一白	三碧	八白

八月丁酉

五黄	一白	三碧
四绿	六白	八白
九紫	二黑	七赤

九月戊戌

四绿	九紫	二黑
三碧	五黄	七赤
八白	一白	六白

十月己亥

三碧	八白	一白
二黑	四绿	六白
七赤	九紫	五黄

十一月庚子

二黑	七赤	九紫
一白	三碧	五黄
六白	八白	四绿

十二月辛丑

图1 雍熙三年年九宫、月九宫图

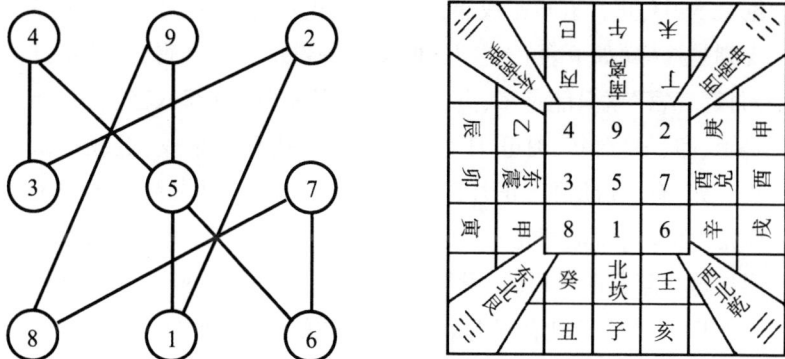

图 2　九宫图

　　按上述记载用数字来标明顺序,则如图2。其"下行"路线,则如小图所示。用以检验历日上的每一个九宫都是如此。

　　九宫只有九个,用以纪月,则每年的十、十一、十二月均与一、二、三月相同。如果历日既用干支纪月,又用九宫纪月,其周而复始应是9与60的最小公倍数,即180个月,也就是15年。如果我们以九宫(九方色)的中央色为代表(敦煌历中的"年起×宫""月起×宫"都是指九宫中的"中央"而言的),配以正月建寅的关系,推算的结果如表2。这样,我们拿到一份配有九宫的历日,又有纪月干支,只要在《朔闰表》上查上表2所列年代的朔日干支,哪年能与残历吻合,哪年就是残卷历日的年代。如:罗振玉收藏的一份历日,正月建丙寅,月起二宫,经查表2,有15个年代可能是历日所属的某年,与《朔闰表》一对,仅939年的朔日干支与历日基本相符,再一查蜜日注,完全符合。

　　另一种办法,就是薮内清先生的办法。不过,他没有说明他这种办法是怎么得来的。我是这样得出来的:

　　九宫纪月,9个月1轮回。1年12个月。9与12的最小公倍数是36,也就是说,3年之后周而复始(见九宫纪月轮回简表)。

据 P. 3403,正月五黄是戌年,那么每年正月的"月起九宫"的十二支则是这样(如下表),我们随便拿上一份历日就能得知:凡正月"月起二宫"就只能是亥、寅、巳、申年;凡正月"月起八宫"就只能是子、卯、午、酉年;凡正月"月起五宫",就只能是戌、丑、辰、未年。如:有一份历日,正月建丙寅,"甲、己之年丙作首",年天干应是甲或己,而正月九宫为五黄(五宫),那么配以戌、丑、辰、未,得出这一年只能是甲戌、甲辰、己丑、己未。不过,60 年内查这样 4 个年代,从陷蕃到曹延禄亡(781—1002)也得查 15 个年代,与上述第一种方法的效率差不多。

五黄	戌	丑	辰	未
二黑	亥	寅	巳	申
八白	子	卯	午	酉

年九宫的排列,据现存残历排比的结果,也是九紫、八白、七赤……倒行的。至于年九宫的推算,也有几种方法:

一种是用六十甲子与九宫的关系即 9 与 60 的最小公倍数 180 年来排列,如表 3,每宫得 20 个近似年代,然后再对照《朔闰表》。

一种是用九宫与六十甲子的关系,也是 9 与 60 的最小公倍数 180 年 1 轮回排的结果,归纳为表 4。薮内清先生用的方法与此大同小异,但不如我的方便易查。可是,这种办法,首先要推测残历是属于上元甲子、中元甲子还是下元甲子,极为不便。

九宫纪月轮回简表

月序	正月	二月	三月	四月	五月	六月	七月	八月	九月	十月	十一月	十二月
第一年九宫	五黄	四绿	三碧	二黑	一白	九紫	八白	七赤	六白	五黄	四绿	三碧
第二年九宫	二黑	一白	九紫	八白	七赤	六白	五黄	四绿	三碧	二黑	一白	九紫
第三年九宫	八白	七赤	六白	五黄	四绿	三碧	二黑	一白	九紫	八白	七赤	六白

第三种办法,也是最简便的办法:取九宫与十二支排列的办法,即 9 与 12 的最小公倍数,如下表:

九紫	八白	七赤	六白	五黄	四绿	三碧	二黑	一白
辰	巳	午	未	申	酉	戌	亥	子
丑	寅	卯	辰	巳	午	未	申	酉
戌	亥	子	丑	寅	卯	辰	巳	午
未	申	酉	戌	亥	子	丑	寅	卯

九紫辰,八白巳,这是现存敦煌历为我们提供的排列依据。这样排列的结果,又可归纳为:

九紫、六白、三碧	辰、丑、戌、未
八白、五黄、二黑	巳、寅、亥、申
七赤、四绿、一白	午、卯、子、酉

如 S.0095"年起九宫",得辰、丑、戌、未;"正月建庚寅"根据"丙辛之年庚次第",不是丙年就是辛年。年天干与年九宫相配,得丙辰、丙戌、辛丑、辛未,再以残历的朔日干支对照《朔闰表》。结果是显德三年丙戌岁。

4. 蜜日注是检验年代推断是否准确的标尺。"蜜"是七曜之一。S.2404 有《推七曜直用日吉凶法》:

> 第一蜜,太阳直日,宜见官、出行、捉走失,吉事重吉,凶事重凶。第二莫,太阴直日,宜纳财、治病、修井灶门户,吉;忌见官,凶。第三云汉,火直日,宜买六畜、治病、合伙、造书契、市买,吉;忌针灸,凶。第四嘀,水直日,宜入学、造功德,一切功巧皆成,人畜走失自来,吉。第五温没斯,木直日,宜见官、礼事、买庄宅、下文状、洗头,吉。第六郍颉,金直日,宜受法见官、市口马、着新衣、修门户,吉。第七鸡缓,土直日,宜典庄田牛马,利加万倍及修治仓库,吉。

很明显，敦煌历中加进七曜，与问卜吉凶有关。① 但是，七曜吉凶只写在序言里，至于日历部分则只是每隔六天注一"蜜"字，有朱书，有墨书。在考定历日残卷所属的年代上，与蜜日注的关系很大，这是制历者始料不及的。仅举一例：

P.2591残历，存四月十二日至六月一日，其朔日干支为：四月大，癸卯朔；六月大，癸酉朔；五月小，壬寅朔；七月（？），壬申朔。正月建丙寅，九宫为五宫。如果不检验蜜日注，则中原历贞元六年（790）与此历完全吻合，连九宫、建寅也吻合。但如果检验蜜日注，则五月廿九日辛丑为蜜日，合公历790年7月1日，此日不是蜜日，而天福九年（944）则建寅、九宫、蜜日全合，只是朔日干支敦煌历迟一天，这才是正常现象。

为什么蜜日合才是最准确的呢？因为我们据以考定年代的几种方法，"正月建寅法"5年一轮回，相同的可能性最多；"月起九宫法"15年一轮回，比"正月建寅法"的可靠程度大了三倍；推算蜜日法，依据的是陈垣先生的《二十史朔闰表》和《附日曜表》，此法28年一轮回，比九宫法又几乎大了一倍，在其他二法吻合的基础上，再证以蜜日法，就更准确无误了。

5. 每一件历日残卷的具体年代。主要有：

1. 在敦煌遗书中，目前能搜集到的有绝对年代的历日共有8件。为资料完整计，将其列表比较于后（表5—表12），必要的说明放在备注栏内，以节省篇幅。凡根据残历提供的条件推算出来的月建大小和朔日干支，写在（ ）内，以示区别。

2. 凡由推算而定年代的残历，按年代先后排列，先说推算的依据，然后列表比较。

① 王重民先生在《敦煌本历日之研究》一文中，对七曜历与敦煌历的关系作了专门论述，请见《东方杂志》第34卷第9号。

P. 3900 残历,藤枝晃先生没有著录。此件两面书写,背为
"书札笺表仪式"。由于纸质很薄,背面的字都能看得见,缩微胶
卷的效果更不好,两面搅扰,哪一面也看不清楚。历日保存了四
月十一日至六月六日部分,无月建,无年九宫、月九宫,更无蜜日
注。唯一的办法就是拿残历所提供的朔日干支与《朔闰表》一年
一年地对照。残历此年闰四月,按常规,中原历应该是闰三月或
闰四月(当然也不能排斥闰五月的可能性),两历不是同月闰就
是前后月闰。对照的结果,应是唐元和四年(809)己丑岁具注历
日,再考以其他方面,可以肯定它准确无误,因为:

第一,残历所提供的朔日干支与元和四年近似。

第二,该年中原历闰三月,敦煌历闰四月,符合常规。

第三,S. 6515《妙法莲华经》卷七尾题"丑年闰四月……写
了",说明某一个"丑年"敦煌历闰四月。如上所述,敦煌历的置
闰与中原不是同月就是前后月,那么我们就可以参照《朔闰表》
来考证,结果是 665 年(乙丑)闰三月,809 年(己丑)闰三月,893
年(癸丑)闰五月,而 665、893 年的朔日干支全对不上,只能是元
和四年(809)。

第四,北图周字 53 号题曰"维岁次己丑正月己卯朔……"①,
经检索《朔闰表》,己丑年正月己卯朔,敦煌历只能是元和四年。
"正月己卯朔",残历又告诉我们,从"四月戊申朔",就可以推算
出来,二月只能是己酉朔,三月是戊寅朔。完全正确,与残历的吻
合真是天衣无缝(表 13)。

P. 2583 残历日,无月建,无九宫,无蜜日注,藤枝晃先生推算
为 821 年具注历日(唐长庆元年辛丑岁)⑯,与《朔闰表》合。另
外,我核对了岁位吉凶项内的内容,它与 P. 2765"甲寅年历日"相

---

① 许国霖:《敦煌杂录》,上海商务印书馆 1937 年版,第 109 页。

同,是吐蕃统治时期的历日(表14)。

P. 2765 残历,有头无尾,题曰"甲寅年历日"。残卷前有藏文四行多。残历的背面为愿文数件,其中《大蕃敕尚书令赐大瑟瑟告身尚起律心儿圣光寺功德颂》下题"大蕃右敦煌郡布衣窦□撰"。虽两面同为吐蕃时物,但哪面在前尚待研究。

历日前面有序,很特殊,前面已引(在"敦煌历日的内容"项下)。日历部分,只有月建大小,无九宫。王重民先生在《敦煌本历日之研究》中说:"甲寅年历日,不著撰人。凡三百五十五日。存正月一日至四月七日。按:此历日不著年号,后周显德元年为甲寅(954),其前一甲寅为乾宁元年(894),后一甲寅为大中祥符七年(1014),敦煌石室所出,无998年以后的史料,则非后一甲寅,故暂定为显德元年(954)历日。"此乃所谓"智者千虑,必有一失"。其失误之因有二:一是没有想到再往前推一甲寅,二是没有对照一下朔日干支。其实,此历日虽四月七日以后缺失,但前面有全年的月建大小,因而能够推知全年的朔日干支。王重民先生所指出的几个"甲寅"与残卷都对不上号。从莫高窟建窟的366年起到瓜沙曹氏亡,只有唐大和八年(834)的甲寅才能与残历合。藤枝晃先生推定为834年是对的,但没有指出残历的矛盾。不仅如此,而且还说:"虽然由于纸的上端已残而无法断言,但也没有'蜜日'记注的样子。"①这也是"智者千虑,必有一失"。按:历日的正月一日之下,注有"嘀"字,清清楚楚。这就等于说,今年嘀日受岁。我们知道,"嘀"就是"七曜日"中的第四曜。那么,正月一日壬子嘀,正月五日丙辰就应该是"蜜"。所以说,此残历以另一种方式注了"蜜日"。现在的问题是:834年正月五日丙辰等于834年2月16日,此日不是"蜜日"。其他几个"甲寅"

---

① 凡藤枝晃先生的推算,均请看《敦煌历日谱》一文。

年连朔日干支都对不上,有的正月恰好连"丙辰日"都没有,更不会有"蜜合"了。因此,既然年代推断是准确无误的,那就只能是制历者的失误或抄写者的失误了(表15)。

S.1439—2残历,无头无尾,正月一日至十三日的下部残缺。历日存正月初一到五月廿四日。据历日本身提供的条件,此件应为唐大中十二年(858)戊寅岁具注历日,其依据是:

第一,原件有"正月大建甲寅",不是戊年就是癸年(口诀:"戊癸既从中位起,正月须向甲寅求")。

第二,残历提供的朔日干支,只有大中十二年的"戊寅"年基本相合。

第三,原卷有三月七日己巳为"蜜"日的记注,合858年4月24日,是日正好是"蜜日"(表16)。

此件藤枝晃先生也推定为858年,但他没有说任何依据。

P.3284v残卷,藤枝晃先生未著录。历日存正月至五月廿一日。另一面是书仪,有什么"寒食相迎状""给妻子书"等多种。从字体来看,两面为同一人抄写。历日无九宫,只有月建,蜜日注于天头,但二月以后不再注出。经推算查对,只能是唐咸通五年(864)甲申岁具注历日,其依据是:

第一,正月建丙寅,"甲己之年丙作首",不是甲年就是己年,而"甲己之年"当中只有咸通五年甲申岁的朔日干支与此件合。

第二,S.6349《易三备》卷二有"于时岁次甲申六月丙辰(朔)十九日甲戌申时写讫"的题记一行,而"甲申"年"六月丙辰朔"也只能是咸通五年(864)。

第三,残历虽然只提供了正月到五月的朔日干支,但如往下推算,"六月丙辰朔"完全合理,又是一个"天衣无缝"(表17)。

敦煌历,每月的朔日干支与中原历完全吻合者,从有纪年的8份历日来看,根本没有。P.3284v历残存的几个月与中原历完全相同。咸通年间,唐朝与敦煌往来频繁,我们估计,这一年敦煌使用的是中原历。

又,按 P.3284v 历记载,正月四日辛卯为蜜日,不合,应该是正月三日庚寅为蜜日。我估计是抄错了,因为:正月"十日丁酉"的上面也注了一个"蜜"字,又涂掉,但恰恰此日是蜜日。二月以后不再注蜜日,可能与抄历者当时就发现错误有关了。

P.3492 残卷,藤枝晃先生未著录。此卷两面书写。从残存情况看,《诸杂推五姓阴阳等宅图经⎡＿＿＿＿＿⎤》是第一次书写,此是正式的卷子,前面还留有"褾",历日就利用这一段空白纸;背面的"相书"是第二次书写的,原计划还应有插图,留下了图的标题而未画图;历日是第三次书写的,完全是利用空白纸,能抄多少算多少,十一月份未抄完,只好抄到背面原"相书"留下画图的地方,因而其格式杂乱无章。

历日分上下两栏书写,上栏从九月七日始,下栏从十月三日始;十一月份又分成两栏,十六日以后写在另一面。历日无九宫,无蜜日注,只有"十一月小建甲子"及推算出来的九、十、十一、十二月等四个月的朔日干支。十一月建"甲子",正月就是建"甲寅",此年不是戊年就是癸年。经与《朔闰表》对照,有两个年代与残历合:一是开元二十六年戊寅岁(738),朔日干支全合,但从书法上看,它怎么也到不了"开天盛世";一是晚唐光启四年戊申岁(888),我认为应以后者为是(表18)。

罗振玉藏历日断片第三(简称罗3,藤枝晃先生编号,下同),只存五行半,侥幸的是,最前面残存了三月至闰九月的月建大小,因而能知十个月的朔日干支。又,由原卷的"二月大建己卯",知是年正月建戊寅("乙、庚之岁戊为头"),而乙、庚之岁与此历朔日干支相合者,只有唐大顺元年(890)庚戌岁,舍此莫属。此件与藤枝晃先生所推相同,故而从略(表19)。

　　P.4983 残历,藤枝晃先生未著录。此件有尾无头,尾题"王文君书",字迹与历日同。另有两行字,字迹与王文君之书迹不一,应是另一人所写。历日存十一月廿九日至十二月底,只有月建而无九宫,无蜜日注,但在日期的上边,每隔六天就有一小块颜色。原卷有"十二月大建癸丑",知是年正月建"壬寅"("丁、壬还作顺行流"),丁年或壬年。经查《朔闰表》,应是唐景福元年(892)壬子岁具注历日。又,如果日期上每隔六天就有块颜色是代表"蜜"的话(看不到原卷,只能如此说),正好与此年的蜜日吻合①(表20)。

　　P.4996+3476 残历,藤枝晃先生推算为 893 年(景福二年癸丑岁),无误。不过,他没有详述理由,我再作补充:

　　第一,由"五月大建戊午"而知是年正月建"甲寅"("戊癸既从中位起,正月须向甲寅求"),不是戊年就是癸年。

　　第二,残历是年闰六月,中原历也应是前后月置闰,而戊年癸年闰五月或六月的只有景福二年(893)才合。

　　第三,原卷九月廿八日甲午和十月十九日乙卯上面的"蜜"字隐约可见,分别为 893 年的十一月十一日和十二月二日,两日均为蜜日,与残历合(表21)。

　　P.5548 残历,藤枝晃先生未著录。此卷前、后、中间均残缺,开头部分上下也残缺。历日分上下两栏抄写,上栏为单月,下栏为双月。由于原卷太残,这里不得不费一点笔墨:

　　由上栏第 27 行"五月小建壬午"而可知残历起于三月四

---

　　① 藤枝晃《敦煌历日谱》引用了一条斯坦因搜集的"观音像幡"题记,文曰:"时唐大顺叁年(即景福元年)岁次壬子十二月壬申朔三日。"按敦煌历(中原历也同),十月应是壬申朔。且按藤枝晃先生所述,朔日干支原本写错。到底是哪里错,因未见原物,只好存疑。

日,此日干支为壬戌,从而得知三月己未朔。三月的最后一天存"丁亥土危",可知为廿九日,是月小建。

下栏的四月甚残,由五月戊午朔而知四月的最后一天为"丁巳",又由残存的"十三日庚子"而得知四月戊子朔,从戊子到丁巳共 30 天,是月为大建。

由五月小建戊午朔而得知六月丁亥朔,残卷存"卅日丙辰",知是月大建。

由"七月大建甲申"知是年正月建戊寅("乙、庚之岁戊为头"),不是乙年就是庚年。据残历提供的条件,对照《朔闰表》,此件应是唐乾宁二年(895)乙卯岁具注历日。这一年,除了朔日干支比较接近而外,起决定作用的是蜜日注:残历保存了八月六日壬辰和十三日己亥两个比较清楚的蜜日注,这两日分别为 895年 8 月 31 日和 9 月 7 日,恰好是蜜日,与残历合(表 22)。

P. 3248 残历,无头无尾,双栏书写,上栏为单月,下栏为双月。历日存:三、四两月均起于六日,七、八两月均止于十日。有月建,也有"蜜"日用红色注于天头,只是无九宫。

此历藤枝晃先生也是推定为 897 年,即唐乾宁四年丁巳岁,我把依据补充如下:

第一,据原卷"五月大建丙午"而知是年正月建"壬寅"("丁、壬还作顺行流"),不是丁年就是壬年。

第二,残历所提供的朔日干支与乾宁四年丁巳岁全合。

第三,前述罗振玉藏、他自己错定为淳化元年(990)的残历,也应是乾宁四年(897)历,该历也是三月丙子朔,四月丙午朔,完全一样(我未能收集到此历的照片,不知蜜日情况如何)。

第四,蜜日合,原卷六月份的七、十四、廿一、廿八日上面的"蜜"日注看得很清楚。六月七日辛亥合 897 年 7 月 10 日,是日为蜜日,以下全合(表 23)。

P.2506v 残历,藤枝晃先生未著录。此件历日虽作通栏书写,但内容简单,只有日期、干支、五行、建除、月相、二十四气、简单的吉凶项目。历日存正月一日至二月十八日。推算年代的依据只有月建一项:原卷有"正月小建戊寅"("乙、庚之岁戊为头")。查遍《朔闰表》,乙、庚之岁只有唐天祐二年(905)乙丑岁比较接近。就这样,正月的朔日干支与中原历要差两天。后从 S.5747 的记载上得到启发,才作最后肯定。该卷首题:"天 复五年岁次乙丑正月壬□朔……"(天复四年中原已改为天祐,敦煌仍沿用天复年号。天复五年当为天祐二年)。藤枝晃先生推定为"壬戌",这是对的,因为联系天复五年(903)正月前后月的朔日干支,它只能是"壬戌",恰好 P.2506v 正月是"壬戌"朔,互相印证,应为可靠(表 24)。

S.2404 残历,原来应该是同光二年(924)甲申岁具注历日的标准本,有历学家翟奉达题名的历日自此始。

此件藤枝晃先生已收入,年代推断也准确,叙述也很详细,但有一点错误需要改正,有一点遗漏需要补充:

原卷在正月"一日辛丑土开"上面注有一字,字迹模糊,藤枝晃认为是"蜜"字,而且说是与《朔闰表》合。如果真是"蜜"字,那么制历者翟奉达搞错了,因为他在序言中说:"今年莫日受岁。"如果是个"莫"字,那么翟奉达是对的,反而藤枝晃先生搞错了。按《七曜历》:第一蜜,第二莫,第三云汉……莫日之前才是蜜日。一日辛丑为莫,前一日庚子才是蜜。中原历是年正月为"一日庚子",合当年的 2 月 8 日,正好是日曜日,即蜜日。

原卷有年九宫、月九宫,序言中还说:"九宫之中,年起五宫,月起四宫,日起二宫。"按序言,应是年五黄、月四绿、日二黑,他也是这样画图的。经检验,年起五宫没有错(924 年应该是年起五宫),月起四宫就错了。如前所述,正月的九宫只能是八、五、二。我估计，可能是月起二宫、日起四宫搞颠倒了，这才成了"月起四宫，日起二宫"。正月建丙寅、起二宫，正好是同光二年（924）。藤枝晃先生撇开年九宫、月九宫不谈，不知何意。

此残历的日历部分只剩4天，幸而前面有全年的月建大小，因而可以得知全年的朔日干支（表25）。

S.0276 残历，藤枝晃先生作了收录，但他只说了一些卷子本身的情况，至于年代推断，他采用的是薮内清先生的现成材料，即后唐长兴四年癸巳岁（933）。

薮内清先生推算年代，利用了纪月干支，利用了月九宫（他叫"月的三元九星"），最终还是依靠了《朔闰表》。由于他自己在文章的一开头就说过，依据已出版的朔闰表和历书残卷进行对照，这种方法即使是不具备历法知识的人也能进行，所以这时候他"自设宾主"式地写道："这种变戏法的秘密一揭开，有人就会说，一开始就和《朔闰表》对照的方法不是早就不用了吗？不知道这是被批评的方法吗？其实，这里叙述的方法，对四者择一的暧昧程度来说，好歹是不可动摇的决定性的根据，这一点是事先就懂得的。"其实，《朔闰表》是必不可少的工具。

按我的方法，用朔日干支、正月建甲寅、月起二宫（二黑）这三个条件，查表2所提供的年代，对照《朔闰表》，很快就得出933年的结论。

又，薮内清先生不检验蜜日，可靠性就要差一成。其实，此残卷的六月五日以后，每隔六天注一"蜜"字，至今可见。六月"五日庚戌"即公历当年的6月30日，是日为蜜日，全合（表26）。

罗振玉收藏历日断片第二（罗2），各家推算均为后晋天福四年（939）己亥岁具注历日，藤枝晃先生已有论述，这里只列表比较（表27），不再赘述。

P.2591 残历，藤枝晃先生已著录，年代推算为后晋天福九年

（944）甲辰岁，且有详述。推算无误，此不赘述，只列表比较（表28），以增科学资料。

S.0681-2 残历，藤枝晃先生已据薮内清的年代推算而著录，并加入了残历本身提供的三月至八月朔日干支。薮内清依据月建、月九宫、年九宫，用他的方法推算出的年代（945），结论是正确的。但是，两位先生都没有核以蜜日注。按残历正月"二日己亥"上面注有"蜜"字，是日合 945 年 2 月 16 日，正好是蜜日（表29）。

S.3824-3 残历，前面已经提到，藤枝晃先生没有考虑别的条件，仅据"乾夫三年"几个字定为"乾符三年"（876）。乾符三年肯定是错的（前已述），那么，应属哪一年呢？朔日干支相近的有唐元和十四年（819）和宋开宝二年（969）两个年代。在所有条件都相同的情况下，我根据书法定为宋开宝二年。

敦煌历日，经常给人以这份和那份同出一人之手的感觉。事实上，现在能肯定的书写者只有王文君、翟文进二人，所以有上述感觉，主要是因为历日上的一些常用字，几乎代代相因，如：丑、寅、卯、辰、辛、巳、戊、戌、闰（閏）。但是，有的字又时代性很强，如：岁字，晚唐（包括晚唐）以前多作歲，五代以后多作蔵，一个是"山"字头，一个是"止"字头；危字，晚唐以前同今字，晚唐以后作"㢴"，写得潦草一点，几成"范"字。S.3824-3 中的危字，多作"⺍"头，成"范"字。因此，我把它定为宋开宝二年（969）己巳岁（表30）。

P.2705 残历，藤枝晃先生根据月建、九宫、蜜日，定为宋端拱二年（989）己丑岁具注历日，推算无误。他述之甚详，我从略，仅列表备之（表31）。

六、几个残卷的交代。主要有：

S.0560、3985 只是历日题签，日历无存，且都有年代，也没有其他意义。

S.5919 只存"人神在腰"等，虽是历日残片，但无法推算。

P.3434，《敦煌遗书总目索引》的"说明"作"背有日历及大顺四年记事"。其实，日历不能作数，是信手随写之物；"大顺四年记事"也说不上是"记事"，也是随手乱画之字迹而已。

P.5024，《总目索引》作"历日（残片五）"，其中：A 只有"丙午年正月十八日"8 字，不是历日；B 为"鸢鸟十二月……"，是《推十二禽兽法》（见 S.0612-2），不是历日；C 存历日 4 天，没有任何意义，更无法推算；D 只存"二月中"3 字，是历日"春分二月中"这一节气注的残片；E 存"水执大寒十""水收"，是某年十二月当中两天的五行、建除及节气注。总之，作为历日，五个残片都没有任何意义。

四 敦煌历日中的错误

敦煌历日，严格说来，我至今还没有读懂。有的内容，我根本没有下过功夫，如吉凶；有的内容，我没有找出排列的规律，如五行。几年来，我只把如何推算残历的年代作为业余研究的课题在探讨。当我弄通一些规律以后，就发现敦煌历当中错误不少，即使经过当时人校勘的，也存在不少错误。仅我所知，有以下几方面：

1. 六十甲子纳音，沈括《梦溪笔谈》有专门记载（据《汉书·律历志》），敦煌历日的标题之下，有"干木支火纳音水"一类的记载，拿汉志去验证（也就是按沈括所说的来推算），对不上。把敦煌历上所有这一项目排列起来一看，原来的制历者也许不熟悉六十甲子纳音（易学上的术语叫纳甲），矛盾百出。

2. 历日序言中有什么"太岁在×"，"岁德在×"，"合德在×"，这本来也可以用来推定年代，但同是"壬午"年，P.3555贞明八年（922）作"岁德在壬，合德在丁"，S.1473太平兴国七年（982）却作"岁德在丁，合德在壬"。按：岁德合应是"甲己之年在巳，乙庚之年在乙，丙辛之年在辛，丁壬之年在壬，戊癸之年在癸"。

3. 蜜日注有误。蜜日合往往是年代推算的"敲定"条件，它一错，实在害人不浅，幸而现存敦煌历中只有两件有错，又恰好这两件有其他"非此莫属"的别的条件，才没有引起麻烦。具体情况前已叙述，此处不赘。

4. 月九宫排错，已如前述。

5. 错得最多，甚至是件件皆有错的是建除十二直日法。文学史上有一种诗体（杂体诗）叫建除体。建除十二辰何时用于历日的编制，有待于以后考证，但肯定早于建除诗。

建除指：建、除、满、平、定、执、破、危、成、收、开、闭十二个字。十二辰就是子、丑、寅、卯等。把建除配以十二辰，就叫建除十二辰。《淮南子·天文训》中说："寅为建，卯为除，辰为满，巳为平，主生；午为定，未为执，主陷；申为破，主衡；酉为危，主杓；戌为成，主少德；亥为收，主大德；子为开，主太岁；丑为闭，主太阴。"《史记·日者列传》有"建除家以为不吉"，不但说明"建""除"等是表示吉凶的，而且说明以此卜吉凶者称之为"建除家"。

建除十二辰用于历日，不是一成不变的，不是简单的"寅为建，卯为除……"如果是那样，历日注就不会注错。我从历日残卷的排比中，隐隐约约看到似乎和月建是一致的，即正月寅，二月卯……列表则为：

建除 十二辰 月序	建	除	满	平	定	执	破	危	成	收	开	闭
正月	寅	卯	辰	巳	午	未	申	酉	戌	亥	子	丑
二月	卯	辰	巳	午	未	申	酉	戌	亥	子	丑	寅
三月	辰	巳	午	未	申	酉	戌	亥	子	丑	寅	卯
四月	巳	午	未	申	酉	戌	亥	子	丑	寅	卯	辰
五月	午	未	申	酉	戌	亥	子	丑	寅	卯	辰	巳
六月	未	申	酉	戌	亥	子	丑	寅	卯	辰	巳	午
七月	申	酉	戌	亥	子	丑	寅	卯	辰	巳	午	未
八月	酉	戌	亥	子	丑	寅	卯	辰	巳	午	未	申
九月	戌	亥	子	丑	寅	卯	辰	巳	午	未	申	酉
十月	亥	子	丑	寅	卯	辰	巳	午	未	申	酉	戌
十一月	子	丑	寅	卯	辰	巳	午	未	申	酉	戌	亥
十二月	丑	寅	卯	辰	巳	午	未	申	酉	戌	亥	子

但是，如果以此来检验历日，只有正月建寅多数没错，极少数的是每月的开头几天没错，写着写着就错了。这样，我也就不敢肯定我的想法了。后来看《小学绀珠》引《汉书·王莽传》"以戊辰直定"（原注：于建除之次，其日当定），"十一月壬子直建，冬至"（师古注曰："壬子之日冬至，而其日当建"），豁然开朗，用以对照我所列的表，完全正确。[①] 敦煌历日建除的错误最多，可能是制历者没有弄清建除直日法，只知挨着往下排列而致误。这一点，我也是从他们的错误中得出的结论。

---

① 文中有关建除的引文，均转引自《小学绀珠》卷一。

敦煌历日的考证,对于行家来说,可能不是什么学问,但对我来说,几年来实在是饱尝了治学的艰辛和甘甜。现在,有些项目我可以给残历补缺,有了一点"自由"了。

1983 年 7 月 6 日初稿于敦煌
(原载《1983 年全国敦煌学术讨论会文集·文史遗书编》上册,甘肃人民出版社,1987 年)

表1

月序 干支 建寅	正月	二月	三月	四月	五月	六月	七月	八月	九月	十月	十一月	十二月
丙寅	丙寅	丁卯	戊辰	己巳	庚午	辛未	壬申	癸酉	甲戌	乙亥	丙子	丁丑
戊寅	戊寅	己卯	庚辰	辛巳	壬午	癸未	甲申	乙酉	丙戌	丁亥	戊子	己丑
庚寅	庚寅	辛卯	壬辰	癸巳	甲午	乙未	丙申	丁酉	戊戌	己亥	庚子	辛丑
壬寅	壬寅	癸卯	甲辰	乙巳	丙午	丁未	戊申	己酉	庚戌	辛亥	壬子	癸丑
甲寅	甲寅	乙卯	丙辰	丁巳	戊午	己未	庚申	辛酉	壬戌	癸亥	甲子	乙丑

表 2 从敦煌历正月建黄和月起九宫推算公元年代表

建寅	丙寅			戊寅			庚寅			壬寅			甲寅		
九宫	八白	二黑	五黄	五黄	八白	二黑	八白	五黄	二黑	五黄	二黑	八白	二黑	八白	五黄
公元	784	789	794	785	790	795	781	791	786	782	792	787	783	793	788
	799	804	809	800	805	810	796	806	801	797	807	802	798	808	803
	814	819	824	815	820	825	811	821	816	812	822	817	813	823	818
	829	834	839	830	835	840	826	836	831	827	837	832	828	838	833
	844	849	854	845	850	855	841	851	846	842	852	847	843	853	848
	859	864	869	860	865	870	856	866	861	857	867	862	858	868	863
	874	879	884	875	880	885	871	881	876	872	882	877	873	883	878
	889	894	899	890	895	900	886	896	891	887	897	892	888	898	893
	904	909	914	905	910	915	901	911	906	902	912	907	903	913	908
	919	924	929	920	925	930	916	926	921	917	927	922	918	928	923
	934	939	944	935	940	945	931	941	936	932	942	937	933	943	938
	949	954	959	950	955	960	946	956	951	947	957	952	948	958	953
	964	969	974	965	970	975	961	971	966	962	972	967	963	973	968
	979	984	989	980	985	990	976	986	981	977	987	982	978	988	983
	994	999		995	1000		991	1001	996	992	1002	997	993		998

备注：1. 时间从敦煌陷蕃（781）到 1002 年曹延禄被害。2. 此表经与有绝对年代的历日验对，完全无误

表 3　六十甲子推年九宫表

九紫	丁未	丙辰	乙丑	甲戌	癸未	壬辰	辛丑	庚戌	己未	戊辰	丁丑	丙戌	乙未	甲辰	癸丑	壬戌	辛未	庚辰	己丑	戊戌
八白	戊申	丁巳	丙寅	乙亥	甲申	癸巳	壬寅	辛亥	庚申	己巳	戊寅	丁亥	丙申	乙巳	甲寅	癸亥	壬申	辛巳	庚寅	己亥
七赤	己酉	戊午	丁卯	丙子	乙酉	甲午	癸卯	壬子	辛酉	庚午	己卯	戊子	丁酉	丙午	乙卯	甲子	癸酉	壬午	辛卯	庚子
六白	庚戌	己未	戊辰	丁丑	丙戌	乙未	甲辰	癸丑	壬戌	辛未	庚辰	己丑	戊戌	丁未	丙辰	乙丑	甲戌	癸未	壬辰	辛丑
五黄	辛亥	庚申	己巳	戊寅	丁亥	丙申	乙巳	甲寅	癸亥	壬申	辛巳	庚寅	己亥	戊申	丁巳	丙寅	乙亥	甲申	癸巳	壬寅
四绿	壬子	辛酉	庚午	己卯	戊子	丁酉	丙午	乙卯	甲子	癸酉	壬午	辛卯	庚子	己酉	戊午	丁卯	丙子	乙酉	甲午	癸卯
三碧	癸丑	壬戌	辛未	庚辰	己丑	戊戌	丁未	丙辰	乙丑	甲戌	癸未	壬辰	辛丑	庚戌	己未	戊辰	丁丑	丙戌	乙未	甲辰
二黑	甲寅	癸亥	壬申	辛巳	庚寅	己亥	戊申	丁巳	丙寅	乙亥	甲申	癸巳	壬寅	辛亥	庚申	己巳	戊寅	丁亥	丙申	乙巳
一白	乙卯	甲子	癸酉	壬午	辛卯	庚子	己酉	戊午	丁卯	丙子	乙酉	甲午	癸卯	壬子	辛酉	庚午	己卯	戊子	丁酉	丙午

表 4 三元甲子推年九宫表

上元甲子	一白	九紫	八白	七赤	六白	五黄	四绿	三碧	二黑
中元甲子	四绿	三碧	二黑	一白	九紫	八白	七赤	六白	五黄
下元甲子	七赤	六白	五黄	四绿	三碧	二黑	一白	九紫	八白
相应的纪年干支	甲子	乙丑	丙寅	丁卯	戊辰	己巳	庚午	辛未	壬申
	癸酉	甲戌	乙亥	丙子	丁丑	戊寅	己卯	庚辰	辛巳
	壬午	癸未	甲申	乙酉	丙戌	丁亥	戊子	己丑	庚寅
	辛卯	壬辰	癸巳	甲午	乙未	丙申	丁酉	戊戌	己亥
	庚子	辛丑	壬寅	癸卯	甲辰	乙巳	丙午	丁未	戊申
	己酉	庚戌	辛亥	壬子	癸丑	甲寅	乙卯	丙辰	丁巳
	戊午	己未	庚申	辛酉	壬戌	癸亥			

表 5　P. 3555《梁贞明八年（922）壬午岁具注历日》比较表

月序	中原历		敦煌历		二历相差天数	备注
	月建大小	朔日干支	月建大小	朔日干支		
正月	大	壬午	小	壬午		①此件下半截残,五月廿六日以后全缺。②蜜日合。③贞明只七年,八年实为龙德二年。④括弧内的字,依残历提供的条件而推算所得。下同。
二月	小	壬子	（大）	（辛亥）	敦早1	
三月	大	辛巳	大	辛巳		
四月	小	辛亥	（小）	辛亥		
五月	大	庚辰	大	庚辰		
六月	小	庚戌	小	（庚戌）		
七月	小	己卯		（己卯）		
八月						
九月						
十月						
十一月						
十二月						

表6　P.3247《同光四年（926）丙戌岁具注历日》比较表

月序	中原历		敦煌历		二历相差天数	备注
	月建大小	朔日干支	月建大小	朔日干支		
正月	大	戊午	小	己丑	敦迟1	①中原历上年闰十二月。②原卷只存正月至七、八两月的廿一日（因双栏书写）。③蜜日合。
一月			闰正月小	戊午		
二月	小	戊子	大	丁亥	敦早1	
三月	大	丁巳	小	丁巳		
四月	小	丁亥	大	丙戌	敦早1	
五月	大	丙辰	小	丙辰		
六月	小	丙戌	小	乙酉	敦早1	
七月	大	乙卯	大	甲寅	敦早1	
八月	大	乙酉	小	甲申	敦早1	
九月	小	乙卯	大	（癸丑）	敦早2	
十月	大	甲申	大	（癸未）	敦早1	
十一月	大	甲寅	小	（癸丑）	敦早1	
十二月	小	甲申	大	（壬午）	敦早2	

表7　S.0095《显德三年(956)丙辰岁具注历日》比较表

月序	中原历		敦煌历		二历相差天数	备注
	月建大小	朔日干支	月建大小	朔日干支		
正月	小	乙未	小	甲午	敦早1	① 此卷头尾俱全。②蜜日合。
二月	大	甲子	大	癸亥	敦早1	
三月	小	甲午	大	癸巳	敦早1	
四月	小	癸亥	小	癸亥		
五月	大	壬辰	大	壬辰		
六月	小	壬戌	小	壬戌		
七月	小	辛卯	大	辛卯		
八月	大	庚申	小	辛酉	敦迟1	
九月	大	庚寅	小	庚寅		
十月	小	庚申	大	己未	敦早1	
十一月	大	己丑	小	己丑		
十二月	大	己未	大	戊午	敦早1	

表8　P. 2623《显德六年(959)己未岁具注历日》比较表

月序	中原历		敦煌历		二历相差天数	备注
	月建大小	朔日干支	月建大小	朔日干支		
正月	小	丁未	大	丁未		①此卷有头无尾,历日保存正月一至三日。②来年正月两历同为"辛丑朔"。③蜜日合。
二月	大	丙子	小	(丁丑)	敦早1	
三月	大	丙午	大	(丙午)		
四月	小	丙子	小	(丙子)		
五月	大	乙巳	小	(乙巳)		
六月	小	乙亥	大	(甲戌)	敦早1	
七月	大	甲辰	小	(甲辰)		
八月	小	甲戌	大	(癸酉)	敦早1	
九月	大	癸卯	大	(癸卯)		
十月	小	癸酉	小	(癸酉)	敦早1	
十一月	大	壬寅	大	(壬寅)		
十二月	小	壬申	小	(壬申)	敦早1	

表9 S.6886v《太平兴国六年(981)辛巳岁具注历日》比较表

月序	中原历		敦煌历		二历相差天数	备注
	月建大小	朔日干支	月建大小	朔日干支		
正月	小	庚子	大	己亥	敦早1	① 此卷头尾俱全。 ②原卷七月十九日以后纪日干支错了两天,原抄写者只把七月份的改了,八月以后的全部未改,此表均作了改正。
二月	小	己巳	小	己巳		
三月	大	戊戌	大	戊戌		
四月	小	戊辰	小	戊辰		
五月	小	丁酉	大	丁酉		
六月	大	丙寅	小	丁卯	敦迟1	
七月	小	丙申	大	丙申		
八月	大	乙丑	大	丙寅	敦早1	
九月	大	乙未	小	丙申	敦早1	
十月	大	乙丑	大	乙丑		
十一月	小	乙未	小	乙未		
十二月	大	甲子	小	甲子		

表 10　S.1473《太平兴国七年（982）壬午岁具注历日》比较表

月序	中原历		敦煌历		二历相差天数	备注
	月建大小	朔日干支	月建大小	朔日干支		
正月	大	甲午	大	癸巳	敦早1	①原卷只存正月到五月一日。②蜜日合。
二月	大	甲子	小	癸亥	敦早1	
三月	小	癸巳	大	壬辰	敦早1	
四月	大	壬戌	小	壬戌		
五月	小	壬辰	大	辛卯	敦早1	
六月	小	辛酉	小	（辛酉）		
七月	大	庚寅	小	（庚寅）		
八月	小	庚申	大	（己未）	敦早1	
九月	大	己丑	小	（己丑）		
十月	大	己未	大	（戊午）	敦早1	
十一月	小	己丑	大	（戊子）	敦早1	
十二月	大	戊午	小	（戊午）		
闰十二月	大	戊子	大	丁亥	敦早1	

表 11 P.3403《雍熙三年(986)丙戌岁具注历日》比较表

月序	中原历		敦煌历		二历相差天数	备注
	月建大小	朔日干支	月建大小	朔日干支		
正月	大	庚午	小	庚午		①此卷头尾俱全。
二月	小	庚子	大	己亥	敦早1	②两历来年正月同为"甲子朔"。
三月	大	己巳	大	己巳		③蜜日合。
四月	小	己亥	小	己亥		
五月	大	戊辰	小	戊辰		
六月	大	戊戌	大	丁酉	敦早1	
七月	小	戊辰	大	丁卯	敦早1	
八月	小	丁酉	小	丁酉		
九月	大	丙寅	大	丙寅		
十月	小	丙申	小	丙申		
十一月	大	乙丑	小	乙丑		
十二月	小	乙未	大	甲午	敦早1	

表12　P.3507《淳化四年(993)癸巳岁具注历日》比较表

月序	中原历		敦煌历		二历相差天数	备注
	月建大小	朔日干支	月建大小	朔日干支		
正月	小	庚寅	小	庚寅		①原卷只存正月到三月。②两历来年正月均为"甲寅朔"。③蜜日合。
二月	大	己未	大	己未		
三月	大	己丑	小	己丑		
四月	小	己未	大	(戊午)	敦早1	
五月	大	戊子	大	(戊子)		
六月	小	戊午	小	(戊午)		
七月	小	丁亥	大	(丁亥)		
八月	大	丙辰	小	(丁巳)	敦迟1	
九月	小	丙戌	大	(丙戌)		
十月	大	乙卯	大	(丙辰)	敦迟1	
闰十月小		己酉	十一月小	(丙戌)	敦迟1	
十一月大		甲寅	闰十一月大	(乙卯)	敦迟1	
十二月	大	甲申	小	(己酉)	敦迟1	

表13 P.3900《唐元和四年(809)己丑岁具注历日》比较表

月序	中原历		敦煌历		二历相差天数	备注
	月建大小	朔日干支	月建大小	朔日干支		
正月	小	戊寅	(大)	(乙卯)	敦迟1	①正月到三月的朔日干支据北图周字53号而得。
二月	大	丁未	(小)	(己酉)	敦迟2	
三月	大	丁丑	(大)	(戊寅)	敦迟1	
	闰三月小	丁未	(四月小)	(戊申)	敦迟1	
	四月大	丙子	闰四月小	丁丑	敦迟1	
五月	小	丙午	大	丙午		
六月	大	乙亥	小	丙子	敦迟1	
七月	小	乙巳	(?)	(乙巳)		
八月	大	甲戌				
九月	小	甲辰				
十月	大	癸酉				
十一月	小	癸卯				
十二月	大	壬申				

表 14　P. 2583《唐长庆元年（821）辛丑岁具注历日》比较表

月序	中原历		敦煌历		二历相差天数	备注
	月建大小	朔日干支	月建大小	朔日干支		
正月	大	戊戌				①原卷存二月廿八日至四月二日。
二月	小	戊辰	（小）	戊辰		②S. 1686 有"大蕃岁次辛丑五月丙申朔"记载，与此残历合。
三月	大	丁酉	大	丁酉		
四月	小	丁卯	小	丁卯		
五月	小	丙申	（？）	（丙申）		
六月	大	乙丑				
七月	小	乙未				
八月	大	甲子				
九月	大	甲午				
十月	大	甲子				
十一月	小	甲午				
十二月	大	癸亥				

表 15　P. 2765《唐大和八年（834）甲寅岁具注历日》比较表

月序	中原历		敦煌历		二历相差天数	备注
	月建大小	朔日干支	月建大小	朔日干支		
正月	小	癸丑	大	壬子	敦早1	
二月	大	壬午	大	壬午		
三月	大	壬子	小	壬子		
四月	小	壬午	大	辛巳	敦早1	
五月	小	辛亥	小	（辛亥）		
六月	大	庚辰	大	（庚辰）		
七月	小	庚戌	小	（庚戌）		
八月	大	己卯	大	（己卯）		
九月	小	己酉	小	（己酉）		
十月	小	戊寅	大	（戊寅）		
十一月	大	丁未	小	（戊申）	敦迟1	
十二月	大	丁丑	大	（丁丑）		

表16　S.1439-2《唐大中十二年（858）戊寅岁具注历日》比较表

月序	中原历		敦煌历		二历相差天数	备注
	月建大小	朔日干支	月建大小	朔日干支		
正月	大	甲午	大	甲午		
	二月小	甲子	闰正月小	甲子		
	闰二月大	癸巳	二月大	癸巳		
三月	小	癸亥	小	癸亥		
四月	小	壬辰	大	壬辰		
五月	大	辛酉	小	壬戌	敦迟1	
六月	小	辛卯	（?）	（辛卯）		
七月	小	庚申		（?）		
八月	大	己丑				
九月	大	己未				
十月	小	己丑				
十一月	大	戊午				
十二月	大	戊子				

表 17　P. 3284v《唐咸通五年(864)甲申岁具注历日》比较表

月序	中原历		敦煌历		二历相差天数	备注
	月建大小	朔日干支	月建大小	朔日干支		
正月	大	戊子	大	戊子	敦早1	六月"丙辰"朔系依据 S. 6349 所加。
二月	小	戊午	小	戊午		
三月	大	丁亥	大	丁亥		
四月	小	丁巳	小	丁巳	敦早1	
五月	大	丙戌	(大)	(丙戌)		
六月	小	丙辰	(?)	(丙辰)		
七月	大	乙酉				
八月	大	乙卯				
九月	小	乙酉				
十月	大	甲寅				
十一月	大	甲申				
十二月	小	甲寅				

表 18　P.3492《唐光启四年(888)戊申岁具注历日》比较表

月序	中原历		敦煌历		二历相差天数	备注
	月建大小	朔日干支	月建大小	朔日干支		
正月	大	己亥				
二月	小	己巳				
三月	大	戊戌				
四月	小	戊辰				
五月	大	丁酉				
六月	小	丁卯				
七月	大	丙申				
八月	小	丙寅				
九月	大	乙未	(小)	(丙申)	敦迟1	
十月	小	乙丑	(大)	(乙丑)		
十一月	大	甲午	(小)	乙未	敦迟1	
十二月	小	甲子	(?)	(甲子)		

表 19　罗 3《唐大顺元年(890)庚戌岁具注历日》比较表

月序	中原历		敦煌历		二历相差天数	备注
	月建大小	朔日干支	月建大小	朔日干支		
正月	小	戊子				
二月	大	丁巳	大	丁巳		
三月	小	丁亥	小	(丁亥)		
四月	大	丙辰	大	(丙辰)		
五月	小	丙戌	小	(丙戌)		
六月	大	乙卯	大	(乙卯)		
七月	小	乙酉	大	(乙酉)		
八月	大	甲寅	小	(乙卯)	敦迟1	
九月	大	甲申	大	(甲申)		
	闰九月小	甲寅	闰九月小	(甲寅)		
十月	大	癸未	(?)	(癸未)		
十一月	小	癸丑				
十二月	大	壬午				

表20　P.4983《唐景福元年(892)壬子岁具注历日》比较表

月序	中原历		敦煌历		二历相差天数	备注
	月建大小	朔日干支	月建大小	朔日干支		
正月	大	丙午				来年正月两历均为"辛丑"朔。
二月	小	丙子				
三月	小	乙巳				
四月	大	甲戌				
五月	小	甲辰				
六月	大	癸酉				
七月	小	癸卯				
八月	大	壬申				
九月	大	壬寅				
十月	小	壬申				
十一月	大	辛丑	小	壬寅	敦迟1	
十二月	大	辛未	大	辛未		

表 21　P. 4996+3476《唐景福二年（893）癸丑岁具注历日》比较表

月序	中原历		敦煌历		二历相差天数	备注
	月建大小	朔日干支	月建大小	朔日干支		
正月	小	辛丑	（?）	（辛丑）		据 P.4983 残历，推本年正月应为"辛丑"朔。
二月	大	庚午				
三月	小	庚子				
四月	大	己巳	（大）	（己巳）		
五月	小	己亥	大	己亥		
	闰五月小	戊亥	六月小	己巳	敦迟1	
	六月大	丁酉	闰六月大	戊戌	敦迟1	
七月	小	丁卯	大	戊辰	敦迟1	
八月	大	丙申	小	戊戌	敦迟2	
九月	小	丙寅	大	丁卯	敦迟1	
十月	大	乙未	小	丁酉	敦迟2	
十一月	大	乙丑	大	丙寅	敦迟1	
十二月	大	乙未	小	丙申	敦迟1	

表 22　P.5548《唐乾宁二年(895)乙卯岁具注历日》比较表

月序	中原历		敦煌历		二历相差天数	备注
	月建大小	朔日干支	月建大小	朔日干支		
正月	大	乙未				中原历来年闰正月。
二月	小	己丑				
三月	大	戊午	(小)	(己未)	敦迟 1	
四月	小	戊子	(大)	(戊子)		
五月	大	丁巳	小	戊午	敦迟 1	
六月	小	丁亥	(大)	(丁亥)		
七月	小	丙辰	大	丁巳	敦迟 1	
八月	小	乙酉	小	丁亥	敦迟 2	
九月	大	甲寅	大	丙辰	敦迟 2	
十月	小	庚申	小	丙戌	敦迟 2	
十一月	大	癸丑		(乙卯)	敦迟 2	
十二月	大	癸未				

表 23　P. 3248《唐乾宁四年丁巳岁(897)具注历日》比较表

月序	中原历		敦煌历		二历相差天数	备注
	月建大小	朔日干支	月建大小	朔日干支		
正月	小	丁丑	(小)	(戊寅)	敦迟1	一、二两月的朔日干支,据罗氏藏历日补。
二月	大	丙午	(小)	(丁未)	敦迟1	
三月	大	丙子	(大)	(丙子)		
四月	小	丙午	(小)	(丙午)		
五月	大	乙亥	大	乙亥		
六月	小	乙巳	小	乙巳		
七月	大	甲戌	大	甲戌		
八月	小	甲辰	小	甲辰		
九月	大	癸酉	(?)	(癸酉)		
十月	小	癸卯				
十一月	大	壬申				
十二月	小	壬寅				

表24　P.2506v《唐天复五年(905)乙丑岁具注历日》比较表

月序	中原历		敦煌历		二历相差天数	备注
	月建大小	朔日干支	月建大小	朔日干支		
正月	大	庚申	小	壬戌	敦迟2	天复只四年,五年当为天祐二年。
二月	大	庚寅	大	辛卯	敦迟1	
三月	小	庚申	(?)	(辛酉)	敦迟1	
四月	大	己丑				
五月	小	己未				
六月	大	戊子				
七月	小	戊午				
八月	大	丁亥				
九月	小	丁巳				
十月	小	丙戌				
十一月	大	乙卯				
十二月	大	辛未				

表 25　S.2404《后唐同光二年(924)甲申岁具注历日》比较表

月序	中原历		敦煌历		二历相差天数	备注
	月建大小	朔日干支	月建大小	朔日干支		
正月	小	庚子	小	辛丑	敦迟1	
二月	大	己巳	大	(庚午)	敦迟1	
三月	大	己亥	小	(己未)	敦迟1	
四月	小	己巳	小	(己巳)		
五月	大	戊戌	大	(戊戌)		
六月	大	戊辰	小	(戊辰)		
七月	小	戊戌	大	(丁酉)	敦迟1	
八月	大	丁卯	小	(丁卯)		
九月	小	丁酉	大	(丙申)	敦迟1	
十月	小	丙寅	大	丙寅		
十一月	大	乙未	小	(丙申)	敦迟1	
十二月	小	乙丑	大	(乙丑)		

表 26 S. 0276《后唐长兴四年（933）癸巳岁具注历日》比较表

月序	中原历		敦煌历		二历相差天数	备注
	月建大小	朔日干支	月建大小	朔日干支		
正月	小	戊寅				
二月	大	丁未				
三月	大	丁丑	（大）	（丁丑）		
四月	小	丁未	小	丁未		
五月	大	丙子	大	丙子		
六月	小	丙午	小	丙午		
七月	大	乙亥	（?）	丙子	敦迟1	
八月	小	乙巳		乙巳		
九月	大	甲戌				
十月	小	甲辰				
十一月	大	癸酉				
十二月	小	癸卯				

表 27 罗 2《后晋天福四年(939)己亥岁具注历日》比较表

月序	中原历		敦煌历		二历相差天数	备注
	月建大小	朔日干支	月建大小	朔日干支		
正月	大	癸卯	(大)	(癸卯)		
二月	大	癸酉	小	癸酉		
三月	小	癸卯	(?)	(壬申)	敦早 1	
四月	大	壬申				
五月	小	壬寅				
六月	小	辛未				
七月	大	庚子				
八月	大	己亥				
九月	小	己巳				
十月	大	戊戌				
十一月	小	戊辰				
十二月	大	丁酉				
闰七月	小	庚午				

表 28　P. 2591《后晋天福九年(944)甲辰岁具注历日》比较表

月序	中原历		敦煌历		二历相差天数	备注
	月建大小	朔日干支	月建大小	朔日干支		
正月	大	甲戌				
二月	小	甲辰				
三月	大	癸酉				
四月	小	癸卯	(大)	(癸卯)		
五月	小	壬申	小	癸酉	敦迟1	
六月	大	辛丑	大	壬寅	敦迟1	
七月	大	辛未	(?)	(壬申)	敦迟1	
八月	小	辛丑				
九月	大	庚午				
十月	大	庚子				
十一月	大	庚午				
十二月	大	己亥				
闰十二月小		己巳				

表29　S.068-2《后晋开运二年(945)乙巳岁具注历日》比较表

月序	中原历		敦煌历		二历相差天数	备注
	月建大小	朔日干支	月建大小	朔日干支		
正月	大	戊戌	大	戊戌		
二月	小	戊辰	小	戊辰		
三月	小	丁酉	小	(丁酉)		
四月	大	己巳	大	(己巳)		
五月	小	丙申	小	(丙申)		
六月	大	乙丑	大	(乙丑)		
七月	小	乙未	大	(乙未)		
八月	大	甲子	(?)	(乙丑)	敦迟1	
九月	大	甲午				
十月	大	甲子				
十一月	小	甲午				
十二月	大	癸亥				

表30　S.3824-3《宋开宝二年(969)己巳岁具注历日》比较表

月序	中原历		敦煌历		二历相差天数	备注
	月建大小	朔日干支	月建大小	朔日干支		
正月	小	己卯				根据惯例,中原历闰五月,敦煌历可能闰六月。
二月	大	戊申				
三月	大	戊寅				
四月	小	戊申				
五月	大	丁丑	大	(丁丑)		
	闰五月小	丁未	六月小	丁未		
	六月大	丙子	(闰六月?)	丙子		
七月	大	丙午			1	
八月	小	丙子				
九月	大	乙巳				
十月	小	乙亥				
十一月	大	甲辰				
十二月	小	甲戌				

表 31 P. 2705《宋端拱二年(989)己丑岁具注历日》比较表

月序	中原历		敦煌历		二历相差天数	备注
	月建大小	朔日干支	月建大小	朔日干支		
正月	小	癸未				
二月	大	壬子				
三月	小	壬午				
四月	小	辛亥				
五月	大	庚辰				
六月	小	庚戌				
七月	大	己卯				
八月	大	己酉				
九月	大	己卯				
十月	小	己酉	(大)	(己酉)		
十一月	大	戊寅	大	己卯	敦迟1	
十二月	大	戊申	小	己酉	敦迟1	

三界寺·道真·敦煌藏经

一 三界寺

　　三界寺建于何时,到目前为止,尚未查到明确记载,因此研究者们只能作一些推测。有绝对年代题记的资料,最早为 S.1824《受十戒文》题记:"光启四年(888)戊申五月八日三界寺比丘僧法信于城东索使君佛堂头写记,丁卯年(天祐四年,即 907 年)后正月(此乃敦煌历,中原天祐三年置闰,闰十二月,与敦煌历正好差一个月)十四日写《受十戒文》卷。福岩记之。"敦煌文献中最晚为 S.4915,时间为雍熙四年(987)。天禧三年,敦煌 9 寺 26 人结社在莫高窟建造一塔,造塔记提到三界寺僧善惠、法盈参与了这次活动。

　　有关三界寺的敦煌写经,能确定的有 91 件。其卷号为 S.0093、0173、0296、0330、0347、0375、0528、0532、0707、1183、1364、1587、1635、1824、2129、2448、2566、2614－2、3147、3565、3624、3755、3788、4115、4160、4378－2、4504、4844、4861、4864、4868、4869、4876、4915、4916、5313、5448、5663、5855、5892、6191、6225;P.2097、2130$_2$、2161、2193、2233、2836、2930、2994、3010、3051、3121、3140、3143、3189、3203、3206、3207、3238、3320、3336、3352、3367、3392、3398、3414、3439、3455、3482、3483、3582、3706v、3917a、4518-19、4611、4779、4959、5568;北图地 12、柰 88、余 18、

雨 63、咸 75、黄 11、服 30v、续 0329;敦研 0345、0322;上图 086;津 194(详见附录一《关于三界寺的资料》)。

这些写经归纳起来有这样几方面:

1. 与地方统治者关系。S. 0707《孝经》。其后有题记:"同光三年(925)乙酉岁十月日三界寺学仕郎郎君曹元深写记。" S. 3565 为曹元忠布施疏,文曰:"弟子归义军节度使检校太保曹元忠,与衙内龙楼上,开龙兴、灵图(旁注"请大德九人")二寺大藏经一变,启扬鸿愿,设斋功德疏:施红锦壹匹,新造经帙贰拾壹个,充龙兴寺经衬。楼绫机壹匹,经帙拾个,充灵图寺经衬。生绢壹匹,经帙拾伍个,充三界寺经帙。马壹匹充见前僧□。"曹元深曾是三界寺的学仕郎,曹元忠给三界寺布施,说明五代时期敦煌的统治者与三界寺关系密切。

2. 三界寺藏经印。写经的首部或尾部盖有"三界寺"藏经印的共 15 件。这当然远远不是三界寺藏经的全部。因为:这 15 个印,集中在《大般涅槃经》《大般若波罗蜜多经》两部经上,三界寺绝对不止这两部经;长兴五年(934)该寺比丘道真曾发起"寻访古坏经文,收入寺中,修补头尾"的活动,当时三界寺就有佛经 166 种(详后)。

3. 授戒牒。有 25 件,授戒师大多数是道真,有的还有道真的署名(有的是亲笔签名),即使没有署名,从时间上看,授戒师也只能是道真。

4. 寺学。三界寺有寺学,该寺学仕郎抄写有《孝经》《咏孝经》《苏武李陵往还书》《开蒙要训》,共 4 件。

5. 道真。该寺道真受持的佛经、编制的目录、抄写的文献、发布的告示等 20 件。如果加上道真为授戒师的戒牒 25 件(33通),共计 45 件,那么,在有关三界寺的 88 件敦煌遗书中,直接与道真有关的就占半数以上。

6. 其他较重要的写卷。反映三界寺日常生活的文书有 22 件,其中比较重要的有:S.1824《受十戒文》(有光启四年即 888 年题记),P.3051《频婆娑罗王后宫采女功德意供养塔生天因缘变》,P.3352 榜书底稿(背为三界寺账目)等。

二　道　真

道真俗姓张,19 岁时已是三界寺的沙门。北图奈 88《佛名经》题记:"沙门道真修此经,年十九,俗姓张氏。"该件纸背骑缝处有"三界寺道真念"①。道真的生卒年代不详,有绝对年代的记载,最早为五代后唐长兴五年(934)(见敦研 0345《三界寺应有藏内经论目录》和北图续 0329《三界寺见一切入藏经目录》),最晚为 S.4915 宋雍熙四年(987)的《南赡部洲大宋国沙州三界寺授菩萨戒牒》。这就是说,有绝对年代的记载已告诉我们,道真在三界寺生活了 53 年,他把毕生精力献给了三界寺。即使假设上引北图奈 88《佛名经》题记"沙门道真修此经,年十九"为长兴五年,即 934 年,他至少活了 72 岁。道真其人,名不见经传,其事迹全赖敦煌藏经洞出土的敦煌遗书而得知。有关道真的敦煌写经,现在能确定的有 52 件,卷号为:S.0330、0347、0532、1183、1635、2448、2635、3147、3452、4115、4160、4844、4915、5313、5448、5663、6191、6225;P.2130、2161、2193、2270、2340v、2641、2836、2930、2994、3140、3143、3203、3206、3207、3238、3320、3392、3414、3439、3455、3482、3483、3917-1、4712、4959;北图余 18、奈 88、咸 75、服

---

① 许国霖:《敦煌石室写经题记与敦煌杂录》将道真误录为道贞,黄永武《敦煌丛刊初集》第 10 册,新文丰出版公司 1985 年版,第 27 页。陈垣《敦煌劫余录》录为道真,是。

30v、张 62、续 0329；敦研 0345、0322；台北 124。另有莫高窟第 108 窟前室题记一条（详见附录二《关于道真的资料》）。

道真的结衔，最常见的是比丘、沙门。从我们已知道的写经题记来看，自从长兴五年（934）他发起"寻访古坏经文，收入寺中，修补头尾，流传于世"以后，935 年就已是"修大般若经兼内道场课念沙门"；据敦研 0322《辛亥年（951）腊八燃灯分配窟龛名数》，该年道真已是释门僧政；964 年为授戒师主释门僧政赐紫沙门。但后来的戒牒只题"授戒师主沙门道真"，或仅题"比丘道真"，可见其人只做实事而不图虚名。S.0532《南赡部洲娑婆世界沙州三界寺授八关斋戒牒》是年代最晚的一份戒牒（987 年），结衔为传戒师主都僧录大师赐紫沙门。P.3917-1《中论》卷一末尾有题记而无纪年，文曰："三界寺律大德沙门道真念已。"律大德和授戒师主的身份是一致的，应该说在担任授戒师之前就已经是律大德，而道真担任授戒师的最早记载为宋乾德二年（964），也就是说，964 年以前道真已是律大德。

道真的事迹，主要有以下几项：

作为授戒师，道真为不少信徒授戒并颁发了戒牒，仅保存下来的有他署名的就有 33 通。日本学者小川贯贰《关于敦煌的戒牒》一文附有《沙州三界寺道真授与的戒牒年谱》也收入了 33 通，但稍有出入。他收入了散 0212、散 0215，我没有收，因为这是李盛铎之物，现在在何方不得而知。我收入的 P.3320 和 P.3439 中的第 3 件，小川先生未收①。戒牒有五戒牒、八戒牒（亦叫八关斋戒牒）、菩萨戒牒，还有罕见的三戒牒、千佛大戒牒。值得注意的是，保存下来的这些戒牒，受戒者都是在家的善男信女，可见道

① 小川贯贰：《敦煌的戒牒》，龙谷大学史学会编《龙谷史坛》73、74 号合刊本，1973 年。

真当时作为僧政,很注意推广民间信仰,对敦煌的世俗信仰起了很大的作用。

道真签发的《辛亥年腊八燃灯分配窟龛名数》,为我们保存了研究莫高窟窟龛分布及佛事活动的绝好资料。金维诺先生、吴曼公先生及敦煌研究院敦煌遗书研究所的马德同志对此件已有较深入的研究①,尤其是通过此件考证石窟分布和某些石窟的名字,收获不少,恕不赘述。

道真为我们保存了十分重要的研究敦煌的资料《敦煌录》。遗憾的是,笔者至今没有机会看到原件,这里介绍的是从缩微胶卷上见到的情况:S.5448 为小册子,第 1 页上写着"敦煌录一本""道真""道真""道真"。道真的名字是道真的手笔,与其他文书中道真的签名一致。敦煌的"敦"为火字旁,"敦煌录一本"5 字疑为当年斯坦因的"助手"蒋孝琬的手笔,与斯坦因劫经中屡屡可见的蒋孝琬的字迹完全相同,是蒋孝琬帮助斯坦因整理所得敦煌文献时写上去的。现存的《敦煌录》始于"效谷城……"似乎不是文章的起首,因而应该称其为"前缺"。尾部题曰"敦煌录一卷"。《敦煌录》的作者是否为道真,尚待研究,上面写了三个"道真",说明是道真的本子,因而说《敦煌录》赖道真而保存到今天,是千真万确的。《敦煌录》引用的人很多,录文也不止一种,虽各

① 金维诺:《敦煌窟龛名数考》,《文物》1959 年第 5 期。吴曼公:《敦煌石室腊八燃灯分配窟龛名数》,《文物》1959 年第 5 期。马德:《吴和尚·吴和尚窟·吴家窟——〈腊八燃灯分配窟龛名数〉丛识之一》,《敦煌研究》1987 年第 3 期。马德:《灵图寺·灵图寺窟及其他——〈腊八燃灯分配窟龛名数〉丛识之二》,《敦煌研究》1989 年第 2 期。马德:《都僧统之"家窟"及其营建——〈腊八燃灯分配窟龛名数〉丛识之三》,《敦煌研究》1989 年第 4 期。孙修身:《敦煌石室〈腊八燃灯分配窟龛名数〉写作年代考》,《丝路访古》,甘肃人民出版社 1983 年版,第 209—215 页。

有所长,但都不无遗憾。校录容后再作。现将我在前人基础上所作的录文迻录于下,以期便于研究者应用:

效谷城本是渔泽,汉孝帝时崔不意教人力田得谷,因名,后为县。

贰师泉去沙州城东三程。汉时李广利军行渴乏,祝山神以剑札山,因之水下,流向西数十里黄草泊,后有将渴甚,饮水泉侧而终,水遂不流,只及平地,后来若人多即水多,若人少即水少,若郡众大唤,水则猛下,至今如然。其二师庙在路旁,久废,但有积石驼马,行人祈福之所。次东入瓜州界。

州南有莫高窟,去州二十五里,中过石碛带,山坡至彼斗(陡)下谷中,其东即三危山,西即鸣沙山,中有自南流水,名之宕泉。古寺僧舍绝多,亦有洪钟。其谷南北两头有天王堂及神祠,壁画吐蕃赞普部从。其山西壁南北二里,并是镌凿高大沙窟,塑画佛像,每窟动计费税百万。前设楼阁数层,有大像堂殿,其像长一百六十尺,其小龛无数,悉有虚槛通连巡礼游览之景。

次南山有观音菩萨曾现之处,郡人每诣彼,必徒行来往,其恭敬如是。

鸣沙山去州十里,其山东西八十里,南北四十里,高处五百尺,悉纯沙聚起。此山神异,峰如削成。其间有井,沙不能蔽,盛夏自鸣,人马践之,声振数十里。风俗端午日,城中士女皆跻高峰,一齐麾下,其沙声吼如雷,至晓看之,峭嵂如旧。古号鸣沙,神沙而祠焉。近南有甘泉,自沙山南,其上源出大雪山,于西南寿昌县界入敦煌,以其沃润之功,俗号甘泉。

金鞍山在沙山西南,经夏常有雪。山中有神祠甚灵,人不敢近。每岁士主望祀,献骏马驱入山中,稍近,立致雷电风雹之患。

州西南有李先王庙,即西凉昭王先世之庙。乾封年,庙侧得瑞石,其色翠碧,有赤文古字云:"卜世三十,卜年七百。"今人呼为李庙。

州西有阳关,即故玉门关,因沙州刺使(史)阳明诏追拒命,奔出此关,后人呼为阳关。接鄯善城,险阻乏水草,不通人行,其关后移州东。

城西八十五里有玉女泉,人传颇有灵,每岁此郡率童男女各一人,充祭湫神,年则顺成,不尔损苗。父母虽苦生离,儿女为神所录,欢然携手而没。神龙中,刺史张孝嵩下车,求郡人告之,太守怒曰:"岂有川原妖怪害我生灵!"遂设坛,备牲泉侧,曰:"愿见本身欲亲享。"神乃化为一龙,从水而出,太守应弦,中喉拔剑斩首,亲诣阙进上。玄宗嘉称再三,遂赐龙舌,敕号龙舌张氏,编在简书。

郡城西北一里有寺,古木阴森,中有小堡,上设廊殿,具体而微,先有沙□张球,已迈从心,寓止于此。虽非博学,亦甚苦心,盖经乱年多,习业人少,遂集后进,以阐大猷,天不慭遗,民受其赐。

石膏山在州北二百五十六里乌山峰,山石间出其膏,开皇十九年乌山变白,中验不灵,遣道士皇甫德琮等七人祭醮,自后望如雪峰。

河仓城,州西北二百三十里,古时军储在彼。长城在州北,其城六十三里,正西入碛,前汉所置,北入伊州界。

敦煌录一卷

道真最大的功绩是由他发起的"寻访古坏经文""修补头尾",并进而引起敦煌各寺院清理佛经、补写佛经以及向中原"请经"。作为发起者,作为僧政,道真身体力行,兢兢业业地给三界寺修经、写经、施供器法器、造刘萨诃和尚像。

S. 5663《中论》卷二题记：

> 乙未年正月十五日三界寺修《大般若经》兼内道场课念
> 沙门道真，兼条诸经十一部，兼写《报恩经》一部，兼写《大佛
> 名经》一部，道真发心造大般若（经）帙六十个，并是锦绯绵
> 绫俱全。造银番（幡）伍拾口，并施入三界寺。铜令（铃）香
> 卢（炉）壹，香檫壹，施入三界寺。道真造刘萨诃和尚，施入
> 番（幡）二七口，铜令（铃）香卢（炉）壹，香檫，花毡壹。已上
> 施入，和尚永为供养。道真修《大般若》壹部，修诸经十三
> 部，番（幡）二七口，铜令（铃）香卢（炉）壹，香檫壹，经案壹，
> 经藏一口，经布一条，花毡壹，以上施入经藏供养。

题记的纪年为"乙未"，而道真经历的"乙未"只能是 935 年。
前一年，也就是长兴五年（934），他发起"寻访古坏经文，收入寺
中，修补头尾，流传于世"，第二年（乙未）就完成了上引"兼条修
诸经十一部，兼写《报恩经》一部，兼写《大佛名经》一部"，"修
《大般若》壹部，修诸经十三部"。仅《大般若波罗蜜多经》一部就
是 600 卷，光是修补头尾的工作量就相当大，何况还要新写大部
头的《大方便佛报恩经》和《佛名经》呢。没有兢兢业业、废寝忘
食的精神是根本办不到的。至于题记中说到的造法器及刘萨诃
和尚等，孙修身先生已有文章论及[①]，笔者认为题记只说"道真造
刘萨诃和尚"一句，只知道道真"造刘萨诃和尚"而已，姑且存而
不论。

三　敦煌藏经

在敦煌写经中，有将近 90 件是与敦煌藏经有关的佛经目录。

---

① 孙修身：《敦煌三界寺》，《甘肃省史学会论文集》，1982 年。

其卷号为 S.0375、0476、0817、1364、1519-2、2140、2142、2447、2872、3522、3538-2、3565、3607、3624、4447、4627、4640、4665、4686、4688、4900、5002-2、5045、5046、5523、5525、5676、5782、5895、5925、5943、5982、5985、5991、5995、6039、6055、6069、6135、6200、6225、6314；P.2472、2722、2726、2727、2840、2987、3010、3060、3138、3150、3187、3188、3202、3279-2、3302、3337、3406、3432、3444、3459、3543、3654、3851、3852、3853、3854、3855、3869、3948、3986、4000、4039、4607、4611、4664、4668、4741、4754、4779、4786、4962、5586；敦研0345；北图续0329、文54、收94。这些只是与敦煌藏经有关的目录，而不包括中国历史上形成的《众经目录》《开元释教录》等。这些目录，如果归纳一下，大致有这样几方面：

1. 道真发起的三界寺几次佛经清理，卷号有敦研0345、北图续0329、S.3624。S.3624 只存25行，共录佛经21种。北图续0329存188行，共录佛典171种，有长兴五年（934）的发愿文。敦研0345存196行（包括背面2行），收录了166种佛典，经目中间有题记，文曰：

> 长兴五年岁次甲午六月十五日，弟子三界寺比丘道真乃见当寺藏内经论部（帙）不全，遂乃启颗虔诚，誓发宏愿。谨于诸家函藏寻访古坏经文收入寺，修补头尾，流传于世，光饰玄门，万代千秋永充供养，愿使龙天八部护卫神沙，梵释四王永安莲塞，城隍泰乐，社稷延昌，府主大王常臻宝位，先亡姻眷超腾会遇于龙华，见在宗枝宠禄长沾于亲族。应有藏内经论见为目录。

以上三种目录虽同为一件事，但正好是道真发愿"寻访古坏经文，收入寺中，修补头尾，流传于世"这一活动的三个阶段，即：

敦研 0345 是第一步，清理登记了三界寺本寺所藏经卷，因为发愿文的最后一句说得很清楚——"应有藏内经论见为目录"。此卷的最后有"此录不定"4 字，也是一个很好的说明。北图续 0329 是第二步，即道真所说的"寻访古坏经文，收入寺中"之后所进行的登录，因而道真在发愿文中除了修改个别字以外，最后一句的行文明确——"应有所得经论，见为目录，具数如后"，不是以前的"藏内经论"，而是"所得经论"。这个目录，尽管是残卷，但还是能反映出"寻访"的成绩：600 卷的《大般若波罗蜜多经》下注一"全"字，说明已经收全，这是件了不起的工程（详后）；在得到前一目录中没有的许多经中，《金字菩萨戒》1 本、《银字大佛名》1 卷、官写《大佛名经》1 部 18 卷，很引人注意，前二经不易得，后一经的入藏，正说明贞明六年（920）曹家"敬写"了"《大佛名经》188 卷"，所以三界寺能得到"官写"的佛名经。S. 3624 是最后的誊抄本，格式统一，字迹规整，可惜只有 20 几行。

2. 向中原求经的目录。敦煌向中原求经，五代、宋时期的正史上不乏记载，但可能与藏经洞有关的，仅至道元年（995）曹延禄派使者向宋朝"求赐予新译诸经"那一次。从我此次清理目录情况来看，张氏时代，官府曾有一次向朝廷请经，似乎正史没有记载。P. 4962v 有这样几句话：

> 准数分折奏闻
> 陷蕃多年，经本缺落，伏乞
> 宣赐，兼降宣命，诏当道在朝（下缺）

在"当道"二字旁边有小字注"先请经僧正"，说明在此之前已有一位僧正先行到达中原。从"陷蕃多年"几字可以推测出此事在张议潮收复河西以后不久，可惜目前还不能确定哪些卷号的目录与此有关。曹氏时代，现在能肯定的向中原求经的目录有

S. 2140、3607、4640,P. 3851、4607。这五个卷子放在一起排比,正好又反映了一件事情的首尾:

P. 4607 只有五行,经目只有一行,全文迻录于下:

> 沙州藏内部帙中遗失经律论数目,今于上都求觅,唯愿信心上人同沙州藏内部帙中现有失却经律论卷轴,无可寻觅,比欲上都求乞者《法集经》一部六卷或八卷(元魏天竺三藏菩提留支译,一百六十七纸)须求八卷西来也。

上录括弧内的文字为双行小字注(下同)。这件是没写几行就作废的底稿。S. 2140 是初稿,为便于说明问题,此件须全文照录:

> 沙州先得帝王恩赐藏教,即今遗失旧本,无可寻觅,欠数却于上都乞求者:《法集经》一部六卷(有)或八卷(无,一百二十七纸),《央崛魔罗经》一部四卷(七十八纸),《大乘造像功德经》一部二卷(三十一纸),《造塔功德经》一部一卷(二纸),《菩萨内习六波罗蜜》一部一卷(三纸),《优波塞戒经》一部七卷(一百三十一纸),《菩萨戒羯磨》一部一卷(七纸),《大乘阿毗达摩集论》一部七卷(无著菩萨造,一百三十纸),《大乘法界无差别论》一部一卷(六纸),《小乘楼炭经》一部六卷(西晋沙门释法立、法炬译,一百三纸),《广义法门经》一部一卷(陈天竺三藏真谛译,九纸),《根本说一切有部毗奈耶杂事》一部四十卷(六百四十四纸),《根本说一切有部戒经》一部一卷(二十五纸),《四分僧戒》一部一卷(二十三纸),《解脱戒本》一部一卷(二十二纸),《沙弥十戒法并仪》一部一卷(二十一纸),《根本说一切有部百一羯磨》一部十卷(一百四十六纸),《四分杂羯磨》一部一卷(四十纸),《四分僧羯磨》一部三卷(八十纸),《五百问事经》一部一卷(三

十三纸),《根本萨婆多部律摄》一部二十卷(尊者胜友集,二百七十七纸),《大乘修行菩萨行门诸经要集》一部三卷(八十一纸),《菩萨善戒经》九卷或十卷(三十品,一百八十纸),《菩萨戒本》一部一卷(出《地戒品》中,慈氏菩萨说,十纸)。

　　上件所欠经律论本,盖为边方邑众,佛法难闻,而又遗失于教言,何以得安于人物?切望中国坛越慈济乞心,使中外之藏教俱全遣来,今之凡夫转读,便是受佛付嘱,传授教敕,得法久住世间矣。

　　上引文字可以分为前言、佛经目录、后语三部分,即:从第1行的"沙州先得"到"上都乞求者"为前言,然后是"《法集经》一部六卷"等为佛经目录,最后为后语。

　　S.4640是第二稿,亦是三部分:前言、佛经目录、后语。前言稍不同,文曰:"沙州先于帝王请得藏经,自后遗失旧本,无可寻觅,今却入朝国求乞欠数者。"改动后的前言,文字比初稿通顺,但把"上都"改成"朝国"却有点费解。佛经目录部分,经名、次序都与初稿一致,唯在一些经的旁边注"罢却"二字,其罢却的佛经有《法集经》《央崛魔罗经》《大乘造像功德经》《造塔功德经》《菩萨内习六波罗蜜经》《菩萨善戒经》《菩萨戒本》(两种)《菩萨戒羯磨文》《大乘法界无差别》《广义法门经》《根本说一切有部戒经》《四分僧戒本》《解脱戒本》《沙弥十戒法并威仪》《根本说一切有部百一羯磨》《四分律羯磨》《五百问事经》。后语部分(写于此件背面)亦有较多改动,文曰:

　　上件所欠经律论本者,盖为边方人众,佛法难闻,中国诸贤,能满乞愿,惟望十信坛越,一切好心,随喜写之,所欠教言,普使传之,边人转读,亦是受佛教敕,付嘱传授,令法久住世间矣。

这一改动,目的明确,是请"中国诸贤(施主)""随喜写之",而不是无目的地"俱全遣来"。从行文来看,初稿寄希望于朝廷或官府,现在寄希望于施主。可以看出,这是经过慎重考虑之后比较实际的想法。

P.3851 是第三稿,全文如下:

> 沙州准目录欠藏经数:
>
> 《优婆塞戒经》一部七卷(切要求觅来也——旁注,下同)(一百三十一纸),《大乘阿毗达摩集论》一部七卷(无著菩萨造,一百三十七纸),《小乘楼炭经》一部六卷(一百三纸),《根本说一切有部毗奈耶杂事》一部四十卷(切要求觅来也)(六百四十四纸),《沙弥十戒法并威仪》一部一卷(二十一纸),《四分杂羯磨》一部一卷(四十纸),《根本萨婆多部律摄》(切要求觅来也)一部二十卷(尊者胜友集,二百七十七纸),《大乘修行菩萨行门诸经要集》一部三卷(八十一纸)。
>
> 上件所欠经律论本者,盖为边方人众,佛法难闻,中国诸贤,能满乞愿,切望十信坛越,一切好心,随喜写之。所欠教言,普使传之,边人转读,亦是受佛教敕,付嘱传授,令法久住世间矣。(如或写者,切须三校,不请有留错字也。)

第三稿的佛经目录,除《沙弥十戒法并威仪》可能有错外,正好是第二稿"罢却"以后所要向中原"乞求"的。此稿的前言,不再申述理由,而后语则加了一个注:"如或写者,切须三校,不请留有错字也。"这一句话,不仅反映了当时佛经抄写的校勘制度——务必三校,而且反映了沙州当时对此事的认真,可以说是诚惶诚恐,兢兢业业。

S.3607 是当年这件事情的"后语"底稿,它与上引几件基本相同,为节省篇幅,从略。

3. 分配写经记录,比较明确的有 P. 3948。

4. 校勘佛经的记录,有 P. 4000、4779。前者为戊寅年报恩寺的经目,后者为记载某寺某人校勘某人写经的目录,是残卷,其寺院名称有:莲台、开元、三界、灵图、报恩、龙兴、显德、永安等。

5. 佛经交割手帖有 S. 2447、P. 3188。P. 3188 为乾元寺的移交目录,共 12 行,题曰:"乾元寺前经司大慈手上藏内经,现分付后经司广信,谨具数目。"(后有 781 帙目录,略。) S. 2447 所谓手帖,分两部分:手帖正文和佛经卷帙登录。正文为:

> 壬子年二月二日共前知经藏所由伯明交割经论律等,除先亥年九月算计目录上欠数及判状教填欠少者外,见应交得都计若仟卷,其数内又欠若仟卷,伯明云:"其欠经律先日诸人请将为本抄写,未收入藏。"昨交割日:"其应在诸人上经论律等,准交历,并收入见在额数。"其在诸人上经论律等并仰前所由伯明勾当收什,限至丑年五月十五日已前并须收入,分付后所由光灿等讫,如违限不收什,一任制夺家资什物,充填经直。如中间伯明身或不在,一仰保人填纳,恐后无凭,故勒手帖为记。

此后是《手帖》中称之为"交历"的 7 行文字(即佛经卷帙登录)。其后无保人姓名,无花押,因此也是一份底稿。虽然如此,仍然不失为一件重要文献:第一,管理佛经的人叫"知经藏""知经藏所由"(简称"所由")或"经司"。第二,知经藏新老交替时有严格的点交手续,如有欠缺,限期交全,而且要订立契约式的"手帖"。第三,如违限不交,"一任制夺家资什物,以充经直"。这就是说,如管理不善,有倾家荡产的可能。它也告诉我们,对寺院来说,佛经也是庙产。

6. 各寺院请经目录有 S. 0375、0476、1364；P. 3138、4611、5586。至于向谁请经、"请经"的确切含意，因缺乏记载，不甚了了。从付给这个维那、那个上座来看，各寺院之上有人统一管理着佛经。

7. 佛经清理目录。这是数量最多的。其卷号有 S. 0817、1519-2、2142、3522、3538-2、4447、4627、4686、4688、4900、5002-2、5045、5046、5523、5525、5676、5782、5895、5925、5943、5985、5991、6039、6055、6059、6200、6225、6314；P. 2726、3010、3060、3150、3187、3202、3279-2、3302、3337、3406、3432、3444、3459、3543、3654、3852、3853、3854、3855、3986、4039、4664、4741、4754、4962。

8. 可能属于五代以前的目录有 S. 2872，P. 2472、2722、2840。

9. S. 3565v、P. 2987 为《西天大小乘经律论并在唐都数目录》（原题）。这两件将来专题论述，此处不赘。

10. 虽属目录，或仅存题签，或只有一行，等等，说明不了任何问题的有 S. 4665、5982、5995、6135，P. 4668、4786。

数量最多的第 7 类中，有真正的藏经目录，如 P. 3010，可以说它还是一个分类目录，其子目有《□年九月一日已（原字如此，下同）后新写藏经入藏目录》《戊年七月一日新写藏经入藏录》《寅年七月八日后装黄（原字如此，下同）经律几经同帙（录）》《卯年三月十九日后装黄经论戒律几经同帙（录）》；有某经某帙由谁负责的记录（可能是负责写，也可能是负责清理），如 P. 3060（两面书写），而且与 P. 3010 是一个人的手笔；有的是有组织地对敦煌各寺院清理佛经，如 P. 3138、3853、3854、3855、4611、5568；有某某经"写了"的登记，如 S. 5525；有某一寺院专门清理，如 P. 3202 为《龙录内无名经论律》（原题，下同），P. 4962 为《龙大录内无名藏中见有经数》，P. 3853 题为《戊辰年九月七日奉处分

龙兴寺大藏经准入藏录点勘经律论集传等除见在无者仅具数目
如后》，紧接着有统计数字"准录见欠经□□七十三卷，共欠律八
十□卷，论中欠三百一卷，集共欠一十四卷，贤圣传共欠二十一
卷，经、律、论、传、集等都共欠八百八十八卷"；有某一经的清理，
如 P. 3543 是《四分尼戒本》，P. 3406 是《妙法莲华经》，P. 3150 是
《大般涅槃经》，而《大般若波罗蜜多经》的清理则不仅卷号众
多——S. 4447、4627、4688、5045、5782、5985、5991、6039、6059、
6314；P. 3302、4668、4686（无法判断的当然也不少），而且有道真
说的需要"修补头尾"的，如 S. 5046 等常注有"欠头，要接"，"无
表，头破，要接"，"无头，要接"，"要接头"。《大般若波罗蜜多
经》共 60 帙。这已被好多个目录所证实。S. 5991 残卷从第 1 帙
到第 22 帙登录了每帙的欠缺数，但好多又涂掉了，这说明登录者
当时采取的办法是：来一卷涂掉一个欠数。如第 8 帙原欠 7 卷，
后来全涂掉了。

　　在 88 件目录中，有年代题记的除长兴五年（934）道真发愿文
外，只有 S. 2142 有"跋"，文曰："右件当寺上藏诸杂部帙缘无经
录，不知部帙数多少，今见□阇子抄录帙数，一一谨□具如前已上
都计诸杂经一百六帙，《大般若》六十帙。"此件最后有另一人书
写的有具体年代的题记，曰："大唐（应为宋）乾德二年（964）岁次
甲子四月二十三日，经司僧政惠晏、法律会慈等点检《大般若经》
两部，欠数较多，未得成就。同日法律海诠请藏《大佛顶略咒本》
一卷，法律会慈请藏细字《最胜王经》两卷，计一部。"

　　当我们检索完 88 件佛经目录之后，自然得出这样一个概念，
即：五代、宋时期，也可以说以三界寺比丘道真发愿"寻访古坏经
文，收入寺，修补头尾，流传于世"为契机，似乎有一个以都僧统
为统帅的清理、修补、新写、请经等有关佛经收藏的一系列活动，
而且做得很认真。如 S. 4447 是《大般若波罗蜜多经》的清理，清

理者在一些帙的上面画了圈,最后有个说明:"有圈者未得本。"
另外,在某帙的旁边注曰"仆射将写去",说明连最高官员都参与
其事,更可知僧尼、百姓踊跃参与其事。前引 S. 2447 就说到"若
仟(干)卷"经被"诸人请将为本抄写"去了,因而移交的时候交不
出来,只好具结订立"手帖"。道真更是不遗余力。S. 6225 是道
真手迹,两面书写:一面写"三界寺比丘道真诸方求觅诸经随得
杂经录记",遗憾的是只有这样一个题目;一面写"集《大般若经》
一部六百卷,俱全。又集《大般若经》一部,未全,《大涅槃经》三
部,《大悲经》三卷,俱全,经录一本"。S. 6191 只有一行,是一个
标签,题曰"杂大般若经",下面双行小注:"或有施主及官家缺帙
号处,取添帙内,计十卷。"这一行字的字迹与上引 S. 6225 相同,
是道真手笔。它说明道真很爱惜他"诸方求觅"所得的残经,这
10 卷《大般若经》准备随时让人拾遗补阙之用,其兢兢业业之心
跃然纸上。

　　在上述第七类"清理佛经目录"中,"几经同帙"的记载很多,
藏经洞发现之后,从伯希和拍的照片中可以看到没有被打开的一
帙一帙堆放的情形。"几经同帙"当年是不允许搞乱的。

四　一点猜想

　　有的学者认为,藏经洞内存放的那么多的古写本是"废纸",
本人不敢苟同。且不说藏经洞内还有那么一些绢画、纸画、法器
等(这部分至今情况不明),就写经而言,920 年曹家在"敬写《大
佛名经》一百八十八卷",可谓"功德无量"而耗纸颇多;934 年道
真发起访经、寻经,进而修补头尾,可谓惨淡经营;964 年"经司僧
政惠宴、法律会慈等点检《大般若经》两部,欠数较多,未得成
就",惋惜之情跃然纸上。上引题记又说:"同日,法律海诠请藏

《太（大）佛顶略咒本》一卷，法律会慈请藏细字《最胜王经》两卷，计一部"，说明某寺 964 年还在不断"入藏"，自然是"多多益善"，何"废"之有？987 年道真尚健在，他煞费苦心主持收集的佛经，自然视为至宝。总之，藏经洞有年代题记的古写本，学术界目前公认的最晚为 1002 年，因而笔者认为，10 世纪末孜孜以求的佛经，11 世纪初叶绝对不会那么快就成为"废纸"。同时，我想，我这篇肤浅之作的第三部分也可以作为我的论证。

我的结论是：三界寺既是道真立身之所，又是因道真而名存史册的一个寺院。三界寺因道真而兴旺，敦煌写经因道真的提倡、身体力行而增多，道真在敦煌佛经史上的地位，应与法护、乐僔、洪䛒、悟真齐名。敦煌藏经洞所藏之佛经与当年道真的努力有直接关系，我想大概不会有人怀疑吧。

一点猜想：公元 1002 年，道真可能 82 岁，如果他当时健在，那么在这一时期，如果发生什么威胁佛经存在的危急情况，道真以其身份、地位主持将佛经封存，是完全可能而合乎情理之举。道真为敦煌写经所付出的心血，已经不是什么猜想，本文已经引用过的敦研 0345，北图续 0329，S. 3624、6225、6191 等文献就是佐证。

附录一：关于三界寺的资料

有关道真的资料，本来也是三界寺的一部分，为便于利用，特将其别立为《关于道真的资料》，请见附录二。

1. S.0093《大般涅槃经》卷九（有三界寺藏经印）。

2. S.0173《李陵与苏武书》《穷囚苏武与李陵书》题记："乙亥年六月八日三界寺学士郎张英俊书记之也。"

3. S.0296《大般若波罗蜜多经》卷一〇三（有三界寺藏经印）。

4. S.0375v"《摩诃般若经》九卷，付界张和尚"，"界"即三界寺之简称。

5. S.0528v《三界寺僧智德申请补助文》（拟）。

6. S.0707《孝经》题记："同光三年（925）乙酉岁十月日三界寺学仕郎郎君曹元深写记。"

7. S.1364《三界寺法旻等欠经账》。

8. S.1587《大般若波罗蜜多经》卷四四〇，尾有三界寺藏经印。又，经题之上亦钤一印，印文不明。

9. S.1824《受十戒文》题记："光启肆年（888）戊申五月八日三界寺比丘僧法信于城东索使君佛堂头写记。丁卯年（天祐四年，即907年）后正月十四日写《受十戒文》卷。福岩记之。"

10. S.2129《大般涅槃经》卷二〇（有三界寺藏经印）。

11. S.2566-1《大悲启请》（首题）。

S.2566-2《佛顶尊胜加句灵验陀罗尼启请》。题记："比丘惠銮今者奉命书出，多有拙恶，且副来请，谨专奉上，伏乞授持，同沾殊利，时戊寅岁一月十七日，在沙州三界寺观音内院，写《大悲心陀罗尼尊胜陀罗尼》同一卷毕。"参S.4378。

12. S.2614-2《敦煌各寺僧尼名簿》有三界寺僧尼名簿。

13. S.3565《曹元忠布施疏》："弟子归义军节度检校太保曹元忠，于衙内龙楼上，开龙兴，灵图(旁注："请大德九人")二寺大藏经一变，启扬鸿愿，设斋功德疏：施红锦壹匹，新造经帙贰拾壹个，充龙兴寺经衬。楼绫机壹匹，经帙拾个，充灵图寺经衬。生绢壹匹，经帙拾伍个，充三界寺经帙。马壹匹，充见前僧□。"

14. S.3624《三界寺见一切入藏目录》。

15. S.3755《大般若波罗蜜多经》卷第一(首题)，题记："僧法济勘了。"(有三界寺藏经印)。

16. S.3788《大般若波罗蜜多经》卷第三四三(有三界寺藏经印)。

17. S.4378-2《佛顶尊胜加句灵验陀罗尼启请》题记："持课诸功德，回施诸有情，我等与众生，皆共成佛道。比丘惠锋者今奉命书出，多有拙恶，且副来请，谨专奉上状，伏乞受持，同沾殊利。时己未岁十二月八日在江陵府大悲寺经藏内，写《大悲心陀罗尼》《佛顶尊胜陀罗尼》同一卷了。"(按：S.2566有此人戊寅年在三界寺写有同样的经，题记亦基本相同。)

18. S.4504《乙未年三界寺僧福员牒》。

19. S.4861《大般涅槃经》卷第十六(首题)(后有三界寺藏经印)。

20. S.4864《大般涅槃经》卷第十五(尾题)(后有三界寺藏经印)。

21. S.4868《大般涅槃经》卷第三(后有三界寺藏经印)。

22. S.4869《大般涅槃经》卷第十二(尾题)(后有三界寺藏经印)。

23. S.4876《大般涅槃经》卷第八(首题)(后有三界寺藏经印)。

24. S.4916《大般涅槃经》卷第十三(后有三界寺藏经印)。

25. S.5663《中论》卷第二(尾题),题记:"己亥年七月十五日写毕,三界寺律大德沙门惠海诵集。乙未年正月十五日三界寺修《大般若经》兼内道场课念沙门道真兼条修诸经十一部,兼写《报恩经》一部,兼写《大佛名经》一部,道真发心造大般若(经)帙六十个,并是锦绯锦绫俱全,造银番(幡)伍拾口,并施入三界寺。铜令(铃)香卢(炉)壹,香椟壹,施入三界寺。道真造刘萨诃和尚,施入番(幡)二七口,铜令(铃)香卢(炉)壹,香椟,花毡壹,已上施入,和尚永为供养。道真修《大般若》壹部,修诸经十三部,番(幡)二七口,铜令(铃)香卢(炉)壹,香椟壹,经案壹,经藏壹口,经布一条,花毡壹,以上施入经藏供养。"

26. S.5855《雍熙三年(986)阴存礼请三界寺都僧录等牒》。

27. S.5892《礼三宝文(拟)》,题记:"甲戌年三(月?)十日三界寺僧法弥、法定师记耳。"

28. P.2097《大般若波罗蜜多经》卷一三八(有三界寺藏经印)。

29. P.2161《大乘百法明门论开宗义记》一卷(昙旷撰),有"三界寺比丘道真诵□五行"一行,写后涂掉。

30. P.2233《大般若波罗蜜多经》卷第一九六,卷内有"三界寺藏经"墨印、"报恩寺藏经印"朱印。

31. P.3010:"戊子年五月十七日三界寺借将《四分律》陆帙并锦帙写去记。"

32. P.3051《频婆娑罗王后宫采女功德意供养塔生天因缘变》,末题:"维大周广顺三年(953)癸丑岁肆月廿日三界寺禅僧法保自手写记。"(仅存后半,前半应接S.3491,有原题。背有丙辰年僧法宝借券一件。)

33. P.3121 某寺庙图,背有"三界寺"字样。

34. P. 3189《开蒙要训》(尾题),末题:"三界寺学仕郎张彦宗写记。"

35. P. 3336《丑年寅年赞普新加福田转大般若经分付诸寺维那历》,内有三界寺。

36. P. 3352 壁画榜书底稿 4 种,背为三界寺账目(乙巳年或885 年,或 945 年)。

37. P. 3367《己巳年宋慈顺为故男小祥日设斋请三界寺僧疏》。

38. P. 3398 小册两本。第二本为占卜书残卷,末题:"辛□年四月廿壹日三界寺法律。"

39. P. 3582《杨满山咏〈孝经〉一十八章》,末题:"维大晋天福七年(942)壬寅岁七月二十二日三界寺学士郎张富□记。"

40. P. 3706《大佛名忏悔文》,背有"三界寺僧戒慈《略忏》一部"题衔及残契约等。

41. P. 4518-19 千手千眼菩萨像,有题记,左 2 行,右 3 行。左 2 行的题记为:"清信弟子大云寺弥海□律持念《金光经》。"(左书)右 3 行的题记为:"清信弟子三界寺僧沙弥友信持念《大悲经》并咒一躯,奉为龙天八部,永充供养。"(左书)菩萨像旁有榜书:"大悲佛并经。"像的右下还有"弥会昌"3 字。

42. P. 4611《付各寺佛经记录》,其中有三界寺,曰:"三界维那海藏付一帙,全。"

43. P. 4779《佛经目》,记勘对人姓名,两面抄,其中有三界寺。

44. P. 5568《付各寺佛经记录》,其中有三界寺。

45. 北图地 12《佛说佛名经》卷一六(有三界寺藏经印)。

46. 北图雨 63《金光明最胜王经》,题记:"丙午年正月十四日三界寺□□。"

47. 北图黄 11 号《佛说八阳神咒经》,题记:"三界寺沙弥海子读《八阳经》。"

48. 北图续 0329《三界寺见一切入藏经目录》(长兴五年,即 934 年)。

49. 敦研 0345《三界寺应有藏内经论自录》(长兴五年,即 934 年)。

50. 上图 086《佛说父母恩重经》,有题记:"显德六年(959)正月十九日三界寺沙弥戒轮书记。"

51. 津 194《大乘百法名门论》,背有朱书:"三界寺论。三界寺量和尚论尽了也。三界寺梁和尚文书。三界寺。"还有其他杂写。

附录二：关于道真的资料

1. S.0330《南赡部洲娑婆世界沙州三界寺授八戒牒》,有戒牒 6 通:

(1)《雍熙二年(985)五月十四日道真为女弟子惠意授戒牒》,"授戒师主沙门道真"。

(2)《太平兴国九年(984)十月十五日女弟子惠意授戒牒》,"授戒师主沙门道真"。

(3)《太平兴国七年(982)五月十四日道真为女弟子程氏授戒牒》,"授戒师主沙门道真"。

(4)《太平兴国七年(982)正月八日道真为女弟子程氏授戒牒》,"授戒师主沙门道真"。

(5)《太平兴国九年(984)正月廿八日道真为女弟子程氏授戒牒》,"授戒师主沙门道真"。

(6)《太平兴国七年(982)正月八日道真为女弟子惠弘授戒牒》,"授戒师主释门道真"。

2. S.0347《南赡部洲娑婆世界沙州三界寺授八关斋戒牒》,此为宋乾德三年(965)正月二十八日授戒师道真授戒牒。

3. S.0532《南赡部洲娑婆世界沙州三界寺授八关斋戒牒》,有戒牒 3 通:

(1)《乾德二年(964)五月十四日道真为李憨儿授戒牒》,"授戒师主释门僧政赐紫沙门道真"。

(2)《乾德二年(964),五月廿三日道真为女弟子张氏授戒牒》,"授戒师主释门僧政赐紫沙门道真"。

(3)《乾德三年(965)正月十五日道真为女弟子娘子张氏授戒牒》,"授戒师主释门僧政赐紫沙门道真"。

4. S.1183《三界寺授戒牒》，此为太平兴国九年（984）三界寺授戒牒，授戒师为道真，受戒弟子为住奴。戒牒首尾及正中各有1方印，印文由18佛像所组成，每印佛像3行，每行佛像6躯。

5. S.1635《泉州千佛新著诸祖师颂》，终南山僧慧观撰序（首行），"宋（？）招庆明觉大师述"（原题）。背有"释门僧政京城内外临坛供奉大德阐扬三教大法师赐（紫）沙门道真"一行。

6. S.2448《南赡部洲娑婆世界沙州三界寺授八戒牒》，此为太平兴国九年（984）为女弟子菩提受戒牒，"授戒师主沙门道真"。

7. S.2635《金刚般若波罗蜜经》，题记隐约可见，可能为朱书"三界寺比丘僧道真自手记"。

8. S.3147《佛说阎罗王受（授）记四众逆修生七斋往生净土经》，题记："界比丘道真受持。"（"界"为三界寺之简称，下同。）

9. S.3452《佛说无量寿宗要经》，背有题记："三界寺沙门道真转帖。"

10. S.4115《南赡部洲娑婆世界沙州三界寺授八戒牒》，此为雍熙二年（985）五月十五日女弟子法清受戒牒，"授戒师主沙门道真"。

11. S.4160《四分律略颂》，有题记："三界寺比丘道真□。"

12. S.4844《南赡部洲娑婆世界沙州三界寺授五戒牒》，此为乾德四年（966）正月十五日道真为弟子菩提最授五戒牒，"授戒师主释门僧政赐紫沙门道真"。

13. S.4915《南赡部洲大宋国沙州三界寺授菩萨戒牒》，此为雍熙四年（987）五月（？）日道真为女弟子智慧花授菩萨戒牒，"传戒师主都僧录大师赐紫沙门道真"。

14. S.5313《乙丑年九月戒牒》（按：此乙丑只能是乾德三年，即965），其上有方形千佛印5方，授戒师为道真。

15. S.5448《敦煌录》,此为小册子,封面上有三处道真的题名。

16. S.5663《中论》卷第二,龙树菩萨造,鸠摩罗什译。题记:"己亥年七月十五日写毕,三界寺律大德沙门惠海诵集。乙末年正月十五日三界寺修《大般若经》兼内道场课念沙门道真,兼条修诸经十一部,兼写《报恩经》一部,兼写《大佛名经》一部。道真发心造《大般若》(经)帙六十个,并是锦绯锦绫俱全,造银番(幡)伍拾口,并施入三界寺。铜令(铃)、香卢(炉)壹,香櫺壹,施入三界寺。道真造刘萨诃和尚,施入番(幡)二七口,铜令(铃)香卢(炉)壹,香櫺、花毡壹,已上施入,和尚永为供养。道真修《大般若》壹部,修诸经十三部,番(幡)二七口,铜令(铃)、香卢(炉)壹,香櫺壹,经案壹,经藏壹口,经布一条,花毡壹,以上施入经藏供养。"

17. S.6191 杂《大般若经》(或有施主及官家缺帙号处,取添帙内,计十卷)该卷仅此 23 字。括号内的字,原卷为双行小字注。

18. S.6225《佛经目录》。字迹与 S.6191 相同,后另有"三界寺比丘道真诸方求觅诸经随得杂经录记"一行。

19. P.2161《大乘百法明门论开宗义记》一卷,昙旷撰,有"三界寺比丘道真诵□五行"1 行,但写后涂掉。

20. P.2193《目连缘起》,末有"界道真本记"1 行。

21. P.2270《大乘五方便北宗》《五更转颂》,题记:"三界寺道真。"

22. P.2340《佛说护身命经》,背有:"界比丘道真。"

23. P.2836《佛经疏释》,末有"三界寺道真记"一行,背有天福四年(939)节度押衙贾奉玖疏。

24. P.2930《诸杂斋文》,末有:"三界寺比丘道真持念。"

25. P.2994《李憨儿受八关斋戒牒》,末有甲子年(应为 964

年)道真署名。

26. P. 3140《南赡部州娑婆世界沙州三界寺授八关斋牒》（原题无"戒"字），此为乾德四年（966）正月十五日道真为弟子李憨儿授戒牒，"授戒师主释门□□"。按：乾德四年的授戒师舍道真莫属。

27. P. 3143《南赡部洲娑婆世界沙州三界寺授千佛大戒牒》，此为乾德三年（965）正月十八日道真为女弟子提菩最最授千佛大戒牒。"提菩最最"四字很清楚。"提菩"非菩提之误，没有勾乙符号。"授戒师主释门赐紫道真"，"道真"二字与牒文不同，是本人的签名。

28. P. 3203《太平兴国七年（982）三界寺邓惠集受戒牒》，"授戒师主沙门道真"。

29. P. 3206《南赡部洲娑婆世界沙州三界寺授八戒牒》，此为太平兴国九年（984）邓住奴受戒牒，授戒师残缺，太平兴国九年，舍道真莫属。

30. P. 3207《南赡部洲娑婆世界沙州三界寺授八戒牒》，此为太平兴国八年（983）弟子李憨儿受八戒牒，"授戒师主释门道真"，"道真"二字为本人签名。

31. P. 3238《乾德二年（964）三界寺受戒女弟子张氏牒》，末有道真署名。

32. P. 3320《三界寺授女弟子张氏五戒牒》，时为乾德二年（964），末有道真署名。

33. P. 3392《三界寺授菩提最八关斋戒牒》，末有甲子年（按：应为乾德二年，即964）及道真署名。

34. P. 3414《三界寺授李憨儿八关斋戒牒》，末有甲子年（按：应为乾德二年，即964）及道真署名。

35. P. 3439《南赡部洲娑婆世界沙州三界寺授八戒牒》：

(1) 太平兴国八年(983)正月八日道真为弟子李信住授八戒牒,"授戒师主释门道真"(签名)。

(2) (年月不详)道真为弟子李胜□授八戒牒,"授戒□主□□道真"(签名)。

(3) 太平兴□□□五日为李胜住受戒牒,"授戒师主沙门"(未署名)。

36. P.3455《三界寺授李憨儿五戒牒》,时为乾德三年(965),末有道真署名。

37. P.3482《三界寺授八关斋戒牒》,时为乾德二年(964),末有道真署名。

38. P.3483《三界寺授张氏三戒牒》,时为雍熙二年(985),末有道真署名。

39. P.3917-1《中论》卷一,题记:"三界寺律大德沙门道真念已。"另一页写:"《中论》第卷下,尾《广明》,道真施入目录。"

40. P.4959《三界寺授李憨儿戒牒》,时为太平兴国□年,末有道真署名。

41. 北图余18《大般若波罗蜜多经》,题记:"界比丘道真受持。"

42. 北图柰88《佛说佛名经》,题记:"沙门道真修此经,年十九,俗姓张氏。"背有:"三界寺道真念。"按:以上题记中的"道真"二字,许国霖《敦煌石室写经题记与敦煌杂录》误录作"道贞",陈垣《敦煌劫余录》录作"道真"。

43. 北图张62《大般若波罗蜜多经》卷三四三,背有:"界比丘道真。"

44. 北图成75《佛说阎罗王授记劝修七斋功德经》,题记:"比丘道真受持。"

45. 北图服30v《和戒文》,题记:"《金光明最胜王经》卷第三,界道真受持。"

46. 北图续 0329《三界寺见一切入藏经目录》(长兴五年,即 934)中有道真的发愿文:"长兴五年岁次甲午六月十五日弟子三界寺比丘道真,乃见当寺藏内经论部帙不全,遂乃启颡虔诚,誓发宏愿,谨于诸家函藏寻访古坏经文收入寺中,修补头尾,流传于世,光饰玄门,万代千秋永充供养。愿使龙天八部护卫神沙、梵释四王永安莲塞,城隍泰乐,社稷延昌,府主大王常臻宝位,先亡姻眷超腾会遇于龙华,见在宗枝宠禄长沾于亲族,应有所得经论见为目录,具数于后。"

47. 敦研 0345《三界寺应有藏内经论目录》(长兴五年,即 934 年),目录中间有道真发愿文一篇,文字与北图续 0329 只有两处不同:一是"收入寺中",此件只作"收入寺";一是"应有所得经论"此件作"应有藏内经论"最后无"具数于后"四字。

48. 敦研 0322《辛亥年腊八燃灯分配窟龛名数》,题记:"辛亥年十二月七日释门僧政道真。"

49. 台北中央图书馆 124《净名经关中释抄》卷上,题记:"戊戌年(938)夏五月二十日,三界寺沙门道真念记,俗姓张氏。"

50. 敦煌莫高窟第 108 窟前室题记:"因从台驾随侍□□□□□□□道真等七人就三危圣王寺□下霸道场记 维天福 十五年五月八日游记之耳。"

作者追记:承蒙谭蝉雪相告,P. 2641v 有道真等十人作诗题壁之底稿,时道真结衔为"观音院主"。

(原载《1990 年敦煌学国际研讨会文集·石窟考古编》,辽宁美术出版社,1995 年)

俄藏敦煌文献 Дx. 1376、1438、2170 之研究

对俄藏敦煌文献的研究,由于种种原因,我国大陆学者始于"文革"之后。郑振铎先生生前曾见过一部分,得知俄藏敦煌文献有1万多件,他还没有来得及发表其见闻,1958年10月因飞机失事而遇难。"1960年8月14日,来自欧亚大陆两端的两位多年研究敦煌写本的汉学家,一个日本人,一个法国人,共同登上位于涅瓦河畔豪华建筑台阶的巨大楼梯。苏联科学院亚洲民族研究所(前东方学研究所)就设在那里。当他们在一张桌子上发现了一大堆特意为他们准备的敦煌写本时,显得多么惊讶而不知所措呀!因为他们不仅根本就不知道此处还存在有这类写本,而且半个多世纪以来,所有的汉学家们实际上都对这批写本一无所知。"①此后,日本东洋文库有了俄藏敦煌文献的部分照片,法国国立科学中心敦煌组也有了部分照片。(1983年我们访问巴黎时,敦煌组的先生们坦诚地告诉我们:他们必须恪守与苏联的君子协定,外单位的人不允许阅览这部分照片。东洋文库部分倒是准许阅览,但1989—1991年我旅日期间,始终未能顾上问津。)1963—1967年莫斯科科学出版社出版了《亚洲民族研究所所藏敦煌汉文写本注记目录》第1、2辑,世人才对俄藏的2954件敦煌文献有了大致了解。1983年莫斯科出版了丘古耶夫斯基编的

---

① 戴密微著、耿昇译:《列宁格勒所藏敦煌汉文写本简介》,《敦煌译丛》第1辑,甘肃人民出版社1985年版,第110页。

《敦煌出土汉文文书》（即我们所说的社会文书），有文有图，大大
有助于敦煌学界的研究。80 年代初开始，台湾新文丰出版公司
陆续出版了《敦煌宝藏》，比丘古耶夫斯基的俄文本更有助于中
国学者的研究。1986 年以后，唐耕耦、陆鸿基编辑的包括部分俄
藏文献的《敦煌社会经济文献真迹释录》（第 1—5 卷）陆续出版，
有图有释文，更便利了中国内地学者的研究。直到这时，限于条
件，内地学者有机会去俄罗斯目睹原件者仍寥寥无几。

　　1995 年 5—7 月，笔者有幸在俄罗斯科学院东方研究所圣彼
得堡分所浏览了部分敦煌文献。法国著名汉学家戴密微先生所
著《列宁格勒所藏敦煌汉文写本简介》是最早系统地介绍俄藏敦
煌文献的名作。他对俄藏敦煌文献总的评价是："我们没有在这
批收藏品中发现令人震惊的东西。从质量观点来看，它们没有伦
敦和巴黎的那一批高，但似乎要比北京和日本的藏卷略胜一筹。
然而，列宁格勒（今彼得格勒——编者注，下同）藏卷中也包括有
一些非常重要的文书，尤其是'俗文学'方面的文书。"①戴密微先
生的评价是作了充分调查以后的结论。不过，我想补充一句我的
印象：俄藏敦煌文献是藏经洞出土物的缩影！详细的论据不是本
文的范围，容我以后另文条析。简而言之，敦煌文献中常见的佛
教典籍、道教典籍、社会经济文书、敦煌文学作品……应有尽有，
伦敦、巴黎、北京各有独一无二之物，彼得堡亦然。本文所要介绍
的 3 件，可以作为我的一点论据。

---

　　① 戴密微著、耿昇译：《列宁格勒所藏敦煌汉文写本简介》，《敦煌译丛》
第 1 辑，甘肃人民出版社 1985 年版，第 121—122 页。

一 Дx.1376《沙州户曹给莲台寺僧应保过所文卷》

图 1 Дx.1376《沙州户曹给莲台寺僧应保过所文卷》

Дx.1376,孟列夫编号为 1707,11×30.5 厘米,8 行(图 1)。原件从左往右竖行书写,孟目未曾注意"左行",故其注记目录之起讫行正好颠倒。先将原文逐录于下(原件人名是小字,行文时有涂改。现在的录文,不出涂掉之字,繁体、俗体、异体一律改从现用规范简化汉字,并加标点)。

> 右应保伏睹当州藏内部帐中遗失经本,实无得处。应保沙州住莲台寺僧。应保遂发微愿,意欲上都求十信之坛那,添三乘之欠教,倘或成就,传教后来,且有利于凡夫,亦不无于因果。虑恐之(衍)关津口铺不勒之行化,乡人所到,不拣(练)行由,请详凭印而放过,伏听处分。

此件黄永武先生《敦煌遗书最新目录》定名为"《经帙题字》(沙州莲台寺应保遗失经本伏听处分)"。我在《俄藏敦煌文献经眼录》中拟名为《给沿途"关津口铺"牒》。①

————————

① 《敦煌研究》1996 年第 2 期。

　　此件之拟名,总有些似是而非之感,因为文书本身什么都不像:说它是"过所"吧,不像。过所,就是"通行证"。刘熙《释名》:"过所,至关津以示之也。"①《大唐六典·关津官吏》条称:"关令,掌禁末游伺奸慝,凡行人车马出入往来,必据过所以勘之。"②我国过所制度始于何时? 基本内容怎样? 敦煌吐鲁番出土的文书为我们提供了具体资料,已故王仲荦先生的《试释吐鲁番出土的几件有关过所的唐代文书》③和程喜霖的《论敦煌过所》④有专门研究。据王仲荦先生的介绍,在现存实物中,保存得比较完整的是唐尚书省发给日本僧人圆珍的过所,现转引如下:

　　尚书省司门:

　　福寿寺僧圆珍,年肆拾叁。行者丁满,年伍拾。并随身衣道具功德等等。韶广两浙已来关防主者,上件人贰,今月日得万年县申称:"今欲归本贯觐省,并往诸道州府,巡礼名山祖塔。恐所在关津守捉,不练行由,请给过所者。"准状,勘责状同此,正准给。符到奉行。都官员外郎判依　主事袁参

　　　　　　　　　　　　　　　　　令史戴敬宗
　　　　　　　　　　　　　　　　　书令史

　　大中玖年拾壹月拾伍日下
　　蒲关十二月四日勘出　丞郚⑤

---

　　① 《丛书集成》第 1151 册《释名》,中华书局 1985 年版,第 97 页。
　　② 我用的是日本广池学园事业部刊行的《大唐六典》,引文出自该书第535 页。
　　③ 《文物》1975 年第 7 期。
　　④ 1994 年敦煌学国际学术研讨会提交论文,见《1994 年敦煌学国际学术研讨会论文提要》,全文待刊。
　　⑤ 此件有王先生的原注:"见日本内藤虎次郎《三井寺藏唐过所考》,转引自万斯年《唐代文献丛考》。这份过所今存日本主井寺。"

据《唐六典》记载,唐代的过所,在中央由尚书省发给;在地方由都督府或州发给。① 据王先生介绍,圆珍的过所,加盖的是尚书省的官印。从行文到印鉴,这都是中央政府的公文。吐鲁番出土的唐开元二十年(732)瓜州都督府给西州百姓游击将军石染典的过所、沙州给石染典的过所,②则是地方签发的过所范例,现迻录如下:

　　家生奴移□□

安西已来,上件人肆、驴拾。今月日得牒称:从西来,至此市易事了。今欲却往安西已来,路由铁门关,镇戍守捉不练行由,请改给者。依勘来文同此,已判给,幸依勘过。

　　　　　　　　　　　　　　　　　　　　　　府

户曹参军宣

　　　　　　　　　　　　　　　　　史杨祇

　开元贰拾年叁月拾肆日给

由于某种原因,石染典到沙州以后改变了主意,申请到伊州,很顺利地得到沙州发给的过所。正好,上件所缺者,此件得以补全。原文为:

　作人康禄山　石怒怨　家生奴穆多地

　驴拾头(沙州市勘同,市令张休——以上九字原为小字注)牒,染典先蒙瓜州给过所,今至此市易事了,欲往伊州市易,路由恐所在守捉,不练行由。谨连来　文如前,请乞判命。

──────────

① 《大唐六典》,第153页。

② 王仲荦先生将此件定为"西州"给的过所,欠妥。据《敦煌吐鲁番出土文书》第9册录文注,此件上有三个"沙州之印",乃沙州签发无疑。

谨牒。

（印）　开元廿年三月廿日西州百姓游击将军石染典牒

任去　琛示

廿五日

（印）

四月六日伊州刺史张宾　　押过。①

　　当我们看了以上三件过所之后，就会得出这样的印象，即过所必须具备这样几条：一是申请者的姓名、身份、年龄；一是同行者的姓名、身份；一是所带行头、牲口；一是前往何处，最后必须有批示（判文）。用以上几点来检验 Дx.1376，显然缺少好几条，不像。说它是"请给过所的牒文"吧，也不像。吐鲁番阿斯塔那墓出土有若干件请给过所的文卷，现迻录一件，以见一斑：

甘州张掖县人薛光沘年贰拾陆。　　母赵年陆拾柒。
沘妻张，年贰拾贰。驴拾头并青黄父，各捌岁。
右同前得上件人辞称：将母送婆神柩
到此，先蒙给过所还贯。比为患瘦未能
得发。今患损，欲将前件母及妻、驴等
归贯，路由玉门关及所在镇戍，不练行由，
□今已隔年，请乞改给。谨连本过所
□□乞处分者。依检本过所，开十九
＿＿＿＿＿＿＿＿]　往甘州有实。

□状谨牒

正月　日史谢忠牒

①《敦煌吐鲁番出土文书》第 9 册，文物出版社 1990 年版，第 40—42 页。

（背面）　　　　　　　　　　　　　　（正面）

图2　Дx.1438《沙州户曹给莲台寺僧应保过所》

　　我曾粗粗检索过《吐鲁番出土文书》所提供的请给过所、公验的牒文，几乎没有申请者个人的申请状，而都是官文书——户曹经办者"史"一类的人拟就的案卷。从我所见到过的图录来看，这种牒文加上判语，就是过所正本。不过，我们从这些官文书中可以看出个人"请给过所"的牒状必须有：一是申请者的姓名、年龄、身份等；一是同行人的姓名、年龄、身份；一是行头、牲口，如果是马，必须注明每匹的毛色、齿岁、牝牡，是驴则可以几头一起报；一是目的地；一是干什么。如果中途有变更，还得申报"改给"牒状并附原有过所。用以上内容来衡量 ДХ.1376，显然它不是"请给过所"的牒状。从"虑恐关津口铺不勒之行化，乡人所到，不练行由，请详凭印而放过，伏听处分"来看，此件也是官文书。如果有沙州户曹参军的判语和沙州官印，那就是正式的过所。因此将此件定名为《沙州户曹给莲台寺僧应保过所文卷》，可能比我原先定名为《给沿途"关津口铺"牒》比较合适。又，敦煌吐鲁番出土已发表的过所都是汉唐时物,五代以降者,我还未见。此件乃宋代之物(详后),从行文来看,我们似乎可以感到"过所"内容的变化。我对此没有深入研究过,不敢自信,姑妄言之,以待来哲。

Дх.1438,孟目编号为1655,8×30厘米,两面书写,正面4行,背面3行,共7行(图2)。在短短的7行文字中,就有6处涂改,3处加添,且最后1行"牒件状如前谨牒"这一公文套语只写了"牒件"二字而骤然停止,也没有落款。因此这是一件草稿。它与Дх.1376是一件事情的两种文本。兹迻录于下(涂改加添处,按改后的迻录):

> 沙州住莲台寺律僧应宝　　右厶盖为当州藏内即有兑落经本,遂发志愿,游步上都求十信之坛那,添三乘之欠教。虑恐中国之关津口铺不隔(给?)边地之行化,乡人所到,不练于行由,请　　详　　公凭而放过,伏专候处分。牒件

这两种文本,除人名有一个字的差异以外,只是文字有多寡、理由有详略而已,实际上是一件事。如果研究古代公文,不失为甲乙本之资。作为过所文卷的行文,此件似胜于前件。定名应与Дх.1376同,其余不赘。

二　Дх.2170《沙州遗失经律论卷帙数录》

Дх.2170,孟目编号为2939,33.5×33.5厘米。原件有小字注,有写后涂掉者,有在经名旁画折号者。先将内容迻录于下(小注迻录于括号内,折号不录,涂掉者不录。异体字、俗体字一律改用规范字;衍字、改字、补字用[　]表示):

> 沙州(先于京国请得三乘)遗失经律论卷帙数录《大乘

法集经》一部六卷(现在)或八卷(并无)(元魏天竺三藏菩提
留支译,一百二十七纸),《央崛魔罗经》一部四卷(宋天竺三
藏求那跋陀罗译,七十八纸),《大乘造像生[衍]功德经》一
部二卷(三十一纸),《造塔功德经》一部一卷(二纸),《菩萨
内习六波罗蜜》一部二卷(三纸),《菩萨善戒经》九卷或十卷
三十品(一百八十纸),《优婆塞戒经》一部七卷(一百三十一
纸),《生菩萨戒本》一部一卷(出《地持戒品》中,慈氏菩萨
说,十纸),《菩萨戒本》一部一卷(出《瑜伽论》,弥勒菩萨说,
十八纸),《▢▢▢▢羯磨文》一部一卷(七纸),《大乘阿毗
达摩集论》一部七卷(无著菩萨造,一百三十纸),《▢▢▢
差别论》一部一卷(六纸),《小乘楼炭经》一部六卷(西晋沙
门释法立、法炬译,一百三纸),(纸),《鸯崛摩经》一部一卷
(西晋三藏竺法护译,六纸),《根本说一切有部毗奈
▢▢▢》(十四纸),《十诵比丘戒本》一▢▢▢▢,《根本说
一切有部[戒]经》一部一卷(十五纸),▢▢▢▢一卷(二十
三纸),《解脱▢▢▢▢十戒法并威仪》一部一卷(二十一
纸),《根本说一切有部百一羯磨》一部十卷(一百四十六
纸),《四分难[杂]羯磨》一部一卷(四十纸),《四分僧羯磨》
一部三卷▢▢▢▢经》一部一卷(▢▢▢▢三纸),《根本萨
婆多律摄》一部二▢▢▢▢(二百七十七纸),《大乘修行菩
萨行门诸经要集》一部。

　　上▢所欠经律论本者,切[窃]闻　中国人情慈悲愿重,
遍惠于八方来乞,▢济于一切要心。今则边地实阙教文,投
步　京都求化,或能随喜成就,同结善缘,使　中外之藏教俱
全遣来,今之凡夫转读▢是受于　佛教敕,得法久住世间矣。

很明显,这是上面那两个文书中所说的"沙州莲台寺僧应保"
要到上都求乞的经律论目录,它与Дх.1376、Дх.1438同为一件事。

图3 Дx.2170《沙州遗失经律论卷帙数录》

有趣的是,同一时期沙州向"上都"求经事,伦敦、巴黎也有这件事的文书。它们的编号是:S. 2140、3607、4640,P. 3851、4607。① 在没有见到俄藏上述 3 件文书之前,我曾就英、法两国所藏这 5 个号写过一篇题为《三界寺·道真·敦煌藏经》的文章,② 在"敦煌藏经"部分中有云:"把这五个卷子放在一起一排比,正好反映了一件事情的首尾。"现在应该加上俄藏的 3 件,8 件文书反映的是 1 件事情。这 8 件文书的前后关系是这样:

Дx. 2170 是最早的一份草稿,内容分 3 部分:第 1 行的"沙州遗失经律论卷帙数录"既是标题,③又是前言;第 2—11 行是所要乞求的经目;第 12—15 行是后语。结合 S. 2140 来看,其前言所

① 方广锠博士曾就这些文书写过《敦煌遗书〈沙州乞经状〉研究》一文,发表在《敦煌研究》1989 年第 2 期上。

② 敦煌研究院编:《1990 年敦煌学国际学术讨论会论文集·石窟考古编》,辽宁美术出版社 1995 年版。

③ 黄永武先生《敦煌遗书最新目录》就把此卷定名为《沙州先于遗失经律论卷帙数录》,并无不妥,只是应把"先于"2 字去掉。

以开门见山,可能当时是和过所草稿 Дх. 1376 一起考虑的。因为这件过所草稿已把前往"上都"的缘由说清楚了。8 件之中,经目有 4 份,每份都是大同小异,这是因为每次都有改动的结果。正因为它是第 1 次目录,提的经名比二稿多两件,且有疏忽之处。

S. 2140 是第二次拟稿,前言比第一稿说得亲切、完善,将"沙州先于京国请得三乘,遗失经律论卷帙"改成"沙州先得帝王恩赐藏教,即今遗失旧本,无可寻觅,欠数却于上都乞求者"。为表示尊敬,"帝王""藏教"都抬头提行书写。

从边远地区上京求经,当然是很慎重的事,所以在前言后语的用词造句上经过几次修改。从种种迹象看,此次请经是沙州官府经办的,初稿(Дх. 2170)的后语行脚僧的味道太浓,因此就后语部分单独进行过一次修改,S. 3607 就是这样一份文书,现将两件并列如下:

Дх2170	S. 3607
上件所欠经律论本,切闻　中国人情慈悲愿重,遍惠于八方来乞,□济于一切要心。今则边地实阙教文,投势京都求化,或能随喜成就,同结善缘,使中外之藏教俱全遣来,今之凡夫转读□是受受于佛教敕,得法久住世间矣。	上件所欠经律论本者,盖为邑众佛法难闻,而又遗失于教言,何以得安于人物。切望中国坛越普济乞心,使中外之　藏教俱全遣来,今之凡夫转读便是受　佛付嘱,传授教敕,令法久住世间矣。

第二次拟稿(S. 2140)的后语就是 S. 3607 提供的"版本"。此件字写得最正规,看来当时是想以此作为定本的。

从现存文书来看,就在这个时候,沙州境内进行过一次佛经清理,又找到了一些,于是又有第三次拟稿。

S. 4640 是第三次草稿。此件两面书写,正面写前言和经目,背面写后语。前言与作为二稿的 S. 2140 比,稍有改动,成了"沙州先于　帝王请得藏经,自后遗失旧本,无可寻觅,今却入　朝国求乞欠数者",把"先得帝玉恩赐藏教"改成"先于帝王请得藏

经"。这一改动使人想起 P. 4962 的三行残文书:

> 准数分析奏　闻
>
> 陷蕃多年,经本缺落,伏乞
>
> 宣赐,兼降　宣命,诏当道在朝

原文在"当道在朝"旁边有"先请经僧正"五字。从"陷蕃多年"可见此事发生在张议潮收复河西后不久,从"先请经僧正"而得知是"请经",不是"赐"经,这一改动是比较实事求是的。更为有趣的是,S. 4640 第三次草稿的经目部分与 Дх. 2170 一致,而与 S. 2140 不一致。为节省篇幅,恕不一一列出,读者只需拿 Дх. 2170 的录文一对便知。这里需要说明的是:因为 Дх. 2170 是初稿,难免有错,如《优婆塞戒经》1 部 7 卷 131 纸,把"一百三十一纸"写到另一行去了(我在录文时,已根据 S. 4640、S. 2140 作了纠正)。《莺崛魔经》与《莺崛摩罗经》内容大体一致,只是后者详尽得多,故而二稿以后就将前者删去。这些问题在二、三稿里不再出现。第三稿与众不同的地方是在许多经名旁注有"罢却"二字,这表明此稿正是清理佛经以后草拟的。后语也有所改动,成了这样:

> 上件所欠经律论本者,盖为边方人众
>
> 佛法难闻中国诸贤能满乞愿,唯望
>
> 十信坛越一切好心随喜写之,所欠教言,普使
>
> 传之,边人转读,亦是受佛教敕,付嘱传
>
> 授,令法久住世间矣。

可能经办者觉得前几稿的前言都把"帝王"抬出来,不但于事无补,弄不好还会惹大祸。因此,仅就"前言"曾单独拟过稿。请看 P. 4607 写本,在一张不宽的纸上拟了两次:

> 沙州藏内部帙中遗失经律论数目，今于
>
> 上都求觅，唯愿信心　上人同
>
> （编者注：中间空了一截）
>
> 沙州藏内部帙中现有失却经律论卷轴无可寻觅，比欲
>
> 上都求乞者。

就这样，似乎还不妥当，因此定稿时，一切画蛇添足的东西全部去掉了。

P. 3851是此次上京求经的最后一稿。与前几稿相比，此件有以下四点不同：一是前言去掉，只剩标题《沙州准目录欠藏经数》；二是目录部分凡第三稿在经名旁写"罢却"二字者，统统去掉了；三是在一些经的旁边用小字注曰"切要求觅来也"；四是最后有这样一句小字注："如或写者，切须三校，不请有留错字也。""三校"是当时的校书制度。这一小注说明，当时经办此事者确实兢兢业业，考虑得很周到。因为所请的经都是敦煌没有的，如果在中原不校对好，到敦煌以后会因为无法校对而以讹传讹。同时，这最后一稿的前言、后语的处理也说明：敦煌已经把求助的对象从官府转向民间。

三

此次敦煌向中原请经，究竟发生在什么时候，当然是我们最关心的问题。俄藏敦煌文献 Дx. 1376、1438、2170 我没有照片，但从上面我介绍的内容来看，它与其他五件同属一件事是毫无疑问的。这五件（即 S. 2140、3607、4640，P. 4607、3851）不光是同一时代，而且同为一人手笔。这五件，字有大小，用笔有粗细，字有工整不工整等区别，但内容一致、字体一致、书写习惯一致，尤其是经卷的"卷"字，以及门、闻、间等字的"门"这一部首的写法，其他

人是无法写得与他一模一样的。其特点一见便知。当我第一次
接触这些文书时，直觉告诉我，这是五代、宋时期敦煌归义军衙门
某个孔目官或某节度参谋的手笔。经查对，这是宋《雍熙三年
（986）丙戌岁具注历日》的编制者安彦存的笔迹。现存 S.3403
写本安彦存写《雍熙三年丙戌岁具注历日并序》是已知敦煌历日
中字写得最好的一份。其序言中的"三百五十四"、"授"、"八
节"、"七十二"、"大小"、"修造"、"已下"、"右件"等字，将其与几
份"请经目录"对比，就知道两者同出一人。在"请经目录"中出
现频率最高的"卷"字，历日中虽没有，但我们若留心一下"序"中
的"奏书"二字和"丁巳"二字的写法，将"巳"字放进"奏"字的下
半部，就会发现，它就是"请经目录"中的"卷"字，并且毫不怀疑。
S.3403 中的"功德"、"事"、"蜜"与目录中的各该字皆一致，"旧"
字则与 S.2140、4640"请经缘起"（我把它们称之为"前言"）中的
"遗失旧本"的"旧"字如出一辙。尤其是 S.3403 中的"闭"字，与
经目中的"门"、"闻"、"间"几字的"门"字头那无法模拟的特殊
写法一对照，更令人深信不疑。

　　方广锠博士在《敦煌遗书〈沙州乞经状〉研究》一文中有一节
"乞经时间、对象、地区问题的研究"。关于乞经时间，他认为"上
述乞经活动可能是五代时进行的"①。我也曾与方博士不谋而
合，认为是五代时进行的，而且论据也基本相同。但仔细琢磨其
字体，总觉得"似曾相识"，现在终于找到了经办此案卷者为安彦
存，这不光是个人得到了一点"收获"，也有助于关于藏经洞一些
问题的研究。

　　当然同一人的字，也不是一成不变。安彦存写于雍熙三年
（986）具注历日的字比较修长、清秀，而请经文卷则比较老成，给

---

① 《敦煌研究》1989 年第 2 期。

人的印象是具注历日在前，请经文卷在后。雍熙三年（986）时，应是安彦存刚担任历日编撰不久。敦煌历日中还有 S.1473《太平兴国七年（982）壬午岁具注历日》，其编撰者是翟文进。翟文进其人是五代时敦煌名士守州学博士、历法家翟奉达的后人，S.0095《显德三年（956）丙辰岁具注历日》就是翟奉达编撰、翟文进书写的，此件的尾部有题记"写勘校子弟翟文进书"。翟文进的事迹告诉我们：956 年时翟文进已接触历日的编制，26 年后的982 年才有他署名的历日（当然也不否认此前他有编过历日的可能），可见历日的编制不是很快就能掌握的。比照《唐六典》，翟文进在显德三年（956）时可能是"历生"，从历生到司历，须"八考入流"。由此而可知，晚于翟文进四年编制历日的安彦存，雍熙二年（986）时也不会是初出茅庐的人，因此他的字比翟文进当年担任"写勘校"时的字成熟得多。请经文卷的字比安彦存本人雍熙三年的字还要晚，虽然我们无法说出晚多少年，但此次请经行动发生于宋代，则是无疑的了。即使写于雍熙三年左右，也还是宋代。退一步说，哪怕是写于雍熙之前 20 年，有宋也已立国，绝对不会是五代时的事。因此，此次请经行动发生于"五代"之说，可以不再考虑。

这个问题的解决，自然引出藏经洞文物是否"废弃"之说。

从现存若干件各种经目来看，归义军时期沙州曾有过一次大规模地清理佛经的活动，这是"废弃论"者也承认的。清理的目的是为了搞清哪些经有、哪些经没有，也是毋庸置疑的。根据清理的结果，进一步想办法补全一藏佛经，似乎大家也都比较一致。那么，即使最保守的看法，把此次请经放在雍熙三年（986），离藏经洞封闭的 1002 年，才隔了 16 年，辛辛苦苦弄来了又废掉，所图何来？有学者认为，开宝藏完成于太平兴国八年（983），此后曹氏向中原王朝请经，得到了刻本开宝藏，原有佛经也就作废了，非也。即使此时赐给了一藏,沙州十几座寺院岂一藏所能足？即使寺院满足了,私人也得要,岂容作废？请看一个例子:三界寺名僧道真,五代长兴五年(934)发起寻访古经、修补头尾活动以后,[①]经过努力,卓有成效。S.6225 是道真的手迹,两面书写,一面写"三界寺比丘道真诸方求觅诸经随得经杂记",一面写"集《大般若经》一部六百卷,具全。又集《大般若经》一部,未全。《大涅槃经》三部、《大悲经》三卷,具全。经录一本"。这说明当时《大般若经》已经收全了一部。剩余的不全的那一部,道真也没有让它废掉,请看 S.6191,只有一行,是一个标签,题曰"杂大般若经",下面双行小字注:"或有施主及官家缺帙号处,添取帙内,计十卷。"这个题签,估计当年是挂在一个"包袱皮"外面的,内裹所谓"杂大般若经"10 卷。双行小字注说明:道真十分爱惜他"诸方求觅"所得的残经,这 10 卷《大般若经》准备随时让人拾遗补阙之用,其兢兢业业跃然纸上。很显然,道真这次努力还是没能凑够一藏,整个沙州也没有完整的一藏,因此才有雍熙前后的这次请经。假设这次请来了开宝藏,为什么大中祥符七年(1014)还要请经?[②]论者或曰那请的是金字藏经,不错。这正说明,佛经需要几套。从用途来说,有受持经、供养经之分,当我们看到一些经背面"打补丁"时,佛经何废之有的看法就会油然而生。

日本学者矢吹庆辉、牧田谛亮、竺沙雅章、土肥义和、冈部和

---

① 有关此事的敦煌文献卷号有:敦研 0345、北图续 0329、S.3624。
② 《宋史》卷四九〇《外国传》:"大中祥符末,宗寿卒,授贤顺本军节度、弟延惠为检校刑部尚书、知瓜州。贤顺表乞金字藏经、泔茶、药、金箔,诏赐之。"见中华书局 1985 年标点本,第 14124 页。此事《宋史·真宗纪》系于大中祥符七年(1014),同上书,第 156 页。

雄等诸先生都对此次请经事件 8 个文书中的 S. 2140 有过研究。①
牧田谛亮先生的文章我无缘得见，其他先生的文章都曾为我开拓
过思路，因为我所引用的卷子已超过诸位先生的范围，着眼点和
研究的角度也不一样，本文也就没有涉及他们的研究情况，但他
们的文章应给予介绍，尤其是矢吹庆辉先生，他可以说是敦煌遗
书中的目录学的开拓者。

梳理完这 8 件写卷之后，写本的定名也就明确了。已故唐长
孺先生主持编撰的《吐鲁番出土文书》（1—10 册）是我国出土文
书编目的典范，它本身就是许多学者的研究成果。借鉴该书目录
的定名，我觉得本文所涉及的 8 件文书，都应该叫作《宋代沙州向
中原请经文卷》。虽然如此，我仍不敢自信，祈请方家教之。

（原载《敦煌研究》1996 年第 2 期）

---

① 矢吹庆辉：《鸣沙余韵·解说篇》第 1 部，临川书店 1933 年版，第
261—264 页。牧田谛亮：《疑经研究》，京都大学人文科学研究所 1981 年版，
第 35—36 页（此据方博士《敦煌遗书〈沙州乞经状〉研究》一文注 2）。竺沙
雅章：《敦煌的僧官制度》，《中国佛教社会史研究》，同朋舍 1982 年版，第
403—404 页。土肥义和：《归义军时代》第四节《归义军和敦煌佛教教团·敦
煌、中原两佛教界的交流》，载《讲座敦煌》第 2 册，大东出版社 1980 年版，第
268—270 页。冈部和雄：《敦煌藏经目录》，《讲座敦煌》第 7 册，大东出版社
1984 年版，第 312—313 页。冈部先生第一次提到了沙州乞求中国坛越慈济
遗失经律论本状中还有 S. 3607、S. 4640、Дх. 2939。但他只是点到而已，未加
研究。

敦煌研究院藏土地庙写本源自藏经洞

关于土地庙出土的写经与藏经洞出土写经的关系问题，向达先生早有论述①。

土地庙出土写经之经过，当时的经办者苏莹辉先生曾撰文披露，但苏先生并未涉及客观存在与藏经洞写经的关系问题。②1964年，苏莹辉先生在其所著《敦煌学概要》一书中，列《新发现的写本卷子》一章，除再一次公布目录外，还首次公布了当年国立敦煌艺术研究所所长常书鸿写给上级的报告。此报告已成为难寻之历史资料，特转录如下：

> 《国立敦煌艺术研究所于民国三十三年八月三十日发现藏经初步检验报告》
>
> 本所因修建职员宿舍，于八月三十日上午十一时，在后园土地祠（该庙为清末中寺主持王喇嘛所修）残塑中发现六朝残经多卷，当经鸿③召集全体职员并邀请现正在千佛洞工作之西北考察团考古组向达、夏鼐、阎文儒三先生参加检验，详细记录。共计得六朝残经杂文等六十六种，碎片三十二

---

① 向达：《国立敦煌艺术研究所发现六朝残经》，《向达先生纪念论文集》，新疆人民出版社1986年版。

② 苏莹辉：《记本所新发现北魏写经（附目）》（1、2），《西北文化》第23、25期，1945年4月24日，1945年5月9日。

③ "鸿"指当年常书鸿先生自称，用小字书写。

块，其中有题记年号者，计北魏兴安三年五月十日谭胜写《弥勒经》，北魏太和十一年五月十五日写《佛说灌顶章句拔除罪过（应为"过罪"——引者注）生死得度经》及北魏和平二年十一月六日唐丰国写《孝经》残页三种。此外尚有六朝职官名册残页，均甚足贵，现经匆促编造初次查验目录。该项残页现妥存本所。此次发现，实为斯坦因、伯希和等盗窃藏经后敦煌之创闻，本所成立于盗窃俱空之际；有此意外收获，致使震动世界之"敦煌学"又增加若干研究资料，亦中国文化之幸也。

常书鸿谨志于莫高窟，三十三年九月一日

参加检验本所职员：常书鸿、张琳英、刘荣曾、李浴、陈延儒、苏莹辉、邵芳、陈芝秀、董希文、辛普德

监验人：向达、夏鼐、阎文儒

纪录：苏莹辉、李浴、刘荣曾①

报告没有明确说明这批写本与藏经洞有无关系，但字里行间包含着"有关"的意思。报告中有关"土地祠"注释——"该庙为清末中寺主持王喇嘛所修"——即很能说明问题。拆庙时王喇嘛早已不在。据现在敦煌研究院退休职工范华同志（当年他是国立敦煌艺术研究所的工友）告诉我，当时中寺的喇嘛姓马、姓杨，他们是修了土地庙的王喇嘛的徒孙辈。他们的师爷与王道士为同时人。范华同志认为：土地庙里发现的经卷，毫无疑问是藏经洞出土的，王道士发现藏经洞后，王喇嘛向他要点经卷做功德放在佛像里，是顺理成章的；敦煌在发现藏经洞以前是没有写经的。范华同志不搞研究，他的看法是感性认识，但是我觉得完全合理。试想：斯坦因当年到莫高窟，没有见到王道士之前就在一

---

① 台湾"中华丛书"编审委员会编印，1964年。

位青年和尚那里见到一卷很好的藏经洞出土的佛经。一般的小和尚尚能得到,主持喇嘛就更有可能了。斯坦因在《敦煌秘藏运英记》中写道:"余蒙此青年和尚热心指引,殊觉荣幸;彼言另一西藏喇嘛——时已出外云游——曾借出古写本一卷,谓可以为彼之小经堂增光……蒋师爷怂恿和尚将该写卷取出一阅。该卷为悦目之纸卷筒,余等就地展阅,其卷约 15 尺长,纸为淡黄色,成色甚新……"[1]至于藏经洞发现之前,敦煌不会有写经之事,虽不能说绝,但不会很多。众所周知,自明代筑嘉峪关之后,到雍正三年(1725)之前,敦煌的历史可称道者不多。雍正时从甘肃各地迁移 2000 多户百姓到敦煌,筑城屯田,在这些人当中,能带几十件像土地庙出土的北朝写经到敦煌者,几无可能。

1977 年敦煌文物研究所资料室发表《敦煌文物研究所藏敦煌遗书目录》,并附有说明文字一篇。此目录包括了土地庙出土的写经,但这部分写经与藏经洞出土有无关系也未加说明。[2] 敦煌研究院(前敦煌文物研究所)的研究人员,一般来说,对阎文儒先生的观点深信不疑,即:土地庙写经来源于藏经洞。阎先生说:

> 1944 年 8 月 30 日,我们住在莫高窟的时候,国立敦煌文物研究所因建职员宿舍,在中寺后园土地庙残塑像内发现了六朝残经 67 卷,残片 1 包……这像是王道士所造的,在塑像时为修功德,他特将许多石室中的卷子,缠在像的中心柱内。[3]

---

① 史泰英(斯坦因)作、亚格摘译:《敦煌秘藏运英记》,《风土什志》第 1 卷第 5 期,1945 年 4 月。

②《文物资料丛刊》(1),文物出版社 1977 年版。

③ 阎文儒:《莫高窟与敦煌》,向达等著《敦煌》,学习书店 1951 年版,第 33 页。

阎先生认为是王道士所为，似欠考虑。因为中寺是喇嘛的庙产，王道士自不能染指，由于阎先生是当年的监验人，当时他们曾议论过此事，众人有此一说亦未可知。阎先生是我的老师，在他生前未曾请教，今已成憾事。李浴先生当年也是国立敦煌艺术研究所的研究人员，他在《一段重要而难忘的经历——敦煌艺术研究所二年》一文中也认为土地庙出土的写经是藏经洞出土的文物：

> 总计这个千佛山的常住人口不超过 30 名，一年之中也不会有几个客人。因此这里又是一个做研究工作的世外桃源，又是一个但闻白杨萧萧，九层楼铁马叮咚断肠声，静得可怕而又生活艰苦的世界，就在这个环境里却也出了两件重要的大事。第一件是 1944 年 8 月底研究所（即中寺）后院小庙里发现了藏经，这个小庙是清末王道士所建，里面有一个不堪一睹的塑像，清除这里的塑像是为了当作工人的住房之用，在打碎塑像之后，意外地发现了缠绕塑像骨架上的经卷，这些也是王道士所发现的石室藏品……①

虽然我们已举了三人作"人证"，但还得有"物证"。这物证不是别的，就是土地庙出土物本身。这还得从敦煌研究院的藏品说起。

敦煌研究院的藏品，入藏登记时，有"来源"一项，如某某捐献、土改没收地主、购自北京、某某经手购自敦煌、土地庙出土，等等。但是，有 300 多件未注明来自何处。据当年经手登记的万庚育女士相告，1954 年登记前，这 300 多件装在一个麻袋里，卷子零乱，有长有短，常书鸿所长告诉她，这全是藏经洞的出土物。因

---

① 《敦煌研究》1994 年第 2 期。

不属于捐赠、收购、没收，所以来源一项也没有注明。又据新中国成立前就来敦煌工作的孙儒僩先生的回忆，新中国成立初年，曾听说在敦煌城墙中发现被埋的装有写经的一只麻袋。当时政府部门如果得到这些东西，一定会给研究所的。此事有两种可能：一是新中国成立前为了逃避官府勒索，一是土改时为了不被没收。自从藏经洞文物出土以后，至斯坦因、伯希和东来之前，王道士又是送给官府又是送给财主，向达先生在《西征小记》中曾提到藏经洞发现后，"而自光绪二十五年五月二十五日藏书发现，以迄于三十三年斯坦因东来之间，自有不少流入达官贵人以及当地人士之手"①。劫余之物运往北京前后，王道士私藏、被偷窃亦复不少。藏经洞的一小部分写经，曾被装成两个转经桶置于敦编第351窟内，以备善男信女转经。这可能是王道士这个"貌颇机警，狡猾而又神经，其面容鬼祟，无勇气，但一望而知为难驯之辈"（斯坦因语）当年搞的诡计。向达《西征小记》又记："而二转经桶中之所藏者，亦于民三前后散佚。"②可见这是掩人耳目的一种手段。敦煌文物赫赫于世以后，敦煌为官者乃至甘肃为官者，甚而至于行伍出身的军人，皆成"斯文有识之士"，以得到敦煌写经为快慰。更有甚者，据向达先生在《西征小记》中说：

> 民初张广建长甘，以石室写经为买官之券，民间所藏几为一空。民二十二年任美锷先生漫游西北，至于敦煌。民二十五年于英京晤任先生，话及此游，谓曾在敦煌一人家见到写经近二百卷。则敦煌私人所藏固未尽也。民二十七年知

---

① 原载《国学季刊》第7卷第1期，后收入《唐代长安与西域文明》，生活・读书・新知三联书店1957年版，第367页。

② 原载《国学季刊》第7卷第1期，后收入《唐代长安与西域文明》，生活・读书・新知三联书店1957年版，第367页。

敦煌县事某君于石室写经有特好,因此迭兴大狱,锁锒铛者不绝于途。匹夫无罪,怀璧其罪,此之谓也。自是而后敦煌人遂视此为祸水,凡藏有石室写经者,几无不讳莫如深,动色相告。余于三十一年十月抵敦煌,以之询人,辄不之应。三十二年二月以后,始辗转获见二十余卷。①

由此可知,我上面说的两种可能,皆因视写经为"祸水"而埋于城墙内的。因此,愚意以为,经万庚育女士细心整理登记的那一麻袋,可能就是取自城墙的"那一麻袋"。这一麻袋零星写本,看来收藏者得手的时间早于土地庙出土写经的 1944 年,应是藏经洞的出土物。

1977 年发表《敦煌文物研究所藏敦煌遗书目录》时,我们在编目过程中发现过一些可以缀合的卷子,当时就给予注明,它们是:

0124+0014(土)+0013(土)+0015(土)《中论》之《观行品》《观佛合品》《观有无品》;

0135+0136+0129《金光明经》卷二四《天王品第六》;

0194+0145+0166《太子瑞应本起经》卷上;

0195+0173《大方广三戒经》卷中;

0241+0164《佛说斋经》;

0027(土)+0028(土)《优婆塞戒经》之《波罗密品第十八》《杂品第十九》;

0208+0228《优婆塞戒经》卷三《受戒品第十四》;

0296+0297《深密解脱经》卷三《圣者弥勒菩萨问品》;

0167+0257《贤愚经》卷三《出家功德尸利苾提品第二十二》;

---

① 原载《国学季刊》第 7 卷第 1 期,后收入《唐代长安与西域文明》,生活·读书·新知三联书店 1957 年版,第 367—368 页。

0025+0026《大智度论》卷六《大智度初品中·十喻释论第十一》；

0150+0266《小品般若波罗蜜经》卷一〇《随知品第二十》；

0307+0217《金光明经》卷二《四天王品第六》；

0086+0079《金刚般若波罗蜜经》。

1984 年，我奉命筹备翌年赴日中国敦煌展。日方希望展出的写本最好都是《妙法莲华经》，因此我对院藏的《法华经》又检索一遍，发现土地庙出土物与新中国成立后的零星收藏品竟可以缀合。当时将 19 个号缀合成了 8 件，具体情况是：

0267+0256+0040（土）；

0035+0218+0222（土）；

0277+0111；

0107+0158；

0175+0046（土）+0038（土）；

0179+0110；

0196+0112；

0083+0074。

（以上所列号码后的"（土）"，表示该卷为土地庙出土物。）

1998 年，我奉命编辑《甘肃藏敦煌文献》，河东、河西走了一趟，最后回到敦煌。我们鉴定组完成了敦煌市博物馆、敦煌研究院两家藏品之后，我又继续在院里工作了几天，把我印象中认为可以拼接的《大般涅槃经》卷子取来，与《大正藏》进行核对，结果将 29 个号拼接成 14 件，其中有一件是土地庙出土物与 1954 年"那一麻袋"中的一件缀合（0125+0056-1），有一件是 1955 年购自敦煌民间的 20 件写经中的某件加"那一麻袋"中的一件再加土地庙出土物，虽不能直接缀合，但经品、纸、字、界栏完全相同（0305+0130+00556-3）。需要说明的是：我只是简单地查对，而且仅限于敦煌研究院所藏的《大般涅槃经》。我虽没有进一步做工作，但已经知道的还有《维摩诘经疏释》（未能考出作者为谁），土地庙出土的有两件，零散收集的有 6 件，纸、字、两面书写等完全相同。

此次我们在鉴定过程中，往往碰见字、纸、界栏相同的写卷，一查对，有的完全可以缀合，有的仅缺几行，它们是：

0126、0137、0238《首楞严三昧经》卷下（因残破而缺行）；

0237+0317《太子瑞应本起经》卷上（仅缺几行）；

0215+0187《太子瑞应本起经》卷上；

0286+0192《须摩提菩萨经》（法护译本）；

0171+0143《大智度论》卷三三《释初品中·彼岸义第五十》；

0321+0044（土）《鞞婆沙论》卷一四《中阴处第四十一》；

0052（土）+0224+0264《大智度论》卷三三《释初品中·到彼岸义第五十》；

0262+0162《优婆塞戒经》卷三《受戒品第十四》。

在这批写本中，凡 0300 以上的卷号都是 1995 年从老乡处收购的 20 件中的。

如果上述这些"证据"还欠有力的话，1997 年日本青山杉雨先生的儿子青山庆示先生捐赠给敦煌研究院的写经，居然和敦煌市博物馆藏品、敦煌研究院零星收集品及土地庙出土品可以天衣无缝地缀合，它们是：

0309+0311+青山捐赠品 5+敦博 003《修行本起经》之《游观品第二》《出家品第四》；

青山捐赠品 6+0056（2）（土）《大般涅槃经》卷二三《光明遍照高贵德王菩萨品第十之四》；

敦博 006+青山捐赠品 7《大般涅槃经·迦叶菩萨品第十二之六》。

这三件总该是"证据确凿"了吧？

还有，就现在初步整理的情况已知：与敦研+青山赠品+敦博的那件《修行本起经》同纸、同字、同界栏的，敦煌研究院藏品还有两件，比对《大正藏》，一件在其前，一件在其后，与其相接者，英伦、巴黎、北京、东京藏品全有可能。

我的结论是：土地庙出土物源自藏经洞。

有同志曾问及为何土地庙出土品多为北朝写本？王道士愚昧无知，怎会把好东西留给敦煌？就我所知，不仅敦煌研究院藏品多北朝写本，敦煌市博物馆藏品也多北朝写本。愚意以为，据斯坦因《敦煌秘藏运英记》所载，精美的绢画当时放在藏经洞的底层靠近洪辩"床座"的西边。这告诉我们一个信息：当年入藏所有东西的时候，不是仓促乱堆，而是有考虑的。又，藏经洞的佛经分"帙"包藏，这是众所公认的。敦煌研究院和敦煌市博物馆藏北朝写本，主要是《大般涅槃经》。从已知的情况来看，虽只缺《金刚身品》《名字功德品》《一切大众所问品》《婴儿行品》，但已有的品十分不全。看来，敦煌这"近水楼台"得的竟是一部残品《大般涅槃经》，入藏藏经洞时说不定就是残卷一包。众所周知，长兴五年（934）三界寺比丘道真曾有过"寻访古坏经文收入寺（中），修补头尾，流传于世"之举。面对这一部"古坏"的《大般涅槃经》，真让人感慨当年道真此举之艰难。正由于它不全且残，王道士送人裹入塑像，也就顺理成章了。虽然如此，敦煌研究院、敦煌市博物馆所藏之《大般涅槃经》，纸好、字好。书法家徐祖藩和我们一起鉴定时，天天乐而忘疲。当然，不完整总是个遗憾。感慨之余，我们也还抱有一线希望：有朝一日，世界各地的北朝时期写的《大般涅槃经》凑在一起，说不定它是完璧无缺的天下第一经呢。

（原载《敦煌研究》1999 年第 2 期）

法照与敦煌初探

——以 P. 2130 为中心

在中国净土教发展史上,乃至唐以后中国佛教的发展史上,法照是一位重要人物。法照的历史作用,由于敦煌藏经洞出土的文献,更为人所共识。

日本学者广川尧敏说:"考虑中国净土教礼赞的历史时,一再感到敦煌文献的存在是多么的重要! 礼赞史上重要的中国净土教祖师当中,由于敦煌文献及其礼赞的发现而显现的祖师有彦琮、慈愍、法照三位。而且以前不知道的善导门徒、法照门徒的众多礼赞也开始映入我们的眼帘。中国的礼赞历史,始于昙鸾,善导确立了程序、组织,到了法照集大成。"①

巨著《鸣沙余韵》《三阶教之研究》的作者矢吹庆辉博士说:"有关法照的资料,从敦煌出土了如此丰富这一点来考虑,可以推想法照的念佛教,从晚唐到宋初,在敦煌地区相当盛行。"②

日本著名学者、佛教史专家塚本善隆说:"法照可以与唐太宗、高宗时代的善导相提并论,是代宗、德宗时代净土教史上的杰出代表。敦煌文物出土以后,唐末、五代直至宋初,法照在敦煌净

---

① 笔者摘译自广川尧敏《礼赞》一文,见《敦煌と中国佛教》,(日本)大东出版社 1984 年版,第 425—470 页。

② 佐藤哲英:《法照念佛赞について》(下)提到矢吹庆辉这一评论,见《佛教史学》第 3 卷第 2 号,第 39 页。

土教的地位,在善导之上。"①

　　中国著名学者汤用彤先生说:"(法照)大历中止衡州云峰寺,开五会念佛之说,谓五日为一会。代宗尊为国师,世称为五会法师。法照之后,庐山莲社故事乃大传于世。(与法照同时之飞锡著《念佛三昧宝王论》,始言及远公在山立誓事,然所记不涉及莲社高贤故事。)相传法照慕远公遗迹,乃至匡山。则此故事之流行,即不起于法照,然而必与彼之巡礼有关……中唐以前,弥勒似犹见奉行,故弥陀派著论尝辟之。但法照之后,兜率往生之思想已渐渐灭,故匡山结社共生西方之各种传说,乃独见知于后世。"②

　　对于这样一位人物,历史记载不少,今人的研究也不少,神秘色彩也不少,然而遗憾也不少。"法照与敦煌"尚未有人专门论述,故而我想试作"初探"。

一　法照资料

　　有关法照的资料,最重要的可能莫过于《章敬寺法照和尚塔铭》(以下简称《法照塔铭》),镜霜述并书。按照一般塔铭惯例,内容当有法照的籍贯、俗姓、何时出家、受学于谁、何时入寂等记载。遗憾的是此碑早已不存,碑文也没有传下来,人们仅能在南宋时代修的《宝刻类编》卷八见到碑目。③碑文作者镜霜其人,僧传不见记载,但日本僧人圆仁《入唐求法巡礼行记》(以下简称

---

　　① 塚本善隆:《南岳承远传とその净土教》,《塚本善隆著作集》第 4 卷,(日本)大东出版社 1974 年版,第 513—514 页。
　　② 汤用彤:《隋唐佛教史稿》,中华书局 1982 年版,第 192—193 页。
　　③ 有关《章敬寺法照和尚塔铭》的情况,请参见塚本善隆《唐中期の净土教》,第 209—470 页。

《巡礼行记》)卷三"会昌元年二月八日"条下有记载,曰:"又敕令章敬寺镜霜法师于诸寺传阿弥陀净土念佛教。廿三日起首至廿五日,于此资圣寺传念佛。又巡诸寺,每寺三日,每月巡轮不绝。"法照、镜霜都是章敬寺的,材料应是最为翔实可信的。

尽管《法照塔铭》已不复存在,但其他碑志、僧传、典籍中收录的材料却不少,主要有:

1. 唐吕温《南岳弥陀寺承远和尚碑》(以下简称《承远碑》),见《全唐文》卷六三〇,中华书局影印本,第6354—6355页。

2. 唐柳宗元《南岳弥陀和尚碑并序》(以下简称《弥陀和尚碑》),见《柳河东集》卷六;亦见《全唐文》卷五八七,中华书局影印本,第5934页。

弥陀和尚即承远,是法照的师父。法照很重师徒情谊,代宗时期,自己成了国师,向朝廷"奏陈师德,乞降皇恩"[1],于是"天子南向而礼焉。度其道不可征,乃名其居曰般舟道场,用尊其位"[2]。正因为法照为其师请封号,故而吕温、柳宗元都在承远的碑铭中写了法照此举,为我们保留了最早的有关法照的可靠资料。

3.《巡礼行记》卷二记开成五年(840)五月一日,圆仁在五台山竹林寺"斋后,巡礼寺舍。有般若道场,曾有法照和尚于此堂念佛,有敕谥为'大悟和尚'。迁化来二百年(二年之误),今造影安置堂里。又画佛陀波利仪凤元年来到台山见老人时之影"。法照死后敕谥"大悟和尚"一事,赖圆仁而留存下来。又,据圆仁的记载,法照死于开成三年,即838年。

4. P.2130写本的开头部分,虽然首部残缺,但是仍有30行

---

① 吕温:《南岳弥陀寺承远和尚碑》,《全唐文》卷六三〇,第6354—6355页。
② 柳宗元:《南岳弥陀和尚碑并序》,《全唐文》卷五八七,第5934页。

是有关法照历史的。其中有几项是别的材料中所没有的:(法照得文殊、普贤授记以后)"各收拾三衣瓶钵,行往五台。住经半月已来随喜顶礼。诸老宿并不放坐,便下五台县山寺安居。是时,太原地界所由告节度使□□□训,延入太原城内居住。其年(大历七年,即 772 年)有敕,天下置般舟道场。诸寺众□申拔于节度使,请法照和尚为道场主(据《观行仪》卷下,大历九年初冬十月于北京龙兴寺再述《净土念诵观门》,可能就是为此而作的,北京即太原)……经旬日即有数千人誓为法照念佛弟子,各请愿闻终身修行。于太原一住十有七年。去贞元元年(785),节度使马遂(燧)入太原,奉敕知(此处疑有脱漏)。昨贞元四年正月廿二日延入京中。"(笔者按:由"昨贞元四年"可知此件撰于贞元五年,即 789 年)

5. P. 3792v3 有头无尾,只有六行,但十分重要。除日本学者广川尧敏曾引用过其中的一条材料外,似乎未引起更多人的注意。因为材料不长,我把它第一次全文公布:

> 南凉州禅师法照,恳心礼五台山寺,见圣菩萨,略述行由,号曰《念佛大圣竹林之寺赞佛文》。其禅师本管凉州,年十一出家,至廿岁在衡州山寺居□。去大历五年春三月,□众堂吃粥处,于钵内遥见五台山。法照亦不敢说。经两日,依前钵内再现,然后具说。其时众中有二老宿,曾到台山……

敦煌遗书中,"凉""梁"不分的情况时有所见,又由于法照曾在南岳修行,学者们都认为法照应是梁州人。此事容后探讨。这里且说 P. 3792v3 为我们所提供的别的文献中没有出现的几条材料:一是法照"本管(贯)凉州",二是他 11 岁出家,三是 20 岁在衡州。

6. 宋赞宁《宋高僧传》卷一一《感通篇·法照传》(以下简称《本传》),见《大正藏》第 50 册,第 844—845 页。

7. 宋延一《广清凉传·法照和尚入化竹林寺》,见《大正藏》第 51 册,第 1114—1116 页。

8. 宋戒珠《净土往生传·唐五台山释法照传》,见《大正藏》第 51 册,第 121—122 页。

9. 南宋志磐《佛祖统纪》卷二六《净土立教志第十二之一·莲社七祖》,见《大正藏》第 49 册,第 263—264 页。

10. 南宋宗晓《乐邦文类·莲社继祖五大法师传》,见《大正藏》第 47 册,第 193 页。

11. 唐王士詹《五台山设万僧供记》,见《全唐文》卷六二一,中华书局影印本,第 6267 页。

12. 宋赞宁《宋高僧传·佛陀波利传》,《大正藏》第 50 册,第 717 页。

13. 南宋志磐《佛祖统纪》卷二六《莲社七祖》中之善导、承远二人之"记",《大正藏》第 49 册,第 263 页。

14. 宋张商英《续清凉传》卷上,《大正藏》第 51 册,第 1129 页。

15. 北宋遵式《往生西方略传》。此传早已散佚,然而有关法照的部分赖日本成觉房幸西编的《唐朝京师善导和尚类聚传》而保存下来。①

16. 宋赞宁《宋高僧传》卷第二七《智颛传》,《大正藏》第 50 册,第 881 页。

17. 北宋王古《新修往生传》卷下。

---

① [日]塚本善隆:《唐中期の净土教》,第 319 页。

18. 南宋陆师寿《新编古今往生净土宝珠集》(以下简称《宝珠集》)。①

19. 法照自著《净土五会念佛诵经观行仪》卷中、卷下(以下简称《观行仪》)。②

20. 由日本高僧带往日本的传世本《净土五会念佛略法事仪赞一卷并序》(以下简称《略赞》) 自题：" 南岳沙门法照于上都章敬寺净土院述。" 据 P. 2130,法照人长安在贞元四年(788),此《略赞》当作于 788 年之后。此文已收入《大正藏》第 47 册。

二 关于法照的研究

法照与敦煌佛事活动、敦煌佛学、敦煌文学的关系很大。中国敦煌学者,在敦煌文学研究领域一向处于领先地位,尤其是对变文、讲经文、曲子词、歌辞、王梵志诗的研究,成果山积,人才辈出。但对法照这位赞文作者和编辑者,却很少有人做专门研究,不能不说是一种遗憾。汤用彤先生在《隋唐佛教史稿》中谈到唐代净土教时曾兼及法照的贡献,并考证了法照的出生地,可谓凤毛麟角。任半塘先生的《敦煌歌辞总编》收有 P. 2066 法照《出家

---

① 王古、陆师寿所撰法照传,笔者未见,日本塚本善隆曾引用。据他说,王古的《新修往生传》的记事与《广清凉传》类似,而陆师寿的《宝珠集》与《宋高僧传》接近。见塚本善隆《唐中期的净土教》,第 317—318 页。

② P. 2066《净土五会念佛诵经观行仪》卷中题" 南岳沙门法照撰"(全)。卷下无完整的本子,由 P. 2250(有首无尾),P. 2963(无首有尾) 据题记,此件为乾祐四年(951) 写本。两件复原而成完本。《净土五会念佛诵经观行仪》卷中、卷下已收入《大正藏》第 85 册古逸部、疑似部中(见《大正藏》第 85 册,第 1242—1266 页)。

乐》《归去来》(《宝门开》)《归去来》(《归西方赞》)等三篇赞文。① 杜斗城先生的《敦煌五台山文献校录研究》收有 P. 4641、S. 0370、P. 2483—1 法照弟子赞颂法照的《五台山赞文》三篇,并对法照事迹进行简单考证。② 赵声良先生在《莫高窟第 61 窟五台山图研究》一文中有关于"法照和尚庵""竹林之寺"的画面解释。③ 但这些都不是法照专题研究。

日本学者对法照的研究,50 年代曾形成高潮。最早研究者是《望月佛教大辞典》的编撰者望月信亨先生。④ 最系统的研究是塚本善隆的《唐中期の净土教》一文,此文有个副标题——"着重对法照禅师的研究",全文长达 299 页,分 11 节,其中有 7 节是专论法照的。考虑到一般人不容易看到《塚本善隆著作集》,我把冢本善隆《唐中期の净土教》的目录翻译于下:

1. 序说——中国佛教的性质和净土教;

2. 代宗、德宗时代的长安佛教;

3. 代宗、德宗时代的长安佛教各宗派;

4. 净土教的发达、普及;

5. 法照传研究资料的研讨;

6. 法照传考;

7. 法照的著述;

8. 关于五会念佛;

---

① 上海古籍出版社,1987 年(2006 年重版),第 918、1063、1066—1067 页。任半塘先生在《敦煌曲初探》第 2 章《曲调考证》和第 5 章《杂考与臆说》中也曾提及法照。上海文艺联合出版社 1954 年版,第 79、247 页。

② 山西人民出版社,1991 年,第 45、66—70、104—105 页。

③《敦煌研究》1993 年第 4 期。

④ [日]望月信亨:《法照禅师の事迹及び教义并に中唐时代於ける禅对念佛论》,见《摩诃衍》1-1 所载。又望月信亨《净土教之研究》再版所收。

9. 五会法事赞所收的赞诗；

10. 飞锡、少康的念佛教；

11. 法照的净土教；

12. 余论——法照净土教和日本净土教的关系。

此外，佐藤哲英博士对龙谷大学所藏的敦煌本《净土教赞文集》的介绍、研究在日本学术界影响很大。① 藤原凌雪、广川尧敏的研究则各有侧重：藤原先生着重介绍法照作为"后善导"在佛教史上的地位；广川先生则对敦煌出土与法照有关的资料，着眼于"赞文"的研究。②

三　法照其人其事

关于法照其人其事，尽管我在前面列了 20 件文献资料，却没有一件能说明他的全部历史，甚至连大致的梗概都未能勾勒。《本传》《广清凉传》《净土往生传》《佛祖统纪》等把法照说得神乎其神，其他碑传又不是专记法照，因而法照史迹始终扑朔迷离。自从敦煌藏经洞出土诸多文献以后，除籍贯尚有异议以外，其他方面大致清楚了。现分述于后。

先说姓氏、籍贯，有关这个问题的材料有：

---

① 佐藤哲英博士著有一系列论文：《法照和尚念佛赞解说》，《西域文化研究》第 1 卷；《敦煌出土法照和尚念佛赞》，《西域文化研究》第 6 卷；《法照和尚念佛赞について》（上、下），《佛教史学》第 3 卷 1、2 号；《法照和尚念佛赞の纸背文书について》，《佛教学研究》第 5 号。

② 参见藤原凌雪著：《后善导としての法照禅师》，《龙谷大学论集》343 号；广川尧敏著：《礼赞》，《讲座敦煌》第 7 册《敦煌と中国佛教》，第 451—463 页；又，广川尧敏著：《敦煌出土法照关系资料について》，《石田充之博士纪念论文集》，第 178—215 页。

P. 3792v3 称：

> 南凉州禅师法照，恳心礼五台山寺，见圣菩萨，略述行由，号曰《念佛大圣竹林之寺赞佛文》。其禅师本管凉州（我以为"本管"当为"本贯"之误，管贯音近）。

《本传》称：

> 释法照，不知何许人也。

《广清凉传》称：

> 释法照者，本南梁人也，未详姓氏。

《净土往生传》称：

> 释法照，不知何许人。

《新修往生传》称：

> 释法照者，本南梁人也（未详姓氏）。

《宝珠集》称：

> 释法照，不知何许人也。

P. 4641《五台山圣境赞》云：

> 南梁法照游仙寺，西域高僧入化城。

P. 3645、P. 2483《五台山赞文》称法照为"凉汉禅师"，而S. 370 则又写成"梁汉禅师"。《略赞》有一则《五会念佛》，是专门解释五会念佛出在何文以及什么叫五会念佛的。在小标题"五会念佛"之下，有很长一段小注，曰："梁汉沙门法照，大历元年夏四月中起，自南岳弥陀台般舟道场依《无量寿经》作。"此文的作者是法照，如果这条注是原注的话，则法照自称为"梁汉沙门"。综合上列资料，法照的姓氏（俗姓俗名）不得而知，而其籍贯则有几种说法：

 A. 不知何许人也；

 B. 本南梁人；

 C. 南梁法照；

 D. 南凉州禅师法照，本贯凉州；

 E. 梁汉禅师法照（自称"梁汉沙门"）。

如果我们用"去伪存真"的办法，有两条可以先"去"掉：一是"不知何许人"，一是"南凉州"。

"不知何许人"的说法原出于《本传》，尽管作者在其《后序》中说：

> 赞宁自至道二年奉睿恩，掌洛京教门事，事简心旷之日，遂得法照等行状，撰已易前来之阙如，寻因治其本，虽大义无相乖，有不可者以修之。

也就是说，法照的传，他是依据法照"行状"写的，但仍不知其乡里。而日本高僧圆仁带回去的比《宋高僧传》成书早 140 多年的《略赞》中有"梁汉沙门法照"，比《宋高僧传》晚出的《广清凉传》等又说是"本南梁人"，再加上敦煌文献中有"本贯凉州"，我们就不能再说"不知何许人也"了。

"南凉州"说只见于敦煌文献。在敦煌文献中"凉""梁"不分的现象并不罕见。《新唐书·地理志四》兴元府汉中郡条称："兴元府汉中郡，赤。本梁州汉川郡，开元十三年，以'梁'、'凉'声相近，更名褒州，二十年复曰梁州。"可见政府也曾注意到这种现象。以敦煌文献为例，《五台山赞文》中的同一句话，"梁汉禅师""凉汉禅师"并存。再者，中国历史上没有"南凉州"的建置。因此"南凉州"可能是"南梁州"之误（详后），而"南凉州"之说可弃之不存。

"本南梁人也"是法照籍贯的一种说法。"南梁"即南梁州。唐代曾有过"南梁州"的建置，地点是今天的邵阳市，是在隋代建州的基础上改置的。但唐代的南梁州只存在过十几年，武德四年（621）置，贞观十年（636）就改掉了，此时法照尚未出世。再者，北宋延一《广清凉传》、王古《新修往生传》时，湖南的邵阳已不属"南梁州"，当另有所指。结合法照自称"梁汉沙门"来考虑，《广清凉传》的"本南梁人也"应是历史上的南梁州，原为萧梁所置，即今四川剑阁县。①关于南梁州的来龙去脉，王仲荦先生在《北周地理志》上有考证："《舆地纪胜》引王隐《晋书》云：魏咸熙元年克蜀，分广汉、巴、涪陵以北七郡为梁州……自夏侯道迁举汉中降后魏，梁于北巴西郡侨置梁州，所谓南梁州，而谓此梁州（治汉中）为北梁州。"

"梁汉"是法照籍贯的又一说。前辈学者汤用彤、塚本善隆都采用此说。②汤先生的考证精辟可靠，引录于下：

> 旧称法照为"梁汉沙门"，又曰南梁州人。按"梁汉"一名首见《北周书·崔猷传》，指梁州与汉中。传曰"魏恭帝元年（554），太祖（字文泰）欲开梁汉旧路，乃命猷督仪同刘道通、陆腾等五人，率众开通车路，凿山堙谷五百余里，至于梁州"云云。据此法照确为剑北地方萧梁所置南梁州人也。法照与其师承远俱生于蜀，游于南方，远在南岳。而照则谓曾自东吴至庐山，后乃至衡峰师事承远。此事亦颇有关净土

---

①《隋书·地理志》普安郡条下称："梁置南梁州，后改为安州，西魏改为始州。"普安旧曰南安，领七县：普安、永归、黄安、阴平、梓潼、武进（旧曰武功）、临津。同卷巴西郡条下称："梁置南梁、北巴州，西魏置隆州。"巴西郡统县十：阆内、南部、苍溪、南充、相如、西水、晋城、奉国、仪陇、大寅。虽两郡都可称"南梁"，但从"梁汉"一词并结合地理位置考虑，应以前者为是。

②塚本善隆关于"梁汉"的考证，请见《唐中期の净土教》，第326—332页。

教史也。①

汤用彤先生及塚本善隆先生均未见 P. 3792v3，在当时情况下，他们的考证无疑是正确的。现在，结合 P. 3792v3，我以为法照的籍贯应以"本贯凉州"为准，也就是说，他的祖籍是凉州。法照自称"梁汉沙门"可能是他的出家地。

次说法照生平。

据 P. 3792v3，法照"年十一出家，至廿岁在衡州山寺居□，去大历五年春三月，□众堂吃粥处，于钵内遥见五台山，法照亦不敢说。经两日，依前钵内再现……"这是目前为止唯一可以据此推算法照生年的材料。敦煌藏经洞文物出土以前，有关法照的事迹，都是从他在衡州云峰寺的感应故事——食钵中见五色云及五台山寺院开始的。但发生这一感应故事的时间，各种材料的说法不尽一致：

P. 3792v3 说是"大历五年春三月"。

《本传》称："大历二年，栖止衡州云峰寺，勤修不懈，于僧堂内粥钵中，忽睹五彩祥云……"

《广清凉传》称："唐大历二年二月十三日，南岳云峰寺食堂内食粥，照向钵中，见五台山佛光寺……"

《净土往生传》称："唐大历二年，栖于衡川(州)云峰寺，慈忍戒定，为时所归，一旦于僧堂食钵中，睹五色云，云中有寺……"

《新修往生传》称："唐大历二年，栖于衡州云峰寺，慈忍戒定，为时所归，二月十三日，于僧堂食钵中睹五色云，云中有寺……"

《宝珠集》则称："唐大历三年，栖于衡川(州)云峰寺……"

---

① 汤用彤：《隋唐佛教史稿》，中华书局 1982 年版，第 192—193 页。

综观上引材料，感应故事的发生地，尽管有"衡州山寺""南岳云峰寺""衡州云峰寺""衡川（可能误州为川）云峰寺"之别，但可以肯定是"衡州云峰寺"。而发生的时间，亦尽管有"大历二年""大历三年""大历五年"之别，但大多数材料为"大历二年"，即 767 年。

法照由感应故事而萌发了朝拜五台山的念头，因此，离衡州赴五台山的年份，应该就是法照 20 岁时。这一年，各种材料都说是"大历四年"，即 769 年，因而我们可以推出，法照生于 750 年，亦即天宝九年。

关于法照的卒年，也有几种不同的说法：

《净土往生传》在大历五年（770）十二月之后记法照见到一位梵僧，梵僧云："汝净土华台生矣，后三年花开，汝其至矣（指往生极乐世界，即圆寂）。"法照刻石记事，并建竹林寺，寺成，不累日而卒，"向闻梵僧之说果三年"。如此说来，法照卒于大历七年或八年。

《佛祖统纪》卷二六有具体卒年，说法照于大历五年见佛陀波利时，"佛陀波利谓之曰：'汝华台已生，后三年，花开矣。汝见竹林诸寺，何不使群生共知之？'师（法照）因命匠刻石为图，于见处建竹林寺，既毕谓众曰：'吾事毕矣。'数日别众坐逝。推波利之言，果三年也（当大历七年也）"。上引括弧内的"当大历七年也"几个字系《佛祖统纪》原注。若依此说，则法照死于大历七年，即 772 年。此说不可信。因为法照在《观行仪》卷下有一段话，说自己于大历九年（774）冬初十月于太原龙兴寺再述《净土念诵观门》。仅此一条材料，就足以说明。

日本学者在法照卒年问题上，由于他们不知道 P. 3792v 这一重要文献，就假设了个"永泰元年（765）法照 25 岁"，开成三年（838）法照已 98 岁高龄，似不可能，于是就认为《巡礼行记》的

"迁化来二年"可能是"迁化来二十年"之误。这种说法也是没有根据的。《巡礼行记》一书有一个很有趣的现象:卷二写到开成五年五月十六日止,但卷三竟又从四月廿八日开始,因而从四月廿八日到五月十六日重复记事。事有凑巧,有关法照的记载,正好在这一段。其记事有差异:卷二说开成五年法照"迁化来二百年",而卷三则说"迁化年来近二年"。开成五年上推 200 年,离法照出生 100 多年,当然是记载有误,或刊刻上有误,因而我采用"迁化来近二年"之说。

关于两个法照是否同为一人问题。

中国史书上,同名同姓者很多。名见经传者尚且同名同姓者多,一般俗人就更多。法号相同的也多,本不足为奇。问题是:另一位法照的事迹似乎可以与我们所说的法照衔接。《宋高僧传》卷二五有《唐陕府法照传》,全文只有 170 字左右,云:"释法照,不知何许人也。立行多轻率,游方不恒。长庆元年(821)人逆旅避雨,逡巡转甚泥掉,过中时乞食不得,乃咄童子买彘肉煮,夹胡饼数枚,粗食略尽,且无耻愧,旁若无人,客皆诟骂。少年有欲驱者,照殊不答。至夜念《金刚经》,本无脂烛,一室尽明,异香充满。凡二十一客,皆来礼拜谢过,各施衣物,照踞坐若无所睹,后不知终所。"从这一记载看,有几点可与法照吻合:不知何许人也;不知所终;长庆元年(821)尚健在;爱"游方"(已知他从梁汉到庐山,从庐山到南岳,从南岳到五台,从五台到太原,从太原到长安,只最后一次系皇帝所请,其他都是他个人自愿)。总之,我偏向于两个法照实乃一人。

为节约篇幅,列法照年表于下:

法照年表

公历	年号	事迹	出处
约750	天宝九年	出生	P. 3792v3 及《宋高僧传》
760	上元元年	出家	P. 3792v3
765—766	永泰中	至南岳拜承远为师	《南岳弥陀寺承远和尚碑》
766	永泰二年	四月十五日发愿于弥陀台入般舟道场,二七日是夜见阿弥陀佛	《观行仪》中
766	大历元年	著"自设问答体"的《五会念佛》	《略赞》
767	大历二年	在衡州云峰寺于钵中见五台诸寺	《本传》《广清凉传》《佛祖统纪》《净土往生传》
769	大历四年	于衡州湖东寺起五会念佛道场。六月二日见弥陀三圣,其夜遇老人,让法照赴五台山。八月十三日自南岳与同志数人(十人)游五台	《本传》《广清凉传》《佛祖统纪》
770	大历五年	1. 四月五日到五台县 2. 六日到佛光寺,感应故事:见善财、难陀,并在其指引下见到文殊、普贤。二圣为其授记,至七宝园 3. 法照将其事立石记之 4. 四月八日,往华严寺 5. 四月十三日,法照与50余僧人同往金刚窟。法照于其夜见佛陀波利,引法照见文殊 6. 十二月初,入念佛道场	《本传》《广清凉传》《往生净土传》《佛祖统纪》
771	大历六年	江东释慧从华严寺崇晖、明谦等30余人随法照至金刚窟,立石为志。于时又闻钟声,将此事书于屋壁 法照建竹林寺	《本传》《广清凉传》。《广清凉传》将此事系于大历十二年之后

公历	年号	事迹	出处
772	大历七年	1. 法照入太原 2. "其年有敕,天下置般年舟道场" 3. 旬日之间,有几千人愿为法照的"念佛弟子"	P.2130 推算
774	大历九年	冬初十月,于太原龙兴寺再述《净土念诵观门》	《观行仪》卷下
777	大历十二年	九月十三日,法照与弟子八人于东台见白光,光中有文殊菩萨	《本传》《广清凉传》
762—779	宝应元年一大历十四年	1. "代宗于长安宫中,常闻东北方有念佛声,遣使寻之,至于太原,师见劝化之盛,遂迎入禁中,教宫人念佛,亦及五会" 2. "在代宗时,有僧法照为国师"	《佛祖统纪》《弥陀和尚碑》
785	贞元元年	节度使马遂(滋)入太原奉敕知	P.2130,"敕知"后疑有脱文
788	贞元四年	法照入长安	P.2130
796	贞元十二年	"贞元年中,护国中尉邠(宾)国公扶风窦公,每皇帝诞圣之日,设万僧供,命司兵参军王士詹撰述刻石纪颂(法照)"	《广清凉传》《万僧供记》(见《全唐文》)
838	开成三年	法照迁化,有敕谥为"大悟和尚"	《巡礼行记》

四　法照与敦煌

　　唐太宗、高宗时代的善导是净土宗的实际创始人,人称"阿弥陀佛的化身"。《佛祖统纪》卷二六云其一生中,以所得布施

"用写《阿弥陀经》十万卷,画净土变相三百壁,坏寺废塔,所至修营"。当时的长安,"从其化者至有诵《弥陀经》十万至五十万卷者。念佛日课万声至十万声者"。之所以当时有这么大的影响,主要是因为善导的一些主张,尤其是九品皆凡夫、凡夫能与地上的菩萨同入净土的主张,深得俗人拥护。他的著作,传世的有五种:《观无量寿经疏》《法事赞》《观念法门》《往生赞》《般舟赞》。敦煌藏经洞出土的法照为之收集的有《宝鸟赞》《道场乐赞》《西方礼赞文》《西方赞》《往生乐愿文》《小般舟三昧乐赞文》)。

从现在我们所知的材料来看,法照在理论上不如善导,但在佛事活动的实践上、净土宗的发展上,法照的影响比善导大,或者说各有千秋,因而世人把法照看成是善导的化身。《佛祖统纪》卷二六引慈云《净土略传》称:"(善导)阿弥陀佛化身,至长安,闻沪水声,曰:'可教念佛。'三年,满长安城皆念佛。后有法照法师,即善导和上也。"日本学者认为法照在敦煌净土教的地位在善导之上,已如上引。法照在五台山、太原、长安的业绩,在上面的年表中也已略述,这里且述法照与敦煌。

1. 法照与敦煌五会念佛

五会念佛是法照首创,因而世人称他为"五会法师"。有关五会念佛的最早的文字记载是法照自己后来收入《略赞》的《五会念佛》。这是一篇自设问答体的短文,文曰:

> 五会念佛(梁汉沙门法照大历七年夏四月中起,自南岳弥陀台般舟道场依《无量寿经》作)。
>
> 问曰:五会念佛出在何文?
>
> 答曰:《大无量寿经》云:或有宝树,车渠为本,紫金为基,白银为枝,琉璃为条,水精为叶,珊瑚为花,玛瑙为实,行行相值,茎茎相望,枝枝相准,叶叶相向,花花相顺,实实相当,荣色光耀,不可胜视,清风时发出五会音声,微妙宫商自

然相和,皆悉念佛念法念僧,其闻音者得深法忍,住不退转,至成佛道。

又释五会念佛:五者是数,会者集会。彼五种音声,从缓至急,惟念佛法僧,更无杂念。念则无念,佛不二门也,声则无常,第一义也。故终日念佛,恒顺于真性,终日愿生,常使于妙理。发心有如此者,必降天魔击法鼓,六种震动,四花繁雨,金刚宝座,正觉可期也……此五会念佛声势,点大尽长者,即是缓念;点小渐短者,即是渐急念,须会此意。

第一会平声缓念,南无阿弥陀佛;

第二会平上声缓念,南无阿弥陀佛;

第三会非缓非急念,南无阿弥陀佛;

第四会渐急念,南无阿弥陀佛;

第五会四字转急念,阿弥陀佛。

五会念佛竟,即诵《宝鸟》诸杂赞。

据上引文字而得知,所谓"五会念佛",就是用五种声调、节奏来念阿弥陀佛。汤用彤先生据《佛祖统纪》以为"五日为一会",但不知《佛祖统纪》何据而出此说。就目前所能收集到的材料来看,没有"五日为一会"的记载。

图 1　P.2130《西方道场法事文》

为了推行五会念佛，法照充分利用了佛教感应故事，说是"此五会念佛诵经法事观门，实非自意"，是阿弥陀佛的吩咐。《净土五会念佛诵经观行仪》卷中记载，永泰二年（766），法照于南岳弥陀台安居，坐夏后第二个七日的夜里，正念佛时，忽见五色光明，有一道金桥，过了金桥就到了阿弥陀佛的极乐世界，见了阿弥陀佛。佛告诉法照：我知道你想"利乐有情，无一自利"，很好。我现在把"无价珍宝"托付给你。法照问是什么，佛说是"五会念佛无价宝珠"。人们如果"遇斯五会念佛无价宝珠，贫苦皆除，亦如病得药，如渴得浆，如饥得食，如裸得衣，如暗得明，如过海得船，如遇宝藏心得安乐"。为什么有如此之大的好处呢？因为任何人如果遇此法宝"便能念佛，即此一生，定超苦海，登不退转，速具六波罗蜜一切种智，疾得成佛"。法照听了阿弥陀佛的一番话，表示一定依教修行。佛且表示："但见闻者，无不发心欢喜信受而便念佛，至命终时，我来迎接，决定有大利益。"法照从此以后更加大力推行五会念佛,并且发誓:"普劝未来一切四众,但依此行,尽此一行,若不生彼国(指往生阿弥陀国)疾成佛者,法照即愿舌根堕落,遍体生疮,代为诸子长处阿鼻(即十八层地狱)受苦无穷,誓将此身以为念佛保证。"①

从现有材料看"五会念佛"虽不是"五日一会",也绝不是简单的"称名念佛",而是布道场做法事时的念佛诵经方法。P. 2130 就有一段《西方道场法事文》,文曰:

西方道场法事文

若欲作(同做——编者注,下同,不再标出)道场五会法事时,先诵《阿弥陀经》,众和了,即高声念佛得一千口,续诵《宝鸟赞》。和赞了,更读(续)念佛三千口,已为一会。若欲五会全具,《阿弥陀经》为两会,十二(六)观经为三会。道场欲歇时,应诵《净土乐》,赞了,散。

若欲置念佛道场时,当须至诚烧香散花,极令身心清净,不得污秽散乱,直须洗净,然(后)始得入道场。若不洗净者,不应入,须护□□□□不得慢心取次,不得教小男女污秽。当须结果,极令清净,不得就道场中食及恭汤,当须界外别处。如上制约,不取佛言教□□□者,一入阿鼻地狱,无有出期,空置道场有何益?既能割舍珍财□□置道场者,当须至诚重发誓愿,直入道场说自身一生所作罪过,佛前烧香散花,一切罪僭悉皆陈白,即悲泣雨泪,至诚真心自扑身毛皆竖。一忏以后,所作恒沙罪业一时顿断绝迹。若十日置道场时,当须三回恳倒□□。若欲五会和赞,高声念佛时,当须简好声六人已上,更不得□。

---

① 此处引文见《净土五会念佛诵经观行仪》卷中,《大正藏》第 85 册,第 1253—1254 页。

入道场已，先作《云何梵》，然后打净。先须叹佛，然后叹宅家、师僧父母、十方信施坛越，八部龙天、帝释梵王、罗汉贤圣，俱来赴会，咸悉叹之。

作道场时，先须作梵，梵了启情。启请了，即须发愿。发愿了，即须诵《散花乐》。赞了，即回□念佛三五十口，即诵《阿弥陀经》。众和了，即五会念佛了，即诵《散花乐赞》，即至诚忏悔，佛前恳倒，至心发愿，作清净梵唱，四□即散。

正作道场时，有诸恶事起时，念法照名，当须至心称念，当本遣□。作道场时，有诸恶声起时，念我名者随声即救。若不入道场人，若不入道场时，空念无益。

念佛了，欲散时，克数念一百法照名。

日本学者广川尧敏先生把上引文字也当作"法照和尚赞仰文"，认为是法照弟子对其师法照的赞颂。这真是"智者千虑，必有一失"。其实，法照自己明明写着"作道场时，有诸恶事起时，念我名者随声即救"。这也是我将 P.2130 定为法照著《净土五会念佛诵经观行仪》上卷（详后）的根据之一。

敦煌的五会念佛情况，没有专门的文字记载让我们引用，但却有不少佐证，让我们推而知之——五会念佛，盛极一时。

敦煌藏经洞出土的《观行仪》上、中、下三卷就是最好的证据。此书在藏经洞出土物中有好几个本子。作为一种法事的仪轨，不需人人掌握，一个寺院有一本就行。就目前所知，已有 P.2066、2130、2250、2963。如有机会把所有的敦煌遗书再复查一遍，肯定还会有所发现。就现有材料看，P.2066 的书法似大中、咸通年间的敦煌遗书。P.2963 为乾祐四年（951）的抄件，卷尾有题记："时乾祐四年岁次辛亥蕤宾之月冥雕十二叶于宕泉大圣先岩寺讲堂后弥勒院写故记。"由"宕泉"二字可知此寺在莫高窟，因为所谓"宕泉"就是莫高窟前的那条河。先岩寺抄"仪轨"，毫无疑问是为善男信女做法事用的。P. 2130 是道真的写本,他的题记是:"三界寺道真,经不出寺门,就此灵窟记。"说明三界寺也有"仪轨"抄本,而且"经不出寺门",只供三界寺使用,当然也是为了给信众做道场。三界寺在莫高窟,由"就此灵窟记"可知。道真在三界寺的可考年代为长兴五年(934)至雍熙四年(987)。法照死后 100 多年,敦煌仍流行五会念佛,这不能不说是净土教史上值得大书特书的一项。

做五会念佛法事时,要入道场忏悔,这是 P. 2130 中的《西方道场法事文》告诉我们的。敦煌遗书中的"忏悔文"很多,没有人系统整理过。以前,我只知道《佛说佛名经》中穿插有许多以"我某甲……"开头的忏悔文,因此,凡遇到忏悔文,就不知道到底出自何处、什么场合、干什么用的。现在,P. 2130 完整地保存了 13 段共 66 行忏悔文,为我们提供了一种范本,为进一步深入调查提供了依据。五会念佛时,施主们要入道场忏悔,因此,忏悔文是寺院提供给施主们用的。忏悔文的多寡和五会念佛兴盛与否成正比例。由于此项调查尚待进行,具体数字不得而知,但治敦煌遗书者都有一种印象:数量可观。由此也可窥见敦煌五会念佛之一斑。

敦煌遗书残卷中,往往有回向文、发愿文,而这些"文"似乎都是套语,又不知出在何典,因此给这些文书取名为《释子文范》。名为"文范",固无不妥,但总不如《净土五会念佛诵经观行仪》堂堂正正。在几万件敦煌遗书中,没有确切定名的东西不少,就《释子文范》而言,哪些属于《观行仪》,也还尚待订正,已知 P. 2130 有回向、发愿、劝请、随喜等文共 8 种。这 8 种文也是"范本",可借此调查敦煌遗书,并给以正确定名。同时,其数量的多寡也与五会念佛兴盛与否成正比。

《观行仪》中、下两卷都有赞,上卷的情况,从各方面分析,也应有赞。仅中、下两卷就有赞 48 种，《略赞》有赞 40 种，除去两种仪轨重复的赞 21 种，共有 67 种，①再加上 P. 2130 的赞 16 种，总共有赞 83 种。已知有关《观行仪》赞的写卷共 70 件。这是很大一笔敦煌文学遗产（详后）。这些赞不一定每次法会全念，哪些在什么时候诵，哪些在"通一切处诵"，法照在《观行仪》中都有规定，或在某个小标题下注明。另外，80 多种也不是全都念，《净土五会念佛诵经观行仪》卷中云："若中间诸赞，任意临时取舍用之得耳。"然而，如果要诵某赞，必须事前背会，不能看"唱本"。《略赞》规定："散花乐及诸赞文总须暗诵，周而复始。经赞必须精熟，不得临时把本。"既然"不得临时把本"（拿着本子念），那就不是道场上每个人必备，而是事前会背诵就行。因此，已知的 70 多件赞本所发挥的作用就更大。敦煌遗书中的赞本是大量的，我们还没有彻底清理。就已知的各种赞文而言，已经足以说明敦煌五会念佛之盛。

2. 法照与敦煌文学

法照撰集的《观行仪》上、中、下三卷中的赞，加上后来法照门徒写的赞，是一大宗敦煌文学遗产。用于五会念佛诵经的赞，到目前为止，已知有 80 多种，它们是：

彦琮：《净土礼赞》；

善导：《宝鸟赞》《道场乐赞》《西方礼赞文》《西方赞》《往生乐愿文》《小般舟三昧乐赞文》；

慈愍：《般舟赞》《厌此娑婆愿生净土赞》《西方赞》《菩萨子赞文》；

净遠：《观经十六观赞》《阿弥陀经赞》；

---

① 这一统计数字，系采用广川尧敏之说，见《敦煌出土法照关系资料について》。

神英:《叹散花供养赞》;

灵振:《极乐欣厌赞》;

法照:《净土乐赞》《依无量寿观经赞》《依阿弥陀经赞》《净土五会赞》《极乐庄严赞》《高声念佛赞》《叹弥陀观音势至赞》《归西方赞》(两种)、《西方极乐赞》《净土法身赞》《五会赞》;

无名氏:《维摩赞》《涅槃赞》《无量寿佛赞》《观世音赞》《大势至菩萨赞》《出家乐赞》《请观世音菩萨赞》《六根赞》《归西方赞(又两种)》《极乐五会赞》《叹五会妙音赞》《归向西方赞》《念佛之时见佛赞》《校量坐禅念佛赞》《极乐宝池赞》《六道赞》《西方十五愿赞》《极乐连珠赞》《四十八愿赞》《西方杂赞(西方新赞)》《净土五字赞》《厌苦归净土赞》《散花乐文》《相好赞》《正法乐赞》《西方乐赞》《鹿儿赞文》《相观赞文》《愿往生赞文》《般若赞文》《小道场赞文》《大乐赞文》《叹大圣文殊师利菩萨》《藏钩乐赞文》《父母恩重赞文》《新华台赞文》《述观经九品往生赞文》《劝修行偈》《十愿赞》《法照和尚赞》《弥勒本愿赞》《西方极乐赞》《净土行赞》《法船一去赞》《往生极乐赞文》《五台山赞文》《兰若空赞文》《兰若赞》《归极乐去赞文》《法华廿八品赞文》《西方念佛赞》《五台山胜境赞》《上都章敬寺西方念佛赞》《五会念佛赞》《散华乐赞》《出家赞》《辞道场赞》。

上列赞名,只是初步调查所得,其中《西方极乐赞》《西方念佛赞》《西方礼佛赞》等名称重复,但内容各不相同。有许多篇名叫做某某"文",其实都是"赞"。

作为敦煌文学的一部分,对五会念佛中的各种赞的研究,似乎尚未展开。在这里,我愿意把我收集到的有关敦煌遗书卷号奉献给大家,以便于展开研究:

北图生 25、果 41、重 20、文 89、乃 74、衣 37、推 79、周 90;

S. 263、370、382、447、779、1781、2945、3096、3287、3685、

4504、5466、5473、5539、5569、5572、5581、5689、6273、6417、6631、6734；

P. 2066、2130、2147v、2157v、2250、2483、2563v、2690v、2963、3011、3116、3118、3120、3156、3216、3242、3246、3373、3645v、3824、3839、3841、3892、4028、4572、4597、4617、4741；

龙谷大学藏本。

对于五会念佛的这些赞，日本学者佐藤哲英对龙大藏本进行过深入的研究；广川尧敏从敦煌出土的有关法照的资料着眼，对赞文做过目录及统计，并进行了研究。但是，作为文学作品来研究，尚未展开。我不是搞文学的，当然是心有余而力不足。在这一点上，我寄厚望于敦煌文学研究者。之所以上面列出了这么多卷号，正是因为我的一片苦心之所在。

3. 法照与敦煌壁画

敦煌壁画中的西方净土变，包括阿弥陀经变、无量寿经变、观无量寿经变，唐五代时期绘制的占绝大多数。这些经变与净土五会念佛有何关系，尚待进一步研究，因为"法照与敦煌"是一个新题目。壁画中有关法照本人的，前面我提到过的赵声良《莫高窟61窟五台山图研究》一文已有具体画面的解释与研究，限于篇幅，我且从略。值得注意的是，法照死于何地，葬于何处，到目前为止，没有发现任何记载。日本僧人圆仁的《巡礼行记》只说竹林寺前般若道场法照曾在此念过佛，现在（指开成五年）这里有法照的塑像或者壁画——"今造影安置堂里"。何以地处边陲的敦煌知道"法照和尚庵"，并且绘入《五台山图》，不能不给人以凉州是法照故乡的联想。

五　关于 P. 2130 之我见

1989 年,我写《敦煌遗书〈阿弥陀经〉校刊记》时,就曾接触过 P. 2130 卷子,引起我留心法照的事迹。多次通读、考察、思辨,认定它就是学者们一直想得到而未知的《净土五会念佛诵经观行仪》上卷。现略论、辨析如下:

众所周知,法照是唐代宗、德宗时期的高僧,代宗曾封其为国师。由于他开创五会念佛,影响极大,人称五会法师。代宗遣使至太原将其"迎人禁中,教宫人念佛,亦及五会"(见《佛祖统纪》)。法照的主要著作都与五会念佛有关。敦煌藏经洞被发现之前,关于五会念佛,人们只知道有这么一种法事,再就是日本高僧圆仁带回去的一本书——《净土五会念佛略法事仪赞一卷并序》。正由于对此不甚了了,所以《佛祖统纪》说五会念佛是以"五日为一会"。带往日本的《略赞》曾提到有一种三卷本的五会法事仪。但《净土五会念佛诵经观行仪》3 卷早已失传。敦煌藏经洞出土的遗书中,有《净土五会念佛诵经观行仪》中、下两卷(现已收入《大正藏》第 85 册),因原题保存完好,人们一见便知。上卷不知下落。但是我们完全可以推测:既有中、下两卷,也一定有上卷;既然没有发现完整的、有"首题"的上卷,那么上卷一定是残卷。

法照自己在《略赞》中对三卷本有一个十分简略的说明:"今依《大无量寿经》五会念佛,若广作(做)法事,具在《五会法事仪》三卷,启赞《弥陀》《观经》,广说由序,问答释疑,并在彼文。亦须具写寻读,流传后世。若略作(做)法事,即依此文。"这就是说,三卷本的《观行仪》(法照略称其为《五会法事仪》)的内容包括几部分:一是启经(念诵《阿弥陀经》《观无量寿经》的经文)及礼赞文；二是详细解释五会念佛的由来及如何做法事的程式；三是排解群疑而有问必答（实际上是自设问答）。

法照自己在《观行仪》下卷的末尾如"跋"一样的文字中，又对上、中、下三卷的安排有一个简略的说明："上来依诸圣教略述赞扬五会法事轨仪，以为三卷。前之两卷，具有明文，意遣群疑，归心净国。众等若念诵赞行，即依前卷回向发愿文，即使应知。时大历九年冬初十月，于北京龙兴寺再述《净土念诵观门》。"这段话除了告诉我们"三卷本"完成于大历九年以外，还有两个重要内容：一是"前之两卷，具有明文，意遣群疑，归心净国"，也就是说，重点在于"意遣群疑"（详后）；二是"众等若念诵赞行，即依前卷回向发愿文，即使应知"，这就是说，"回向发愿文"在"前卷"（即上卷）。

"三卷本"的下卷，法照自己在卷首有一段开宗明义的话："此下一卷赞，从第八赞佛得益门分出（赞佛得益门在中卷），众等尽须用第三会念佛和之。其赞文，行人总须诵取，令使精熟，切不得临时执本读之。亦通大会作（做）法事诵之。若非大会日，余一切处诵赞念佛和之并得。广略必须知时，应知。"上、中、下三卷分工明确。正因为下卷是从中卷分出来的，所以，除卷首是说明性文字以外，其余全是赞文，共存 29 首赞，约 11000 字。这是准备广做法事用的。这一卷与考证 P. 2130 无关。略作以上交代之后，姑且置而不论。

考察一下《观行仪》中卷的内容，虽然不能说是为考定上卷提供了打开密卷的钥匙，但是确实提供了许多线索。中卷的内容为：

《阿弥陀经》全文。在经题之下，有一个法照写的"注"，这是一般《阿弥陀经》所没有的。注云："一名《小无量寿经》，后秦鸠摩罗什法师译，宗嘉元年（宋元嘉元年之误）求那跋陀罗重译，名

《阿弥陀经》。"将来进一步普查时,可以用此注来鉴别《阿弥陀经》是单行本,还是《观行仪》中卷的开端。经文后,法照有一段说明,亦是仪轨的内容之一,云:"众等每诵经了,即第二会念佛(平上声缓念南无阿弥陀佛)一两会,即诵《宝鸟》《相好》二赞,应知。"这说明,诵什么经必须诵什么赞,这在仪轨里是有一定之规的。

阿弥陀佛说咒,紧跟《阿弥陀经》之后,这也是一般《阿弥陀经》(受持经、供养经)所没有的。敦煌遗书《阿弥陀经》之后,有附《往生咒》的,《大正藏》收而附之,两咒不同,不是一回事。此咒后有咒的读音方法及功能,并注明:"此陀罗尼及功能,作(做)法事时不需诵之。"此咒似乎是早中、晚做功课用的。咒后有法照的一段很长的说明,文曰:"咒中之字,皆依本音转舌言之;无口者,依字读之。右咒先已翻出流行,于晨朝杨枝净口,散花烧香,佛像前胡跪合掌,日诵二七。若三七遍,灭四重五逆等罪,现身不为诸横所恼,命终生无量寿国,永离女(汝)身。今更勘梵本,并对问婆罗门僧毗尼佛陀僧伽等,知此咒威力不可思议,云:'旦、暮、午各诵一百八遍,灭四重五逆,拔一切罪根,得生西方;若能精诚诵满二十万遍,则菩提牙生,证不退转;满三十万遍,则面见阿弥陀佛,决定得生安乐净土。'"

《往生西方记验》,实际上,这是与《阿弥陀不思议神力传》相差不大的一种本子。这部分,法照也有说明:"又,《往生西方记验》,此传作(做)法事时不在诵限,知之。"

《宝鸟赞》后也有说明:"众等诵《阿陀陀经》了,即诵《宝鸟赞》。诵诸赞了,发愿具在赞后,即散。"

"第八,赞佛得益门"这是原有的小标题。由此我们得知,上卷应包括第一至第七门。"赞佛得益门"除讲"赞佛得益"之外,又有法照的一段很长的说明。

以《观经十六观赞》为首的十六种赞。

"第九，化生利物门"原小标题下亦有说明，此段很短。

"第十，回向发愿门。"

最后用将近 4500 字，劝人相信五会念佛能"命毕为期，同生净国"。为了让人相信，首先得排遣大家的疑惑。法照为此而讲述了自身经历：永泰二年（766）坐夏时，某夜见阿弥陀佛，佛让他传授五会念佛。接着，引用了《观无量寿经》《贤护经》《禅秘要法经》《涅槃经》，还讲了慧远、谢灵运、刘遗民等 123 人庐山结社愿生净土的故事，讲到了昙鸾、珍禅师、智颛、善导、道绰，直到慈愍。一句话，讲了净土教的历史。

综上所列，中卷的主要内容是：经、赞、"意遣群疑"，后者所占的比重犹大，仪轨本身只是穿插于字里行间的小注而已。

关于上卷内容的推测，据《略赞》和《观行仪》中卷，上卷的内容至少应有：

1. 序。据《略赞》，应该有"序"，有关五会念佛的说明，有"庄严文"。

2.《观无量寿经》。法照在《略赞》中说三卷本有《弥陀经》《观经》，已知《阿弥陀经》列在中卷之首，下卷首尾完整而无《观经》，则《观经》定在上卷。又，法照在中卷"赞佛得益门"中，回答赞佛得益时说："赞佛得益，具有诸经。"又说："白诸众等：此后诸赞，随此《弥陀》《观经》一期法事竟，就此诸赞之中，有文长者，行人临时不得多诵。文少者即诵彻，文长者略之，大意如此。"又说："《六根赞》，诵《观经》及诸赞了，即诵此赞。"总之，三卷本中得有《观经》，既然中、下两卷无，定在上卷。

3. 第一至第七门。中卷从第八门起至第十门，那么第一门至第七门应在上卷。"七门"是哪七门，不得而知，到目前为止尚未发现。日本学者塚本善隆以为：中卷开端的《阿弥陀经》是第七门,抑或第七门的后半。这只是推测而已。从赞文中看,有"急要门""速疾门",但详情不得而知。

4. 赞文。中卷的解释(也就是仪轨)说,诵《弥陀》《观经》二经之后,应诵什么什么赞。因此,既然《阿弥陀经》之后有 16 种赞,那么《观经》之后也应有赞。又,《略赞》尚且有赞 40 种,3 卷本是"详赞",理应更多,现 3 卷本中、下两卷仅有 47 种赞,显然上卷还应有各种赞。

5. 回向发愿文。这一内容是法照在下卷的末尾有明确交代的。

6. 感应故事。为了"意遣群疑",应有五会念佛的感应故事。

根据以上考察,我们来看一下 P. 2130 的内容:

1. 感应故事,残存 30 行。P. 2130 卷前部已残,残存部分从法照和尚的感应故事,即大历五年法照在五台山某夜见文殊、普贤的故事开始,共 30 行。

2. 西方道场法事文,共 20 行。这一部分,往往为日本学者所忽视。它具体讲五会念佛道场如何设置,有什么禁忌,有什么程序。

3. 《散花乐》等赞 11 种。

4. 回向文、发愿文、忏悔文,共 100 多行,这正是法照在下卷的末尾"跋"中明确了的内容。

5. 《观佛三昧海经》,此写经有首题,曰:"佛说观三昧海藏经本行品第八。"有尾题,曰:"佛说观三昧海经一卷。"奇怪的是,前面部分是"观佛"三十二相的简单内容,而且每"观"一相之后,都有"三念佛"三字注于行文的右下方,说明是做法事时的道场念诵文。后面部分的 23 行才是《观佛三昧海经·本行品》的第一、二两段。这很奇怪,未抄完而终止,且写一尾题,给人以完整感。

6. 题记,文曰:"三界寺道真,经不出寺门就此灵窟记。"

上列内容，除最后一项以外，其余都可以与"上卷"应有的内容相吻合。因此，我认为 P. 2130 就是学者们要搜寻的《净土五会念佛诵经观行仪》上卷。

如果我的看法能成立，也算是我对敦煌遗书研究的一点贡献；如果不能成立，请学者专家们给予批评指正。

1994 年 8 月 6 日初稿于兰州

（原载《1994 年敦煌学国际研讨会论文集·宗教文史卷上》，甘肃民族出版社 2000 年版）

本所藏敦煌唐代奴婢买卖文书介绍

敦煌文物研究所收藏的《唐代奴婢买卖市券副本》原为1件,后断裂为二,馆藏号为D0639、D0640,发表号为敦研298号、299号。前半段长14厘米,残高23厘米,存9行,第1行上下均残,余8行上部残;后半段长15厘米,残高19厘米,存6行,除第1行缺4字外,余完好。(图1)录文如下:

图1　敦煌研究院藏《唐代奴婢买卖文书》

……客王修智牒称:今将胡奴多宝载拾叁

……惠温,得大生绢贰拾壹疋。请给买人市券者。依

……安神庆等款保前件人奴是贱不虚。又胡奴多宝甘心□

……修智,其价领足者。行客王修智出卖胡奴多宝与□□

……绢贰拾壹疋。勘责抉同,据保给券。仍请郡印□□

……罪。

绢主

郡印　　奴主行客王修智,载陆拾壹。

　　　　胡奴多宝,载壹拾叁。

(以上敦研 298)

保□□□□百姓安神庆,载伍拾玖。

保人行客张思禄,载肆拾捌。

保人敦煌郡百姓左怀节,载伍拾柒。

保人健儿王奉祥,载叁拾陆。

保人健儿高千丈,载叁拾叁。

市令秀昂给券　　　　　　史。

(以上敦研 299)

文书无纪年,从各方面的情况来判断,应该是唐代的。因为:

1. 文书中有"保人健儿……"两条,"健儿"也称"官健",是唐府兵制破坏以后对戍卒的通称。开元二十五年(738)以后,各地边军以"健儿"代替府兵,又称"长征健儿",或称"兵防健儿"。《唐六典》卷五记载:"天下诸军有健儿(旧,健儿在军皆有年限,更来往,颇为劳弊。开元二十五年敕,以为天下无虞,宜与人休息,自今已后,诸军镇量闲剧、利害,置兵防健儿,于诸色征行人内

及客户中召募,取丁壮情愿充健儿长住边军者,每年加常例给赐,兼给永年优复;其家口情愿同去者,听至军州,各给田地、屋宅。人赖其利,中外获安。是后,州郡之间永无征发之役矣),皆定其籍之多少与其番之上下(其所取人并具于本卫),每季上中书门下。"①但《新唐书·兵志》未记载"健儿"之设,唐长孺先生在《唐书兵志笺正》卷二中批评道:"隋唐始以府兵防边,以至久戍不归,乃有长征健儿之招募,节度使所统之兵自开元二十六年之后悉是长征健儿也。《志》于此略无一语相及,未免疏略。"②按唐先生的开元二十六年疑是《唐六典》所记开元二十五年之误。

2. 《旧唐书》卷四十四《职官志》记载天宝元年(742)改州为郡,置太守。《旧唐书》卷四十《地理志》记载是年改沙州为燉煌郡、瓜州为晋昌郡,乾元元年(758),又改郡为州,燉煌郡复为沙州。文书中有"保人燉煌郡百姓……"一条,唐代称"燉煌郡"只是天宝元年至乾元元年间(742—758)才有可能。另外唐代所称"燉煌"二字,"燉"字都有"火"旁,史书、碑文都是如此。

3. 文书的纸张、字体与莫高窟第122窟窟前出土的天宝七载(748)的"过所"相似。

4. 文书中凡提及人的年龄,一律用"载"若干。按"改年为载"是唐玄宗天宝三年(744)的事。③天宝以后的至德,只有三年,"载""年"兼用,接着,乾元元年(758)又改"载"为"年"了。④

根据上述几点,我们认为文书的年代,上限为唐天宝三年(744),下限不会超过乾元元年(758)。

敦煌遗书中,契约文书不少,但属于这样的奴婢买卖文书,却

① 《唐六典》卷五,中华书局 2008 年版,第 156—157 页。
② 唐长孺:《唐书兵志笺证》,科学出版社 1957 年版,第 33 页。
③ 《唐大诏令集》卷四,《唐会要》卷八五。
④ 《唐大诏令集》卷九。

是不多。文书的性质,不是买卖双方订立的私契,因为当时的私契都有一定的格式:先署年月和立契者的姓名,次叙买卖的原因,再次写明价钱,最后都有这么一段:立契后,不许休悔,如先悔者,罚实物若干,"恐人无信,故立此契,用为后凭"。我们所介绍的这件文书,行文与私契完全不同。

通观全文,这件文书可能是买卖成交以后,投验官府,给以印凭的"市券",是奴婢买卖的最后一道法定手续。《唐律疏议》卷二十六"买奴婢牛马立券"称:"诸买奴婢、马、牛、驼、骡、驴,已过价不立市券,过三日笞三十,卖者减一等……即卖买已讫,而市司不时过券者,一日笞三十,一日加一等,罪止杖一百。"唐律所说的"市券"实物,据我们了解,过去还没有发现过。所谓"市券",就是市肆管理者出给的"官契"。(券者,契也。《唐律疏议》卷二十六记载:"无私契之文,不准私券之限。")①

这个文书,我们认为是"市券"。我们考虑的因素有:1. 整个行文,是官府的口气。2. 文书引"王修智牒称:'……请给买人市券者。'"3. 文书接着写明:根据安神庆等的担保,"奴是贱不虚","据保给券,仍请郡印"。4. 除"绢主"(即买主)以下空缺外,有卖主、被卖者、保人的身份、年龄,这是契约文书必不可少的内容。5. 文书的盖印之处有"郡印"二字,这说明,如监印官检验之后,加盖印章,就成为生效的正式"市券"。"市令……"一行以后残缺,因此还不是"市券"的全貌。我们估计,后面还应有监印官录事参军事等批语之类的东西。

又,文书上既无花押,又无官府钤记,只在"奴主"一行的上方写着"郡印"二字,因此,这一文书应是官署存档的"市券"副本。

①《唐律疏议》卷二六,中华书局1983年版,第500—501页。

文书上的"郡印"二字，说明"市券"的最后审核权在郡府。官府对奴婢买卖之所以控制较严，与唐朝重视"脱户""漏口"一样，目的是为了控制给自己服役、课税的人口。另外，署名担保者共五人，"五人同保一事"，表明法律效用大。《唐律疏议》对此还有专议。

现存文书的最后一行为"市令秀昂给券（以下空）史（以下残缺）"，这是市券发放者的官职、人名。从文书标明的"郡印"二字来看，发放官署是郡一级的。天宝年间的敦煌为下郡，按唐代下郡的职官编制，管理市场的头目称市令，下属有佐、史等职。① 文书的记载，与史书相符，这证实了当时敦煌市场管理机构的设置。

文书中有"奴主行客王修智""保人行客张思禄"两条。"行客"应是这两人的身份。唐代在商业上已有同业行会性质的行，行有行头（或称行首），属于这种组织的商人，叫作行人、行商、行户。我们考虑，文书的行客，可能与行有关。如此看来，唐代的敦煌，不但有市，而且有行。又，文书标明这一奴婢买卖以"大生绢"作价，这正说明唐代的货币是"钱帛兼行"的，也部分地反映了唐代敦煌的商业情况。

敦煌是著名的丝绸之路必经之地，唐代敦煌的商业无疑是很兴盛的。我们介绍的这件文书，从不同的角度为我们研究唐代敦煌的商业提供了可靠的资料。

唐朝是繁荣强盛的朝代，开元、天宝年间（713—756）更是所谓的盛唐。《新唐书·食货志》说："（天宝三年）海内富实，米斗之价钱三十……道路列肆，具酒食以待行人。店有驿驴，行千里不持尺兵。"②可是，我们所介绍的这个文书，正产生于这个所谓

① 《旧唐书》卷四四"职官"。
② 《新唐书》卷五一"食货志一"。

的"太平盛世"。这说明,封建经济的繁荣,正是建立在对千百万劳动人民掠夺、奴役、剥削的基础上的。

唐代被压迫被剥削阶级中,最下层的是奴婢。唐代法律明文规定奴婢与"畜产"同类,买卖奴婢的检验,"亦同验畜产之法"①。奴婢是官僚地主直接控制的人口,政府不差派任何课役,因此官僚地主经常掳掠人口为奴婢或者出卖。如郭元振当通泉尉时,就曾经"前后掠卖所部千余人,以遗宾客,百姓苦之"②。为了抑制官僚地主无限制地把给政府交纳租税、负担徭役的"良人"掠为奴婢,唐朝用法律的形式规定"掠卖良人"所应得的"罪"。③但是,以唐皇室为首的封建统治者又需要保持一定数量的奴婢为他们驱使④,于是又规定:如果确系奴婢,可以与牛马一样自由买卖。所以,凡买卖人口,都得写明所卖者确系"奴婢"。因此,文书上就写明,"奴是贱不虚"。前半段第6行存一"罪"字,其内容应是:如有不实,愿"准法科罪"。

"奴是贱不虚"这5个字,对买卖双方来说,只是为了使买卖人口合法化,但对被出卖的胡奴多宝来说,就是永世做牛马的判决书。唐代的法律条文中,这个"贱"字,主要是指奴婢而言的。要想"免贱",实际上是不可能的。固然,敦煌遗书中也有《家童再宜放良书》(S.6537v),唐朝的敕文和唐律里也有"放还奴婢为良"的规定⑤,实际上只是一纸空文,因为被"免贱"的是"年六十以上及废疾者",被"放良"的"家童"已是"自从皈管五十余年"

---

① 《唐律疏议》卷二〇"私财奴婢贸易官物"。
② 《旧唐书·郭元振传》。
③ 《唐律疏议》卷二〇"略人略卖人"。
④ 《唐会要》卷八六"奴婢"。
⑤ 《唐会要》卷八六"奴婢"。参中国科学院历史研究所资料室编:《敦煌资料》第1辑"契约、文书",中华书局1961年版。

的老头子了。这就告诉我们：凡是被"放良""免贱"的，不是被奴主摧残坏了身体，便是被敲骨吸髓到了只剩下一具骷髅的地步，失去了劳动能力而被赶出门的。可以肯定，等待着他们的是求乞于路，冻死街头。与其说"放良""免贱"，不如说是给劳苦一生的"贱口"送死。在这里，剥削者的伪善面目可谓暴露无遗。

文书中写道："又，胡奴多宝甘心（下缺）修智，其价领足者。行客王修智出卖胡奴多宝与（下缺）绢贰拾壹匹。""胡奴多宝"，当是西域地区的一名少数民族的少年，名叫多宝。文书中虽然缺了一些字，但已告诉我们：他先是卖给王修智，现在王修智又把他卖给惠温。年仅 13 岁就被出卖了两次，这只能说明，所谓"盛唐"之世，正是统治阶级的天堂，劳动人民的人间地狱。

唐代是我国封建社会的鼎盛时期，奴隶制早已过时，但是，"替富人做家务和供他过奢侈生活用的奴隶，还存留在社会上"①。唐代官私奴婢的存在，正说明官修史书中"盛世"之谈，封建文人笔下的"忆昔"赞歌，都掩盖不了这短短一纸文书所反映的阶级剥削和压迫，它是所谓"盛唐"之世阶级压迫和民族压迫的历史见证！

（作者小记：本文现在的题目，是我的原有命题。1972 年《文物》杂志发表时的题目为《从一件奴婢买卖文书看唐代阶级压迫》。敬告读者，以求见谅。）

（原载《文物》1972 年第 12 期）

---

① 恩格斯：《家庭、私有制和国家的起源》，载《马克思恩格斯选集》第 4 卷，人民出版社 1972 年版，第 146 页。

延祐三年奴婢买卖文书跋

　　敦煌研究院馆藏 D0612 号(发表号为敦研 381 号)元代延祐
三年(1316)奴婢买卖文书,高 29 厘米,宽 22 厘米,文字 7 行,上
钤朱文九叠篆书官印 5 方。印高 6.9 厘米,宽 6.1 厘米,略带长
方形,印文已模糊不可辨。纸呈浅黄色,质地疏松,纤维帚化不均,
类似近代的毛边纸。后钤"静山"2 字朱文印章 1 方。(图 1)。

图 1　敦煌研究院藏《延祐三年奴婢买卖文书》

　　文书原为周炳南所收藏。周炳南,字静山,甘肃狄道(今临

412

洮)人,北洋军阀统治时期,曾长期镇守安肃道(今酒泉地区),任"肃州巡防各路邦统兼带第四营"。他出身于保定陆军学堂,"有轻裘缓带风,复精赏鉴"①。现藏敦煌研究院的汉桓帝元嘉二年(152)汉简及"敦煌长史"封泥就是他在 1920 年从玉门关外发掘所得。1925 年,美国的华尔纳第二次来敦煌,计划剥走莫高窟第285 窟,即有西魏大统五年(539)题记的特级洞窟壁画,周炳南作为驻军代表,参与接待、谈判,阻止了华尔纳的行动,保护了敦煌壁画,使之免遭损失。在此期间,他收集了一些写经、文书等残页碎片,装贴成两个本子,题其封面为"敦煌石室遗墨",最后有他亲笔题识,文曰:"观上六朝、隋唐各书,落笔沉着,极近汉晋人书法,其笔意之精严,想钩指回腕别具灵妙,非浅学所能模拟。南生千年后,得此墨迹于敦煌石窟寺故纸堆中,朝夕展玩,虽片纸只字,不啻拱璧,实快平生之心目也。中华民国十五年春正月周炳南识。"他视为珍宝而"朝夕展玩"的这两本《敦煌石室遗墨》,新中国成立前慷慨地送给了敦煌艺术研究所。延祐三年(1316)文书就是其中之一。

文书系用草书写就,有的字很难辨认,现试作释文如下:

1. 永昌税使司

2. 今据也的迷石用价钱中统抄(钞)壹拾陆

3. 定买到乙律(?)约(?)充(?)驱女一名唤女女年一十七岁

4. 望准官牙人赴务投税凡合行出给

5. 右付也的迷石准此

6. 延祐三年七月日给

(画押)

---

① 当年安西知县陈宣语。

7. 司

通观这一文书，值得注意者有以下数端：

1. 永昌税使司

永昌在元代属甘肃等处行中书省。《元史·地理志》："永昌路。下。唐凉州。宋初为西凉府，景德中陷入西夏。元初仍为西凉府。至元十五年（应为前至元，即 1278 年），以永昌王宫殿所在，立永昌路，降西凉府为州隶焉。"又，清钱大昕《廿二史考异》卷八六称："（元太宗）二年庚寅，十二月，始置十路征收课税使。"根据以上记载而得知，所谓"永昌税使司"，即永昌路征收课税使的办事机构，即课税使之官衙。据《元史·食货志》，凡受理课税事宜之衙署，不称"所"，即称"司"。

2. 买主"也的迷石"

他很可能是蒙古贵族。《廿五史补编·元史氏族志》中叫"迷失"的不少（失、石同音，迷石当即迷失）。《元史》《蒙兀儿史记》中后妃、公主、诸王叫"迷失"者亦屡有所见。《蒙兀儿史记》卷一五三"蒙兀氏族"朵儿别氏中有一人就叫"也的迷失"，其下注云："江西道宣慰使，进江西行省参知政事，黑失之孙。"又，《廿二史札记·补遗》里有辽、金、元各代之人名、官名、地名的古今译名对照，其中"蒙古改国号曰元"条目之下，也有一人叫"也的迷失"。他们与文书中之买主是同一人抑或是同名？因元史无传，无从查考。

3. 驱女

文书称也的迷石用中统钞壹拾陆锭买到"驱女一名"。据《玉篇》：驱同敺。而"驱"就是"驱口"，驱口就是奴婢。陶宗仪《辍耕录》卷一七"奴婢"条称："今蒙古色目人之臧获，男曰奴，女曰婢，总曰'驱口'。"据此，文书中"驱女一名"4 字告诉我们：其一，也的迷石买的是一名女奴；其二，正因为"买良为驱者有禁"，

（《元典章》卷五七）"略卖良人新例"规定"今后诸掠卖良人为奴婢者，一人断一百七流远，二人以上处死；为妻妾子孙者，一百七徒三年；因而杀伤人者，同强盗法"，这"驱女一名"之"驱"字特别重要，目的是说被卖者不是"良人"。官府加印之后给的文券，更是验明正身之物。它对奴婢来说，无疑是永世不得自由的锁链。

4. 奴婢女女

这位名叫"女女"的奴婢，"年一十七岁"，肯定不是蒙古初年之"臧获"男女，而是"家生孩儿"，即奴与婢匹配为夫妇所生的孩子。

5. 官牙人

文书有"望准官牙人赴务投税"之语，说明官府有专人参与奴婢买卖。"官牙人"即"官牙郎"。"牙郎"前面冠以"官"字，其身份的权威性不说自明。"牙郎"用今天的话来说，就是买卖双方交易的中间人。陶宗仪《辍耕录》卷第一一"牙郎"条："今人谓驵侩者为牙郎，本谓之互郎，谓主互市事也。唐人书互作牙，互与牙字相似，因此而为牙耳。"清人赵翼则认为牙郎就是牙郎，并非互郎之误。他在《陔余丛考》卷三八"牙郎"条里称："《辍耕录》云：今人谓驵侩曰牙郎，其实乃互郎，主互市者也。按：此说本刘贡父诗话，驵侩为牙，世不晓所谓。道原云，本谓之互，即互市耳，唐人书互作牙，牙互相似，故讹也。然《旧唐书·安禄山传》：禄山初为互市牙郎，则唐时互与牙已属两字。"①实际上"互市牙郎"4 字就能说明"牙"非"互"之误。

官牙人的职责，一是参与议定价格，元至元二年泉州路麻合抹卖花园屋，其文契上就有"今得蔡八郎引到在城东隅住人阿老

---

① 中华书局 1963 年版，第 836 页。《旧唐书》卷第二〇〇上《安禄山传》云："及长，解六番语，为互市牙郎。"

丁前来就买,经官牙议定时价"的记载①,便是实物证明;一是买卖成交以后,立即"赴务投税",我们这件文书"望准官牙人赴务投税"②就是明证。《元典章》卷二十二记载:

> 皇庆元年五月,江西行省准中书省……照得近年以来,物价涌贵,比之向日,增添数十余倍,税课不能尽实到官,盖因官豪势要庄宅牙行拦头等人,将买卖田宅、人口、头匹之家,说合成交,写讫文契,两相要吃牙钱,又行收取税课,于内价值千余定者有之以三十分取税一分,一契约取四十五定……今后须要各处提调正官欲依累奉圣旨条画,委选见任廉干人员尽心关防,明视买主随即赴务投税……

上引文字告诉我们,当时偷税、漏税的现象严重,地方权贵甚至勾结牙行截税。为对付这一现象,"官牙人"与买主一起赴务投税可能由此而来。

6. 文书的性质

奴婢买卖,根据元朝政府的规定,首先要"官为给据"方可成交。《元典章》卷五七"应卖人口官为给据"条称:

> 应卖人口,依例于本处官司陈告来历根因,勘会是实,明白给据,方许成交。仍令关津渡口,严加检索,如有违犯,痛行断罪。其所卖人口,随即为良,厥价入官。

这件文书,既无"陈告来历根因"之文,又无官府"勘会是实"之语,更无卖主、买主、保人具结,因此,它不是"官给公据"。

人口买卖手续,官给公据之后,就是书立文契。文契的格式,

---

① 施一揆:《元代地契》,《元史论集》,人民出版社 1984 年版,第 256 页。
② 文书中的"望"字,又似"凭"字,古人写凭字,往往作㸒,文书为草书,不甚清晰。

不论何种文契，最后都有"恐人无信，故立此契，用为后凭"之类的话，还得有当事人、知见人(或保人)等的姓名及花押，而这件文书全然没有，因此它不是文契(叫"私契")。

立契成交之后，应即"赴务投税"。交纳税钱之后，官府给据，叫作"税契"。《陔余丛考》卷二七"税契"条称：

> 交易田宅既立文券，必投验官府，输纳税钱，给以印凭，谓之税契。此起于东晋时。按隋志：晋自过江，凡货卖奴婢、牛马、田宅，有文券者，率钱一万输作四百入官，卖者三百，买者一百；无文券者，随物所堪，亦百分收四，名为散估。历代遂因之不废。

显然，这件文书不是"输纳税钱，给以印凭"的税契。税契格式如何，试引一例以作证：

> 皇帝圣旨里泉州路晋江县今据阿老丁用价钱中统钞六十锭买到麻合抹花园山地除已验价收税外合行出给者
> 至元二年十月初三日给右付阿老丁准此。①

如此看来，税契的行文，关键在于"已验价收税"5字。又，元代的税契，还应该是印本，《元典章》卷二二"就印契本"条：

> 至元二十年十一月福建行省准中书省咨：照得各处行省所辖路分，周岁合用办课契本，年列户部行下各处，和买纸札印造，发去办课。缘大都相去地远，不唯迟到，恐误使用，抑亦多费脚力，除四川、甘肃、中兴行省、陕西宣慰司所辖去处用度不多，依旧户部印造发遣外，据江南四处行省所管地面合用契本，合拟就彼和买纸札工墨印造。

---

① 施一揆：《元代地契》，《元史论集》，人民出版社1984年版，第256页。

　　据此，则甘肃所用"办课契本"还是"户部印造发遣"的，惜未见此类文物。

　　我认为，这件文书，应是陶宗仪《辍耕录》"奴婢"条中提到的"红契"。他在讲到元代的奴婢来源时说：

> 盖国初平定诸国日，以俘到男女匹配为夫妇，而所生子孙永为奴婢。又有曰红契买到者，则其原主转卖于人，立券投税者是也，故买良为驱者有禁。

　　这就是说，奴婢来源有二：一是俘虏来的男女及其子孙，一是用"红契"买来的。据陶宗仪所述，似乎此种买卖手续很简单：主人把奴婢转卖于人，然后立券投税，用不着前面所述的"陈告官司，明白给据，方许成交"。度其情由，皆因此乃"原主转卖"，用不着检验身份，原本籍账有据者。

　　这件文书正好是这样的一种"红契"。文书第1行"永昌税使司"是发契衙门。第2行是说买主也的迷石用多少钱买了奴婢。第3行是原主姓名（因系人名，不敢贸然认可，故释文时只好以□代替）及其驱女的姓名年龄。第4行明示赴务投税必须有官牙人。这行最后的"凡合行出给"说明符合手续，理应发给文券。第5行"右付也的迷石准此"正说明此券是交给买主收藏的官文券。第6行是给券年月，其左下方有一"花押"，这是签发"红契"者署名。最后1行是一个大大的"司"字。这一切正符合陶宗仪说的"又有曰红契买到者，则其原主转卖于人，立券投税者是也"。

　　又，文书在买主姓名、价格数目及女奴年龄、驱口人数、年月、花押处各钤朱文印1方，这5方印鉴，几乎占满全纸，我们虽不能机械地理解"红契"2字，但在当年，此文券的确是满纸鲜红。5方官印，其慎重的程度、法律效果，使人深信不疑。

　　总之,这是迄今为止比较罕见的一件元代正式奴婢买卖文书。我们给它定名为"红契"。因过去未见此类实物,更兼笔者对元史缺乏研究,定名是否有误,祈请专家指正。

（原载《敦煌研究》1989 年第 2 期）

敦煌遗书题记隋董孝缵写经考略

关于敦煌遗书中的题记,北图部分,早年许国霖先生著有《敦煌石室写经题记与敦煌杂录》一书,将1910年运往京师图书馆的8000多件写经题记收录无遗。① 1974年,法国隋丽玫女士在《敦煌学》杂志创刊号上发表了《巴黎国家图书馆藏敦煌写本题记分年初录》,无年代者不在此列。1975年,陈祚龙先生在《海潮音》第56卷5月号、7月号上发表《敦煌古钞内典尾记汇校》初编、二编,收录题记107则(后收入《敦煌文物随笔》一书中)。20世纪80年代初,敦煌文物研究所敦煌遗书研究室做了斯坦因、伯希和部分,因出版条件不成熟而未能付梓。1990年,薄小莹女士的《敦煌遗书汉文纪年卷编年》问世,正像该书标题所示,只是"纪年卷编年",而无题记的录文。同年,日本著名敦煌学家池田温先生的《中国古代写本识语集录》出版发行,此书的主要部分是敦煌写本题记,是敦煌写本题记的集大成者。此书一出,为敦煌写本的研究,尤其是为写本题记的研究,提供了到目前为止最详尽的资料和极大的方便。

对写本题记进行全面系统地、集中地研究,我早有此心愿,但力不从心,只有平时随手记一点,作些零星考屑,以期将来整理成集。有关董孝缵4件写经题记的略考,就是其中之一。

---

① 商务印书馆1937年版。

1. P. 2866《大集经》卷六（图 1）

图 1　P.2866《大集经》写经题记

该写经有一条很长的题记（尾题），文曰：

夫妙寂蠠①玄，非言教无以能樀②。经者，是如来神口之所宣，贤圣教诫之善事。宗涂浩汪，不可以行辞尽妙极之理；篇目繁多，不可以一章括幽玄之旨。是以弟子董孝缵，自唯垢惑缠心，处生若幻，仰为亡考镇远将军、谏议大夫、大冢宰（帐）内亲信、帅都督旨除鸣沙县令董哲，敬造释迦、弥勒、观世音金像一区，并写《大集》《思益》《仁王》《华严》《十恶经》各一部。藉此善因，愿亡考永离三途，长赴菩提海，超生净域，成无上道。又愿七世父母、所生父母、见在家眷及法界群生，咸修十地，俱证八解，行备果圆，同成正觉。

---

① 蠠，《中华大字典》云："音未详，烂也。出释藏群字函，见《字汇补》。"《康熙字典》与此大同小异，云："《字汇补》：音未详，烂也。出释藏群字函。"
② 樀，《中华大字典》注曰："樀讹化字，见《正字通》。""樀，方小切，音表，彼韵。"

2. 日本大东急纪念馆藏 107-8-1-1 号《大集经》卷五

该写经纸好,字亦好,是我们寻常所见之隋代写经,末尾有题记,曰:"董孝缵受持,用纸廿一张。"其后,有李盛铎的跋:"此敦煌石室所藏六朝人书经卷之一,别有此经第二十卷,末有开皇十五年(595)董孝缵为亡考鸣沙县令董哲造等字,今藏江阴何氏,盛铎记。"跋后有"李盛铎印""木斋"印各一方。

李盛铎所说的江阴何氏,即何彦升。其子何×威是李盛铎的女婿。1910 年,把藏经洞的劫余遗书往北平(今北京)运时,何彦升作为代理甘肃巡抚,经办此事。父子俩竟"监守自盗",窃取了一部分敦煌遗书珍品,《大集经》卷五、卷二〇可能就是其中之一。

3. 书道博物馆藏《大集经》卷二〇(图 2)

图 2　书道博物馆藏《大集经》写经题记

原为李盛铎旧藏，后为日本中村不折氏收藏，今存中村氏创建的书道博物馆。① 1943 年《书菀》第 7 卷第 2 号上，中村不折氏曾撰文讲他搜集"西域出土写经"的来龙去脉。其中介绍本件《大方等大集经》时说："隋《大方等大集经》，文帝开皇十五年（西纪 595 年）写，十五纸，长二丈五尺，首缺。敦煌出土。有甘肃布政使何孝聪的印，系其旧藏。"《书菀》还刊载了此件经文的尾部及题记。经文的书法极佳，正如中村不折氏所评："此经书风老成，姿态雅醇，盛德君子的容貌大智若愚，可谓隋代具有代表性的佳作。"②其题记如下：

> 弟子州省事董孝缵仰为亡考鸣沙县令董哲敬写。愿亡考及法界有形，同成正觉。
>
> 大隋开皇十五年岁次乙卯十月十九日写讫。

4. 守屋孝藏氏藏董孝缵造经记

日本京都博物馆编辑发行的《守屋孝藏氏搜集古经图录》，前有图，后有说明，个别的卷子无图而有说明，第 207 号《董孝缵造经记》就是其中之一。据介绍，此件只存"造经记（愿文）"而无经文，题记为"大代大魏神麚二年（429）七月八日写了"，另外，还有"州省事董孝缵为亡父鸣沙县令董哲于神麚二年造像写经修功德的由来之记载"，遗憾的是没有原文照录，因而未知其究竟。

国内国外散藏的敦煌写经，确实有个真伪问题。毫无疑问，P.2866 是识别董孝缵写经的标本，谁也不会对伯希和当年直接取自藏经洞的写卷产生是真是假的质疑。

---

① 矶部彰：《台东区立书道博物馆所藏中村不折旧藏禹域墨书集成》上册，东京：二玄社 2005 年版，第 54 图。

② 中村不折：《再び西域出土の写经について》，《书菀》第 7 卷第 2 号，日本三省堂 1943 年版，第 2—9 页。

日本书道博物馆藏、发表在《书菀》第 7 卷第 2 号上的《大集经》卷二〇，我认为也是真品，其理由有五：

首先，伪造者无法得知敦煌历史上有过董哲、董孝缵父子，因为这二人正史无传。

其次，伯希和当年路过北京住八宝胡同向一些人展示他随身所带的几十件文物中，没有上述 P. 2866《大集经》卷六。这一点，我们可以引日本田中庆太郎于 1909 年（明治四十二年）在《燕尘》第 2 卷第 11 号上以"救堂生"笔名发表的《敦煌石室中の典籍》一文为证。田中氏是目睹了伯希和随身携带的敦煌写卷的人之一。据他说，当他听到伯希和归途路过北京后，就想尽办法去拜访伯希和。去了以后，开始怕伯希和不接待，没想到伯希和接待了他，还能无拘束地交谈，给他看了几十件文物。田中氏尽管也作了记录，但他自认为没有这方面的知识，觉得在前前后后见过伯希和所获文物的人当中，罗振玉记下来的记录最准确，特地转载了罗振玉的《敦煌石室书目及发见（现）之原始》一文。凡读过此文的人都知道，罗氏所记目录中，没有 P. 2866《大集经》卷六，当然也就不知道隋开皇年间有董孝缵为其亡父写经之事。

第三，《大集经》卷二〇的经文书法精美，乃我们所熟悉的开皇写经精品，其题记的字，我曾做过对比，"弟子董孝缵""亡考""鸣沙县令""董哲"等字，写法、形状与 P. 2866 一模一样，同为一人手笔。如"董"作"董"，"缵"作"續"，"考"作"孝"，"哲"作"拮"。

第四，中村不折说此件有当年甘肃布政使何孝聪的印，这似乎赝品中所未见。

第五，田中庆太郎在《敦煌石室中の典籍》一文中提到了当年北京的一些学者在帝国饭店宴请伯希和之事，说是当日出席者有宾侍郎、刘少卿、徐祭酒、柯经科监督、恽学士、江参事、吴寅臣、蒋伯斧、董比部等十几人，一时名流尽集，而罗振玉因身体不适而缺席。这些与会者中，没有我们已知的伪造者某某。伯希和后来寄给中国学者的照片中也没有董孝缵写经。

大东急107-8-1-1《大集经》卷五的情况，已如前述。大东急纪念文库的藏品我见过，正因为我有P.2866董孝缵写经的印象，所以比较留心此件。我的印象，此件是真品。在日本，对李盛铎收藏品，有人认为不会有假，如安藤德器，①而著名敦煌学家藤枝晃先生则著有《"德化李氏凡将阁珍藏"印について》，②认为在日本除了大谷探险队携归的东西以外，通过古董商弄来的据传是敦煌写本的东西，90%以上的不是真品。详细的论述还见诸藤枝晃先生1966年发表的《敦煌写本总说》（Ⅰ）。③ 我认为是真品的理由有：

1. 李盛铎生前曾与罗振玉等主持敦煌经籍辑存会，作为主持者，我想还不至于那么不严肃。

2. 李盛铎的后代很不争气，把父亲的珍藏拍卖而作为遗产分掉，其中可能搞了些鱼目混珠的事，但和李盛铎无关，何况此件有李盛铎的亲笔题跋。

3. 诚如藤枝晃先生所发现的那样，"德化李氏凡将阁珍藏"印是不止一种，"木斋审定"印似乎亦有两种。何者是真，何者是假，还得结合写卷的字、纸、墨等来鉴定。此件的以上因素均佳，题记的字与P.2866也相同。

《守屋孝藏氏搜集古经图录》第207号《董孝缵造经记》，尽管没有看到原件，但一看题记为"大代大魏神龟二年七月八日写

① 安藤德器：《敦煌经卷の蒐集》，《茶わん》通卷98号，1939年。
② 《京都国立博物馆学业》第7号，1986年。
③ Fujieda Akira, The Tunhuang Manuscripts：A general description in zinbun No.9，1966，pp.14−15.

了"，就知道这是赝品，因为 P. 2866 虽无纪年，但绝对不会是北魏写经。这一点，我们只要对比一下 S. 0113《建初十二年（416）敦煌郡敦煌县西宕乡高昌里户籍》、敦研 0007《兴安三年（454）大慈如来告疏》、S. 2925 太安元年（450）《佛说辩意长者子所问经》这些比神𪊨二年（429 年）还要晚的写本，就会明白 P. 2866 确系开皇写经，离神𪊨二年已相去 160 多年了，董孝缵不会如此长寿，也不会没完没了地为其父亲写经。

董孝缵写经题记的内容，不仅提供了写于开皇的佐证，也弥补了正史之不足。P. 2866 题记中有这样一段话："弟子董孝缵，自唯垢惑缠心，处生若幻，仰为亡考镇远将军、谏议大夫、大冢宰内亲信、帅都督、旨除鸣沙县令董哲，敬造……"如前所述，董哲、董孝缵父子正史无传。董哲的一长串官衔，只有"鸣沙县令"是执事官，其余都是勋官、散官。尽管如此，还是很有价值的：

镇远将军，在北周为正六品，①在隋则为正七品。②

谏议大夫，在北周为正六品，在隋则为从四品，炀帝即位后废，③因而冠"谏议大夫"者，隋代只能是开皇、仁寿年间的事。

大冢宰，北周有此之设，隋文帝杨坚仕北周时就曾任此职。入隋以后，"三师，不主事，不置府僚，盖与天子坐而论道者也"。"三师、三公，置府佐，与柱国同。若上柱国任三师、三公，唯从上柱国置。王公已下，三品已上，又并有亲信、帐内，各随品高卑而制员。"④"大冢宰"亦即"太宰""三师"，因此我把董哲的结衔句读为"大冢宰（帐）内亲信"，他曾经是某位王公或三品以上官府的属员。

---

① 北周时的官品均据王仲荦先生《北周六典》卷九、卷一〇，下同。
② 《隋书·百官志》，中华书局 1973 年版，第 786—787 页。
③ 《隋书·百官志》，中华书局 1973 年版，第 786—787 页。
④ 《隋书·百官志》，中华书局 1973 年版，第 786—787 页。

帅都督,北周有此设,隋因之。《隋书·百官志》称:

> 高祖又采后周之制,置上柱国、柱国、上大将军、大将军、上开府仪同三司、开府仪同三司、上仪同三司、仪同三司、大都督、帅都督、都督,总十一等,以酬勤劳。又有特进、左右光禄大夫、金紫光禄大夫、银青光禄大夫、朝议大夫、朝散大夫,并为散官,以加文武官之德声者,并不理事。六品以下,又有翊军等四十三号将军,品凡十六等,为散号将军,以加泛授。居曹有职务者为执事官,无职务者为散官。

帅都督为从六品,品秩与上列各衔相称。

县置令,这也是隋代的官制。"鸣沙县令"是董哲有职有权的实际官衔。鸣沙县之名始于北周,止于隋大业二年(606)。《隋书·地理志》上载(括弧内的字,原为小字注):

> 敦煌郡(旧置瓜州)统县三,户七千七百七十九。

> 敦煌(旧敦煌郡),后周并效谷、寿皇(昌?)二郡入焉。又并敦煌、鸣沙、平康、效谷、东乡、龙勒六县为鸣沙县。开皇初郡废。大业置敦煌郡,改鸣沙为敦煌。

《元和郡县图志》则说得更加具体:"敦煌县(上,郭下),本汉旧县,属敦煌郡。周武帝(561—577)改为鸣沙县,以界有鸣沙山,因以为名。隋大业二年(606)后为敦煌。"①如果我们再结合书道博物馆藏《大集经》卷二〇的董孝缵写经题记——开皇十五年写,就完全有理由断定:除守屋孝藏氏搜集的《董孝缵造经记》以外的三件董孝缵写经都是隋开皇十五年(595)前后的遗物。

又,据上引《元和郡县图志》,鸣沙县(亦即敦煌县)属上等

---

① 李吉甫:《元和郡县图志》卷四〇《陇右道下》,中华书局1983年版,第1026页。

县,而隋代的"上县令"为从六品。

　　董孝缵父亲董哲的结衔还有一点特别之处,即"旨除鸣沙县令"。"旨除"可能是"钦定"之意。再结合一长串的"镇远将军、谏议大夫、大冢宰帐内亲信、帅都督"结衔,此人在朝廷还很有背景。我于是联想到他是否为董纯家族的成员。《隋书》卷六五记载:"董纯,字德厚,陇西成纪人也。祖和,魏太子左卫率。父升,周柱国。"董纯在北周时就曾晋爵大兴县侯。入隋,"高祖受禅,晋爵汉曲县公,累迁骠骑将军。后以军功,进位上开府。开皇末,以劳旧擢拜左卫将军,寻改封顺政县公"。董纯与杨坚的关系,可以用一则插曲来说明:炀帝之子齐王杨暕得罪,董纯亦受牵连。炀帝谴责他:"汝阶缘宿卫,以至大官,何乃附傍吾儿,欲相离间也?"纯曰:"臣本微贱下才,过蒙奖擢,先帝察臣小心,宠逾涯分,陛下重加收采,位至将军。欲竭余年,报国恩耳。此数指齐王者,徒以先帝、先后往在仁寿宫,置元德太子及齐王于膝上,谓臣曰:'汝好看此二儿,忽忘吾言也。'臣奉诏之后,每于休暇出入,未尝不诣王所。臣诚不敢忘先帝之言。于时陛下亦侍先帝之侧。"董纯抬出杨坚来挡驾,炀帝改容曰:"诚有斯旨。"于是舍之。由此可见隋文帝对董的信赖,隋炀帝对他的无奈。杨坚代周以后,很快将宇文氏宗室成员斩尽杀绝,与此同时,派亲信以"镇远将军"往中西交通咽喉重地敦煌为"旨除鸣沙县令"乃顺理成章之事。惜董纯传竟未记其叔伯子侄之有无。不过,即使与董纯无关,我们也可据本文所论及的三件董孝缵写经,给隋史添上一笔,为敦煌史加上一页,并不为过。

　　还有一点必须提及的是据书道博物馆藏《大集经》卷二〇,董孝缵的结衔是"州省事"。按《隋书·百官志》,只有北齐的州属官才有"省事"之设。但事实上的存在,我们不能拘泥于史志。清赵翼《廿二史札记·隋书志》说:"《隋书》本无志,乃合记梁、陈、齐、周、隋之事,旧名《五代史志》,别自单行,其后附入《隋书》。然究不可谓隋志也。"①也许正因为如此,不甚详备。开皇年间,鸣沙县属瓜州,董孝缵曾为"州省事",正可补史志之阙如。敦煌遗书可补历史之缺载者,比比皆是,这只是区区点点而已。

（原载《周绍良先生欣开九秩庆寿文集》,中华书局 1997 年版）

---

① 赵翼:《廿二史札记》卷一五《隋书志》,中华书局 1963 年版,第 301 页。

S. 2926《佛说校量数珠功德经》写卷研究

S. 2926 有三种写经,同一人抄写,从古写经目录学说,叫作"三经同卷"。这三经是:

1.《佛说无常三启经》,头稍残。尾题:"佛说无常三启经一卷",其下有双行小字注,文曰:"初后赞劝乃是尊者马鸣取经意而集造,中是正经,金口所说,事有三开,故云三启也。"这一则小注,当年刘铭恕先生编制《敦煌遗书总目索引》时,作为"题记"迻录,改为解题说明,似更合适。

2.《佛说校量数珠功德经》,首尾完整(图1)。首题:"佛说校量数珠功德经",经题之下,小字注:"迦湿密罗国三藏宝思惟于福先寺译。"第二行"文殊师利菩萨咒藏经中说校量数珠功德经",应是此经的"又名"。尾题:"持珠校量功德经。"后有敦煌写经中少见的昭文馆学士详定题名(详后)。

图1　S.2926《数珠校量功德经》尾题

3.《佛说要行舍身经》，首尾完整。首题、尾题均为"佛说要行舍身经"。智昇撰《开元释教录》卷一八将此经列入"别录中疑惑再详录"，并有将近 400 字的考证，指出:《要行舍身经》一卷，"不知何人所造。邪党盛行，经初题云:三藏法师玄奘译。按:法师所译，无有此经。伪谬之情，昭然可见。且述四件，用晓愚心"。他列举的四点(限于篇幅，从略)，可谓随手拈来之佐证，尤其从翻译名词上指出此经非玄奘所译，的确一望便知。

现在，如本文标题所示，姑且将第一、三两经略而不论，单就第二种经——《佛说校量数珠功德经》所揭示的问题作些论述。

一　关于《佛说校量数珠功德经》

《佛说校量数珠功德经》有二译，《开元释教录》卷九在记述宝思惟译经时说:"《校量数珠功德经》一卷，神龙六年(705)正月二十二日于东都大福先寺译，婆罗门李元谄译语，初出，与后义净出者同本。"在记述义净译经时说:"《数珠功德经》一卷，第二出，与宝思惟出者同本，景龙四年(710)四月十五日于大荐福寺翻经院译。"据卷一九《入藏录》，两种译本当年都入藏，且两经同为一帙。两经流传至今，只不过义净所译者经名改为"曼殊师利咒藏中校量数珠功德经"。至于宝思惟译本，经与本写卷核对，只有七处不同，写本优于现刊本。

《佛说校量数珠功德经》经文不长，只有 657 字，为便于文字校勘、内容论述，将本写卷迻录于下:

佛说校量数珠功德经

尔时文殊师利法王子菩萨摩诃萨为欲利益诸有情故，以大悲心告诸大众言:"汝等善圣(听)，我今演说受持数珠校量功德获益差别。若有诵念诸陀罗尼及佛名者，为欲自利及护他人,速求诸法得成验者,其数珠法应有如是,须当受持。
若用铁为数珠者,诵掐一遍得福五倍。若用赤铜为数珠者,
诵掐一遍得福十倍。若用珍珠、珊瑚等为数珠者,诵掐一遍
得福百倍。若用木槵子为数珠者,诵掐一遍得福万倍。若求
往生诸佛净土天宫者,应受此珠。若用莲子为数珠者,诵掐
一遍得福万倍。若用因陀罗佉叉为数珠者,诵掐一遍得福百
万倍。若用乌卢陀罗佉叉为数珠者,诵掐一篇得福千万
倍。① 若用水晶为数珠者,诵掐一遍得福万万倍。若用菩提
子为数珠者,或用掐念,或但手持,数诵一遍其福无量,不可
算数,难可校量。诸善男子,其菩提子者,若复有人手持此
珠,不能依教(教字衍)法念诵佛名及陀罗尼,此善男子但能
手持随身,行住坐卧,所出言语若善若恶,斯由此人以持菩提
子故,得福等同,如念诸佛诵咒无异,获福无量。其数珠者,
要当满(经文作"须满")一百八颗。如其难得,或为五十四,
或二十七,或十四亦皆得用。此即数珠法相差别。诸善男
子,以何因缘我今独赞用菩提子获益最胜?诸人善听,我今
为汝重说昔因。过去有佛出现于世,在此树下成等正觉。时
一外道,信邪倒见,毁谤三宝。彼有一男,忽被非人打杀。外
道念言:'我今邪盛,未审诸佛有何神力。如来既是在此树
下成等正觉,若佛是圣,树应有感。'即将亡子卧着菩提树
下,作如是言:'佛树若圣,我子必苏。'以经七日诵念佛名,
其子乃苏。外道赞言:'诸佛神力我未曾见,佛成道树现此

---

① "因陀罗佉叉"和"乌卢陀罗佉叉",宝思惟、义净都未翻译成中国汉
语名词。比附不空译《金刚顶瑜伽念珠经》提到念珠种类有"帝释子""金刚
子",则"因陀罗"可译成"帝释"。因陀罗佉叉可能就是"帝释子",即天青
珠。金刚子的梵名是乌噜捺罗叉,可以做念珠,日本望月信亨云:"乌噜捺罗
叉,又名乌卢咤罗叉,即天目珠。"

稀奇,甚大威德,难可思议。'诸外道等悉舍邪归正,发菩提心,信知佛力不可思议,诸人咸号为延命树。以此因缘,有其二名,应当知之,我为汝等,示其所要。"说此语已,佛言:"善哉(经文作"善哉善哉"),文殊师利法王子,如汝所说,一无有异。"一切大众闻此持珠功德,皆大欢喜,信受奉行。

数珠、持珠即俗称之念珠。有关念珠的佛经,以《木槵子经》为最早,失译者名,今附东晋录。此外,连本文所论述的《佛说校量数珠功德经》在内,至少还有 8 种经。[①] 这些经,除义净译的《曼殊师利咒藏中校量数珠功德经》与《佛说校量数珠功德经》大同小异外,其余都各有侧重,有的主要讲"贯串之法",如《苏悉地羯罗经》;有的主要讲数珠之"功能理趣",如《金刚顶瑜伽念珠经》;有的主要讲念珠的由来,如《木槵子经》。本文所论的《佛说校量数珠功德经》,经文虽短,但内容全面。

数珠对中国佛教信仰的普及影响极大,直至今天,僧尼及一些善男信女仍持珠念佛以修功德。据经文所揭示,影响所及,我以为有如下数端:

念珠可以多种多样,给善男信女提供了不少方便,因为不同念珠只是得福多寡不同而已。这样,不同地区可能就会使用具有该地区特色、易得易做的念珠。20 世纪 40 年代中国南方有些尼寺用的是"薏苡"外壳做的念珠。有的寺院还自己种植薏苡。《苏悉地羯罗经》中就说可以用薏苡乃至草籽做念珠。

---

① 阿地瞿多译《阿弥陀佛大思维经说序分第一·佛说作数珠法相品》,见《陀罗尼集经》卷二;宝思惟译《佛说校量数珠功德经》;义净译《曼殊师利咒藏中校量数珠功德经》;善无畏译《苏悉地羯罗经》;善无畏译《苏悉地羯罗供养法》;不空译《金刚顶瑜伽念珠经》;般若、牟尼室利共译《守护国界主陀罗尼经》;般若译《诸佛境界摄真宝经卷下·持念品第八》。

《佛说校量数珠功德经》记载:"其数珠者,要当须满一百八颗。如其难得,或为五十四,或二十七,或十四亦皆得用。"这就是说,不仅质量可好可坏,数量亦可多可少,最多 108 颗,最少 14 颗。直至今天,日本妇女进寺院礼佛,还手持 14 颗一串的念珠,既可念佛,还是一种漂亮的装饰品。

为什么要用 108 颗,此经未有说明。失译者名今附东晋录的《佛说木槵子经》对此作了解释,而且有一则小故事:波流离国王派使者见佛说,我们是边陲小国,连遭寇贼,五谷昂贵,疾病流行,人民困苦。我因忧务在身,不得修行,请佛告诉我修行的简易办法,以便来世免受苦难。佛告诉国王:想要避免烦恼和六道轮回,应当穿 108 颗木槵子,经常带在身边,行走坐卧,随时念一声佛掐一珠,满 100 万遍,可以断除 108 种"结业",永断烦恼根。佛家惯用 108,简称百八,念佛 108,数珠 108,晓钟 108,烦恼 108,观音菩萨的名字有 108……佛经有《金刚顶经毗卢遮那百八尊法身契印》《千钵文殊一百八名赞》《圣金刚手菩萨一百八名梵赞》《圣多罗一百八名经》《毗俱胝菩萨一百八名经》《佛说文殊师利一百八名梵赞》。念这些经的好处,归纳起来,正如唐不空译《大吉祥天女十二契一百八名无垢大乘经》所说:"能除一切烦恼,能摧一切罪,能钩召一切福,能除一切不祥……一切事业悉得成就。"这可能就是讲究 108 这个数字的原因所在。

为何念珠以菩提子为最珍贵?前引佛经已有具体说明,菩提树是延命树,用此树子做念珠,也就能延寿命、除烦恼、得吉祥,可谓持珠受益完美无缺,再加上修行简便,念珠也就成为普遍受欢迎的"法物"。

数珠属于佛教"道具"。据《释氏要览》所载,在众多道具中,有"经"专论者,只有锡杖和数珠,而有关数珠的经竟有 9 种之多。持珠念佛又是善人的象征。《旧唐书》卷一八四《李辅国传》

称:"辅国不茹荤血,常为僧行,视事之隙,手持念珠,人皆信以为善。"李辅国其人善与不善姑且不论,反正"手持念珠,人皆信以为善"。

翻译了数珠经的义净、宝思惟、不空都是一代名僧,可以想见,对当时的善男信女的影响是不小的。李辅国乃肃宗、代宗朝左右皇帝的显赫人物,他尚且手持念珠,由此可见一斑。

敦煌遗书 S.4243 有很长的一段韵文,刘铭恕先生拟名为《念珠歌》(图2):

图2　S.4243《念珠歌》(局部)

念珠出自王宫宅，旷劫年来人不识，
有人识得离凡夫，隐在中山舍卫国。
无相珠，方丈觅，能青能黄能赤白，
玛瑙珊瑚催合成，惠线穿连无间隔。
悟人收，智见识，常思念念无休息。
念过恒沙处处明，始知无量神通力。
智慧珠，明皎洁，上下通，四维彻。
念念常思无相珠，须臾灭尽恒沙业。
奉劝缘人勤念珠，念珠非有亦非无，
非空非实非来去，来去中间一物无。
亦非有，亦非无，常思持念白毫珠，
本无即有能空相，离有能无法界居。
朝也念，夕也持，将行坐卧不曾离，
为得如来真四句，不南不北不东西。
常持念，不曾言，不忙不急不曾闲，
性透河沙三界外，共你众生绝往还。
智为珠，惠为线，穿连悟常纵横遍。
遮莫三千及大千，总在如来第一念。
悟人见，心欢喜，识得菩提妙真理，
念中真念镇常言，如意宝珠无常体。
无罣碍，更无比，恒河诸佛从心起，
有人持念无相珠，即此便是如来体。

　　这首念珠歌，不仅朗朗上口，还包含了"无相念佛"的哲理，
敦煌当时流传这种念珠歌，说明念珠这一"道具"在敦煌地区佛
教信仰者中颇为流行。

图3 持数珠观音 第205窟 盛唐

敦煌壁画中的念珠,略举两例:第205窟西壁(盛唐)画观音菩萨,右手执念珠,正在赐给一位贵妇人(图3)。第148窟南壁龛内"火天神"右手持一念珠(图4)。第205窟的观音赐珠是一幅名画,菩萨与受珠者虽然都已变色,但神态独存:高大的菩萨头戴化佛冠,亭亭玉立,头微侧,目俯视,右手持珠给一位信女;清信女穿窄衫小袖上衣,长裙曳地,肩披长帛,左手持香炉,仰首望着观音菩萨,伸右手去接念珠;她后面跟着一个男侍,手捧物,也抬头望着授受念珠。神、人相呼应,神秘而和谐。在当年,这一幅画的宣传效果就比佛经为大,这是完全可以想见的。

图4　火天神　148窟　盛唐

二 关于《佛说校量数珠功德经》译场列位

敦煌遗书中,研究者称之为"题记"者,①是一项价值极高的社会史料。同是一种经,由于缮写的目的不同,可分为供养经、受持经、官府写经、宫廷写经。

"供养经"又叫"愿经",是善男信女表示某种愿望而抄写后奉献给佛(由寺院收受)的经。这种经往往尾部有一段愿文。人有生老病死,悲欢离合,情之所系,普及含灵,社会七彩纷呈,天灾人祸,苦之所及,不分官民。因此,人们对佛诉说的愿望,虽各式各样,但无不纯洁、赤诚,也是今天我们认识过去的绝好材料。因与本文无关,将另文详论。

"受持经"就是僧、尼、优婆塞、优婆夷用来念诵的佛经、戒律、论、疏、释等。这些东西往往无题记,即使有,也只记某某人"受持",都有使用过的迹象。有的甚至用破了,在背后补上几个"补丁"再用,用功之勤,一见便知。

"官府写经"应指"官经生"写的经。现在有据可寻的是北魏永平、延昌年间敦煌镇官经生写的一批经,从中还可以看出写经制度:尾部写明谁抄写、用纸多少张、校对是谁、典经师(帅)是谁。官府写经的作用,愚意以为是范本,供人转写流通之用。

宫廷写经的纸张、墨色、书法均极佳,每件都是艺术品,可以作为习字帖供人临摹习字。这部分经包括佛经、道经,是敦煌藏经洞出土写本之精品,仅斯坦因、伯希和劫经就将近 40 件。20

---

① 日本著名敦煌学家、东京大学教授池田温先生称之为"识语",著有《中国古代写本识语集录》(大藏出版株式会社 1990 年版),敦煌写卷之题记均已收入。

世纪 60 年代,日本知名学者藤枝晃先生就曾写过研究文章,对宫廷写经的各个方面进行了研究,是一篇经得起时间考验的力作。① 我在这里作点小小的补充:

宫廷写经可分为正本、副本、贮本。《唐六典》"秘书监"条下称:"四部之书,必立三本,曰正本、副本、贮本,以供进内及赐人。凡敕赐人书,秘书无本,皆别写给之。"又"司经局洗马"条称:"(太子)洗马掌经史子集四库图书刊辑之事,立正本、副本、贮本以备供进。凡天下之图书,上于东宫者,皆受而藏之。"其实,《唐六典》所述只是中央政府秘书省和太子东宫入藏所需的份数,在图书(佛经也是图书)供进、刊辑、流通过程中,还得有写本,如"进奏本""赐本""详定本"。

"进奏本"是指某一译场翻译完某一佛经之后,送给秘书省的、尾部写有"译场列位"的写本。唐代译经盛行,制度完善,从波颇、玄奘到义净、不空,所译佛经往宫廷上报时,都得有进奏本,所谓"勘定既同,缮写云毕,所司详读,乃上奏闻"②就是这一程序的写照。P.3709 唐贞观二十二年(648)写的《佛地经》题记,S.2278《佛说宝雨经》卷九题记,就是出自敦煌藏经洞的"进奏本"。至于"进奏本"是否就是"必立三本"中之一本?很有可能。因为这正本、副本、贮本就是"以备供进"用的。

"赐本"就是秘书省或左春坊奉命抄写的本子,亦即上引《唐六典》所称"凡赐人书,秘书无本,皆别写给之"的本子。藤枝晃先生论述的"宫廷写经"即指此类。这种写经有严格的制度,书写、装潢、校勘、详阅、判官、监阅(简称"监")皆有专人,各司其

---

① 藤枝晃:《敦煌出土的长安宫廷写经》,见《塚本博士颂寿纪念佛教史学论集》,京都:同书刊行会 1961 年版。
② 法琳:《般若灯论序》,见《全唐文》卷九〇三,中华书局 1983 年版,第 9424 页。

职。光校对就有"一校""再校""三校""详阅"等四人。这班僧俗名流，藤枝晃先生称之为"写经列位"，学术界称善而从。① 敦煌藏经洞出土的宫廷写经，只能是赐本，因为：秘书省也好，东宫也好，凡入藏之书，绝不会轻易外流，此其一。其二，朝廷若认为需要，可以下令所司抄写。《续高僧传》卷三《波颇传》称："（波颇）初译《宝星经》，后移圣光（寺），又译《般若灯》《大庄严论》，合三部三十五卷。至（贞观）六年冬，勘阅既周，缮写云毕，所司详读，乃上闻奏。下敕各写十部，散流海内。"

"详定本"就是秘书省或者东宫"详定"编目以后，可以向外"流行"之本，亦可以说是"颁布本"。用今天的话来说，就是经出版局登记许可，编号后准予发行的"发行本"。其最大的特点是：尾部写明什么时候开始翻译，什么时候"奏行"，什么时候进呈，谁"详定"之后什么时候"检校写"，最后一句是"奉敕令昭文馆学士等详定编入目录讫流行"。这种本子比较少见，我仅知两例，即：本文所重点论述的 S.2926《佛说校量数珠功德经》和 S.2423《佛说示所犯者瑜伽法镜经》。后一经的译者为室利末多，也是《佛说校量数珠功德经》"证梵本义"的担当者。两经译出的时间略有先后，但上表奏行的时间为景云二年（711）三月十二日、十三日，只差一天。同年四月，太子洗马才将两经同时进奏，第二年的六月二十日，两经同一天"流行"。因此，两经尾部"题记"，除译者不同外，"详定列位"就完全相同。为节约篇幅，将两经题记（比照先辈学者称之为"译场列位""写经列位"的办法，以下改称为"详定列位"），用附图发表。现把《佛说校量数珠功德经》的"详定列位"迻录于后，以资后文考证。

---

① 藤枝晃：《敦煌出土的长安宫廷写经》，见《塚本博士颂寿纪念佛教史学论集》，京都：同书刊行会 1961 年版。

《持珠校量功德经》一卷

神龙元年(705)正月二十三日,北天竺国三藏(梵云阿你真那,唐云宝思惟)宣译梵本,翻经大德尸利抹多证梵本义,婆罗门大首领臣李无谄译语,翻经大德大兴善寺僧师利译义。至景云二年岁次辛亥(711)三月十二日奏行,太极元年(711)四月日正议大夫、太子洗马、照(昭)文馆学士张齐贤等进。

奉敕太中大夫、照(昭)文馆学士郑喜王详定,奉敕秘书少监、学士韦利器详定,奉敕正义大夫、行太府卿、照(昭)文馆学士沈佺期详定,奉敕银青光禄大夫、太子右谕德、照(昭)文馆学士丘悦详定,奉敕银青光禄大夫、黄门侍郎、昭文馆学士、上柱国李义详定,奉敕工部侍郎、昭文馆学士、上护军卢藏用详定,奉敕左散骑常侍、昭文馆学士、权兼检校右羽林将军、上柱国、寿昌县开国伯贾膺福详定,奉敕右散骑常侍、照(昭)文馆学士、权兼检校左羽林将军、上柱国、高平县开国侯(徐)彦伯详定,奉敕银青光禄大夫、行中书郎、昭文馆学士、兼太子左庶子崔湜详定,奉敕金紫光禄大夫、礼部尚书、昭文馆学士、上柱国、晋国公薛禝(稷)详定。

延和元年(712)六月二十日,大兴善寺翻经沙门师利检校写,奉敕令照(昭)文馆学士等详定编目录讫流行。

此件之"详定列位"史料价值很高,下面将逐项加以论述。

首先,我们看到了昭文馆职能的实施。昭文馆,亦即修文馆、弘文馆,三者职能相同,只是不同时期称呼不同而已。新旧《唐书》皆有记载。《新唐书·百官志》称:"弘文馆……武德四年置修文馆于门下省;九年改曰弘文馆……仪凤中,置详正学士,校理图籍。武德后,五品以上曰学士,六品以下曰直学士,又有文学直馆,皆它官领之……神龙元年改弘文馆曰昭文馆,以避孝敬皇帝之名;二年曰修文馆。景龙二年,置大学士四人,以象四时;学士八人,以象八节;直学士十二人,以象十二时。景云中,减其员数,复为昭文馆。开元七年曰弘文馆……"总之,其沿革如下:

武德四年(621)置修文馆,九年(626)改曰弘文馆;

神龙元年(705)改曰昭文馆,二年(706)改曰修文馆;

景云中(710—711)改曰昭文馆;

开元七年(719)复为弘文馆。

本写卷形成于景云二年(711)之后,正是昭文馆"掌详正图籍"之时,因而"详定列位"均冠"昭文馆学士"之衔。昭文馆学士,《新唐书·百官志》称:"学士,掌详正图籍,教授生徒;朝廷制度沿革、礼仪轻重,皆参议焉。"武德四年置修文馆之初,并无学士之设,仪凤中(676—678)才设置,全称为"详正学士"。写卷所列"详定列位"共11人,每人都有两个以上的官衔,但"昭文馆学士"一衔,无一例外。这正如上引《新唐书·百官志》所载"学士皆以它官领之"。

从实际执行情况看,详正学士在"详正、校理图籍"过程中,可能有定夺之权,因而颁行本的署名皆为某某学士"详定"。到宪宗时,还有"详定使"之设,《旧唐书·崔郾传》记载,著名的《吉凶书仪》的作者郑余庆就曾任"礼仪详定使"。《旧唐书·郑余庆传》称:"宪宗以余庆谙练典章,朝廷礼乐制度有乖故事,专委余庆参酌施行,遂用为详定使。余庆复奏刑部侍郎韩愈、礼部侍郎李程为副使,左司郎中崔郾、吏部郎中陈珮、刑部员外郎杨嗣复、礼部员外郎庾敬休并充详定判官。"

其次,写卷告诉我们,领衔将写经向朝廷"供进"者为"太子洗马"。文曰:"太极元年(711)四月日正议大夫、太子洗马、昭文馆学士张齐贤等进",这完全符合唐制。按《唐六典》卷二六载,东宫有司经局,"司经局洗马二人,从五品下(《国语》云:夫差为勾践洗马。汉太子少府属官有太子洗马……隋门下坊司经局置洗马四人，从五品下，至大业中，减二人，皇朝因之）……洗马掌经、史、子、集四库图书刊辑之事，立正本、副本、贮本以备供进"。正因为太子洗马掌"四库图书刊辑之事"，所以在一班昭文馆学士之中，由太子洗马张齐贤领衔进呈。

第三，写卷证明了此时秘书省职权的变迁。本写卷"详定列位"的第三位人物是"秘书少监学士韦利器"。秘书省的副职称"秘书少监"，《通典》卷二六载："天授初改秘书省为麟台，神龙初复旧，掌经籍图书，监国史，领著作、太史二局。大极元年（711）增秘书少监为二员，通判省事。其后，国史、太史分为别曹，而秘书省但主书写、勘校而已。虽非要剧，然好事君子亦求为之。"本写卷正好是太极元年的本子，因此"详定列位"中有"秘书少监"也就很好理解了。太子洗马管图书"刊辑"，秘书少监管图书"书写、勘校"，分工具体，责任明确，制度之完善，令人叹服。"法令有常则国静"，各种制度的严格执行，是高效率的保证，是社会安定、祥和的体现。

本写卷的"详定列位"，官品都比昭文馆学士五品高，按文中先后，依次为：

张齐贤，正四品上。

郑喜王，从四品上。

韦利器，从四品上。

沈佺期，从三品。

丘　悦，正四品下。

李　乂，正四品下。

卢藏用，正四品下。

贾膺福，正三品，据《六典》则为从三品。

徐彦伯，正三品，据《六典》则为从三品。

　　崔　湜，正三品。

　　薛　稷，正三品。

　　"详定列位"的官品，普遍比"写经列位"高，说明图书辑刊比图书抄写重要，这是合理的。

　　第四，本写卷的"详定列位"，可补新旧《唐书》列传者不少，现按次序分述如下：

　　张齐贤，《旧唐书》无传，《新唐书》有传，但主要说他如何奏议，至于他的官位，只说"圣历初，为太常奉礼郎"，"久之，齐贤迁博士"，"累迁谏议大夫，卒"。谏议大夫，据《新唐书·百官志》为正四品下，据《唐六典》则为正五品上。据写卷，张齐贤为"正议大夫（正四品上）、太子洗马、昭文馆学士"，可补《新唐书·张齐贤传》。

　　郑喜王，新旧《唐书》皆无传。他的结衔是"太中大夫、昭文馆学士"。"太中大夫"是文散官，从四品上，多以年老有疾而德高者为之。

　　韦利器，新旧《唐书》皆无传。《元和姓纂》卷二提到一句："（韦）思敬孙利器，谏议大夫。"今人郁贤皓《唐刺史考》据《宋高僧传》《严州图经》《韦利器等造像铭》考证了韦利器之略历：开元三年（715）时为秘书少监，开元七年（719）时在睦州刺史任上，终谏议大夫。[①] 写卷告诉我们，至少太极元年（711）时韦利器已是"秘书少监、昭文馆学士"了。

　　沈佺期，唐代诗人中对律诗体制的定型颇有影响的人物，亦曾在宦海中沉浮，因而新旧《唐书》皆有传。但两书都说他神龙（705—706）以后"历中书舍人，太子詹事"，而《全唐文·授沈佺期太子少詹事等制》则说是"正议大夫、太府少卿、昭文馆学士、

---

　　① 郁贤皓：《唐刺史考》第4册，江苏古籍出版社1987年版，第1846页。

上柱国、吴兴县开国男沈佺期⋯⋯"对照写卷，两《唐书》本传的结衔不及写卷，而《授沈佺期太子少詹事等制》勋衔则有过之。《制》无日期，可由写卷推定其授于延和元年（712）之后。这是因为：在"详定列位"中，李乂、贾膺福、徐彦伯、薛稷都带勋衔，沈佺期此时如已加勋，也会写上"上柱国、吴兴县开国男"勋衔的。勋官是一种殊荣，题名结衔时绝不会忽略。

丘悦，《新唐书》附员半千传，《旧唐书》有传。两书都只说他是"直学士"（六品），官至"歧王傅"（从三品）。亲王府里的"傅"，按《唐六典》卷二九记载，开元初才改"师"为"傅"的，因而延和元年（712）写卷详定列位中的丘悦不可能挂衔为"傅"，这正符合史实。写卷所提"银青光禄大夫、太子右谕德、昭文馆学士"则可补《旧唐书・文苑中・丘悦传》。

李乂，新旧《唐书》均有传，《全唐文》卷二五八还有《唐紫微侍郎赠黄门监李乂神道碑》，叙其事迹甚详。写卷上李乂的勋官为上柱国，而两《唐书》有景云初封中山郡公的记载，《神道碑》则有"晋爵中山郡开国公"之说。何者为是？录之俱存。

卢藏用，新旧《唐书》皆有传。《旧唐书・卢藏用传》称："景龙（707—709）中为吏部侍郎。藏用性无挺特，多为权要所逼，颇隳公道。又迁黄门侍郎，兼昭文馆学士，转工部侍郎、尚书右丞⋯⋯"《新唐书》大同小异，唯工部侍郎一职，称"坐亲累，降工部侍郎"。本写卷卢藏用结衔为工部侍郎、昭文馆学士、上护军，其他都相符，只缺上护军。上护军亦系勋官。《职官分纪》卷四九载："唐采前代旧名，置上护军，护军为勋官。"卢藏用的"上护军"一衔，可补两《唐书》卢藏用传。

贾膺福，新旧《唐书》皆无传。他是《大云寺碑》的作者，碑文收入《全唐文》卷二五九，文前有作者小传，曰："膺福，曹州冤句人。怀州刺史敦实子。武后朝官太子中舍人，先天中历任左散骑常侍,宏文馆学士。"其父贾敦实,两《唐书》皆有传附于贾敦颐传。敦实传称:"子膺福,先天中历任左散骑常侍、昭文馆学士,坐预窦怀贞等谋逆伏诛。"又,贾膺福曾参与"太平公主事",在《新唐书》诸帝公主传及《旧唐书·睿宗纪》中都有反映,后者比较具体,称:"(先天二年)秋七月甲子,太平公主与仆射窦怀贞、侍中岑义、中书令萧至忠、左羽林大将军常元楷等谋逆,事觉,皇帝率兵诛之。穷其党羽,太子少保薛稷,左散骑常侍贾膺福,右羽林将军李慈、李钦,中书舍人李猷,中书令崔湜,尚书左丞卢藏用,太史令傅孝忠,僧惠范等皆诛之。"写卷"详定列位"中的贾膺福结衔为"左散骑常侍、昭文馆学士、权兼检校右羽林将军、上柱国、寿昌县开国伯"。看来,在太平公主事失败之前,贾膺福大大发迹了一番,无奈官场好景如过眼云烟,先天二年(713)就"伏诛"了。写卷中他的结衔,可补正史之阙如。

徐彦伯,新旧《唐书》皆有传,《旧唐书》比较具体,称:"……神龙元年(705)迁太常少卿,兼修国史,以预修《则天实录》成,封高平县子,赐物五百段……入为工部侍郎,寻除卫尉卿,兼昭文馆学士。景龙三年(709),中宗亲拜南郊,彦伯作《南郊赋》以献,辞甚典美。景云初,加银青光禄大夫,迁右散常侍、太子宾客,仍兼昭文馆学士,先天元年(712),以疾乞骸骨,许之……"就这样,写卷的结衔也比正史详细而且品位高。写卷作"右散骑常侍、昭文馆学士、权兼检校左羽林将军、上柱国、高平县开国侯",可补正史之不足。

崔湜,新旧《唐书》皆有传。此人可谓"文人无行"者,"及位极人臣,而心无止足",最终因参与太平公主事而被"赐死"。据两《唐书》记载,景龙二年(708)迁兵部侍郎,俄拜吏部侍郎,寻转中书侍郎、同中书门下平章事。他因"铨综失序"而左转为江州司马。由于上官昭容、安乐公主向中宗求情,他被改任为襄州刺史。未几,入为尚书左丞。韦庶人临朝,他复为中书侍郎、同中书门下三品。睿宗即位(710),出为华州刺史,俄又拜太子詹事,因开山路之功,加银青光禄大夫。景云中(710—711)为太平公主所引,复迁中书门下三品。先天元年(712)拜中书令。写卷他的结衔为"银青光禄大夫、行中书侍郎、昭文馆学士、兼太子左庶子",正史缺"太子左庶子"一衔。

薛稷,新旧《唐书》皆有传。按两《唐书》,薛稷景龙末(709)为谏议大夫、昭文馆学士。睿宗立(710),迁太常少卿,封晋国公,累拜中书侍郎、户部尚书。一度曾被罢为左散骑常侍,后历工部尚书、礼部尚书,除太子少保。此外,《全唐文》卷二五〇有《授薛稷中书侍郎制》和《授薛稷谏议大夫制》,据两《制》则薛稷曾被加勋为"银青光禄大夫",被封为"河东县开国男",然而都与写卷有所出入,写卷为"金紫光禄大夫、礼部尚书、昭文馆学士、上柱国、晋国公"。看来太平公主事失败之前,也就是薛稷被赐死之前,官至太子少保(正三品),而"太子少保"的授予必在写卷的成立年月——延和元年(712)六月二十日之后。就这样,正史仍缺"金紫光禄大夫""上柱国"二衔,录之以补不足。

《佛说校量数珠功德经》产生于神龙(705)至延和(712)之间。延和元年,又是太极元年、先天元年,一年改元三次。从705—712年,历中宗、少帝、睿宗到玄宗,朝廷多事,官员更迭犹如走马灯,史书记载不详,乃情理中事。又写卷"详定列位"中,有一位叫师利的大兴善寺翻经沙门,是三阶教的名僧。隋代末年,三阶教被禁以后,其势力一直不振。《开元释教录》卷一八记载,武则天圣历二年(699)曾下令:"其有学三阶者,唯得乞食,长斋绝谷,持戒坐禅,此外辄行,皆是违法。"可是景龙元年(706)他竟以"大兴善寺翻经大德"的名义参加了三阶教经典《佛说示所犯者瑜伽法镜经》的翻译,担负"笔受缀文"重任,延和元年(712)

"检校"写《佛说示所犯者瑜伽法镜经》和《佛说校量数珠功德经》,说明此时三阶教势力有所抬头。《开元释教录》卷一八又记玄宗即位以后,"其僧师利,因少斗讼,圣躬亲虑,特令还俗"。事有凑巧,他和昭文馆学士薛稷、崔湜、卢藏用、贾膺福等很快都退出了历史舞台。

写卷为我们提供了上述神龙(705)至延和(712)年间方方面面的宝贵材料,但写卷本身并不是延和元年(712)的写经,理由是:

昭文馆的"昭"字,有 5 处写为"照"字,有的有写后又改掉的痕迹。这种错误,绝对不可能出现于当时的秘书省、左春坊这样一些单位,因为这些部门有专门的楷书手、校书郎。这种错误,也不会出现于昭文馆。据《宋高僧传·宝思惟传》记载,《佛说校量数珠功德经》的进呈本,应是张齐贤等缮写进内的。《宋高僧传·宝思惟传》称:"(宝思惟)以天后长寿二年届于洛都,敕于天宫寺安置,即以其年创译。至中宗神龙二年(706),于佛授记、天宫、福先等寺,出《不空罥索陀罗尼经》等七部(按:这七部佛经是:《不空罥索陀罗尼自在王咒经》《浴像功德经》《校量数珠功德经》《观世音菩萨如意摩尼陀罗尼经》《文殊师利根本一字陀罗尼经》《大陀罗尼末法中一字心咒经》《随求即得自在陀罗尼神咒经》)。睿宗太极元年四月,太子洗马张齐贤等缮写进内。其年六月,敕令礼部尚书晋国公薛稷、右常侍高平侯徐彦伯等详定入目施行……"张齐贤本人就是昭文馆学士。昭文馆学士把"昭"字写成"照"字,怎么可能呢?此其一。

其二,昭文馆的"馆"字,写卷通通把"飠"字旁写成"舍"旁,作"舘"。"舘"字不见于《说文》,可见本无此字。明代梅膺祚撰《字汇》,收有此字,后来的《康熙字典》《中华大字典》,现在的《中文大字典》皆引《字汇》曰:"舘,俗馆字。"《中文大字典》还收有宋代米芾书"舘"字，说明此俗字在宋代已经流行。敦煌遗书中，俗字、异体字、别字、白字很多，但多数出现在社会文书或经生写经中，此写卷的原本出自宫廷，据《唐六典》卷一〇，昭文馆在门下省，秘书省有"正字"四人，"掌详定典籍，正其文字"。从哪一方面讲都不会出现这种疏漏。同时，与此件的"详定列位"完全相同的S.2423《佛说示所犯者瑜伽法镜经》中，昭文馆的"馆"字，全都作"舘"，说明此件的原本也应作"舘"，也说明此件是后来的抄件。

第三，此件的书写格式也绝非原件，不该提行的地方提行，一行写不下，就不顾格式，立即提行、换行，这也是宫廷写本绝对不允许出现的疏漏。

第四，书法不佳，乌丝栏粗细、长短参差无章。纸的接缝随便拼凑，都不应该是详定本的规格。

总之，此写本不是延和元年(712)的"详定本"，而是依照"详定本"抄写的复本。按理，卷末的"详定列位"不用再抄，可能由于抄写者无知，来样照抄，就成了现在写卷的样子。一般文人学子理应知道"昭文馆"的，抄写者竟然不知，其无知的程度可想而知。

S.2423也不是延和元年的原件，其"详定列位"中的"丘悦"写成"延悦"，仅此一条便知绝非秘书省、左春坊等所写，因为昭文馆学士虽然位在五品，但是均为他官兼任，且均为知名人士、社会名流，如非隔代是不会写错的。

以上两件的写经题记告诉我们：敦煌写经中年代题记的情况较复杂，题记所表示的年代，不一定是绝对可靠的书写年代，要断定它，必须经过研究。

（原载《敦煌研究》1993年第4期）

附录　打不走的莫高窟人

　　敦煌莫高窟的存在,敦煌藏经洞的发现,使世界上的人们因而知道有敦煌。

　　1962年,《人民文学》发表了徐迟先生的报告文学《祁连山下》,轰动一时,国内不少读者不仅知道了敦煌,而且知道了有一支以"尚达"先生为代表的敦煌文物研究所的员工队伍。善良的读者为主人公尚达——一个在法国喝了十年洋墨水的画家到莫高窟的第一顿饭只能以红柳枝代替筷子而赞叹,为尚达夫人不辞而别,尚达拖儿带女孤守敦煌而洒下同情之泪。……《祁连山下》发表之后的很长一段时间,就连我认识的人在内,见面总要问起"尚达"先生,总要问生活在敦煌苦不苦。

　　是的,昔日的敦煌是苦的。

　　即使日历翻到1962年,莫高窟还没有电。据老同志告诉我,他们曾想到用宕泉水搞水力发电,于是自己动手修渠打坝,用水的落差来带动水磨,开动电机。谁知,此事有如"秀才造反,十年不成","发电站"发出来的电像萤火虫一般亮了一下就再也不发光了。人们为了自我安慰,说是"曾经给我们带来过一线光明"。

　　莫高窟离城25公里,没有汽车,有一挂马车,因而堂堂研究所的职工中还有一名"马儿车夫斯基"。为数不多的职工子女,上学必须进城,星期六用马车接回来,晚上赶紧消灭衣服上的虱子,星期天用马车摇着送回去。有一次,两个孩子没能坐马车回来,父母十分着急。那时候,李永宁同志是所长秘书,自告奋勇骑马进城把孩子找了回来。

我们没有汽车坐,却时不时得抬汽车:莫高窟前有一条河叫"宕泉河"(当地人叫大泉河,宕、大乃一音之转),夏天无水,冬天却满河床是冰。河上没桥,从莫高窟到河对岸,一到冬天,人、车皆履冰而过。当年,隔三差五有参观车,弄不好车掉进冰窟窿里,向我们求援,义不容辞——抬车。

1965年,莫高窟迎来了第一辆轿车。为了记住昔日步行进城的小路,也为了纪念结束徒步的历史,常书鸿先生带领我们沿鸣沙山东麓的小路作最后一次徒步进城,然后坐着新车回到莫高窟。但是,冬天抬车却有增无减,因为还得抬自己的汽车。

喝的是苦水。初来乍到者,往往肠鸣水泻。我到敦煌半年后肚子才正常。如有首长到敦煌来参观,得从敦煌城拉水。冬天,我们在宕泉河上凿冰冲冲,才喝上一阵子甜水,也很有点《诗经·豳风·七月》的诗意。孩子们可不一样,他们在莫高窟土生土长,星期天从城上回来,进家先喝一肚子苦水,觉得好喝。他们觉得咸水有味,而甜水则"淡兮兮的不爱喝"。

研究所内,没有什么像样的桌椅板凳,一张庙里的"供桌"陪伴了我们20年。直到80年代初,以我们家为例,家具只有四条小板凳,还是公家发的,这是用莫高窟前死掉的一种叫"鬼拍掌"的树做的,特有意义。如今,它们又跟着我们来到兰州。书架是土的:用土坯做支架,几块小木板拼成隔板;沙发是土的,全用土坯砌成"沙发"的样子,再铺上旧棉絮;桌子是土的:土坯做腿,桌面则先在腿上搭几根木条,再在木条上砌土坯,然后墁光、刷上石灰;睡的是土炕。清一色的土制家具,倒有一条好处——无损坏之虞。只是那土炕,冬天得烧火,南方人睡不惯,长期不烧,土坯发潮炕就塌。

人,就是怪,有人生在福中不知福,也有人生在苦中不知苦。后者往往有些"迂"。

即使是 60 年代初期,多数洞窟窟前无栈道、走廊、梯蹬,用的是"蜈蚣梯"。洞窟多数无门,人在窟内工作,风吹日晒全凭天公安排。洞窟坐西朝东,上午窟内光线尚可,下午就不行了,又不能点灯(油烟会熏坏壁画),于是只能用镜子反光——向老天爷借光。洞窟要全面维修加固,工程开始前须对窟前遗址进行发掘,对崖面遗址——梁眼、椽眼等等进行实测、记录,考古组的人腰系绳索,打秋千似的悬空作业。第 130 窟大面积的壁画加固,保护组的人就得抡大锤打钢钎。

是的,敦煌的生活、工作是苦的。然而,敦煌人除了因孩子上学不便而感到有点内疚而外,他们似乎不感到什么苦。人们常常能听到临摹工作者、保护工作者从窟内传出的川剧、秦腔、民歌、小调。他们面对佛、菩萨,有时竟那样忘情。资料室不但白天开门,晚上也开门,煤油灯擦得锃亮,看看心里也光明。被称为"活字典"的史苇湘先生每晚必到,以供同志们"备查"。著名的第 465 窟(俗称欢喜佛洞)孤零零坐落在石窟群的北端,离我们的住区——中寺、上寺很远,李其琼女士临摹该窟时,带上干粮,中午不回家,为的是节省时间,并争到光线充足的黄金时间。壁画内容复杂,而佛经又不能借回家查阅,只好出了洞窟又进资料室,带着壁画中的形象去找佛经依据。

佛经浩如烟海,莫高窟的壁画内容,时至今日尚有不明确切名称者。第 257 窟的须摩提女因缘是连续 14 个画面的横幅式故事画，曾几次易名：最早，以阎文儒先生的暂定名为准，叫它"菩萨赴会"；后来，史苇湘先生据《贤愚经》定为"富那奇缘品"，比"菩萨赴会"前进了一步；又后来，一个偶然的机会，我翻经翻到吴（三国）支谦译的《须摩提女经》，比对之后认为此画应名为"须摩提女因缘"。现在敦煌研究院院长段文杰先生还专门把画面与经文对照了一遍，告诉我"连次序都准确无误"。像海底捞针般捞到了一根针，我自己也感到高兴。然而，有人问我："你们的工作与国计民生无关，有你们不多，没你们不少，真正是可有可无，哪来那么大的兴趣？"

第 285 窟是莫高窟有绝对年代题记的最早的一窟，也是进行爱国主义教育的好教材：1925 年，美国的华尔纳第二次来敦煌，原打算将此窟壁画全部剥走（可见此窟价值之高），全赖敦煌乡民、绅士及地方官的防范，才幸免于劫。此窟北壁和东壁为莫高窟独一无二的南朝风格的壁画。其中有两个菩萨，眉宇疏朗，朱唇艳如新抹，体态飘逸，一派风流倜傥的名士风度。有一天，不知哪位同仁发现两位菩萨的嘴唇掉了。李承仙同志当时是党支部书记，还认真追查过，想弄清楚是谁碰掉了。这是一桩至今未了的公案。也许有人会说：这是何苦？

第 194 窟位于高处，雕塑家何鄂临摹该窟天王像时，搬土提水一应自己动手。一般的天王像都是怒目圆睁的可怕形象，而第 194 窟里却有一身笑天王。何鄂在临摹过程中，处处领略着唐代雕塑家的艺术造诣，感情亢奋，总想把自己的愉悦与人分享。一天，我上洞子工作，路过第 194 窟。我不是搞美术的，她不怕"对牛谈琴"，硬是给我讲了那尊天王的面部：分开来看，哪一点都不美，小眼睛、小鼻子、小嘴，而且"五官集中"，但是整体看，他的眼睛、鼻子、嘴甚至眉毛、胡子都在笑，

"五官集中"正是笑的结果。"笑都是眯着眼笑，你见过瞪大眼睛笑的吗？"何鄂问我。还没有等我回答，她又接着说："妙就妙在恰到好处，通过面部表情刻画出了'会心的笑'。"天王在笑，何鄂在笑，不是纵情的笑，而是温情脉脉的笑。何鄂的真情感染了我，眼前站的似乎不是天王和何鄂，幻化出的是一对情人，他们无限幸福。如果此时有人问何鄂：莫高窟苦不苦，她会把你当成疯子！

第194窟还有一身"任是无情也动情"的菩萨，也为莫高窟平添了不少佳话。有一次，我接待一位革命老干部。他不是搞艺术的，看了这位菩萨，迟迟不走，真所谓"流连忘返"。他说："不怕你笑话，要不是文物保护政策的束缚，我真想和她拉拉手，想和她谈谈心。你大概会觉得我是《巴黎圣母院》里的敲钟人吧？"我深受感动，顿觉有幸守着她而自豪，为自己是莫高窟人而骄傲。

敦煌的美术工作者、研究者们会如数家珍般地告诉你哪位菩萨最美，哪个洞窟颜色最新，哪条题记在哪里，哪条边饰最华丽，哪个洞窟最大，哪个洞窟最小，衣冠服饰、器物供具，多少经变，多少故事……他们的脑子就是一本石窟内容总录。敦煌的保护工作者会告诉你多少洞窟有病虫害，哪个洞窟壁画剥落最厉害，哪个洞窟岩体有裂缝，哪尊塑像得修复……他们食人间烟火，又似乎不食人间烟火，因为他们与莫高窟是那么不可分，而莫高窟则是"西方净土"！

在那可诅咒的"文化大革命"的日子里，莫高窟也分成两派。有趣的是：两派都声称自己是革命造反派，而自诩造反派的标准之一，就是谁家都亮出"保护文物"的旗帜，谁家都在身体力行。在那场灾难中，"典型的四旧"莫高窟没有被"扫"掉，也可算是奇迹。我曾经不止一次给前来采访的记者说过,希望有谁能写一下连我们自己也说不清的那种精神。更有奇者,北京大学来的红卫兵,到莫高窟一看,也吩咐我们:你们一定要保护好莫高窟,这是革命与反革命的分界线!我老在想:莫高窟艺术莫非是人们思想的净化剂?

"文革"后,尤其是十一届三中全会以后,莫高窟拂去了昔日"左"的尘埃,像净琉璃(佛教的七宝之一)那样光彩照人。不少记者来采访,有人想写"莫高窟精神",有人要写"打不走的人"。当我听到"打不走的人"这一命题时,确实感慨系之。反右派,莫高窟不能例外;"摘帽子",也随着社会而来。那时候的"摘帽右派"史苇湘、孙儒僴、李其琼都是刚步入中年、精力旺盛的人,如果他们想离开敦煌,易如反掌。但是,他们谁也没有如此想。

"文化大革命"时,由于两派都要保护石窟,洞窟是保下来了,没遭人为的破坏,但其他方面仍然是步步"紧跟"而"有过之而无不及"的。所长、书记固然是"走资派",在劫难逃,而历次运动中受冲击者也未能幸免。研究所当时只有40多人,而被揪斗者竟达25人,台上站的"牛鬼蛇神"比台下"革命群众"还要多。今天想来好笑,当年争来争去,研究所的好多人只是想当个"革命群众"而不可得。于是,段文杰先生当了"社员";史苇湘先生做了"羊倌";在革命圣地延安生长、没在"国统区"生活过一天的贺世哲先生成了"反革命",被开除党籍、开除公职送回老家;孙儒僴、李其琼被再一次戴上了帽子遣送回四川老家。打倒"四人帮"以后,给他们落实政策,还是没有一个人要求离开敦煌,都回到了莫高窟。千真万确是"打不走的莫高窟人",敦煌像一块磁铁,吸引着钢铁般的人们。

生活在莫高窟又是幸福的。

多数党和国家领导人都到过莫高窟,历任甘肃省委书记、省长,更是人人都到过莫高窟。首长们对莫高窟的艰苦给以同情和关怀,对坚持在此工作的人们表示赞扬。

1983年,法国巴黎举办敦煌壁画展览,同时举行国际敦煌学学术研讨会,敦煌研究院的人受到特别的礼遇:巴黎副市长接见我们并送了礼物;我们到巴黎国立图书馆参观,东方部主任给我们看了来自敦煌的最精彩的写本,并宴请我们;到吉美博物馆参观时,陈列部主任领我们看了库房中保存的来自敦煌的精品。他通过翻译告诉我们:请随便,你们就像回娘家一样不用客气。说完以后,又觉得"回娘家"一词显然不合适,手足无措,很是尴尬,一时竟说不出话来。虽然,伯希和拿去的东西,罪不在他,但见了敦煌人,他仍有代人受过的表示。这一切,就因为我们来自敦煌,我们是敦煌人。

1989年,我应邀参加日本龙谷大学创立350周年纪念会并出席国际学术讨论会。被邀请的原因很简单:其一,当时我正旅居日本;其二,最主要的,因为我是敦煌人。其间,由龙谷大学安排,我参观了唐招提寺,并提出希望能看一看招提寺所藏的敦煌写经。唐招提寺年过古稀的森本长老听说我们来自敦煌,不但亲自接待我们,而且还跪着(那是他对佛经的崇敬)为我们一件件地展卷、收卷。

1991年,日本朋友西村三郎为我联系参观三井文库所藏敦煌写本。三井文库珍藏的写本,已经50多年没有让人看过,当我递上名片,对方一看来者是"敦煌研究院敦煌遗书研究所所长"时,稍加考虑即欣然应允。接着,112件写本,件件让我随便看,并和我一起重新编制了目录。

旅日两年间,我到过东洋文库、国会图书馆、中央图书馆、京都博物馆、东京博物馆、书道博物馆、三井文库、静嘉堂文库、大东急纪念馆、御茶水图书馆、天理图书馆、宁乐美术馆、藤井有邻馆、东京大学东洋学研究所、大和文华馆、大阪美术馆等等,除书道博物馆外,所到之处,只要听说是"从敦煌来的",都能"有求必应";在书店或图书馆,偶尔碰见台湾同胞,一听说我来自敦煌,无不"哇"一声,如见天外来客,问这问那,处处流露出肃然起敬之情。作为敦煌人,我在日本的最深感受是:敦煌是一个值得为之献身的地方!

敦煌人作为一个群体,国际国内知名,作为个人,却多默默无闻。据说最近播出的百部影片中有《敦煌艺术》。此片从选材到脚本、解说词到拍摄,敦煌人一直是参与者,却未挂敦煌人的任何名字。舞剧《丝路花雨》名扬海内外,出了不少"著名专家"。现在舞台上经常出现的唐代发式、唐代头饰、唐代服饰,不少来自《丝路花雨》。但,《丝路花雨》是怎样创作出来的,敦煌人最清楚。可是,即使是市场经济蓬勃发展、知识产权日益完善的今天,敦煌人也无怨无悔。他们多半没有什么豪言壮语,也不善于名利场上的追逐,甚至对送上门来的记者,也不知利用机会……

他们与敦煌同呼吸,共命运,他们对敦煌如痴如醉,忠贞不贰。要问为什么,那就是因为莫高窟是一个值得为之献身的地方!

作者附言:本文说到的"敦煌"指莫高窟,说到的"敦煌人"则是指在莫高窟工作的人们。

(原载《敦煌研究》1994年第2期)

后　记

　　施老师从事敦煌学研究 50 余年,发表论文、论著 60 余篇
(部),数量不算多,但在敦煌学界名气很大,早在 1972 年发表
的第一篇论文《本所藏敦煌唐代奴婢买卖文书介绍》(发表时
用名《从一件奴婢买卖文书看唐代阶级压迫》)就显示了她的
文史才华。在 20 世纪 80 年代初敦煌学刚刚发展时期,就于
1983 年发表 6 万字的成名作《敦煌历日研究》,做敦煌历日研
究要了解古代历日,一定要有超人智慧,这篇文章就洋溢着一
种智慧,如施老师在文中提到她是“偶然”从《小学绀珠》查到
“九宫”的记载。同年又发表《本所藏〈酒账〉研究》,将分裂三
份的《归义军衙府酒账》拼接起来,将时间比定在宋初乾德二
年(964)。这两篇“高大上”的著作奠定了施老师在敦煌学界
的地位。

　　施老师的研究涉及敦煌史地、敦煌石窟、敦煌文献等领
域,主要成果收集在甘肃民族出版社 2004 年出版的《敦煌习
学集》中。2014 年年底,浙江大学刘进宝教授组织“丝路敦煌
学术书系”,嘱余协调施老师的自选集。这套丛书有字数限
制,所以只挑选了 20 篇,上卷是敦煌石窟研究论文 10 篇,下卷
则是敦煌文献研究论文 10 篇,至于敦煌文献目录学的调查研
究论文则未予收录。相比于《敦煌习学集》,本书增加了施老
师参与完成的《莫高窟第 220 窟新发现的复壁壁画》《奇思驰

骋为"皈依"——敦煌、新疆所见须摩提女因缘故事画介绍》和《敦煌习学集》出版之后发表的《读〈翟家碑〉札记》《敦煌经变画》《中国最早的无量寿经变》《新定阿弥陀经变——莫高窟第225窟南壁龛顶壁画重读记》，共计6篇，算是对《敦煌习学集》的补充。

本论文选所选论文的题目除《本所藏敦煌唐代奴婢买卖文书介绍》（第一次发表时用《从一件奴婢买卖文书看唐代阶级压迫》）外，均没有改动。出版个人文集，有的学者是一字不改，保持原样；有的学者则有补充修改，我觉得发表论文和出版专著都是给别人使用，最好进行补充修改，所以在编辑过程中，我对内容做了少量的补充修改，注解作了统一。由于时间紧和我学识有限，可能有改动错的地方，如读者存有疑问，请对照初次发表的刊物进行核实。

施老师论著多数没有电子版，所以先请杭州中元数据科技有限公司将2004年出版的《敦煌习学集》扫成文档，施老师率施跃娟、施劲榕、邰惠莉、陈菊霞、顾淑彦、屈直敏、陈明和我等人分工合作，对选出论文的文档进行了校对，敦煌研究院对书稿的图版提供了许多帮助。最后由我合成并对全文进行编校。由于时间紧，内容可能还存在不少错误，特别是卷号、录文都没有核对，有愧于老师。

施老师年事已高，这次编辑这本书，未让她承担太多的具体工作，文中存在的问题由我承担责任。

愿施老师健康长寿！

王惠民
2015年6月